"十二五"职业教育国家规划教材
经全国职业教育教材审定委员会审定

汽车机械结构与拆装

主　编　蔡兴旺
副主编　李　博　张江生
参　编　徐海明

机械工业出版社
CHINA MACHINE PRESS

本书是经全国职业教育教材审定委员会审定的“十二五”职业教育国家规划教材，是根据教育部最新公布的中等职业学校汽车类专业教学标准，同时参考相关职业资格标准编写的。

本书分 14 个项目，系统地介绍了汽车发动机、底盘和车身各系统的拆装与调整、基本结构、工作原理、使用与维护方法。本书紧密结合生产实际，采用项目引领、任务驱动的方式进行编排，在介绍知识的同时融入教学法，突出了汽车各系统的拆装实训，着力提高学生的实际操作技能。

本书可作为中等职业学校汽车类相关专业的教材，还可以作为成教、职大及汽车培训机构的岗位培训教材。

为便于教学，本书配套有电子课件等教学资源，选择本书作为教材的教师可来电（010-88379375）索取，或登录 www.cmpedu.com 网站，注册、免费下载。

图书在版编目（CIP）数据

汽车机械结构与拆装/蔡兴旺主编. —北京：机械工业出版社，2016.5（2024.1 重印）
“十二五”职业教育国家规划教材
ISBN 978-7-111-53050-3

Ⅰ.①汽… Ⅱ.①蔡… Ⅲ.①汽车-机械学-中等专业学校-教材②汽车-装配（机械）-中等专业学校-教材 Ⅳ.①U463②U472.4

中国版本图书馆 CIP 数据核字（2016）第 036385 号

机械工业出版社（北京市百万庄大街 22 号 邮政编码 100037）
策划编辑：曹新宇 责任编辑：于志伟
责任校对：闫玥红 封面设计：张 静
责任印制：单爱军
北京虎彩文化传播有限公司印刷
2024 年 1 月第 1 版第 4 次印刷
184mm×260mm · 21 印张 · 519 千字
标准书号：ISBN 978-7-111-53050-3
定价：55.00 元

电话服务
客服电话：010-88361066
010-88379833
010-68326294

网络服务
机 工 官 网：www.cmpbook.com
机 工 官 博：weibo.com/cmp1952
金 书 网：www.golden-book.com
机工教育服务网：www.cmpedu.com

前　言

本书是根据教育部《关于中等职业教育专业技能课教材选题立项的函》（教职成司［2012］95 号），由全国机械职业教育教学指导委员会和机械工业出版社联合组织编写的“十二五”职业教育国家规划教材，是根据教育部最新公布的中等职业学校汽车类专业教学标准，同时参考相关职业资格标准编写的。

本书主要介绍发动机、底盘和车身各系统的拆装与调整、基本结构、工作原理、使用与维护方法，重点强调培养学生的实际操作能力和爱岗敬业、勤奋细心、认真负责、团结互助的职业道德和精神，编写过程中力求体现以下的特色。

1. 执行新标准。依据最新教学标准和课程大纲要求，结合近几年来汽车专业职业教学改革成果，对接国家职业标准和岗位需求。

2. 体现新模式。采用项目导向、任务驱动、理实一体化的编写模式，全书分 14 个项目，突出“做中教，做中学”的职业教育特色，突出了汽车各系统的拆装实训，着力提高学生的实际操作技能。

3. 突出新结构。紧跟汽车发展新技术，突出可变气门升程和配气定时、CVT 变速器、高压共轨柴油机等新结构的拆装以及结构与原理的介绍，使学生适应将来职业发展的需要。

4. 融入教学法。按照学生的认知规律，在介绍知识的同时融入教学法，提出任务目标，设置情景、提出问题、学习知识、分析问题、解决问题、知识扩展、检测评价和课后测评。教材编排新颖，图文并茂，宜教易学。

本书在内容处理上主要有以下几点说明。

1）本书以我国汽车保有量最大的桑塔纳 2000GSi 车型为主，介绍其拆装与结构原理，各学校可以根据本校设备情况，适当调整教学内容。

2）教学内容注意紧跟汽车技术发展，及时进行知识扩展和补充。检测评价和课后测评紧密结合教学大纲要求和教学内容。

3）本书建议学时为 124 学时，学时分配建议见下表。

项目序号	项目内容	建议学时
一	汽车总体结构认识	4
二	发动机基本拆装与结构认识	18
三	发动机机体组与曲柄连杆机构结构认识	8
四	发动机换气系统结构认识与拆装调整	10
五	汽油机燃料供给系统拆装与结构认识	4
六	柴油机燃料供给系统拆装与结构认识	6

（续）

项目序号	项目内容	建议学时
七	发动机排放净化装置结构认识	2
八	发动机冷却系统拆装与结构认识	4
九	发动机润滑系统拆装与结构认识	4
十	汽车动力传动系统拆装与结构认识	26
十一	汽车行驶系统拆装与结构认识	8
十二	汽车转向系统拆装与结构认识	8
十三	汽车制动系统拆装与结构认识	16
十四	汽车车身及附属装置拆装与结构认识	6
合计		124

本书由广州珠江职业技术学院蔡兴旺教授任主编，河南机电职业学院李博、湛江机电学校张江生任副主编，增城市职业技术学校徐海明任参编。具体分工如下：蔡兴旺编写项目一、二、三、五、六、七、八、九、项目十的任务四、五、六、项目十一及项目十三并负责全书的统稿，李博编写项目四及项目十二，张江生编写项目十的任务一、二、三，徐海明编写项目十四。

本书经全国职业教育教材审定委员会审定，评审专家对本书提出了宝贵的建议，在此对他们表示衷心的感谢！编写过程和课件制作过程中，得到机械工业出版社、广东省顺德东升汽车维修服务中心等单位和个人的大力支持与帮助，并参阅了国内出版的有关教材和资料，在此一并表示衷心感谢！

由于编者水平有限，书中不妥之处在所难免，恳请读者批评指正。

编　者

目　录

项目一

汽车总体结构认识

项目描述

认识一个人，总是从外表开始，认识汽车也不例外。本项目主要学习汽车的外部结构与组成（车身外表、驾驶室、仪表板等）、主要操纵机构（离合器踏板、制动踏板、加速踏板、转向盘、安全带、座椅、驻车制动器、变速器、点火开关、转向信号灯、变光拨杆、风窗刮水及洗涤系统、暖风、通风及空调控制等）的作用、使用要点和汽车的基本分类。

任务一　汽车外部结构认识

任务目标

1. 熟悉车身外表的基本组成。
2. 熟悉驾驶室的基本组成。
3. 熟悉仪表板的结构与组成。
4. 学会主要操纵机构的使用。
5. 培养爱岗敬业、勤奋细心、认真负责、团结互助的职业道德和精神。

知识准备

一、汽车的定义

不同国家、不同时代，对汽车的定义都有所不同。根据 GB/T3731.1—2001，我国对汽车的定义是：由动力驱动，一般具有四个或四个以上车轮的非轨道承载车辆，主要用于载运人、货物及其他的一些特殊用途。无轨电车和整车整备质量超过 400kg 的三轮车辆也属于汽车。

二、汽车总体组成

汽车通常由发动机、底盘和车身三大部分组成，如图 1-1 所示。

发动机是汽车的动力源，一般由机体组、曲柄连杆机构、换气系统、燃油系统、润滑系统、冷却系统、点火系统（汽油机）和起动系统所组成。底盘负责将发动机的动力进行传递和分配，并按驾驶人要求进行行驶（加速、减速、转向、制动等），它一般由传动系统、行驶系统、转向系统和制动系统等组成。车身是驾驶人操作和容纳乘客及货物的场所，一般由车身本体、客舱、发动机舱、行李箱、货舱（货车）、防盗系统、空调系统、仪表板和安全装置等组成。

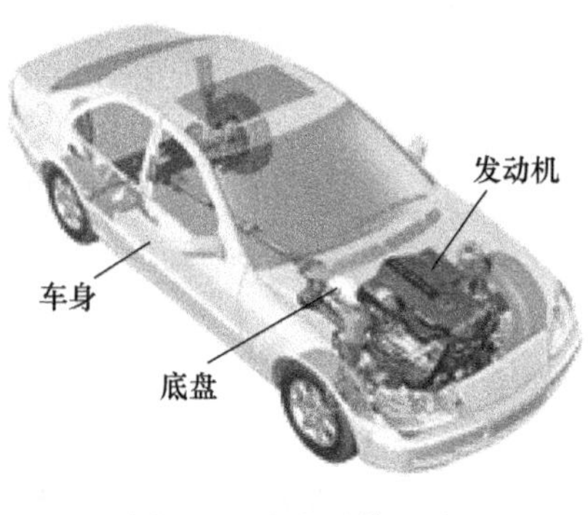

图 1-1　汽车总体组成

任务准备

1. 器材准备

1）桑塔纳 2000GSi 汽车 1 辆/组。

2）解剖汽车 1 辆/组。

3）汽车模拟驾驶器 1 辆/组。

4）一体化教室。

5）相关的教具、视频及教学挂图 1 套。

2. 任务安排

1）实训课时：2 学时。

2）实训组织：每 5 ~6 人一组，由老师现场指导，学生自己实践。

任务实施

在汽车实训室观看汽车总体结构的视频，然后根据实物完成对汽车结构的认识。

一、汽车车身外表结构认识

以桑塔纳 2000GSi 汽车为例，其外表结构如图 1-2 所示。

二、汽车驾驶室结构认识

桑塔纳 2000GSi 汽车驾驶室内部总体结构如图 1-3 所示。

三、汽车仪表板结构的认识

桑塔纳 2000GSi 汽车仪表板如图 1-4 所示。

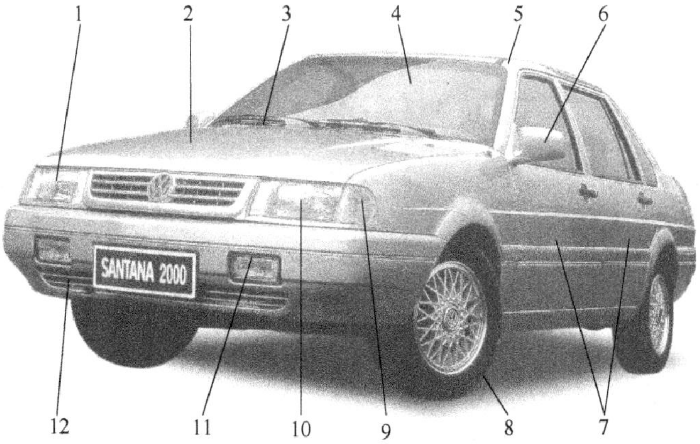

图 1-2　桑塔纳 2000GSi 汽车

1、10—前照灯　2—发动机罩盖　3—刮水器　4—前风窗玻璃　5—车顶
6—后视镜　7—车门　8—车轮　9—转向灯　11—前雾灯　12—前保险杠

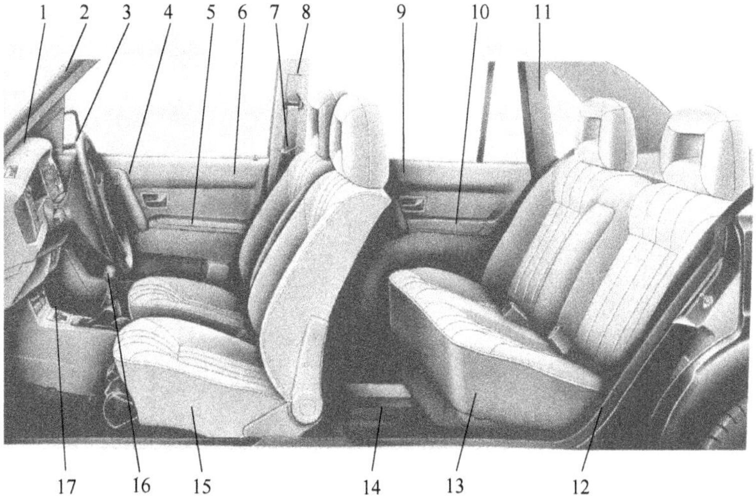

图 1-3　桑塔纳 2000GSi 汽车驾驶室内部结构

1—仪表板　2—前柱内饰板　3—转向盘　4—前车门内门锁手柄　5—前车门拉手　6—前车门内饰板
7—安全带　8—中柱内饰板　9—后车门内饰板　10—后车门拉手　11—后三角窗内饰板　12—门/窗密封条　13—后座　14—地毯　15—前座　16—变速杆　17—车门玻璃升降器控制开关组

四、汽车主要操纵机构认识与使用

不同型号的汽车，其操纵机构及使用方法有所不同，本实训以桑塔纳 2000GSi 汽车为例，介绍汽车主要操纵机构及其使用方法。

1. 汽车离合器踏板、制动踏板及加速踏板

桑塔纳 2000GSi 汽车的离合器踏板、制动踏板及加速踏板如图 1-5 所示。

（1）离合器踏板　离合器安装于发动机与变速器之间，用于暂时分离和平顺接合发动机的动力传递，保证汽车平稳起步，使换档时工作平顺和防止传动系统过载。离合器踏板由左脚控制，要求踩离合器要踩到底，放离合器要缓慢，以免汽车起步冲击。对于配置自动变速器的汽车，则没有离合器踏板。

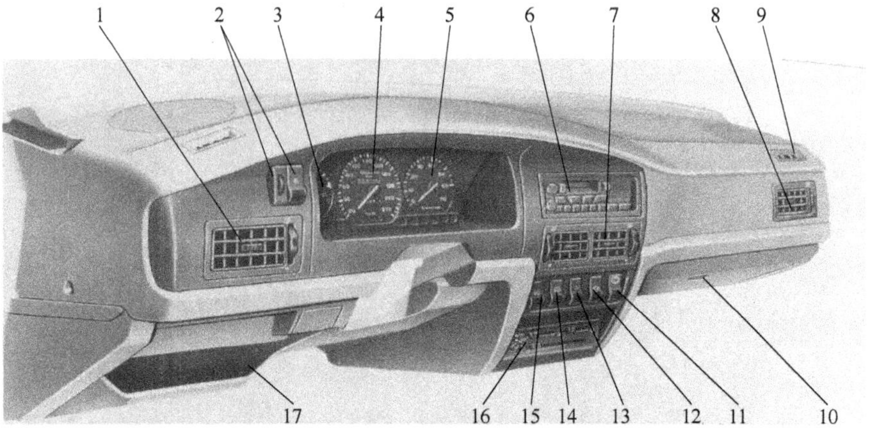

图 1-4 桑塔纳 2000GSi 汽车仪表板

1、7、8—通风口 2—灯光及仪表照明开关 3—燃油表及冷却液温度表等 4—车速及里程表 5—发动机转速表 6—收放机 9—除霜风口 10—杂物箱 11—ABS 指示灯 12—防盗器指示灯 13—危险警告灯开关 14—后风窗电加热器开关 15—雾灯开关 16—空调调节开关 17—小杂物箱

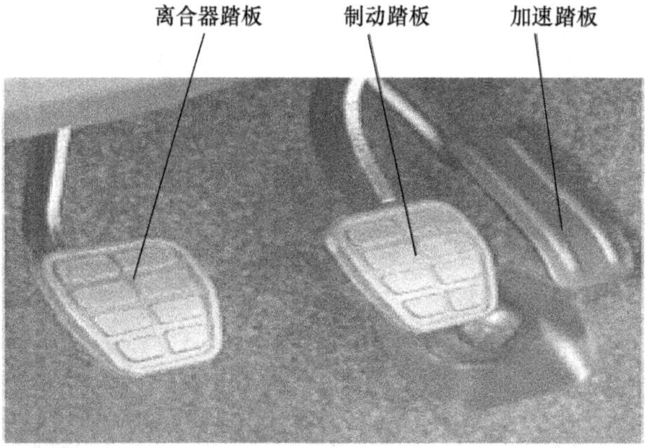

图 1-5 桑塔纳 2000GSi 汽车的离合器、制动及加速踏板

（2）制动踏板　制动踏板用来施行汽车制动，由右脚控制，非紧急情况下，不要进行紧急制动，一般采用点制动。

（3）加速踏板　加速踏板俗称“油门”，用来控制发动机节气门开度（发动机转速），由右脚控制，右脚掌轻放于加速踏板 2/3 处。根据道路、车载及环境情况，确定节气门开度的大小。

2. 汽车转向盘

转向盘用于控制车辆的转向。使用时左手轻握转向盘左上方，右手轻握转向盘右上方，左手和右手大拇指自然伸直靠于转向盘轮缘上部，其余四指应由外向内轻握，如图 1-6 所示。

在平直的道路上使用转向盘，应避免不必要的晃动；如果转向盘受路面凸凹的影响，应紧握转向盘，以免转向盘受车辆的猛烈振动而回转，击伤手指或手腕；若车头向左（右）偏斜时，应向右（左）修正方向，待车头接近回到行驶线时，再逐渐将转向盘回正，此时应牢记打回方向的原则：打多少回多少，少打少回，慢打慢回，大打大回，快打快回。

3. 汽车安全带

汽车安全带（图1-7）对保护人身安全起着重要的作用，在驾驶汽车时驾驶人应始终系好安全带。安全带使用方法如下：

（1）系上安全带　缓慢拉出安全带舌片，将其通过胸部，然后将其插入座椅侧的锁止机构，直至听到啮合声（拉动检查）。

图1-6　汽车转向盘使用

图1-7　汽车安全带

（2）取下安全带　按下锁止机构上的桔黄色按钮以取出安全带，舌片会弹出。用手将舌片送向车门使回位器卷起安全带，挡板会将舌片保持在合适的位置。

安全带使用注意事项：

1）使用三点式安全带应注意使安全带贴靠在肩膀中部，不应让安全带勒在颈部。

2）身高矮于1.5m的儿童不可以佩戴常规安全带，而应使用儿童约束系统，以免在腹部或颈部造成伤害（图1-8）。

3）孕妇佩戴安全带应使上半截安全带穿过胸部中间，下半截安全带拉到大腿上，水平保持在腹部下，收紧安全带（图1-9）。

图1-8　婴儿正确使用安全带

图1-9　孕妇正确使用安全带

4）安全带应通畅、清洁，不得在锋利边缘上有摩擦，安全带出口处别让纸片或其他东西堵塞。

5）损坏或因事故而拉长的安全带必须予以更换。

4. 汽车座椅的调整

汽车座椅可以通过相关的拨杆或按钮（图 1-10）进行前后、上下及角度等调整，使驾驶人感到舒适轻松。一般调整步骤如下。

图 1-10　座椅的调整

（1）座椅的前后调整　调整座椅与踏板的距离使脚向下踩住制动踏板至最深处时，腿部仍要有一定的弯曲，感到自然轻松。

（2）座椅的上下调整　上下调整座椅，使驾驶人的目光平视时，视线能够落在前档风窗玻璃的中线上。同时，注意头部离车顶部要有一个拳头左右的距离，手握转向盘的高度大约低于肩部 10cm 左右为宜。

（3）座椅靠背角度调整　调整靠背倾斜度，注意不可过于倾斜，否则会影响到驾驶人的驾驶操作。

（4）腰部支撑调整　腰部支撑调整的标准是：让座椅支撑住腰，向后靠时，不要让腰部悬空。这样的位置可以最大程度上减少驾驶人驾驶过程中的疲劳。

（5）头枕调整　头枕的最佳位置是头枕的中心线恰好与眼眉在一条线上，尽可能让后脑和头枕完全接触。

5. 驻车制动器的使用

驻车制动器用于汽车在停车时的制动。桑塔纳 2000GSi 汽车驻车制动操纵杆位于两个前座椅之间（图 1-11）。

（1）使用驻车制动器　将驻车制动操纵杆向上拉，必须紧紧拉足，以防汽车自动滑移。如果在接通点火开关时使用驻车制动器，制动警告信号灯会发亮。

（2）放松驻车制动器　将驻车制动操纵杆略朝上拉，按下锁钮并将驻车制动操纵杆向下推足。

6. 变速杆的使用

变速器用于改变汽车的行驶速度，分手动和自动变速器两种类型。

（1）手动变速器　汽车手动变速器的换档操纵机构是手动变速杆，如图 1-12 所示，它有五个前进档和一个倒档。

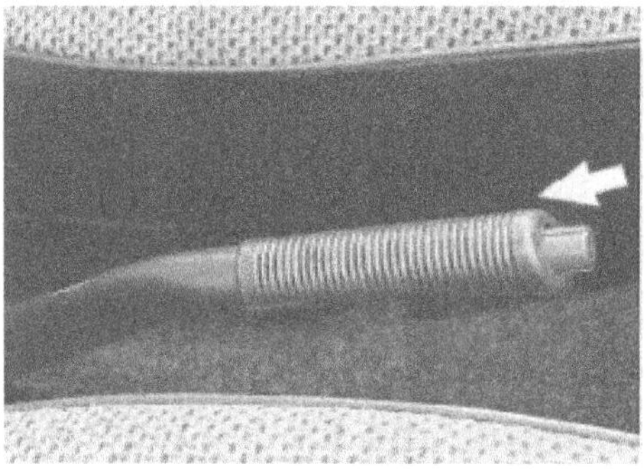

图 1-11　驻车制动操纵杆

图 1-12　手动变速器变速杆

1—1 档　2—2 档　3—3 档

4—4 档　5—5 档　R—倒档

手动变速器换档动作依次为：踩离合器踏板同时松加速踏板→从原档位经空档挂入另一档位→适当加油→松离合器。挂入倒档时，应在车辆静止时，将变速杆按下，再挂入倒档。

操作注意事项：

对手动变速器，行驶时请不要将手放在变速杆上，否则手上的压力会传到变速器内换档拨叉上，造成拨叉过早磨损。

（2）自动变速器　自动变速器一般有6～7个档位，它们从前到后依次排列。分别为：P位、R位、N位、D位，而有的前进档中包括3位、2位、1位，如图1-13所示。

P位和N位都是使发动机和车轮传动系统脱离运转，所不同的是在发动机停止运转的时候，挂N位可以随意推动车辆；挂P位时，利用机械锁销把传动轴锁固在变速器壳上，起制动车辆作用，不能随意推动车辆。车辆只有在P位时才能拔出点火开关钥匙，P位起动是经常使用的模式，N位起动用于行驶中灭车后起动。

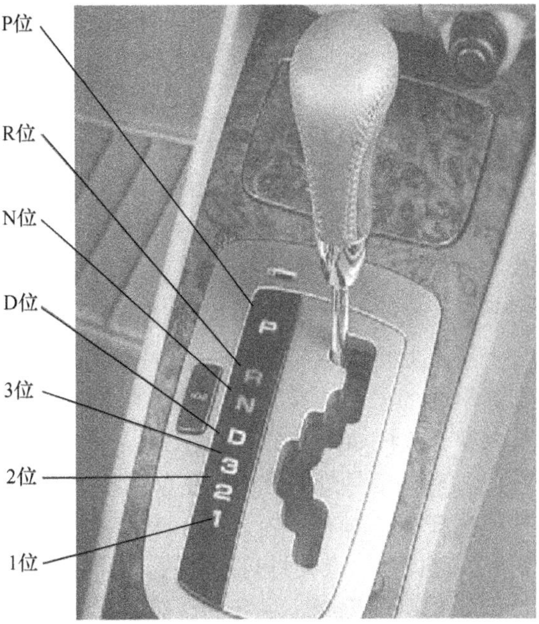

图1-13　自动变速器变速杆

D位的设置规律是：高档位向下兼容，低档位不能自动向上换档，即：若选择4档，变速器可在1档与4档之间根据车辆的速度与使用条件自动选择合理档位，自动升档、降档。若选择2档，就只能在1档与2档间自动变换，而不能升到2档以上，1档、2档有发动机制动功能。

自动档汽车正确的驾驶方法是将变速杆放在P位后起动发动机，要踩下制动踏板，方可由P位转入其他档位，起步时要将变速杆推到较低档位（即2位、1位或3位），待车速提高到一定程度后，再转入D位进入正常行驶，这时车辆能自动选择理想档位，无须驾驶人操心。

车辆行驶中可以手动从低档向高档换档，但从高档往低档换则要在一定速度范围内进行。

若在高速公路上高速行驶时，可选用OD档，可节省燃油。

操作注意事项：

① 当车辆下长坡时，严禁N位滑行，应换入2位或1位，借用发动机制动，可避免制动器过热失效，也容易控制车速，避免事故。

② R位与D位的转换一定要在车辆停止状态下进行，绝对不能在车轮转动时挂入R位。

7. 点火开关的使用

桑塔纳 2000GSi 汽车点火开关兼有转向锁功能，有三个位置，如图 1-14 所示。

当处于位置 1 时，点火开关断开。拔出钥匙并转动转向盘直到听见锁紧销的啮合声，即可锁住转向盘。

当处于位置 2 时，点火开关接通。如钥匙在匙孔内不易转动或根本不能转动，应将转向盘轻轻地往复转动以放开锁紧销。

当处于位置 3 时，可以起动发动机。在此位置，前照灯、刮水器、鼓风窗加热装置开关均被切断。

在重新起动发动机前，应将钥匙转到位置 1。

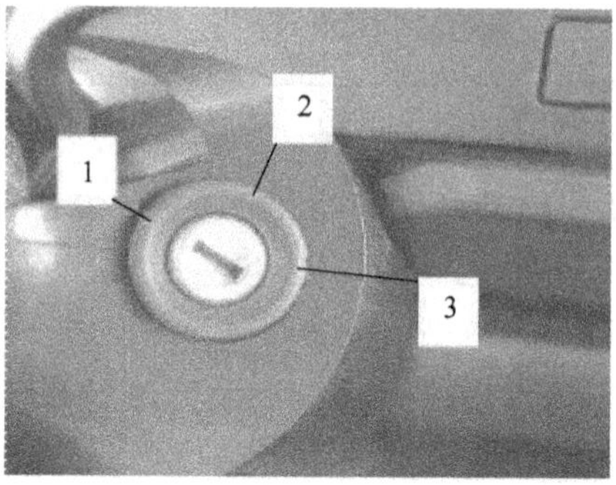

图 1-14 桑塔纳 2000GSi 汽车点火开关
1—点火开关断开 2—点火开关接通
3—起动发动机

8. 转向信号灯及变光拨杆的使用

汽车转向信号灯及变光拨杆用于接通左右转向信号灯，指示汽车转弯方向，或进行汽车前照灯近光、远光变换、发出变换车道信号、停车指示等，给路上行人或车辆提供指示，可以有效避免交通事故的发生。桑塔纳 2000GSi 汽车转向信号灯及变光拨杆如图 1-15 所示。

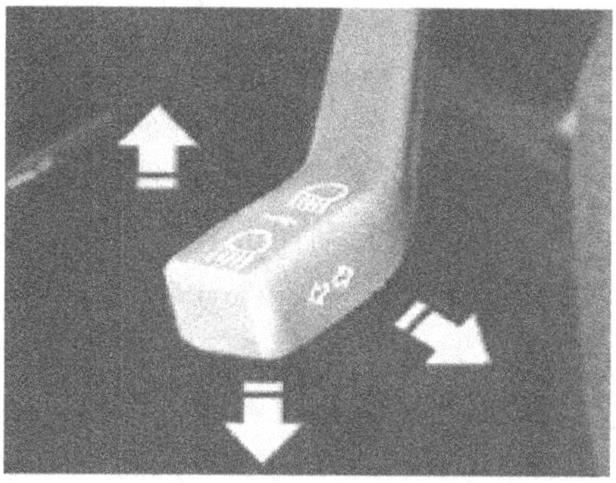
图 1-15 桑塔纳 2000GSi 汽车转向信号灯及变光拨杆

（1）转向信号灯的使用 在点火开关接通后，当变光拨杆朝上时右转向灯亮，拨杆朝下时左转向灯亮。转向后，转向灯自动熄灭。

（2）前照灯近光、远光的变换 变光拨杆朝右抬起，可以进行前照灯近光、远光变换。拨杆朝右轻轻抬起，前照灯远光闪烁，当作用力解除后拨杆自动回到零位。

（3）变换车道信号 可根据车辆需要变换的车道，操作拨杆，操作方法与转向灯操作相同，但不必到底，当作用力排除后，拨杆自动回位。

（4）停车灯 在点火开关关闭之后，拨杆向上，右停车灯亮；拨杆向下，左停车灯亮。

9. 风窗刮水及洗涤系统的使用

图 1-16 所示为桑塔纳 2000GSi 汽车风窗刮水及洗涤系统共用拨杆，用于操纵风窗刮水器运动和洗窗装置。

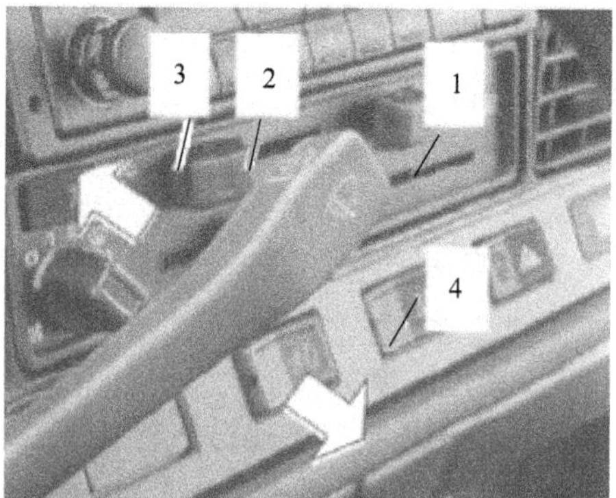

图 1-16 风窗刮水及洗涤系统共用拨杆
0—刮水器停止 1—刮水器点动刮水
2—快速刮水 3—间歇刮水

（1）风窗刮水系统的使用 桑塔纳 2000GSi 汽车设有 0、1、2、3 四个档位（图 1-16），手柄处于“0”档时，刮水器停止运动；处于“1”档时，刮水器点动刮水；处于“2”档时，快速刮水；处于“3”档时，间歇刮水（每6s工作一次）。

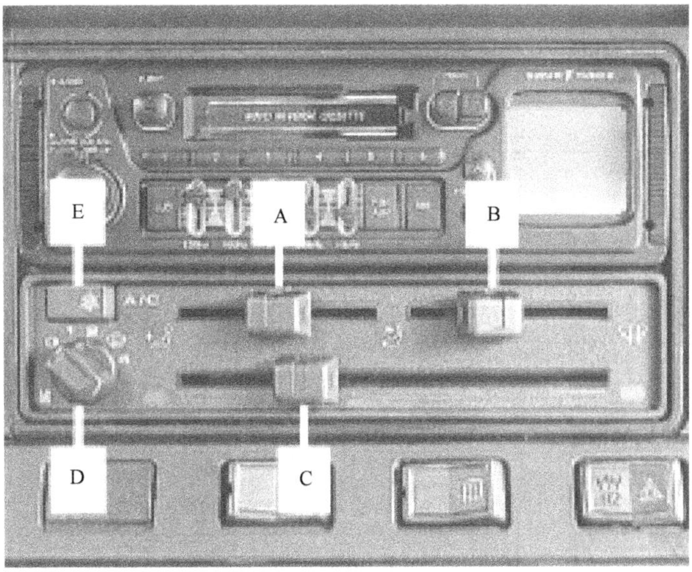

图1-17　桑塔纳2000GSi汽车暖风、通风及空调控制
A、B—调节空气分布　C—温度选择
D—鼓风机转速调节旋钮　E—空调A/C开关

（2）自动洗窗装置的使用　朝上抬起刮水开关拨杆，刮水器及洗窗器即开始工作；复原拨杆，洗窗器停止，而刮水器继续工作约4s。

10. 暖风、通风及空调控制

汽车都安装有暖风、通风及空调装置，用于清洁空气和调节汽车内部温度。图1-17所示为桑塔纳2000GSi汽车暖风、通风及空调控制装置，其使用方法如下：

① 打开开关E，空调开始工作。

② 旋转开关D，可以调节鼓风机转速。

③ 左右拨动拨杆A和B，可以开闭各出风口，调节空气在车厢里的分布。

④ 左右拨动拨杆C，可以进行温度选择：向右，温度提高；向左，温度降低。

拓展与提高

汽车仪表板常见图标说明

汽车仪表板常见图标说明详见表1-1。

表 1-1　汽车仪表板常见图标说明

图　标	名　称	说　明
	车门状态指示灯	显示车门是否完全关闭的指示灯，车门打开或未能关闭时，相应的指示灯亮起，提示车主车门未关好，车门关闭后熄灭
	驻车指示灯	驻车制动手柄拉起时，此灯点亮；驻车制动手柄被放下时，该指示灯自动熄灭。在有的车型上，制动液不足时此灯会亮
	蓄电池指示灯	显示蓄电池工作状态，接通电路后亮起，发动机起动后熄灭。如果不亮或长亮不灭应立即检查发电机及电路
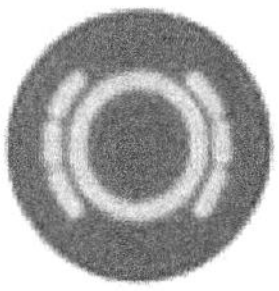	制动盘指示灯	显示制动盘片磨损情况，正常情况下此灯熄灭，点亮时提示车主应及时更换故障或磨损过度的制动片，修复后熄灭
	机油指示灯	显示发动机机油压力，此灯亮起时表示润滑系统失去压力，可能有渗漏，此时需立即停车关闭发动机进行检查
	冷却液温度指示灯	表明发动机冷却液温度过高，此灯点亮报警时，应即时停车并关闭发动机，待冷却至正常温度后再继续行驶
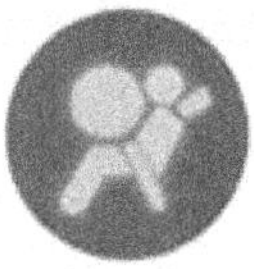	安全气囊指示灯	显示安全气囊工作状态，接通电路后点亮，约 3 ~ 4s 后熄灭，表示系统正常，不亮或常亮表示系统存在故障
	ABS 指示灯	接通电路后点亮，约 3 ~ 4s 后熄灭，表示系统正常；不亮或长亮则表示系统故障，此时可以继续低速行驶，但应避免紧急制动

（续）

图　标	名　称	说　明
	发动机自检灯	显示发动机工作状态，接通电路后点亮，约 3 ~ 4s 后熄无，发动机正常；不亮或长亮表示发动机故障，需及时进行检修
	燃油指示灯	表明燃油不足，该灯亮起时，表示燃油即将耗尽，一般从该灯亮起到燃油耗尽之前，车辆还能行驶约 50km 左右
	清洗液指示灯	显示风窗玻璃清洗液存量，如果清洗液即将耗尽，该灯点亮，提示车主及时添加清洗液；添加清洗液后，指示灯熄灭
	电子节气门指示灯	车辆开始自检时，EPC 灯会点亮数秒，随后熄灭；出现故障，本灯亮起，应及时进行检修
	前后雾灯指示灯	用来显示前后雾灯的工作状况，前后雾灯接通时，两灯点亮，图中左侧的是前雾灯显示，右侧为后雾灯显示
	O/D 档指示灯	用来显示自动档的 O/D 档（Over-Drive），超速档的工作状态，当 O/D 档指示灯闪亮，说明 O/D 档已锁止
	示宽指示灯	用来显示车辆示宽灯的工作状态，平时为熄灭状态，当示宽灯打开时，该指示灯随即点亮
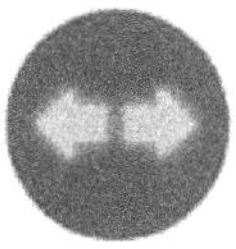	转向指示灯	转向灯亮时，相应的转向灯按一定频率闪烁；按下双闪警告灯按键时，两灯同时亮起，转向灯熄灭后，指示灯自动熄灭

检测评价

通过以上学习，根据任务实施过程，将完成任务情况记入表 1-2 中，完成检测评价。

表 1-2 汽车外部结构认识任务评价表

班级		姓名		日期	
序号	评价内容	配分	评分标准	自评	互评
1	汽车车身外部结构辨认	10	辨认错误 1 项扣 2 分		
2	汽车驾驶室内部结构辨认	10	辨认错误 1 项扣 2 分		
3	汽车仪表板结构辨认	10	辨认错误 1 项扣 2 分		
4	汽车仪表板常见符号辨认	10	辨认错误 1 项扣 2 分		
5	汽车主要操纵机构辨认与使用	50	辨认错误 1 项扣 3 分		
6	实训有序、不超时、实施5S理念	10	操作不规范或超时每项扣 2 分		
7	安全用电、防火、无人身、设备事故		因违反操作安全发生重大人身和设备事故按 0 分计		
8	分数统计	100			
教师评语					

课后测评

一、选择题

1. 下列属于汽车的有（　　）。

A. 乘用车　　B. 公共汽车　　C. 有轨电车　　D. 摩托车

2. 学生 A 说，汽车离合器用于发动机的动力传递暂时分离和平顺接合；学生 B 说汽车都需要离合器，他们说法正确的是（　　）。

A. 学生 A 正确　　B. 学生 B 正确

C. 学生 A、B 都正确　　D. 学生 A、B 都不正确

3. 下列说法正确的是（　　）。

A. 踩离合器踏板要快踩到底，放离合器要缓慢

B. 自动变速器高档位向下兼容，低档位不能自动向上换档

C. 制动踏板非紧急情况下，不要进行紧急制动，一般采用点制动

D. 当车辆下长坡时，不宜空档滑行

二、问答题

1. 说说您在汽车外部和驾驶室内所看到的汽车部位的名称。

2. 正确说出汽车外部操纵机构的名称与作用。

三、实操题

1. 辨认汽车仪表板各图标含义。
2. 正确操作汽车各外部操纵机构。

任务二 汽车类型与主要性能识别

任务目标

1. 掌握汽车总体分类。
2. 理解汽车主要性能指标。
3. 培养爱岗敬业、勤奋细心、认真负责、团结互助的职业道德和精神。

任务准备

1. 器材准备

1）桑塔纳2000GSi汽车1辆/组。

2）桑塔纳2000GSi汽车参数表1份/组。

3）一体化教室1间。

4）录像片及教学挂图1套。

2. 任务安排

1）教学课时：2学时。

2）教学组织：教师结合多媒体现场讲解，学生分组（5~6人一组）进行现场学习与讨论。

任务实施

一、汽车的分类

汽车类型繁多，分类方法各不相同，根据新标准GB/T3731.1—2001规定，我国汽车分为乘用车和商用车两大类。乘用车主要用于载运乘客及其随身行李与物品，包括驾驶人座位在内最多不超过9个座位；商用车主要用于商业用途，运送人员和货物。每大类又分若干小类，具体分类详见表1-3。

汽车若按发动机位置及驱动形式可分为发动机前置前驱动（FF）、发动机前置后驱动（FR）、发动机中置后驱动（MR）、发动机后置后驱动（RR）和四轮驱动（4WD）五种（图1-18）。

四轮驱动是指汽车所有车轮都是驱动轮，一般多用于越野车。汽车驱动情况常用4×2、4×4等表示，前一位数表示汽车总车轮数，后一位数表示汽车驱动轮数。

表 1-3　汽车分类（按用途）

分类			说明					图例
			车身	车顶	座位	车门	车窗	
乘用车	普通乘用车		封闭	硬顶	≥4	2、4		
	活顶乘用车		可开启	硬顶 软顶	≥4	2、4	≥4	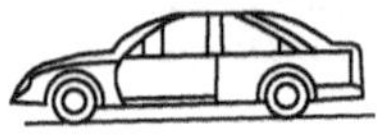
	高级乘用车		封闭	硬顶	≥4	4、6	≥6	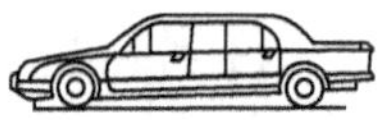
	小型乘用车		封闭	硬顶	≥2	2	≥2	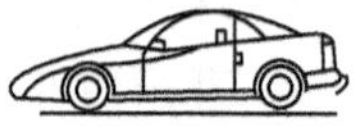
	敞篷车		可开启	软顶 硬顶	≥2	2、4	≥2	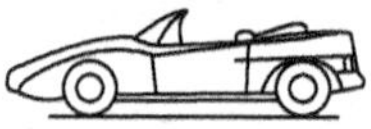
	仓背乘用车		封闭 （车身后部有一仓门）	硬顶	≥4	2、4	≥2	
	旅行车		封闭	硬顶	≥4	2、4	≥4	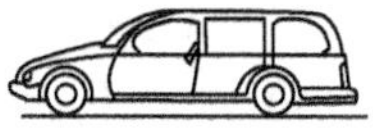
	多用途乘用车		座位数超过 7 个，多用途					
	短头乘用车		短头①					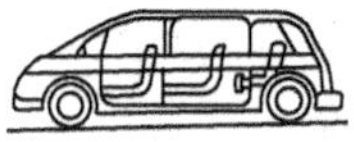
	越野乘用车		可在非道路上行驶②					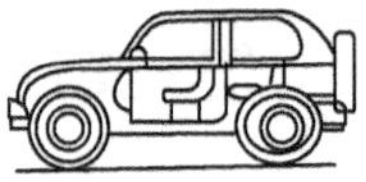
	专用乘用车		专门用途（救护车、旅行车、防弹车、殡仪车）					
商用车	客车	小型客车	载客，≤16 座（除驾驶人座）					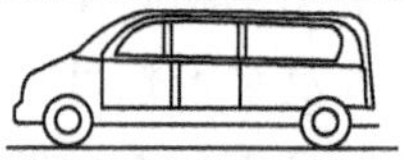
		城市客车	城市用公共汽车					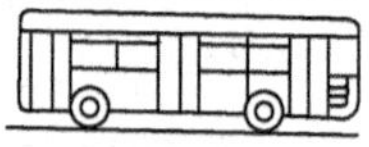
		长途客车	长途客车					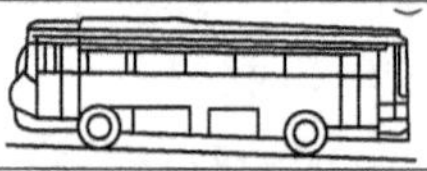
		旅游客车	旅游用车					
		铰接客车	由两节刚性车厢铰接组成的客车					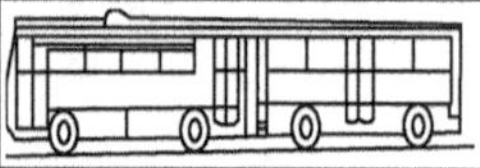

（续）

分　类			说　明					图　例
			车身	车顶	座位	车门	车窗	
商用车	客车	无轨电车	经架线由电力驱动的客车					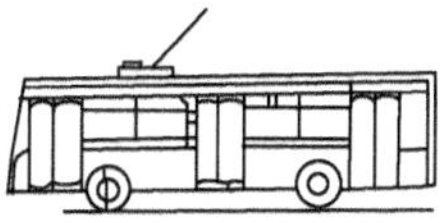
		越野客车	可在非道路上行驶的客车					
		专用客车	专门用途的客车					
	半挂牵引车		牵引半挂车的商用车					
	货车	普通货车	敞开或封闭的载货车					
		多用途货车	驾驶座后可载 3 人以上的货车					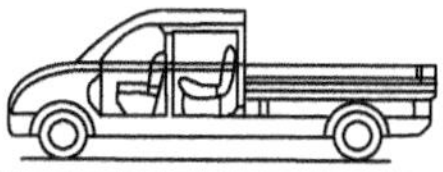
		全挂牵引车	牵引杆式挂车的货车					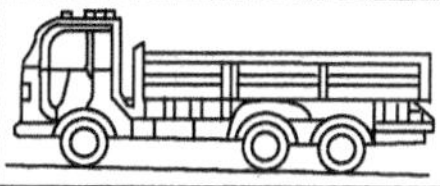
		越野货车	可在非道路上行驶					
		专用作业车	特殊工作的货车（消防车、救险车，垃圾车、应急车、街道清扫车、扫雪车、清洁车等）					
		专用货车	运输特殊物品的货车（罐式车、乘用车运输车、集装箱运输车等）					

注：1. 短头乘用车：指一半以上的发动机长度位于车辆前风窗玻璃最前点以后，并且转向盘的中心位于车辆总长的前四分之一部分内。

2. 越野车：所有车轮可以同时驱动（包括一个驱动轴可以脱开的车辆），或其几何特性、技术特性和动力性能允许在非道路上行驶的一种乘用车。

乘用车按车身分类（图 1-19）有一厢式（发动机舱、客舱和行李箱在外形上形成一个空间形态）、两厢式（发动机舱、客舱和行李箱在外形上形成两个空间形态）、三厢式（发动机舱、客舱和行李箱在外形上形成三个空间形态）。若乘用车顶盖不可开启，该车身则为闭式；若客舱顶为敞顶或按需要可开闭，该车身则为开式。

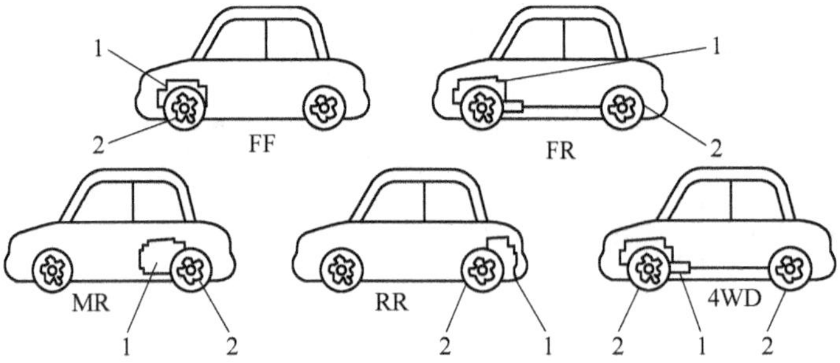

图 1-18　汽车发动机位置及驱动形式

1—发动机　2—驱动轮　FF—发动机前置前驱动　FR—发动机前置后驱动

MR—发动机中置后驱动　RR—发动机后置后驱动　4WD—四轮驱动

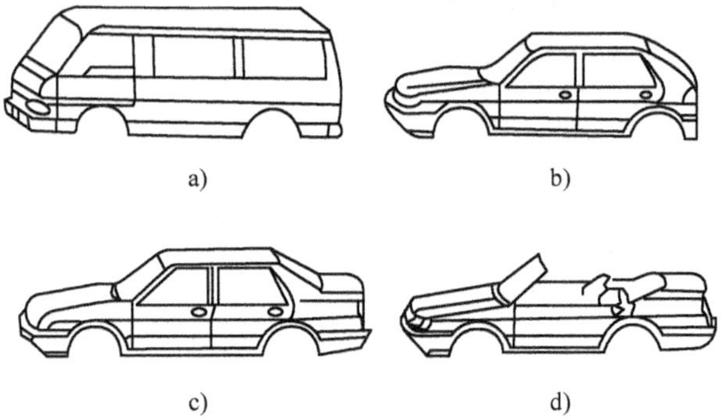

图 1-19　轿车车身分类

a）一厢式　b）二厢式　c）三厢式　d）开式

四轮货车按设计最大总质量可分为 N_1（<3500kg）、N_2（3500kg～12000kg）和 N_3（>12000kg）三类。

若按汽车动力装置类型，可分为内燃机汽车、电动汽车、燃气轮机汽车等。

二、汽车主要技术参数

桑塔纳 2000GSi 汽车整车主要技术参数详见表 1-4。

1. 汽车主要尺寸参数

汽车的主要尺寸参数包括总长、总宽、总高、轴距、轮距、前悬、后悬、最小转弯半径、最小离地间隙等，如图 1-20 所示。

（1）总长、总宽、总高　汽车总长 *S*、总宽 *B* 和总高 *H*　各国对公路运输车辆的外廓尺寸都有法规限制，以便使其适应该国的公路、桥梁、涵洞和铁路运输的有关标准。我国对公路车辆的限制尺寸是：总高不大于4m，总宽（不包括后视镜）不大于2.5m，左、右后视镜等突出部分的侧向尺寸总共不大于 250mm；总长对于载货汽车及越野汽车不大于 12m，牵引汽车带半挂车不大于 16m，汽车拖带挂车不大于 20m，挂车不大于 8m，大客车不大于 12m，铰接式大客车不大于 18m。

（2）轴距　轴距指车轴之间的距离 *L*。对双轴汽车，轴距就是前、后轴之间的距离；对三轴汽车，轴距是指前轴与中轴之间的距离和前轴与后轴之间的距离的平均值。

表 1-4　桑塔纳 2000GSi 汽车整车主要技术参数

项　目		参　数	项　目		参　数
车型		四门五座前驱中级乘用车	动力性能	最高车速/(km/h)	175
尺寸参数	尺寸（空载）(长×宽×高)/(mm×mm×mm)	4680×1700×1423		0~100km/h 加速时间/s	≤13.5
	轴距（半载）/mm	2656	经济性能	60km/h 等速油耗/(L/100km)	≤5.7
	轮距（半载）(前/后)/(mm/mm)	1414/1422		120km/h 等速油耗/(L/100km)	≤8.8
	最小转弯半径/m	11	制动性能	初速度 30km/h 的制动距离/m	≤5.8
	最小离地间隙（满载）/mm	138		初速度 50km/h 的制动距离/m	≤15
质量参数	整备质量/kg	1140	排放性能	CO（体积分数,%）	≤1.5
	满载质量/kg	1560		CH（体积分数，$\times10^{-6}$）	≤600

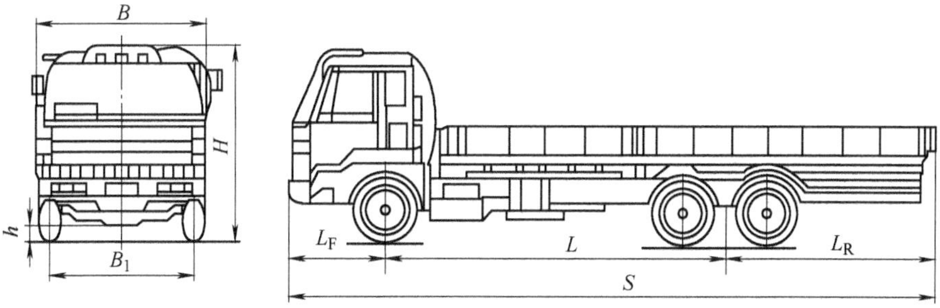

图 1-20　汽车主要尺寸参数

S—总长　B—总宽　H—总高　L—轴距　B_1—前轮距

L_F—前悬　L_R—后悬　h—最小离地间隙

(3) 前、后轮轮距　分别指指汽车前、后轮中心距离 B_1、B_2。

(4) 汽车的前悬和后悬 L_F、L_R　汽车的前悬是指汽车前端至前轮中心之悬置部分 L_F、L_R。汽车的后悬是指汽车后端至汽车后轮中心之悬置部分。

(5) 汽车的最小离地间隙　指汽车满载、静止时，平直地面与汽车上的中间区域最低点之间的距离 h，它反映了汽车无碰撞地通过凸起地面的能力。

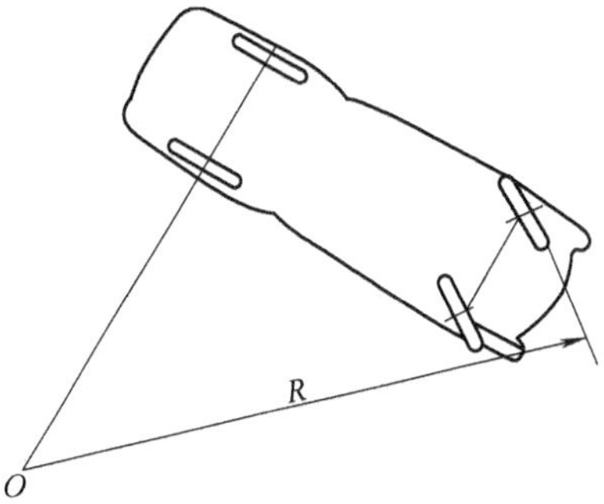

图 1-21　汽车最小转弯半径

(6) 最小转弯半径　当转向盘转到极限位置、汽车以最低稳定车速转向行驶时，外侧转向轮的中心平面在支承平面上滚过的轨迹圆的半径 R（图 1-21），它表征了汽车能够通过狭窄弯曲地面的能力。最小转弯半径越小，汽车的机动性越好。乘用车的最小转弯半径一般为轴距的 2 ~ 2.5 倍。

2. 汽车的质量参数

汽车的质量参数主要含汽车的装载质量、总质量和整备质量等。

（1）汽车的装载质量　乘用车主要用于载运乘客及其随身行李物品，一般以座位数计算，包括驾驶人座位在内最多不超过9个座位；商用车中的客车是以载客量计，载货汽车则以其在良好的硬路面上行驶时所装载货物质量的最大限额（单位t）计。超载将导致车辆早期损坏，制动距离变长，甚至造成交通事故。

（2）汽车的整备质量　指汽车在加满燃料、润滑油、工作液（如制动液）及发动机冷却液并装备（随车工具及备胎等）齐全后（未载人）载货时的总质量。整备质量越小的汽车，燃油消耗越少，经济性越好。

（3）汽车的总质量　指已整备完好、装备齐全并按规定载满客、货时的汽车质量。

3. 汽车主要性能指标

汽车主要性能指标包括汽车的动力性能（最高车速、加速时间）、经济性能（汽车的燃料消耗量）、制动性能（汽车的制动距离）、汽车有害气体排放和噪声等。

（1）汽车的最高车速　指在水平良好路面（混凝土或沥青）上和规定载质量条件下汽车所能达到的最高车速（单位km/h），它是汽车的一个重要动力指标。目前，普通乘用车最高车速一般为150～200km/h。

（2）汽车的加速时间　指汽车加速到一定车速所需要的时间，常用原地起步加速时间与超车加速时间表示，它也是汽车动力性能的重要指标。乘用车常用0～100km/h的换档加速时间来评价，如普通乘用车为10～15s。

（3）汽车的燃料消耗量　通常以百公里油耗来衡量，即汽车在良好的水平硬路面以一定载荷（乘用车半载、货车满载）及最高档等速行驶时的百公里燃料消耗量（单位为L/100km），它是汽车的燃料经济性常用的评价指标。

（4）汽车的制动距离　指在良好的试验跑道上在规定的车速下紧急制动（紧急制动时踏板力对乘用车要求不大于500N，对其他车要求不大于700N）时，由踩制动踏板起到完全停车时的距离。按我国标准GB 7258—2012要求，乘用车空载以50km/h初速度的制动距离应不大于19m。

（5）汽车有害气体排放　汽车有害气体排放主要是发动机排放的，其排气中含有多种对人体有害的物质，主要有一氧化碳（CO）、碳氢化合物（HC）、氮氧化物（NO_x）、二氧化硫（SO_2）、醛类和微粒（含炭烟）等，应控制在一定数值范围内。

（6）噪声　噪声是汽车工作时发出的一种声强和频率无一定规律的声音。它容易使人性情烦躁，反应迟钝，甚至耳聋，诱发高血压和神经系统等疾病。我国的噪声标准（GB/T 18697—2002）规定，轿车的噪声不得大于79dB（A）。

三、汽车身份证

一辆汽车就有一个识别代号编码VIN（Vehicle Identification Number），就像人的身份证号码，它由17位编码组成，从中可以识别出该车的生产国家、制造厂家、汽车类型、品牌名称、车型系列、车身形式、发动机型号、车型年款等信息，它是汽车修理时的数据检索、配件采购和经营管理所必需的。

车辆识别代号应位于车窗上靠近风窗立柱的位置（图1-22），以便于观察检查。

根据 GB/T16735—2004 规定，我国汽车代号与国际车辆识别代号（VIN）接轨，由 3 部分 17 位字码组成（图 1-23）。对年产量≥500 辆的制造厂，车辆识别代号的第一部分为世界制造厂识别代号（WMI）；第二部分为车辆说明部分（VDS）；第三部分为车辆指示部分（VIS）。

图 1-22　车辆识别代号

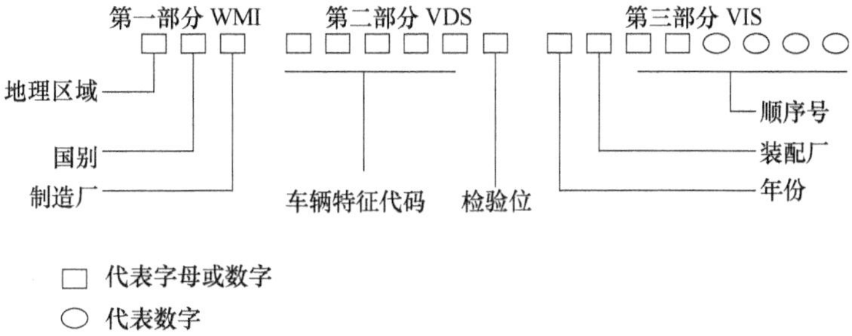

图 1-23　我国车辆识别代号编码

拓展与提高

汽车排放标准

汽车有害气体排放已严重污染了大气，形成公害。为此，各国都制定了相应的汽车排放标准，美国加州汽车排放法规是目前世界上最严的标准。欧洲 1992 年实行欧 1 排放标准、2013 年 1 月开始实行欧 6 排放标准，具体的排放污染物要求详见表 1-5。

表 1-5　欧洲货车和公共汽车排放标准　（单位：g/kW·h）

标准等级	开始实施日期	CO	HC	NO_x	PM	烟雾
欧洲 1 号	1992 年，<85kW	4.5	1.1	8.0	0.612	无标准
	1992 年，>85kW	4.5	1.1	8.0	0.36	无标准
欧洲 2 号	1996 年 10 月	4.0	1.1	7.0	0.25	无标准
	1998 年 10 月	4.0	1.1	7.0	0.15	无标准
欧洲 3 号	1999 年 10 月（EEV）	1.0	0.25	2.0	0.02	0.15
	2000 年 10 月	2.1	0.66	5.0	0.1	0.8
欧洲 4 号	2005 年 10 月	1.5	0.46	3.5	0.02	0.5
欧洲 5 号	2008 年 10 月	1.5	0.46	2.0	0.02	0.5
欧洲 6 号	2013 年 1 月	1.5	0.13	0.5	0.01	

我国排放标准参照欧洲法规体系，2000 年开始执行欧 1 标准，2003 年开始执行欧 2 标准，2005 年 12 月 30 日起，正式执行国家第三、四阶段机动车排放标准（相当于欧 3、欧 4

排放标准），自2007年1月1日起，对轻型柴油车实施国5排放标准。2013年2月1日起，北京市第五阶段机动车排放标准（京V排放标准，参照欧5排放标准）正式实施。

检测评价

通过以上学习，根据任务实施过程，将完成任务情况记入表1-6中，完成检测评价。

表1-6　汽车类型与主要性能识别任务评价表

班级		姓名		日期	
序号	评价内容	配分	评分标准	自评	互评
1	汽车分类与辨认	35	错误每项扣2分		
2	汽车身份证含义	10	错误每项扣2分		
3	汽车主要性能参数	35	错误每项扣3分		
4	汽车排放标准	10	错误每项扣2分		
5	操作规范、有序、不超时、实施5S理念	10	操作不规范或超时每项扣2分		
6	安全用电、防火、无人身、设备事故		因违反操作安全发生重大人身和设备事故按0分计		
7	分数统计	100			
教师评语					

课后测评

一、选择题

1. 乘用车主要用于载运乘客及其随身行李物品，包括驾驶人座位在内最多不超过的座位数是（　　）。

A. 7个　　B. 8个　　C. 9个　　D. 10个

2. 发动机前置后驱动汽车采用的字母表示是（　　）。

A. FF　　B. MR　　C. FR　　D. 4WD

3. 我国对公路车辆的限制尺寸是（　　）。

A. 总高不大于4m，总宽（不包括后视镜）不大于3m

B. 总高不大于5m，总宽（不包括后视镜）不大于3m

C. 总高不大于4m，总宽（不包括后视镜）不大于2.5m

D. 总高不大于3.5m，总宽（不包括后视镜）不大于2.5m

4. 汽车的装载质量是指（　　）。

A. 汽车装载的质量　　B. 对于乘用车是指乘用的座位数

C. 对于商用车是指装载的质量　　D. 对于货车是指装载的质量

5. 根据GB7258—2012新规定，我国乘用汽车空载以50km/h初速度行驶的制动距离应不大于（ ）。

A. 5m B. 10m C. 16m D. 19m

二、问答题

1. 汽车的主要性能指标有哪些？
2. 汽车的排放标准有哪些？

三、实操题

1. 测量汽车的外部主要尺寸参数
2. 测量汽车的最小转弯半径。

项目小结

1. 汽车是由动力驱动，一般具有四个或四个以上车轮的非轨道承载车辆，主要用于载运人、货物及一些特殊用途。

2. 汽车由发动机、底盘和车身三大部分组成。发动机是汽车的动力；底盘将发动机的动力进行传递和分配，并按驾驶人要求进行行驶；车身是驾驶人操作和容纳乘客及货物的场所。

3. 我国汽车按照用途分为乘用车和商用车两大类。乘用车主要用于载运乘客及其随身行李物品，包括驾驶人座位在内最多不超过9个座位；商用车主要用于商业用途，运送人员和货物。

4. 一辆汽车就有一个识别代号编码VIN，由17位编码组成，是汽车修理时的数据检索、配件采购和经营管理所必需的。

5. 汽车主要参数包括尺寸参数、质量参数、性能参数（最高车速、加速时间、汽车的燃料消耗量、汽车的制动距离、最小转弯半径、汽车的最小离地间隙、汽车有害气体排放、噪声）等。

项目二

发动机基本拆装与结构认识

项目描述

发动机是汽车的动力来源，其零部件多、结构原理复杂，所以，先要亲自动手对发动机进行拆装和认知，再逐步深入其结构与原理。本项目主要讲解汽车发动机的基本拆装和基本结构与原理。

任务一　汽车发动机基本拆装

任务目标

1. 学会从车上拆下与安装发动机总成。
2. 学会发动机外部零部件的拆装。
3. 学会发动机机体组件、曲柄连杆机构及配气机构的基本拆装。
4. 培养爱岗敬业、不辞辛劳、认真负责、团结互助的职业道德和精神。

知识准备

汽车发动机种类繁多，结构复杂，由上万个零件组成，但总体看都是在一个机体上安装一个机构（曲柄连杆机构）和六大系统（换气系统、燃料供给系统、润滑系统、冷却系统、点火系统和起动系统），如表 2-1 和图 2-1 所示。柴油机则为五大系统，没有点火系统。

表 2-1　发动机总体组成

名　　称	功　　用	主要部件
机体组件	发动机的骨架，支承着发动机的所有零部件	机体、气缸、气缸盖、气缸垫等
曲柄连杆机构	将活塞顶的燃气压力转变为曲轴的转矩，输出机械能	活塞、连杆、曲轴、飞轮等
换气系统	按照发动机要求，定时开闭进、排气门，吸入干净空气，排出废气	空气滤清器、进排气管系、配气机构（气门组件、凸轮轴、驱动机构）、排气消声器等
燃料供给系统	按照发动机要求，定时、定量供给所需要的燃料	汽油机：汽油箱、输油泵、滤清器、压力调节器、各种传感器、电控喷油器、电控单元等（旧汽油机采用化油器） 柴油机：燃油箱、输油泵、燃油滤清器、高压油泵、调速器、喷油器、电控单元、各种传感器等
点火系统	按规定的时刻，准时点燃汽油机气缸内的可燃混合气	蓄电池、点火开关、点火线圈组件、传感器、电控装置、火花塞等
润滑系统	润滑、减小摩擦、延长寿命、密封、清洁、冷却、防锈蚀	油底壳、机油泵、机油滤清器、机油压力表、机油道等
冷却系统	保持发动机在适宜的温度下工作	冷却水泵、风扇、节温器、散热器、冷却水道等
起动系统	起动发动机	蓄电池、起动开关、起动机等

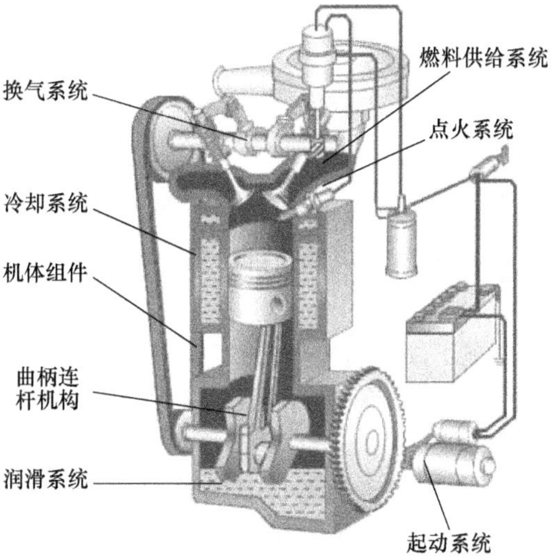

图 2-1　汽车发动机总体组成（汽油机）

任务准备

1. 器材准备图 2-2

1）桑塔纳 2000GSi 型汽车 1 辆/组。

2）发动机拆装专用支承工具 1 个/组（图 2-2）。

3）小吊车 1 台/组。

4）发动机拆装台架 1 台/组。

5）活塞环拆装钳、活塞环夹紧工具、零部件盆一个，机油壶、润滑油、棉纱等各1套/组。

6）常用拆装工具1套/组。

7）清洗机1台。

8）一体化教室1间。

9）相关的教具、录像片及教学挂图1套。

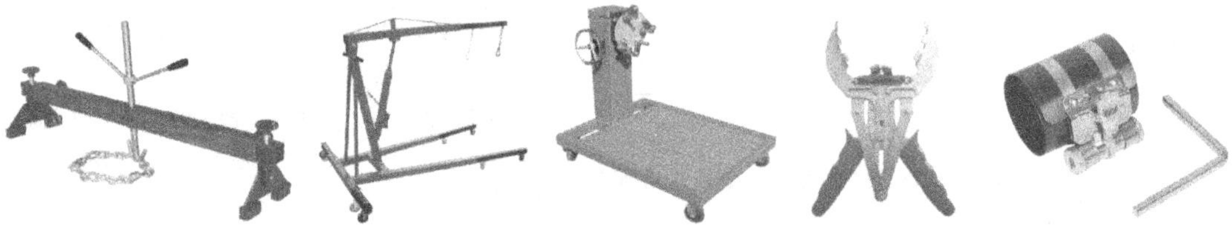

发动机拆装专用支承工具　小吊车　发动机拆装台架　活塞环拆装钳　活塞环夹紧工具

图2-2　实训物品

2. 任务安排

1）实训课时：16学时。

2）实训组织：每5~6人一组，由老师指导，学生自己动手进行拆装。

任务实施

在实训教师组织观看完发动机总成拆装视频后开始进行拆装操作。

一、从车上拆下与装回发动机总成

1. 从车上拆下发动机总成

拆卸发动机前，应断开或松开与汽车其他系统联系的所有电路、气路、油路，并将发动机与变速器总成脱离，然后从汽车前面将发动机拆卸下来。以桑塔纳2000GSi为例，具体拆卸步骤如下：

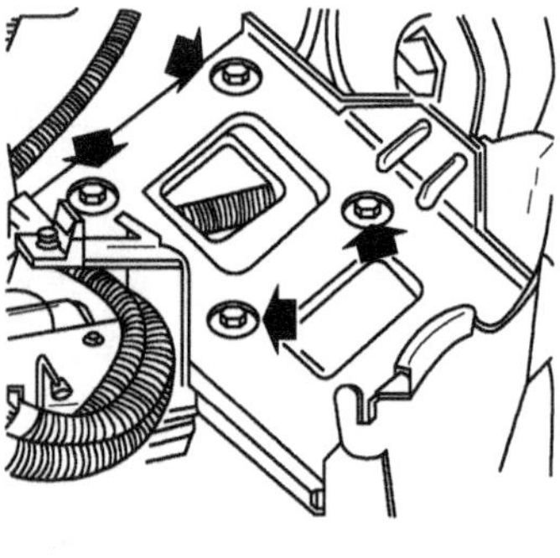

图2-3　拆卸蓄电池支架

1）在点火开关切断的情况下断开蓄电池搭铁线。拆下蓄电池，注意先向外拉出后再取下。旋松蓄电池支架紧固螺栓，拆下蓄电池支架，如图2-3所示。

2）在发动机下放置一个收集盘，打开冷却液储液罐盖，松开散热器下水管夹箍，拔下散热器的下水管，放出冷却液，用干净的容器予以收集，以便处理或再使用。

3）拔下电动散热风扇的导线插头。

4）拔下散热器左侧的热敏开关导线插头（图2-4）。松开散热器上的水管夹箍，拔下散热器上的水管。

5）旋松电动散热器风扇的4个紧固螺栓，拆下风扇和散热器。

6）拔下空气流量传感器的导线插头。

7）拔下活性炭罐电磁阀（ACF阀）的导线插头，从空气滤清器上取下活性炭罐电磁阀。

8）拆下空气滤清器至节气门控制器之间的空气管路，然后拆下空气滤清器罩壳。

9）拔下燃油分配管上的供油管和回油管（图2-5）。

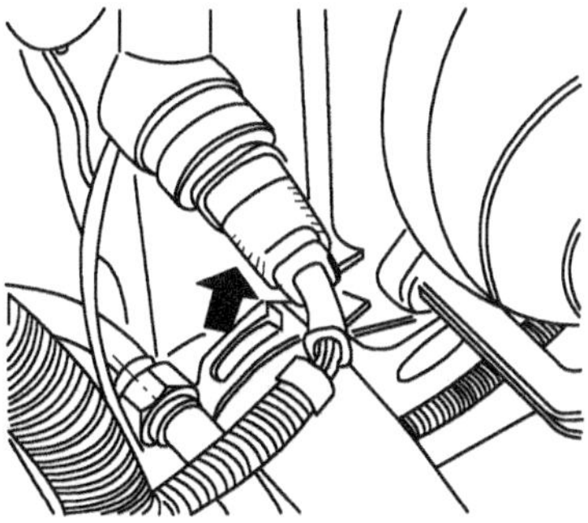

图2-4 拔下热敏开关导线插头

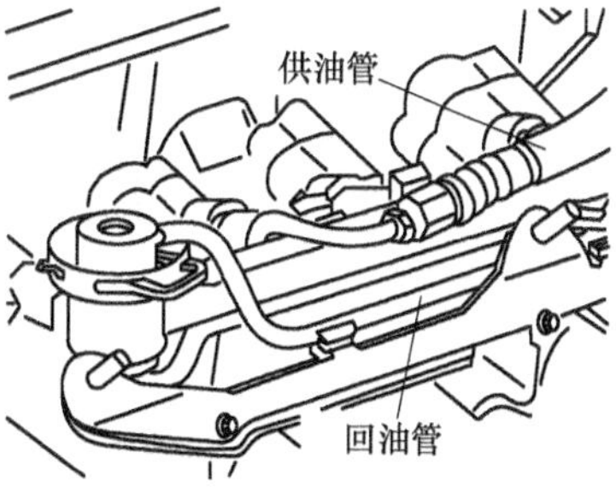

图2-5 拔下供油管和回油管

操作注意事项：

燃油系统内有压力，在打开系统之前先在开口处放置抹布，然后小心地松开接头以降低压力。

10）松开节气门拉索（如图2-6箭头所示）。拔下通向活性炭罐电磁阀的真空管1和通向制动系统真空助力器的真空管2。

11）拔下位于发动机底部通向暖风机热交换器的冷却液管。

12）拔下气缸盖通向暖风机热交换器的冷却液管（图2-7）。

13）拔下变速器上的车速传感器电线插头、倒车灯开关电线插头。

14）松开空调压缩机与支架的连接螺栓，取下V带（图2-8）。

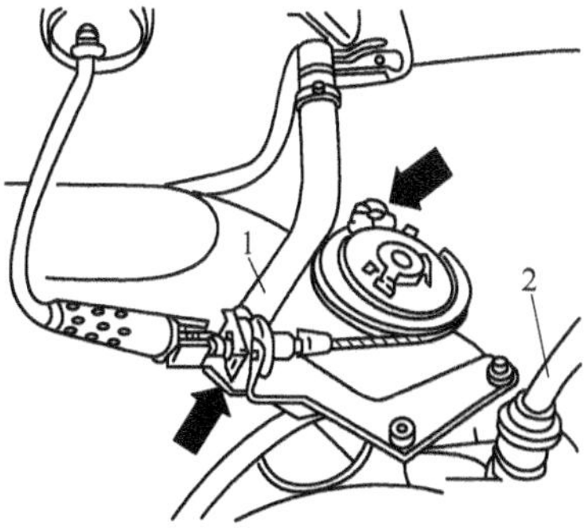

图2-6 松开节气门拉索

操作注意事项：

在拆卸V带前一定要做好方向标记，以防重新使用时安错方向，损坏V带。

15）移开空调压缩机并使用电线将其悬挂在副梁上。

操作注意事项：

此时不要打开空调管路。

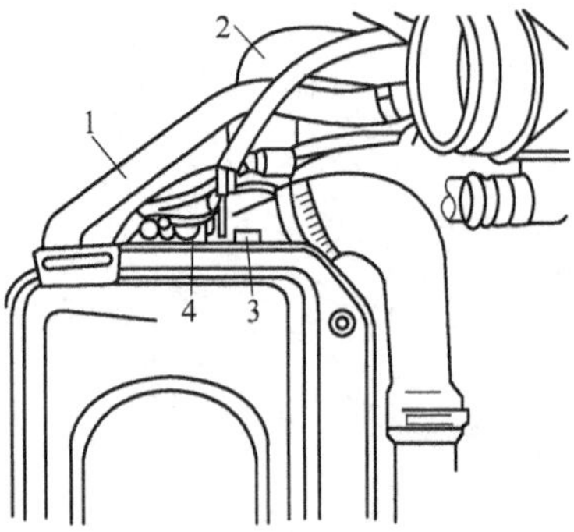

图2-7 拔下气缸盖通向暖风机热交换器的冷却液管
1—通向膨胀水管软管 2—通向暖风机热交换器软管
3—冷却液温度传感器 4—空调控制开关

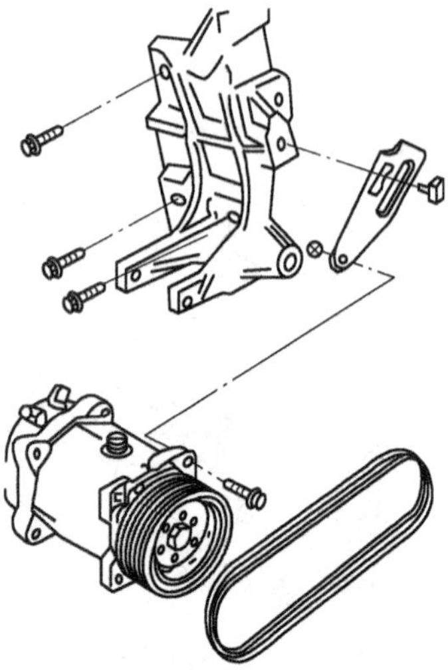

图2-8 松开空调压缩机与支架的连接螺栓

16）使用专用工具扳动张紧轮，使V带松开。用专用销钉固定住张紧轮，从发电机上取下V带，再取下专用销钉。

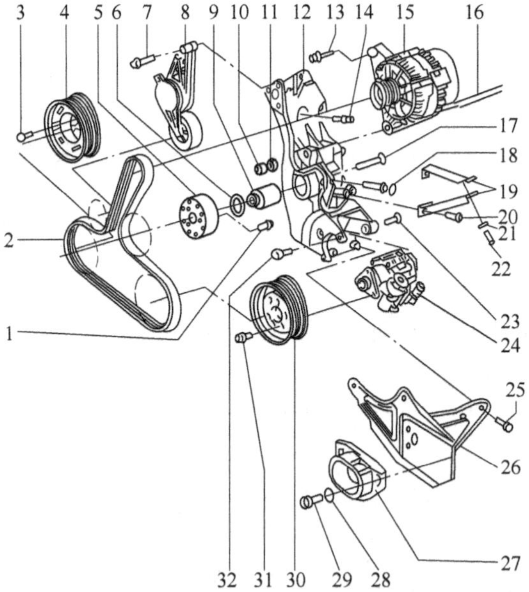

图2-9 拆卸动力转向泵V带
1—螺栓 2—V带 3—螺栓 4—带轮 5—曲轴带轮 6—保持夹 7、13、23、25、29、31、32—螺栓
8—V带张紧轮 9—过渡轮 10、14、16、17、18—螺栓 11、28—垫圈 12、19、26—支架 15—发电机
20、22—螺栓 21—垫圈 24—动力转向泵 27—扭力臂止位块 30—动力转向泵带轮

17）松开动力转向泵V带轮的螺栓，拆下V带轮（图2-9）。从支架上拆下动力转向泵，并将其固定在发动机舱内的一侧。

18）旋下排气歧管和前排气管的连接螺栓。

19）拔下起动机导线，并从变速器壳体上拆下起动机。

20）松开车身上的搭铁线。

21）旋下所有发动机与车身的连接螺栓。

22）使用变速器托架托住变速器的底部，或者将专用支承工具固定在车身两侧（图2-10），使用变速器吊装工具吊住变速器。

23）旋下发动机与变速器的紧固螺栓，留下一个螺栓定位。

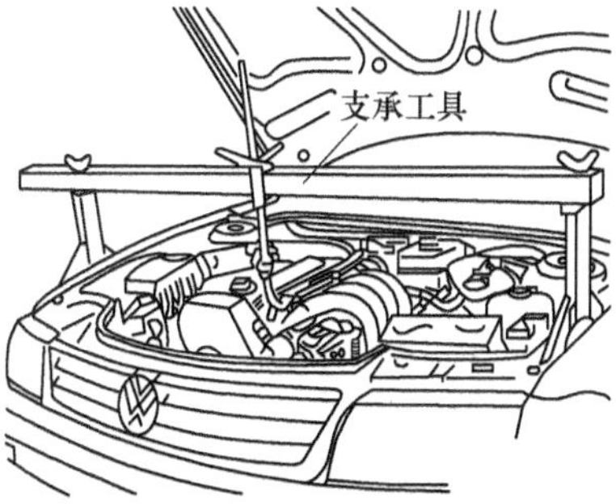

图2-10 专用支承工具

24）使用小吊车吊住发动机的吊耳。

25）松开最后一个紧固螺栓，小心地将发动机吊离发动机舱。

2. 将发动机总成安装到汽车上

发动机的安装按照与拆卸相反的顺序进行安装，但要特别注意以下几点：

操作注意事项：

1）在安装时应检查发动机和变速器之间的定位销是否安装好。

2）正式修理的汽车，应更换所有的自锁螺母、密封圈、衬垫。

3）在变速器输入轴上涂一层薄薄的润滑脂。

4）检查曲轴后部滚针轴承是否安装上，必要时检查离合器压盘的对中程度。

5）安装发动机支架后，摇动发动机使其安装到位。

6）调整节气门拉索，使其活动灵活。

7）一般螺栓、螺母拧紧力矩见表2-2。

表2-2 一般螺栓、螺母拧紧力矩

螺栓、螺母	拧紧力矩/N·m	部　　位	拧紧力矩/N·m
M6	10	发动机支承与副梁连接螺栓	40±5
M8	20	发动机支架与发动机支承螺栓	40±5
M10	45	发动机扭力臂	23±3
M12	65	前排气管与排气支管连接螺栓	25±2.5

二、发动机总成拆装

1. 发动机外部零部件的拆装

先将拆卸下来的发动机稳定放置在拆装台架上（图2-11），然后参照图2-12进行外部零部件拆装。

1）旋松发电机11的固定螺钉，拆卸发电机。

2）旋松曲轴带轮 5 的固定螺钉，拆卸曲轴带轮。

3）抽出油尺 13。

图 2-11　固定发动机到拆装台上

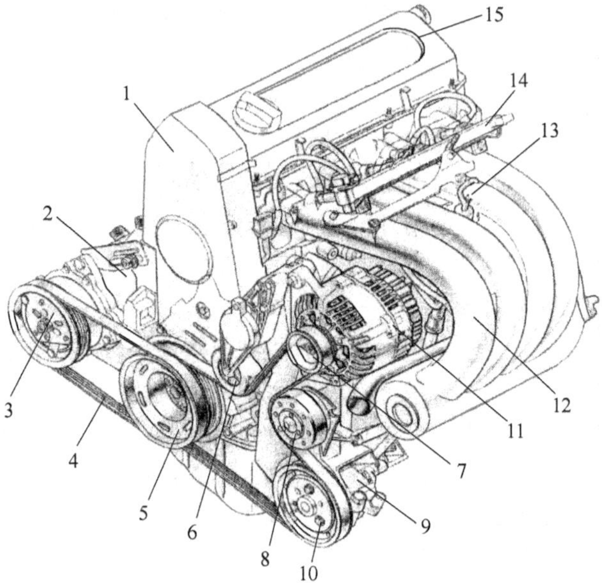

图 2-12　桑塔纳 2000GSi 发动机外部零部件

1—正时带护罩　2—空调压缩机　3—空调压缩机带轮　4—多楔带　5—曲轴带轮　6—张紧轮　7—发电机带轮　8—导向轮　9—动力转向泵　10—动力转向泵带轮　11—发电机　12—进气歧管　13—油尺　14—燃油分配管　15—气缸罩

4）拆卸点火线圈组件及其外部连线。

5）拆卸燃油分配管 14 的各连接油管及其固定螺钉，拆卸燃油分配管和喷油器。

6）旋松进气歧管 12 的固定螺钉，拆卸进气歧管，取下进气歧管垫片。

7）旋松排气歧管的固定螺钉，拆卸排气歧管，取下排气歧管垫片。

8）用专用工具拆卸机油滤清器。

9）拆卸发动机外部各进出水连接管。

10）按照与拆卸相反的顺序进行发动机外部零部件的安装。

操作注意事项：

1）安装前应清洗各零部件。

2）安装时按要求的力矩拧紧各紧固螺钉。

2. 机体组件、曲柄连杆及配气机构的拆卸

（1）拆卸配气机构传动组件

1）旋松正时带护罩的固定螺钉，拆卸正时带护罩（图 2-12），观察凸轮轴正时带轮（图 2-13）的记号，以备以后正确安装。

2）旋松气缸罩盖（图 2-12）的固定螺钉，拆卸气缸罩盖。

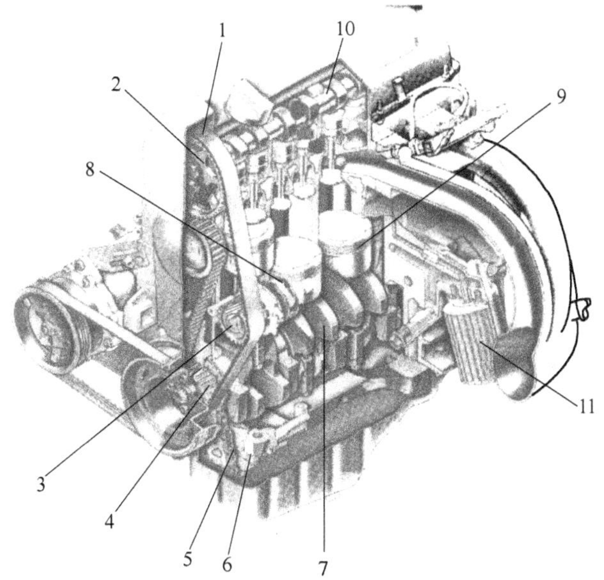

图 2-13　桑塔纳 2000GSi 轿车发动机剖视图

1—正时带　2—凸轮轴正时带轮　3—水泵带轮　4—曲轴正时带轮　5—机油泵链　6—机油泵　7—曲轴　8—水泵　9—活塞　10—凸轮轴　11—机油滤清器

3）用专用工具旋转张紧轮 5（图 2-14），拆卸发动机的正时带。

4）拆卸曲轴正时带轮 4、机油泵链（图 2-13）、水泵带轮 3、张紧轮和凸轮轴正时带轮 2，拆下正时带后防护罩。

5）旋松凸轮轴的凸轮轴轴承座盖 4（图 2-15）的固定螺钉，拆卸凸轮轴轴承座盖，取下凸轮轴 3 和气门挺柱 2。

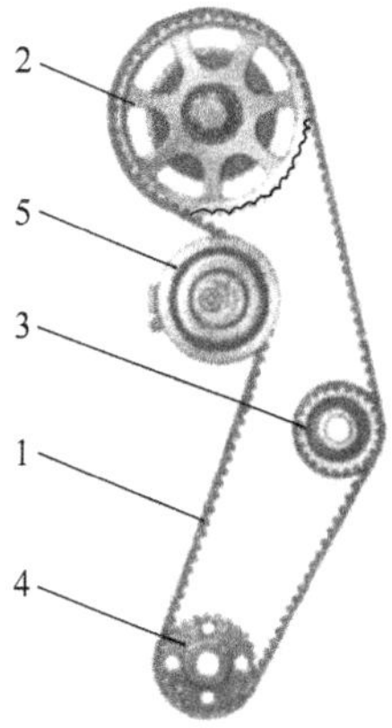

图 2-14　配气齿轮组件

1—正时带　2—凸轮轴正时带轮　3—水泵齿轮带轮　4—曲轴正时带轮　5—张紧轮

（2）拆卸机体组件

1）拆下气缸盖的固定螺钉。注意螺钉应从两端向中间交叉旋松，图 2-16 所示的数字表示螺钉拆卸顺序。

2）抬下气缸盖。

3）取下气缸垫，注意气缸垫的安装朝向。

4）旋松油底壳（图 2-13）的放油螺塞，放出油底壳内机油。

5）翻转发动机，拆卸油底壳固定螺钉（注意螺钉也应从两端向中间旋松），拆下油底壳和油底壳密封垫。

6）旋松机油粗滤清器固定螺钉，拆卸机油滤清器、机油泵链轮和机油泵。

（3）气门组件的拆卸

1）取下挺杆体，按顺序放好。

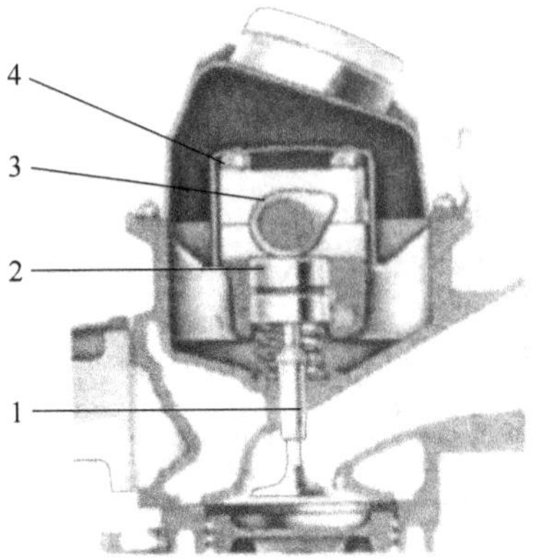

图 2-15　凸轮轴与气门组件

1—气门　2—气门挺柱　3—凸轮轴　4—凸轮轴轴承盖

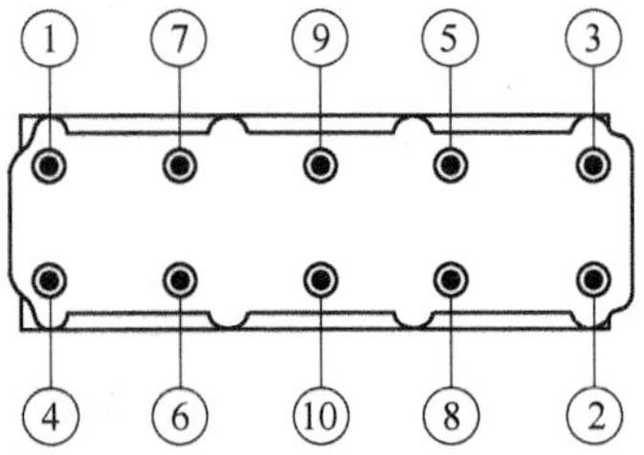

图 2-16　气缸盖螺钉拆卸顺序

2）用专用工具将气门弹簧座压下，取下气门锁片，拆出气门弹簧（图 2-17）。

3）取下气门弹簧座、气门弹簧、气门油封和气门，并按顺序放好，不可混乱。

（4）拆卸发动机活塞连杆组

1）转动曲轴，使发动机 1、4 缸活塞处于下止点。

2）分别拆卸 1、4 缸的连杆紧固螺母，取下连杆轴承盖。

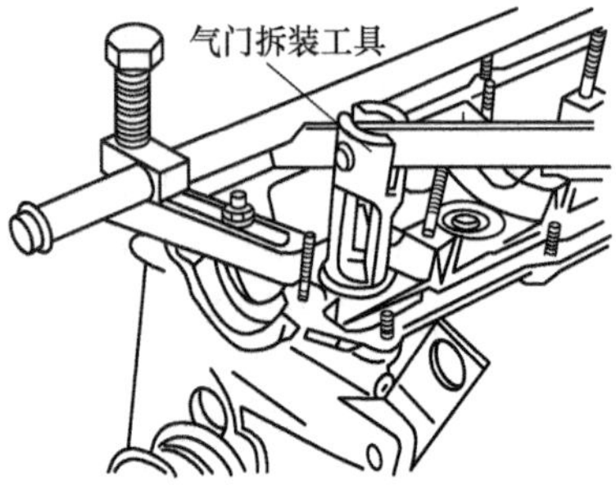

图 2-17　用专用工具拆卸气门

操作注意事项：

连杆轴承盖与连杆体侧面有配对记号（图 2-18），应配对放好，各缸连杆也应按顺序放好。

3）用橡胶锤或锤子木柄分别推出 1、4 缸的活塞连杆组件，用手在气缸出口接住并取出活塞连杆组件，注意活塞安装方向（图 2-19）。

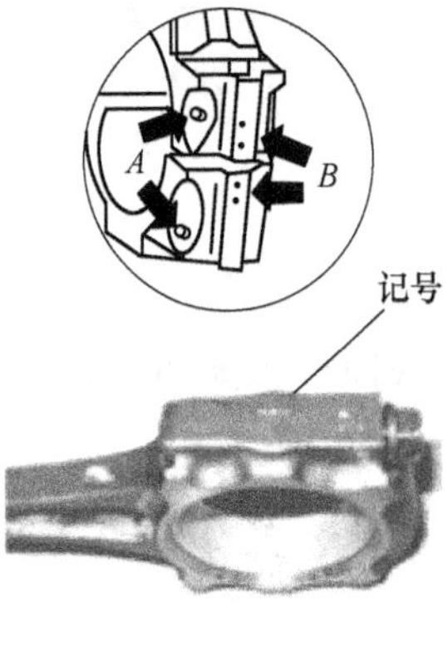

图 2-18　连杆记号

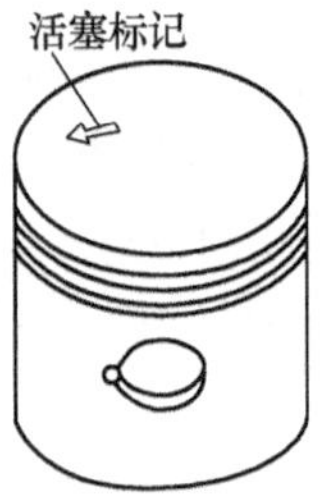

图 2-19　活塞标记

4）将连杆轴承盖、连杆螺栓、螺母按原位置装回，不同缸的连杆也不能互相调换。

5）同样方法拆卸2、3缸的活塞连杆组。

6）采用专用的活塞环装卸钳（图2-2）拆装各缸活塞环。

7）采用卡簧钳拆卸活塞销卡环（图2-20），半浮式活塞销则没有卡环。

8）在油压机上进行活塞销的拆卸。如无油压机，也可以将活塞连杆组浸入60℃的热水或机油中加热，然后用专用工具进行拆卸。

（5）拆卸发动机曲轴飞轮组

1）旋松飞轮紧固螺钉，拆卸飞轮（飞轮较重，拆卸时注意安全）。

2）拆卸曲轴前端及后端密封凸缘及油封。

3）按图2-21所示螺钉序号从两端到中间旋松曲轴主轴承盖紧固螺钉，取下主轴承盖。

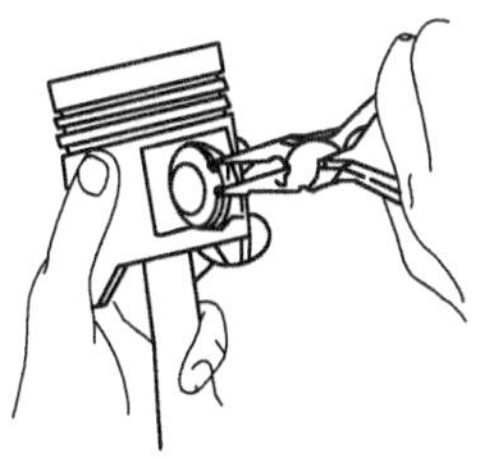

图2-20　拆卸活塞销卡环

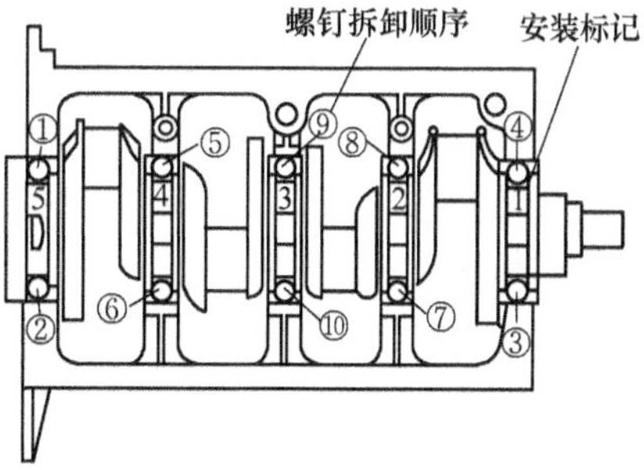

图2-21　曲轴主轴承盖螺钉拆卸顺序

操作注意事项：

各缸主轴承盖有装配标记，不同缸的主轴承盖及轴瓦不能互相调换。

3. 机体组件、曲柄连杆及配气机构的安装调整

操作注意事项：

1）安装前应全面清洗发动机零部件，尤其是相互配合的运动件表面应保持清洁，并应涂抹润滑油。

2）安装顺序一般与拆卸顺序相反，由内向外进行。

3）各配对的零部件不能互相调换，安装方向也应该正确，各零部件相对装配关系应保持正确。

4）各紧固螺钉应按规定力矩和方法拧紧。

5）发动机正式修理时，所有的油封、密封垫等一次性的零部件都应该更换。

（1）曲轴飞轮组件的安装

曲轴飞轮组件如图2-22所示。

1）在发动机机体上安装曲轴主轴瓦和止推轴承，并在轴瓦表面涂抹机油。

2）将曲轴平稳放入主轴瓦上，注意止推轴承不要脱落或阻卡。

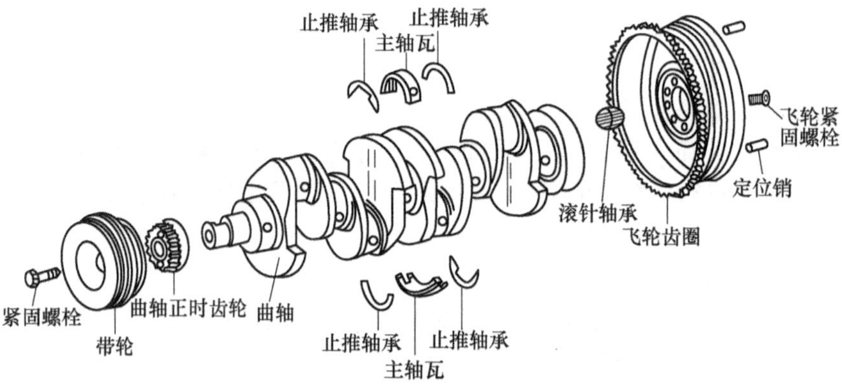

图 2-22　曲轴飞轮组件

3）将主轴瓦装入主轴承盖中，再把主轴承盖固定于发动机机体上，按图 2-23 顺序和要求力矩（桑塔纳 2000GSi 发动机为 65N · m + 90°）紧固螺钉。装配完毕，用手摇转曲轴，应该感觉轻松自如，无阻卡，否则应检明原因后再重新安装。

4）安装曲轴前、后油封。

5）安装飞轮部件。采用专用工具固定飞轮（图 2-24），按要求拧紧飞轮固定螺栓（桑塔纳 2000GSi 发动机拧紧力矩为 60N · m + 90°）。

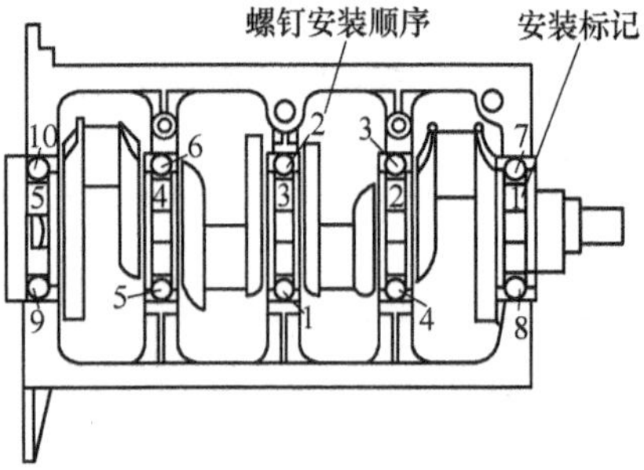

图 2-23　曲轴主轴承盖螺钉安装顺序

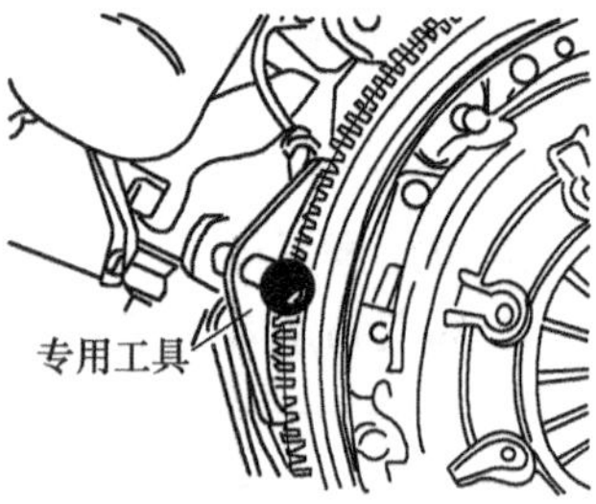

图 2-24　采用专用工具固定飞轮

（2）活塞连杆组件的安装（图 2-25）

采用专用工具（图 2-2）将活塞环装入活塞环槽内，使各活塞环开口互相错开 120°。

操作注意事项：

1）活塞环标记“TOP”朝向活塞顶。

2）将连杆瓦装入连杆，在连杆瓦表面、曲轴连杆轴颈表面、活塞表面、气缸壁表面涂抹机油。

3）采用活塞环夹紧工具（图 2-2）夹紧活塞环，从气缸顶端装入活塞连杆组件，用锤子木柄将活塞组件推入气缸。

4）安装连杆轴承盖，拧紧连杆轴承盖螺母，拧紧力矩为 45N · m + 90°（M9 × 1 螺母）、30N · m + 90°（M8 × 1 螺母），并且每缸的两个螺母应交替拧紧。

（3）气门组件与配气凸轮轴的安装

1）采用如图2-17所示的专用工具，将气门、气门弹簧等组件装入气缸盖，然后再装入挺杆体。

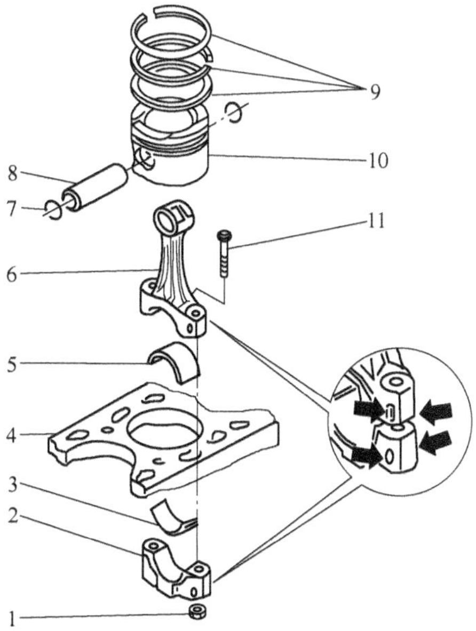

图2-25 活塞连杆组件安装

1—连杆紧固螺母 2—连杆盖 3、5—连杆瓦 4—气缸体

6—连杆 7—卡环 8—活塞销 9—活塞环 10—活塞 11—连杆螺栓

2）润滑配气凸轮轴承表面，安装凸轮轴和轴承盖，先交替对角拧紧第2、4号轴承盖，拧紧力矩为20N·m；后安装1、3、5轴承盖，拧紧力矩为20N·m。

操作注意事项：

1）安装凸轮轴时，第一缸的凸轮必须朝上；安装凸轮轴轴承时，要保证孔的上下部分对准。

2）有的发动机有两根凸轮轴，其相对位置要安装正确。

3）将半月键安装到凸轮轴上，安装凸轮轴正时带轮，并拧紧到100N·m。

（4）机体组件的安装

1）安装机油粗滤清器、机油泵链轮和机油泵，装回油底壳密封垫和油底壳（注意油底壳紧固螺钉应从中间向两端旋紧）。

2）翻转发动机，安装气缸垫（注意气缸垫的安装朝向）和气缸盖，按规定力矩紧固气缸盖螺栓，如桑塔纳2000GSi发动机气缸盖螺栓先初步拧紧，再拧紧到40N·m，第三次再将螺栓旋紧180°。操作时注意气缸盖螺栓应从中间向两端交叉旋紧，如图2-26所示的数字表示螺栓拧紧顺序。

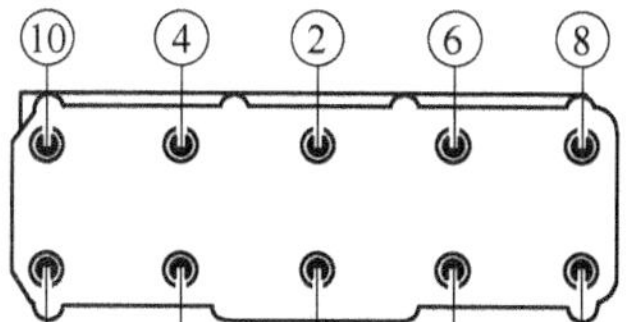

图2-26 气缸盖螺栓拧紧顺序

（5）安装配气齿轮组件

1）安装曲轴正时带轮，并转动使其与机体记号对齐（图2-27）。

2）转动凸轮轴正时带轮，使凸轮轴正时齿轮记号与正时带后护罩记号对齐（图2-28）。

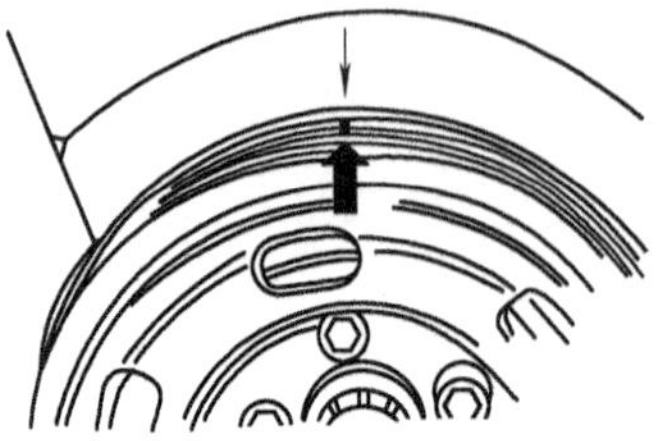

图2-27　曲轴正时带轮记号

图2-28　凸轮轴正时齿轮记号

3）安装正时带。

4）转动张紧轮，调整正时带的张紧度，可以用拇指和食指捏住凸轮轴齿轮和中间轴中间的正时带，以刚好可以扭转90°为宜。

操作注意事项：

1）配气齿轮组件安装完成后，应小心地转动曲轴至少两圈，以防止活塞撞击气门，如有卡阻现象，应检查并重新安装调整。

2）装有液力挺杆的发动机，安装凸轮轴后，发动机在30min之内不得起动，以使液力挺杆的补偿元件进入状态，否则气门将敲击活塞。

3）有些汽车发动机没有采用液力挺杆，必须先调整好气门间隙，才能调整配气相位。

5）最后，安装发动机气缸罩垫、气缸罩、正时带护罩、进气管、排气管和空气滤清器等外部零部件。

检测评价

通过以上学习，根据任务实施过程，将完成任务情况记入表2-3中，完成检测评价。

表2-3　汽车发动机基本拆装任务评价表

班级		姓名		日期	
序号	评价内容	配分	评分标准	自评	互评
1	拆装工具与设备正确选用	10	工具使用不当每次扣2分		
2	在汽车上正确拆卸和安装发动机	20	操作错误每项扣2分		
3	拆装发动机外部零部件	20	错误每项扣2分		
4	拆装发动机各机构组件	40	错误每项扣3分		
5	操作规范、有序、不超时、实施5S理念	10	操作不规范或超时每项扣2分		
6	安全用电、防火、无人身、设备事故		因违反操作安全发生重大人身和设备事故按0分计		
7	分数统计	100			
教师评语					

课后测评

实操题

1. 在汽车上正确拆卸和安装发动机。
2. 正确拆装发动机机体组件、曲柄连杆机构和配气机构。

任务二　发动机基本结构与原理认识

任务目标

1. 掌握发动机基本结构。
2. 理解发动机基本工作原理。
3. 熟悉发动机分类。
4. 培养爱岗敬业、刻苦钻研、认真负责、团结互助的职业道德和精神。

知识准备

发动机是将其他形式的能量转化为机械能的机器。汽车发动机主要是内燃机，它是汽车的动力源，是燃料在气缸内部燃烧，将热能转化为机械能的装置。

汽车发动机具有单机功率范围大（0.6～16860kW）、热效率高（汽油机略高于0.3，柴油机达0.4左右）、体积小、质量轻、操作简单，便于移动和起动性能好等优点，它还被广泛应用于火车、工程机械、拖拉机、发电机、船舶、坦克、排灌机械和众多其他机械。

根据使用燃料不同，汽车发动机分为汽油机和柴油机，也有采用混合动力（油、电混合）、燃料电池或其他燃料的发动机。

任务准备

1. 器材准备

1）桑塔纳2000GSi汽车发动机实验台1台/组。

2）桑塔纳2000GSi汽车解剖发动机实验台1台。

3）汽车发动机零部件1批/组。

4）一体化教室1间。

5）录像片及教学挂图1套。

2. 任务安排

1）教学课时：2学时。

2）教学组织：教师结合多媒体现场讲解，学生分组（5～6人一组）进行现场学习与讨论。

任务实施

一、单缸四冲程汽油机基本结构及工作原理

1. 基本结构

单缸四冲程汽油机基本结构如图 2-29 所示。

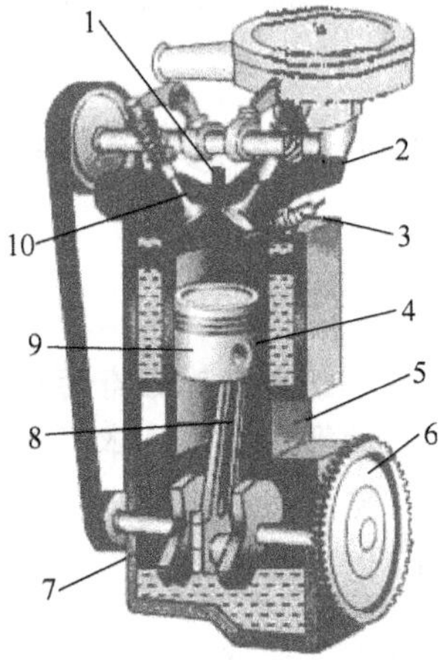

图 2-29 汽车发动机基本结构

1—火花塞 2—进气门 3—喷油器 4—气缸 5—机体 6—飞轮 7—曲轴 8—连杆 9—活塞 10—排气门

2. 基本工作原理

四冲程汽油机基本工作原理见图 2-30。

（1）进气行程 当活塞从上止点（活塞顶面离曲轴中心最远处）向下止点（活塞顶面离曲轴中心最近处）运动时，相当于曲轴转角从 0°～180°，进气门开启，排气门关闭，电控喷油器向进气道喷油，空气与汽油混合气被吸入气缸，该过程称为进气行程。

（2）压缩行程 当活塞继续从下止点向上止点运动时（相当于曲轴转角为 180°～360°），进、排气门关闭，进入气缸的混合气便被压缩，该过程称为压缩行程。

（3）做功行程（膨胀行程） 在压缩行程末，火花塞开始点火，进、排气门都关闭，进入气缸的可燃混合气被点燃、燃烧，放出大量的热能，导致气缸内气体压力和温度迅速增加（最高压力达 5MPa，最高温度达 2800K），气体体积急剧膨胀，推动活塞从上止点向下止点运动（相当于曲轴转角 360°～540°），通过连杆使曲轴旋转并输出机械能，该过程称为做功行程。

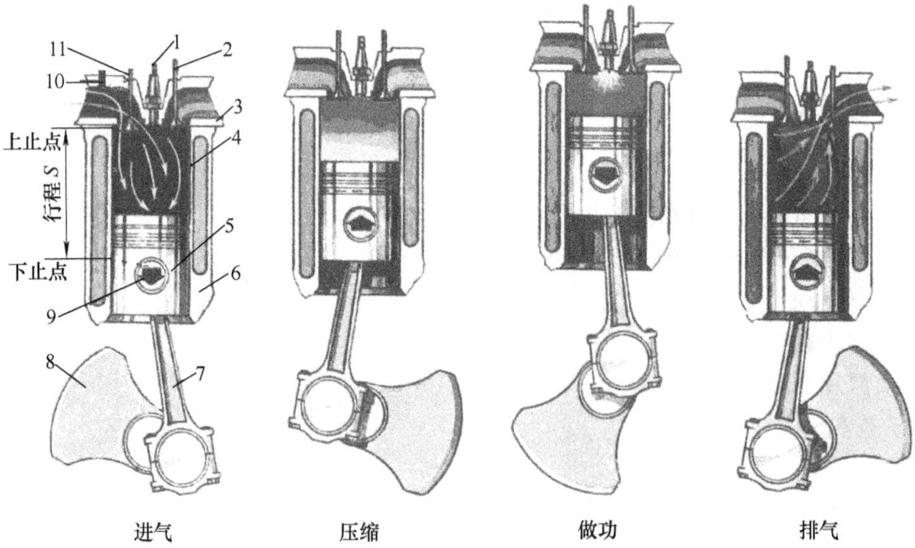

图 2-30 汽油发动机工作原理

1—火花塞 2—进气门 3—气缸盖 4—气缸 5—活塞 6—机体 7—连杆 8—曲轴 9—活塞销 10—喷油器 11—排气门

（4）排气行程　活塞继续从下止点往上止点运动（相当于曲轴转角 540°～720°），这时，进气门关闭，排气门开启，燃烧后产生的废气被排出气缸，该过程称为排气行程。

排气结束后，又重新进行进气、压缩、做功和排气行程，循环往复。四冲程汽油机工作过程详见表2-4。

表2-4　四冲程汽油机工作过程

行程名称	曲轴转角	活塞行向	进气门	排气门
进气	0°～180°	↓	开	关
压缩	180°～360°	↑	关	关
做功	360°～540°	↓	关	关
排气	540°～720°	↑	关	开

3. 四冲程汽油机工作过程分析

（1）四冲程发动机　活塞在上、下止点间往复移动四个行程（相当于曲轴旋转了两周），完成进气、压缩、做功、排气一个工作循环，这种发动机就称为四冲程发动机。

（2）冲程与活塞行程　冲程指的是发动机的类型，行程指的是活塞在上、下两个止点之间的距离 S（图2-30）。一个活塞在一个行程中所扫过的空间容积称为气缸工作容积。

（3）压缩行程的作用　一是提高进入气缸内混合气的压力和温度（压缩终了的气缸内气体压力可达0.6～2.2MPa，温度达600～700K），为混合气迅速着火燃烧创造条件；二是可以有效提高发动机的燃烧热效率。

气缸内气体被压缩的程度用压缩比 ε 表示。

$$\varepsilon=\frac{V_a}{V_c}$$

式中　V_a——气缸总容积（活塞处于下止点时，活塞顶部以上的气缸容积）；

V_c——气缸燃烧室容积（活塞处于上止点时，活塞顶部以上的容积）。

现代汽油机压缩比一般为7～11，如桑塔纳2000GSi汽车发动机压缩比为9.3。

发动机压缩比也不能过高，否则会导致压缩终了温度和压力过高，汽油机产生爆燃，热负荷、机械负荷、噪声和振动加大，起动困难。

二、多缸四冲程汽油机结构与工作特点

四冲程发动机在一个工作循环的四个行程中，只有一个行程做功，其余三个行程都是耗功的，势必造成曲轴转速不均匀，工作振动大。现代汽车发动机都是多缸发动机，最常见的是4缸、6缸、8缸发动机。

多缸发动机是由多个结构相同的气缸组成，它们共用一个机体、一根曲轴。曲轴的曲柄布置应该使各缸做功行程均匀分布在720°曲轴转角内。如4缸发动机曲轴（图2-31），相邻工作缸的曲柄夹角为180°，曲轴每转180°便有一个气缸在做功；

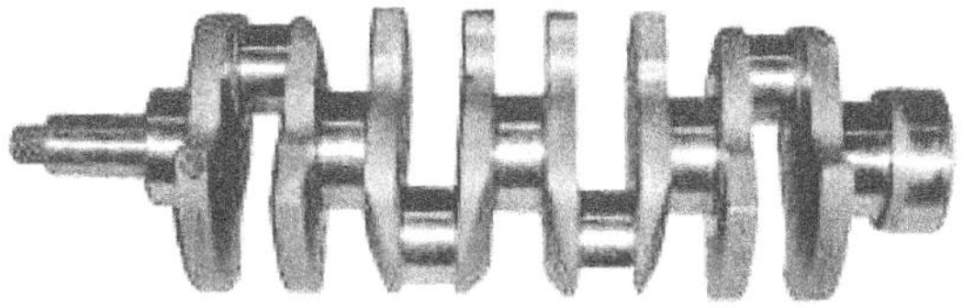

图2-31　4缸发动机曲轴

6缸发动机，曲轴每转120°便有一个气缸在做功。气缸数越多，发动机工作越平稳，但结构也越复杂。

三、柴油机结构与工作原理特点

柴油机所用的燃料是柴油，与四冲程汽油机相比，柴油机基本结构特点是没有火花塞，喷油器直接安装在气缸盖上向气缸内喷油（图2-32）。

柴油机工作原理与四冲程汽油机也有所不同，在进气行程进入气缸的是纯空气，而不是可燃混合气；在压缩行程末，喷油器向气缸喷入高压柴油，由于气缸的高温、高压作用，柴油迅速着火燃烧，使气体急剧膨胀，推动活塞做功。其着火方式属于压燃式，而不是汽油机的点燃式。

由于柴油燃料的性质与汽油不同，黏度高，不易挥发，自燃点低，不会产生爆燃。为了使柴油可靠着火，提高发动机燃烧热效率，柴油机的压缩比汽油机高得多，一般为16～22，所以其最高燃烧压力也比汽油机高，工作也比汽油机粗暴。

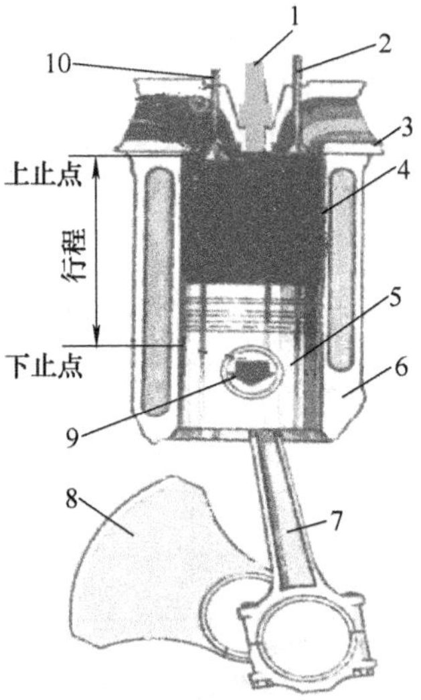

图2-32　四冲程柴油机基本结构
1—喷油器　2—进气门　3—气缸盖　4—气缸　5—活塞　6—机体　7—连杆　8—曲轴　9—活塞销　10—排气门

拓展与提高

一、发动机分类

汽车发动机种类繁多，根据不同特点有不同分类，详见表2-5。

表2-5　汽车发动机分类

分类方法	类　别	含　义
按冲程数分	二冲程内燃机	活塞经过两个行程完成一个工作循环的内燃机
	四冲程内燃机	活塞经过四个行程完成一个工作循环的内燃机
按着火方式分	点燃式内燃机	压缩气缸内的可燃混合气，并用外源点火燃烧的内燃机
	压燃式内燃机	压缩气缸内的空气或可燃混合气，产生高温，引起燃料着火的内燃机
按使用燃料种类分	液体燃料内燃机	燃烧液体燃料（汽油、柴油、醇类等）的内燃机
	气体燃料内燃机	燃烧气体燃料（液化石油气、天然气等）的内燃机
	多种燃料内燃机	能够使用着火性能差异较大的两种或两种以上燃料的内燃机
按进气状态分	非增压内燃机	进入气缸前的空气或可燃混合气未经压缩的内燃机，对于四冲程内燃机亦称自吸式内燃机
	增压内燃机	进入气缸前的空气或可燃混合气先经过压气机压缩，以此增大充气密度的内燃机
按冷却方式分	水冷式内燃机	用水或冷却液冷却气缸和气缸盖等零件的内燃机
	风冷式内燃机	用空气冷却气缸和气缸盖等零部件的内燃机

（续）

分类方法	类　别	含　义
按气缸数及布置分	单缸内燃机	只有一个气缸的内燃机
	多缸内燃机	具有两个或两个以上气缸的内燃机
	立式内燃机	气缸布置于曲轴上方且气缸中心线垂直于水平面的内燃机
	卧式内燃机	气缸中心线平行于水平面的内燃机
	直列式内燃机	具有两个或两个以上直立气缸，并呈一列布置的内燃机
	V形内燃机	具有两个或两列气缸，其中心线夹角呈V形，并共用一根曲轴输出功率的内燃机（图2-33a）
	对置气缸式内燃机	两个或两列气缸分别排列在同一曲轴的两边，呈180°夹角的内燃机（图2-33b）
	斜置式内燃机	气缸中心线与水平面呈一定角度（不是直角）的内燃机
按用途分类	有汽车用、机车用、拖拉机用、船用、坦克用、摩托车用、发电用、农用、工程机械用等内燃机	

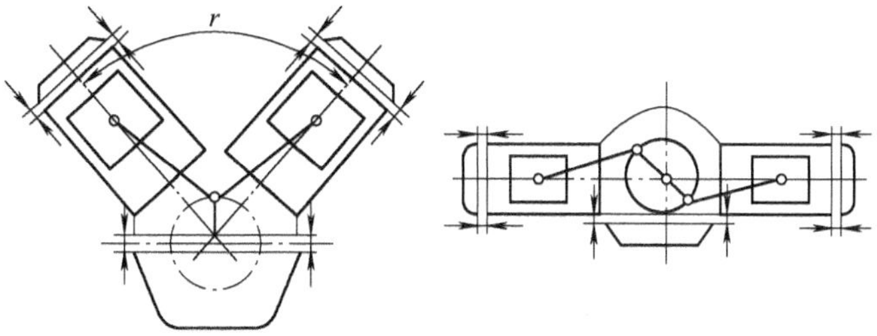

图2-33　V形与对置气缸排列内燃机
a）V形内燃机　b）对置气缸式内燃机

二、发动机型号

根据国家标准GB/T 725—2008规定，我国发动机型号由以下四个部分组成，如图2-34所示：

检测评价

通过以上学习，根据任务实施过程，将完成任务情况记入表2-6中，完成检测评价。

表2-6　发动机基本结构原理认识任务评价表

班级		姓名		日期	
序号	评价内容	配分	评分标准	自评	互评
1	汽油机的基本组成与工作原理	50	叙述错误每项扣5分		
2	柴油机的基本组成与工作原理	30	叙述错误每项扣3分		

（续）

序号	评价内容	配分	评分标准	自评	互评
3	发动机分类	10	叙述错误每项扣 3 分		
4	操作规范、有序、不超时、实施 5S 理念	10	操作不规范或超时每项扣 2 分		
5	安全用电、防火、无人身、设备事故		因违反操作安全发生重大人身和设备事故按 0 分计		
6	分数统计	100			
教师评语					

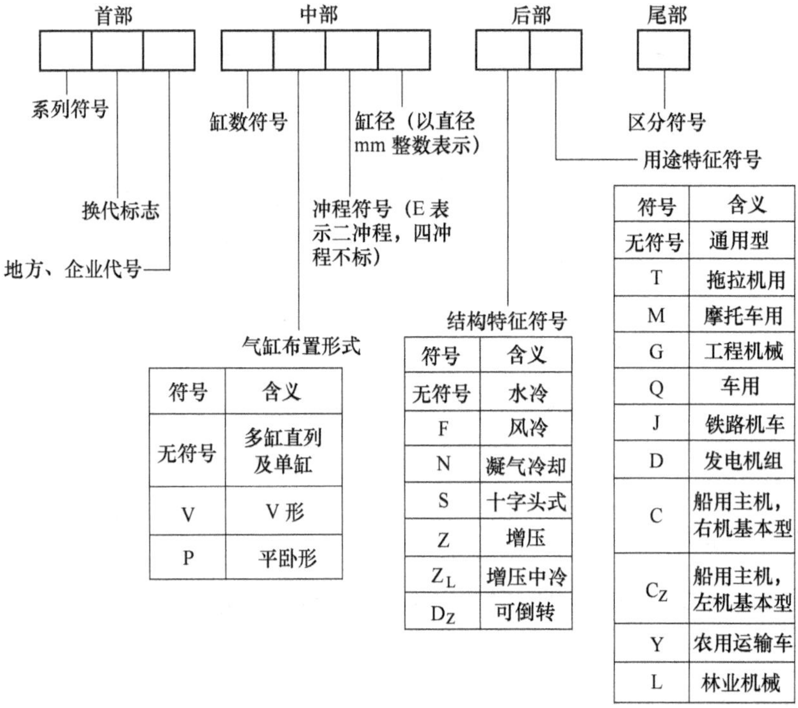

气缸布置形式

符号	含义
无符号	多缸直列及单缸
V	V 形
P	平卧形

结构特征符号

符号	含义
无符号	水冷
F	风冷
N	凝气冷却
S	十字头式
Z	增压
Z_L	增压中冷
D_Z	可倒转

用途特征符号

符号	含义
无符号	通用型
T	拖拉机用
M	摩托车用
G	工程机械
Q	车用
J	铁路机车
D	发电机组
C	船用主机，右机基本型
C_Z	船用主机，左机基本型
Y	农用运输车
L	林业机械

图 2-34 发动机型号标注

型号示例

CA6102——表示第一汽车制造厂制造，6 缸，直列，四冲程，缸径 102mm，水冷，汽车用。

EQ6105-1——表示第二汽车制造厂制造，6 缸，直列，四冲程，缸径 105mm，水冷，汽车用，第二代产品。

1E65F——单缸、二冲程、缸径 65mm、风冷、通用型。

12V135ZG——12 缸、V 形、四冲程、缸径 135mm、水冷、增压、工程机械用

课后测评

一、选择题

1. 下列说法正确的是（　　）。
A. 内燃机是将燃料在气缸内部燃烧产生的热能直接转化为机械能的动力机械
B. 蒸汽机是内燃机
C. 柴油机是内燃机
D. 电动摩托车的发动机是内燃机
2. 下列说法正确的是（　　）。
A. 活塞上止点是指活塞顶平面运动到离曲轴中心最远点位置
B. 活塞在上、下两个止点之间距离称活塞冲程
C. 一个活塞在一个行程中所扫过的容积称为气缸总容积
D. 一台发动机所有气缸工作容积之和称为该发动机的排量
3. 发动机压缩比的正确说法是（　　）。
A. 气缸燃烧室容积与气缸总容积之比
B. 气缸燃烧室容积与气缸工作容积之比
C. 气缸总容积与气缸燃烧室容积之比
D. 气缸工作容积与气缸燃烧室容积之比
4. 下列说法正确的是（　　）。
A. 四冲程发动机完成进气、压缩、做功、排气一个工作循环，曲轴转过了 360°
B. 二冲程发动机完成进气、压缩、做功、排气一个工作循环，活塞在气缸内上下运动 2 次
C. 柴油机在做功行程时，进、排气门处于关闭状态
D. 压缩比越高越好
5. 在进气行程中，汽油机和柴油机分别吸入的是（　　）。
A. 纯空气和可燃混合气　　B. 可燃混合气和纯空气
C. 可燃混合气和可燃混合气　　D. 纯空气和纯空气

二、问答题

1. 简述四冲程汽油机基本结构与工作原理。
2. 简述四冲程柴油机基本结构与工作原理。

项目小结

1. 内燃机是将燃料在气缸内燃烧所产生的热能转化为机械能的机器，它具有热效率高、体积小、质量轻、便于移动和起动性好等优点。现代汽车发动机基本都采用内燃机。

2. 拆装发动机应注意安全，注意正确选用拆装工具，拆卸发动机应从外到内、由表及里进行，安装时按相反顺序进行，注意各零部件的配合。

3. 汽车发动机总体结构由机体组件、曲柄连杆机构、换气系统、燃油系统、润滑系统、冷却系统、点火系统（汽油机）和起动系统所组成。

4. 四冲程发动机是活塞在气缸内上、下止点间往复移动四个行程，完成进气、压缩、做功、排气一个工作循环的发动机。

5. 汽油机在进气时吸入气缸的是可燃混合气，而柴油机是纯空气；汽油机着火方式是点燃式，柴油机是压燃式。

项目三 发动机机体组与曲柄连杆机构结构认识

项目描述

汽车发动机的机体支撑着其所有系统，靠连杆曲轴运动将动力输出。本项目主要介绍汽车发动机的机体组件与曲柄连杆机构的结构、原理与检测。

任务一 发动机机体组结构认识

任务目标

1. 掌握机体组的组成与结构特点。
2. 学会机体与气缸盖接合面平面度的检测。
3. 熟悉气缸圆度、圆柱度和磨损量的检测。
4. 培养爱岗敬业、勤劳细心、认真负责、团结互助的职业道德和精神。

知识准备

机体组是发动机的骨架，安装着发动机的所有零部件和附件。机体组主要由机体、气缸盖和气缸盖罩等零部件组成（图 3-1）。

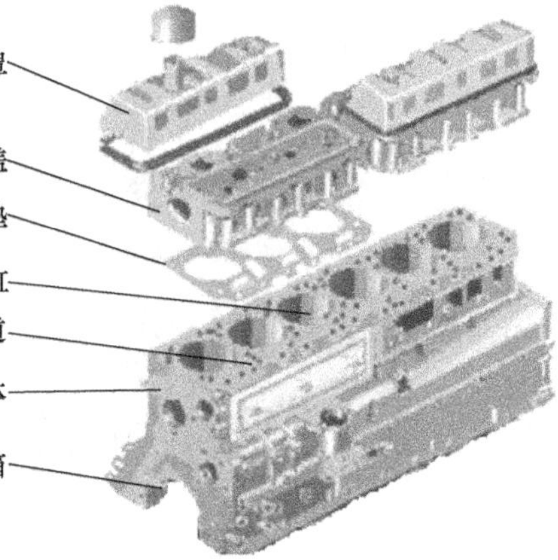

图 3-1　机体组组成

任务准备

1. 器材准备

1）桑塔纳 2000GSi 型汽车发动机试验台 1 台/组。

2）桑塔纳 2000GSi 型汽车解剖发动机 1 台。

3）机体检测平尺 1 套/组。

4）量缸表 1 套/组。

5）常用拆装工具 1 套/组。

6）一体化教室 1 间。

7）相关的教具、录像片及教学挂图 1 套。

2. 任务安排

1）实训课时：2 学时。

2）实训组织：每 5 ~6 人一组，由老师指导，学生自己动手拆装。

任务实施

一、机体结构认识

机体是由气缸（或气缸套）与曲轴箱形成一体的零部件（图 3-2），一般由灰铸铁或铝合金等铸成。

1. 气缸

气缸是发动机燃烧做功的场所，活塞在其间做高速往复运动。

气缸有直接加工和镶气缸套两种。为了节省贵金属材料，降低成本，方便维修，现代汽车广泛采用镶入气缸套的方法。为了提高气缸表面的耐磨性，目前已经有采用等离子或激光表面处理的缸套。

按气缸套是否与冷却液接触分为干式气缸套和湿式气缸套（图 3-3）两种。干式气缸套外壁不直接与冷却液接触，而和机体的壁面直接接触，强度和刚度都较好，但壁厚较薄，一般为 1 ~3mm，拆装不方便，加工比较复杂，修理时要进行镗缸和磨缸。

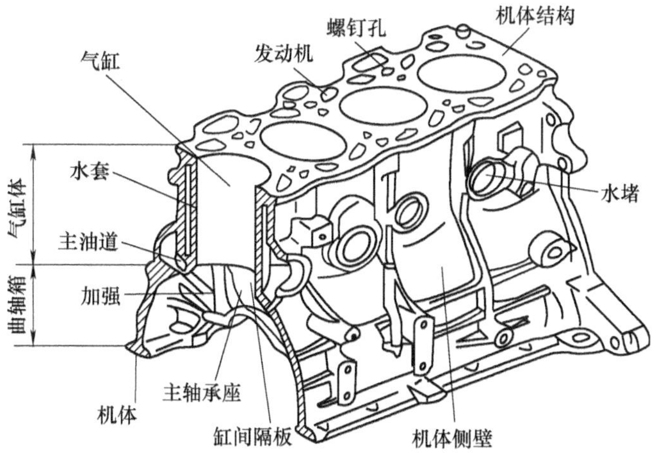

图 3-2　汽车发动机机体

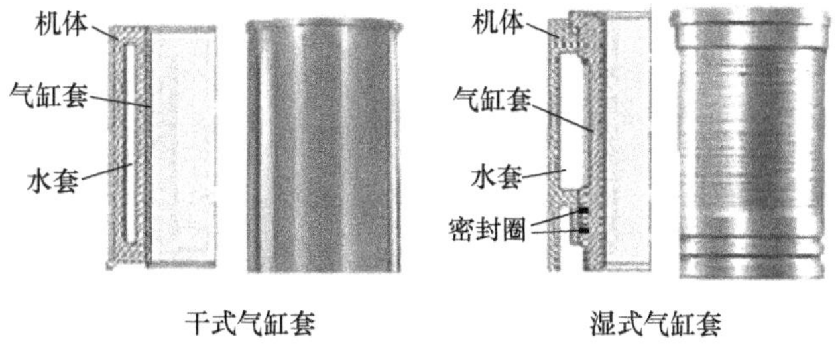

图 3-3　气缸套

湿式气缸套外壁直接与冷却液接触，气缸套仅在上、下各有一圆环地带和机体接触，壁厚一般为 5 ~9mm。湿式气缸套散热良好，冷却均匀，加工容易，拆装方便，但其强度、刚度不如干式气缸套好，而且容易产生漏水现象，所以常加 1 ~3 道橡胶密封圈或垫片等以防止漏水，使用和维修时应密切注意，否则将产生冷却液漏入油底壳的严重后果。气缸套装入气缸后，要高出气缸 0. 05 ~0. 15mm，以保证可靠压紧气缸垫，防止气缸漏气。

2. 曲轴箱

曲轴箱是指部分围住曲轴回转空间，有主轴承座和安装用的箱形部件。曲轴箱有通气口与大气相通，其下部与油底壳相连。

二、气缸盖结构认识

气缸盖是密封燃烧室的部件（图 3-4），它由铸铁或铝合金制造，用螺栓固定在机体上面。螺栓紧固方法不正确或拧紧力矩不当，容易造成气缸盖变形，与机体接合面漏气，应予以注意。

气缸盖分单体式、块状和整体式三种。单体式气缸盖只覆盖一个气缸，块状气缸盖覆盖部分（二个以上）气缸，整体式气缸盖覆盖所有气缸。

气缸盖内部铸有冷却水套，与机体的冷却水道相通。缸盖上还装有进、排气门座和气门导管孔，用于安装进、排气门，还有进、排气道等。汽油机的气缸盖上加工有安装火花塞和

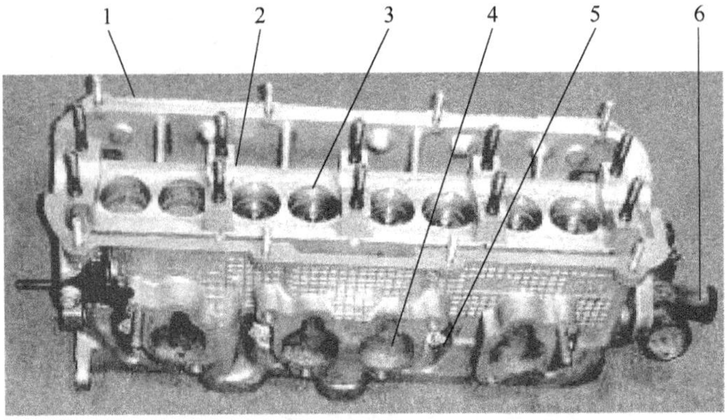

图 3-4　桑塔纳 2000GSi 汽车发动机气缸盖

1—气缸盖　2—凸轮轴轴承孔　3—气门及挺柱安装孔

4—进气道　5—火花塞　6—水管接头

电控喷油器的孔，柴油机的气缸盖上加工有安装喷油器的孔，顶置凸轮轴式发动机的气缸盖上还加工有凸轮轴轴承孔。

燃烧室表面容易产生积炭，维修时应予以清除。

三、气缸垫结构认识

气缸垫（图 3-5）安装在气缸盖和气缸体之间，其功用是保证气缸盖与气缸体接合面的密封，防止漏气、漏水和漏油。目前应用较多的是金属（铜、钢等）—石棉结构的气缸垫，有的气缸垫还在石棉中心用编织的钢丝网或有孔钢板制成骨架，以适应发动机强化的要求。

安装气缸垫时，注意应将光滑的一面朝向机体，否则气缸垫容易被高压气体冲坏。所有气缸垫上的孔要和机体上的孔对齐。

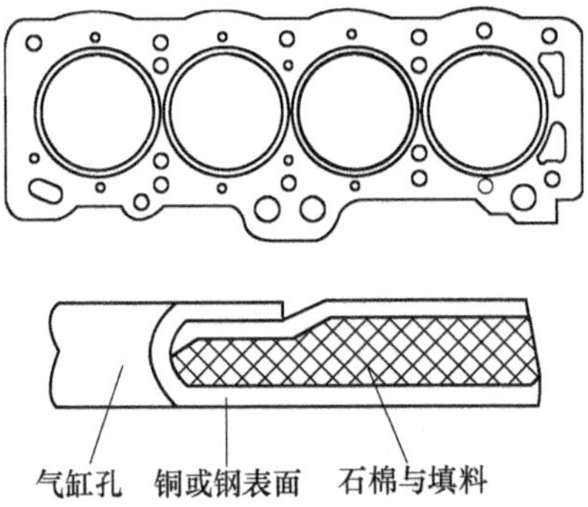

图 3-5　气缸垫

拓展与提高

一、机体上平面和缸盖下平面翘曲的检测

1）清除发动机机体上平面与气缸盖下平面的所有油泥和污垢。

2）采用标准钢直尺沿机体上平面或气缸盖下平面边缘（图 3-6 的 AB、AF、BG、GF）和过中心交叉放置（AG、BF），用塞尺测量标准钢直尺与机体上平面之间的间隙。

3）判断：一般轿车发动机平面度标准值为 0.07mm，使用极限值为 0.10mm（具体数值应查阅

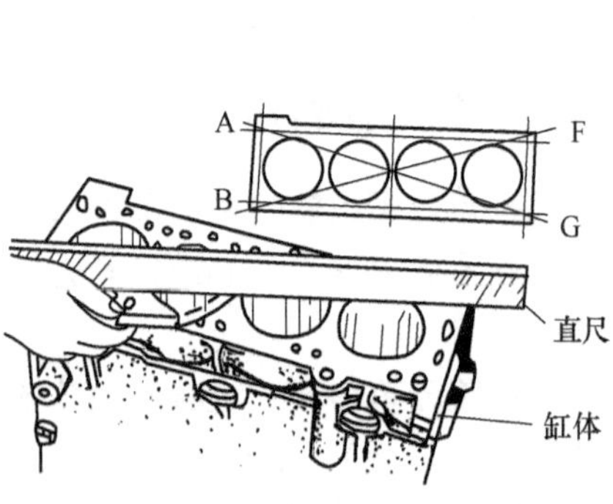

图 3-6　气缸体上平面翘曲度检测

相关的维修手册)，超过极限应予以研磨修复或更换。

二、气缸磨损和变形的检测

1. 清理

清除发动机气缸里面的积炭和污垢。

2. 选取合适量程的量缸表

量缸表如图 3-7 所示。

3. 选择接杆

根据所测量气缸的大小，选择相应量程的接杆 3 插入量缸表的下端。

4. 安装百分表

将百分表装入量缸表杆上端的安装孔中（安装后，表针应转动灵活，可用手压缩量缸表下端的测头检查其运动情况）。

5. 校对量缸表零位

将外径千分尺调到所量气缸的标准尺寸，然后将量缸表校对到外径千分尺的尺寸（保证量缸表的测杆有 2mm 左右的压缩量)，并转动表盘使表针对正零位（图 3-8)。

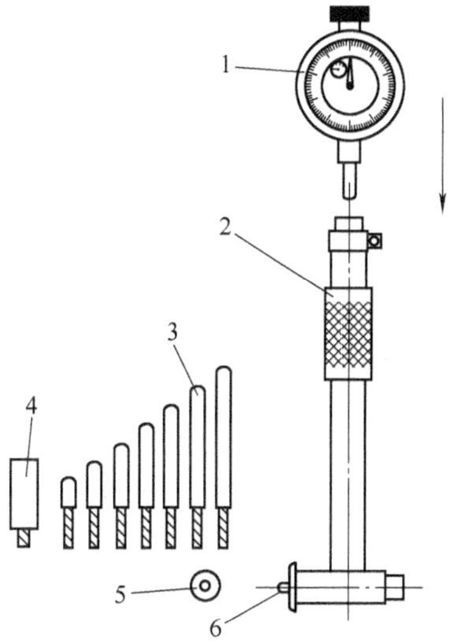

图 3-7　量缸表

1—百分表　2—表杆　3—接杆

4—接杆座　5—固定螺母　6—活动量杆

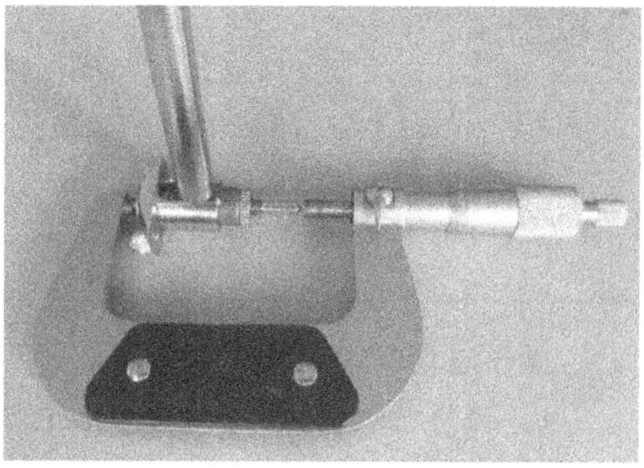

图 3-8　量缸表零位校正

6. 测量气缸直径

在气缸中取上（活塞位于上止点时第一道活塞环所对应的位置稍偏下)、中（气缸中部)、下（距气缸下边缘 10mm 左右）三个截面，在每个截面上沿发动机的圆周方向转动测出气缸的直径，如图 3-9 所示，并将测量值填入表 3-1。

表 3-1　气缸直径测量

位置 \ 气缸		第 1 缸	第 2 缸	第 3 缸	第 4 缸
上部	横向				
	纵向				
中部	横向				
	纵向				
下部	横向				
	纵向				

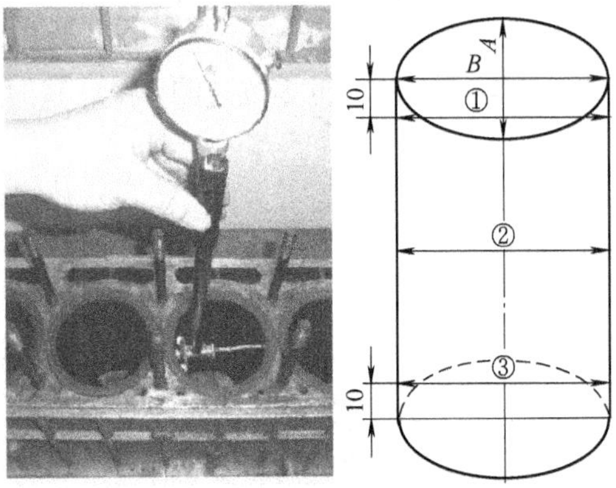

图 3-9　气缸检测

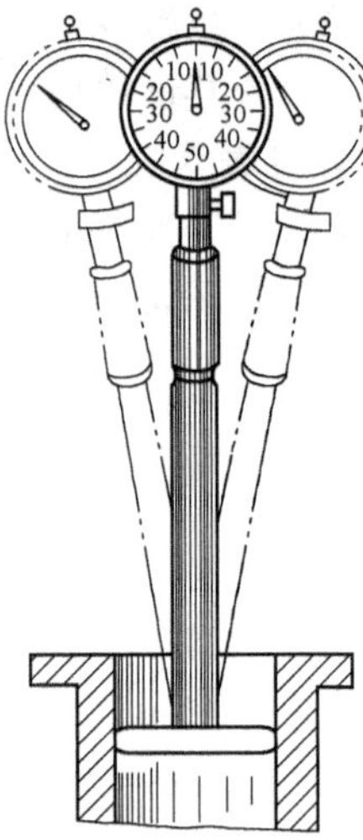

图 3-10　量缸表与气缸垂直

操作注意事项：

1）使用量缸表时，手应握在接杆隔热套部位。

2）量缸表的测杆与气缸的轴线应保持垂直。可前后摆动量缸表，指针指示到最小数字时，即表示量杆与气缸轴线垂直（图 3-10）。

3）指针顺时针方向离开“0”位，表示气缸直径小于标准尺寸的缸径；若逆时针方向离开“0”位，表示气缸直径大于标准尺寸的缸径。

7. 气缸的磨损量和变形量计算

（1）计算气缸的磨损量

$$磨损量 = \frac{1}{2}（实际测量时的最大直径 - 标准气缸直径）$$

（2）计算气缸的圆度和圆柱度误差

$$圆度 = \frac{1}{2}（相同横截面最大直径 - 相同横截面最小直径）$$

对三个截面所测得的圆度误差进行比较，取其最大值作为该气缸的圆度误差。

$$圆柱度=\frac{1}{2}（不同横截面最大直径-不同横截面最小直径）$$

8. 判断

一般轿车发动机气缸圆度误差标准值为 0.005 ~ 0.010mm，使用极限值为 0.050 ~ 0.063mm；圆柱度误差标准值为 0.02mm，使用极限值为 0.175 ~ 0.250mm；各缸直径之差不得超过 0.05mm。具体维修数据应根据各车型的维修手册确定。

检测评价

通过以上学习，根据任务实施过程，将完成任务情况记入表 3-2 中，完成检测评价。

表 3-2　发动机机体组件结构认识任务评价表

班级		姓名		日期	
序号	评价内容	配分	评分标准	自评	互评
1	仪器设备选用	10	工具使用不当每次扣 2 分		
2	机体结构认识	20	叙述错误每项扣 2 分		
3	机体上平面检测	20	错误每项扣 3 分		
4	气缸磨损量检测	20			
5	气缸圆度、圆柱度检测	20			
6	操作规范、有序、不超时、实施 5S 理念	10	操作不规范或超时每项扣 2 分		
7	安全用电、防火、无人身、设备事故		因违反操作安全发生重大人身和设备事故按 0 分计		
8	分数统计	100			
教师评语					

课后测评

一、选择题

1. 下列说法正确的是（　　）。

A. 干式气缸套外壁直接与冷却液接触

B. 干式气缸套壁厚比湿式气缸套薄

C. 干式气缸套安装后比湿式气缸套强度和刚度好

D. 干式气缸套比湿式气缸套散热好

2. 学生 a 说，三种形式的气缸体中，一般式气缸体曲轴拆装最方便。学生 b 说一般式气缸体发动机质量小，机体高度小。他们说法应该是（　　）。

A. 只有学生 a 正确　　　　B. 只有学生 b 正确

C. 学生 a 和 b 都正确　　　　D. 学生 a 和 b 都不正确

3. 学生 a 说安装气缸垫时，不应将光滑的一面朝向气缸体，否则容易被高压气体冲坏。学生 b 说拧紧气缸盖螺栓时，必须由中央对称地向四周扩展的顺序一次拧紧到规定的力矩。他们说法应该（　　）。

A. 只有学生 a 正确　　　　B. 只有学生 b 正确

C. 学生 a 和 b 都正确　　　　D. 学生 a 和 b 都不正确

二、问答题

1. 机体组件由哪些主要零部件组成？结构特征如何？
2. 分析气缸磨损的特征是什么？磨损后会产生什么后果？
3. 机体与气缸盖平面翘曲会产生什么后果？

三、实操题

1. 检测一台发动机气缸盖平面是否翘曲。
2. 检测一台发动机气缸磨损量、圆度和圆柱度。

任务二　发动机曲柄连杆机构结构认识

任务目标

1. 掌握曲柄连杆机构的组成。
2. 理解曲柄连杆机构的结构与原理。
3. 学会曲柄连杆机构主要零部件的检测。
4. 理解发动机可变气缸控制技术。

知识准备

曲柄连杆机构的作用是将燃料燃烧产生的化学能转化为机械能输出到变速器，它包括活塞连杆组（活塞、活塞环、活塞销、连杆、连杆轴承等）及曲轴飞轮组（曲轴、飞轮、主轴承、止推片、曲轴转速信号轮、曲轴齿轮、曲轴带轮等）两大部分（图 3-11）。

任务准备

1. 器材准备

1）桑塔纳 2000 型汽车发动机实验台 1 台/组。

2）发动机活塞、连杆、曲轴等零部件 1 套/组。

3）连杆校正器 1 台/组。

4）曲轴检测台（含百分表）1 台/组。

5）千分尺、塞尺各 1 把/组。

6）汽车常用拆装工具 1 套/组。

7）一体化教室 1 间。

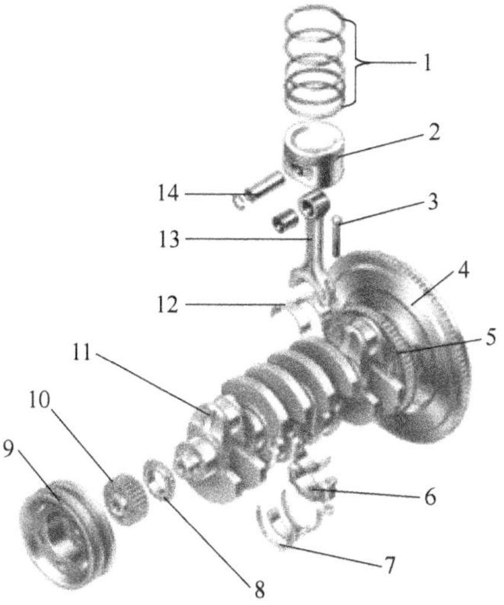

图 3-11　曲柄连杆机构

1—活塞环　2—活塞　3—连杆螺栓　4—飞轮　5—曲轴转速信号轮　6—连杆轴承盖　7—止推片　8—链轮　9—曲轴带轮　10—曲轴齿轮　11—曲轴　12—连杆轴承　13—连杆　14—活塞销

8）录像片及教学挂图 1 套。

2. 任务安排

1）教学课时：6 学时。

2）教学组织：教师结合多媒体现场讲解，学生分组（5 ~ 6 人一组）进行现场学习与讨论。

任务实施

一、活塞连杆组结构认识

1. 活塞

（1）活塞的功用　活塞是承受气缸中的气体压力，并通过活塞销将此力传给连杆驱动曲轴旋转，活塞顶部还与气缸盖、气缸壁一起组成燃烧室。

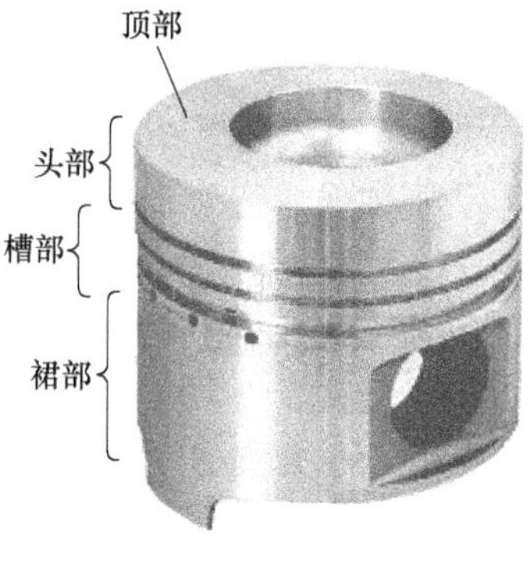

图 3-12　活塞的结构

（2）活塞的结构特点　活塞由顶部、头部、槽部和裙部四部分组成（图 3-12）。

1）活塞顶部。它是燃烧室的组成部分，其形状、位置和大小都是为满足可燃混合气形成和燃烧的要求，其顶部有平顶、凸顶和凹顶三种。

平顶活塞顶部是一个平面（图 3-13a），结构简单，制造容易，受热面积小，顶部应力分布较为均匀，一般用在汽油机上，柴油机很少采用。

凸顶活塞的顶部凸起（图3-14b），起导向作用，有利于改善换气过程。二冲程汽油机常采用凸顶活塞。

凹顶活塞顶部呈凹陷形，有各种形状（图3-14），凹坑的形状和位置必须有利于可燃混合气的形成和燃烧。凹顶的大小还可以用来调节发动机的压缩比。

有些活塞顶打有各种标志（图3-15），用以显示活塞及活塞销的安装和选配要求，应严格按要求进行。

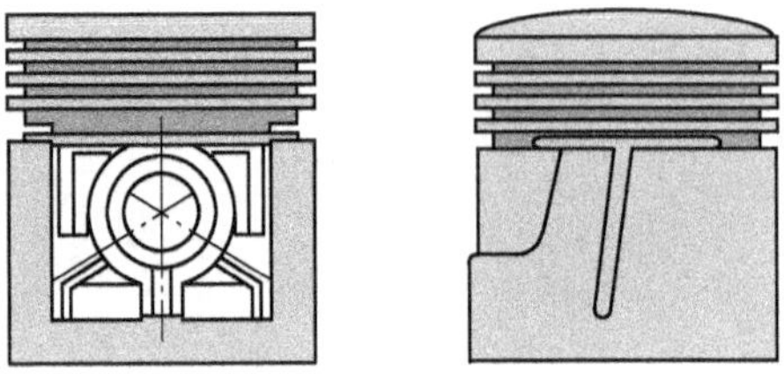

图3-13　活塞顶部形状

a）平顶活塞　b）凸顶活塞

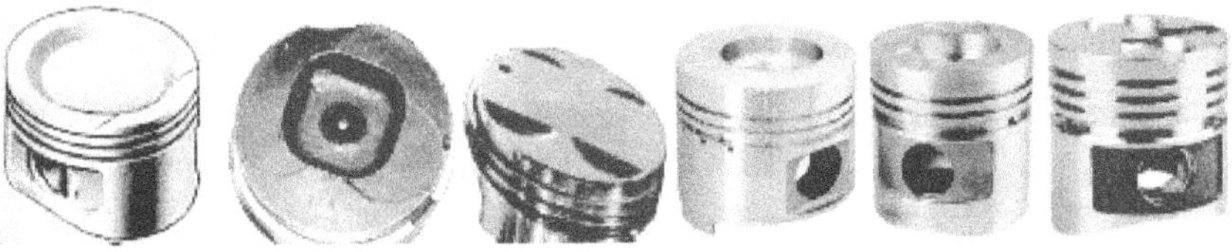

图3-14　凹顶活塞凹坑形状

2）活塞头部。活塞第一道气环槽以上的部分，用来承受气体压力和传达热量。有的活塞在头部还加工有隔热槽（图3-16），起隔热作用，将活塞顶的热量分流，把原来由第一活塞环承担的热量传给第二、第三环。

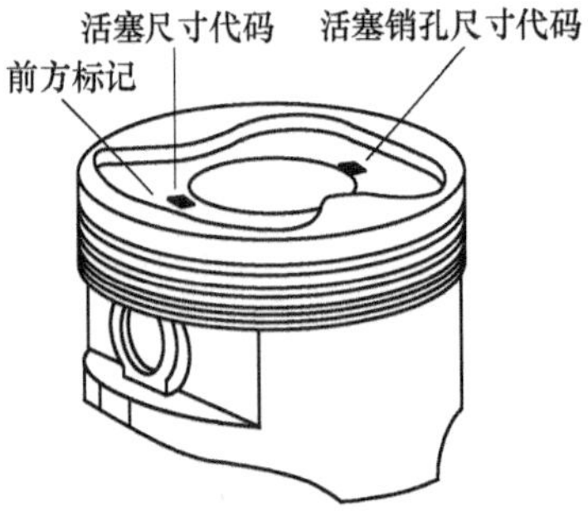

图3-15　活塞顶标志

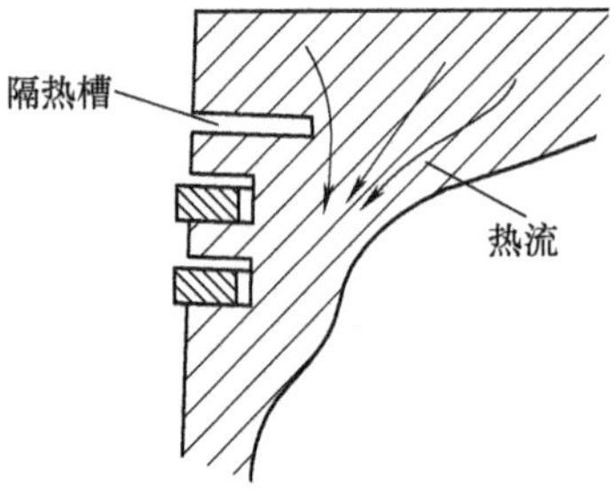

图3-16　活塞隔热槽

为了加强活塞头部的强度，有的铝合金活塞头部铸入纤维增强合金环（图3-18）。

3）活塞槽部。也称防漏部，是指活塞环槽部分，用以安装活塞环，起密封、传热等作用，一般有2~3道气环槽和1道油环槽，在油环槽底面上钻有许多径向小孔，使被油环从气缸壁上刮下的机油经过这些小孔流回油底壳（图3-17）。

4）活塞裙部。活塞裙部指从油环槽下端面起至活塞最下端的部分。活塞裙部对活塞在气缸内的往复运动起导向作用，并承受气体侧压力。

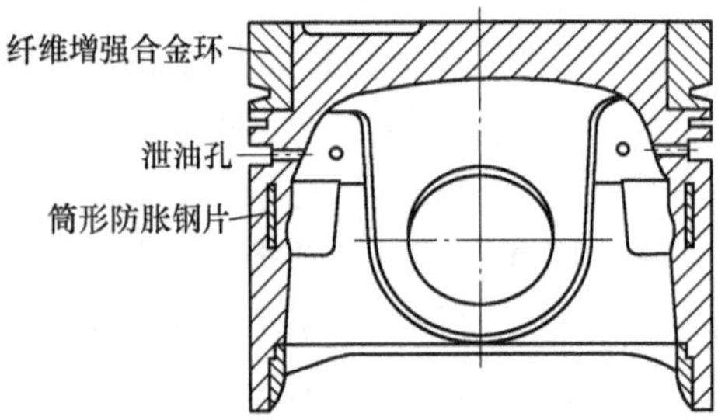

图3-17　活塞头部合金环和槽部泄油孔

（3）活塞的冷却　为了减轻活塞顶部和头部

的热负荷，而采取机油冷却，常见的方法有：

1）喷射冷却：从连杆小头上的喷油孔或从安装在机体上的喷油嘴喷射机油到活塞内表面，如图 3-18a、图 3-18b 所示。

2）振荡冷却：从连杆小头上的喷油孔将机油喷入活塞内壁的环形油槽中，由于活塞的运动使机油在油槽中产生振荡而冷却活塞，如图 3-18c 所示。

3）强制冷却：在活塞头部铸出冷却油道或铸入冷却油管，使机油在其中强制流动以冷却活塞，如图 3-18d、e 所示。强制冷却法为增压发动机所广泛采用。

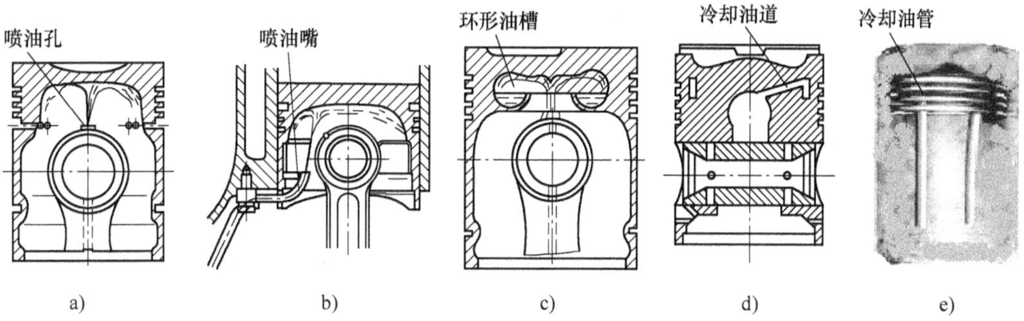

图 3-18　活塞冷却

a)、b）喷射冷却　c）振荡冷却　d)、e）强制冷却

2. 活塞环

活塞环是具有弹性的开口环，有气环和油环之分。一般一个活塞有 2～3 道气环，一道油环（图 3-19)。

（1）气环

1）气环的作用　气环的作用是保证气缸与活塞间的密封性，防止漏气，并且把活塞顶部吸收的大部分热量传给气缸壁，由冷却液带走。

2）气环基本结构　气环的基本结构如图 3-20 所示。

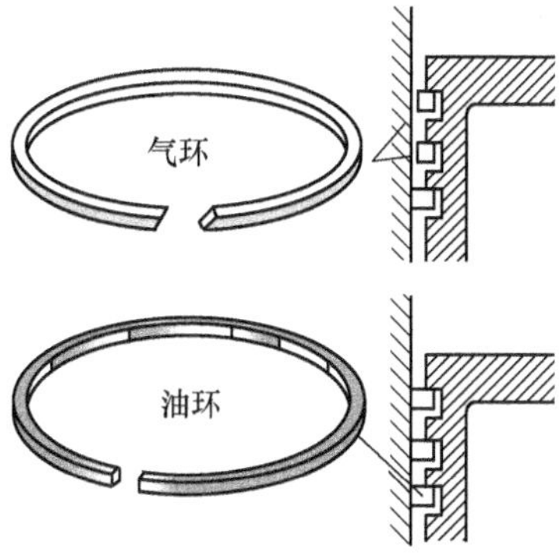

图 3-19　活塞环

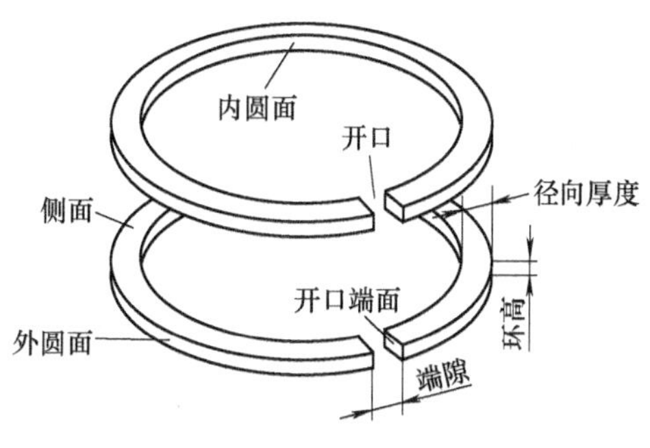

图 3-20　活塞环各部分名称

3）气环工作原理　气环开有切口，具有弹性，在自由状态下外径大于气缸直径，它与

活塞一起装入气缸后，外表面紧贴在气缸壁上，形成第一密封面（图3-21）；被封闭的气体不能通过环周与气缸之间，便进入了环与环槽的空隙，一方面把环压到环槽端面形成第二密封面，另一方面，作用在环背的气体压力又大大加强了第一密封面的密封作用。气环密封效果一般与气环数量有关，汽油机一般采用2道气环，柴油机一般采用3道气环。

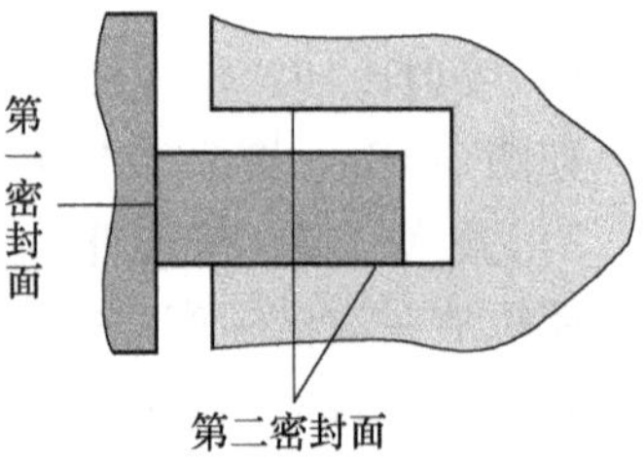

图3-21　气环密封原理

4）气环种类　按气环的断面形状分，常见的有矩形环、扭曲环、锥面环、梯形环、桶面环、开槽环和顶岸环等（图3-22）。

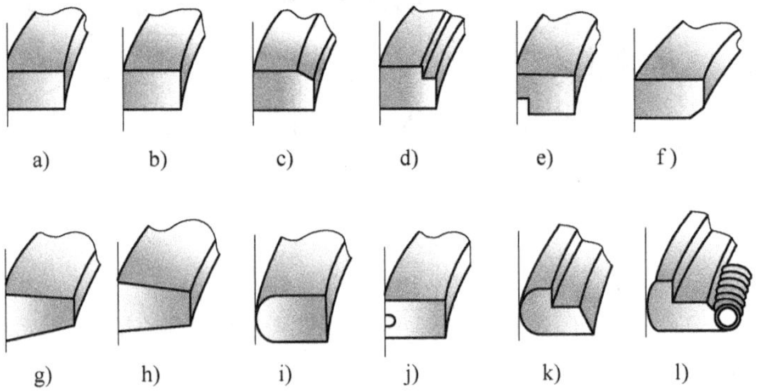

图3-22　活塞环截面种类

a）矩形环　b）锥面环　c）、d）上内切正扭曲环　e）下外切正扭曲环
f）下内切反扭曲环　g）梯形环　h）楔形环　i）桶面环　j）开槽环　k）、l）顶岸环

① 矩形环（图3-22a）：其断面为矩形，结构简单，制造方便，应用最广。但矩形环随活塞往复运动时，会把气缸壁面上的机油不断送入气缸中（图3-23）。这种现象称为“气环的泵油作用”。这是因为活塞下行时，由于环与气缸壁的摩擦阻力及环的惯性，环被压靠在环槽的上端面上，气缸壁面上的油被刮入下边隙和内边隙；活塞上行时，环又被压靠在环槽的下端面，结果第一道环背隙里的机油就进入燃烧室，燃烧后形成蓝烟冒出，造成机油消耗量增加；还会在燃烧室内形成积炭，造成气缸、活塞、活塞环磨损加剧，甚至使活塞环在环槽内卡死失效；会使火花塞积炭，不能正常点火。可见泵油作用是很有害的，必须设法消除，除了在气环的下面装有油环外，现在广泛采用了非矩形断面的扭曲环。

② 锥面环（图3-22b）：其断面呈锥形，外圆工作面上加工一个很小的锥面（0.5°～1.5°），减小了环与气缸壁的接触面，提高了表面接触压力，有利于磨合和密封。活塞下行时，便于刮油；活塞上行时，由于锥面的“油楔”作用，能在油膜上“飘浮”过去，减小磨损。

锥面环安装时，不能装反，否则会引起机油上窜。由于锥面环锥角度很小，不易分辨，所以在环的上侧面作有标记（图3-24），常见的标志有“0”“00”“T1”“T2”“R”“R1”“R2”“S”“2.5”等。一般“R”代表厂标，字母后的“1”“2”表示安装位置为第一道、第二道活塞环；“S”代表标准环，“2.5”代表修理尺寸为 +0.25mm 活塞环。

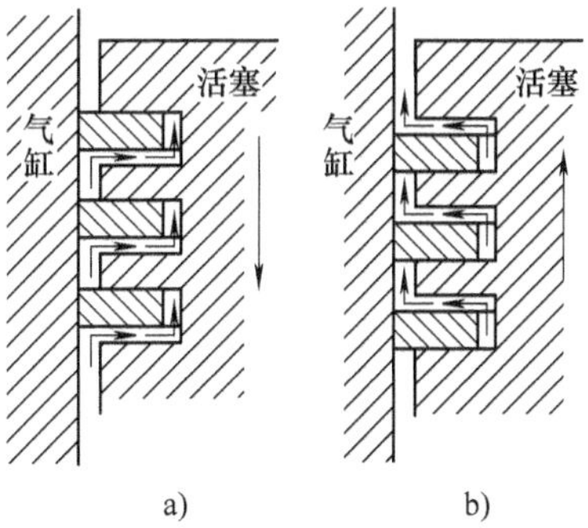

图 3-23　矩形环泵油作用
a）活塞下行　b）活塞上行

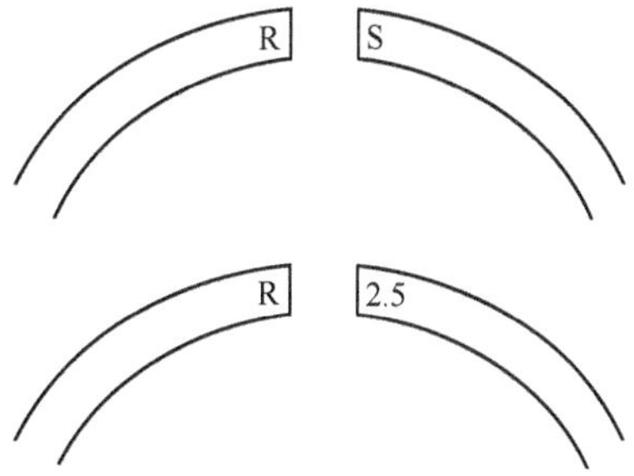

图 3-24　活塞环安装标记

③ 扭曲环（图 3-22c、d、e、f）：扭曲环是在矩形环的内圆上边缘或外圆下边缘切去一部分，使断面呈不对称形状，在环的内圆部分切槽或倒角的称内切环，在环的外圆部分切槽或倒角的称外切环。装入气缸后，由于断面不对称，外侧作用力合力 F_1（图 3-25b）与内侧作用力合力 F_2 之间有一力臂 e，产生了扭曲力矩，使活塞环发生扭曲变形。活塞上行时，扭曲环在残余油膜上“浮过”，可以减小摩擦和磨损。活塞下行时，则有刮油效果，避免机油上窜。同时，由于扭曲环在环槽中上、下跳动的行程缩短，可以减轻“泵油”的副作用。目前，扭曲环被广泛应用于第 2 道活塞环槽上，安装时必须注意断面形状和方向，内切口朝上，外切口朝下，不能装反。

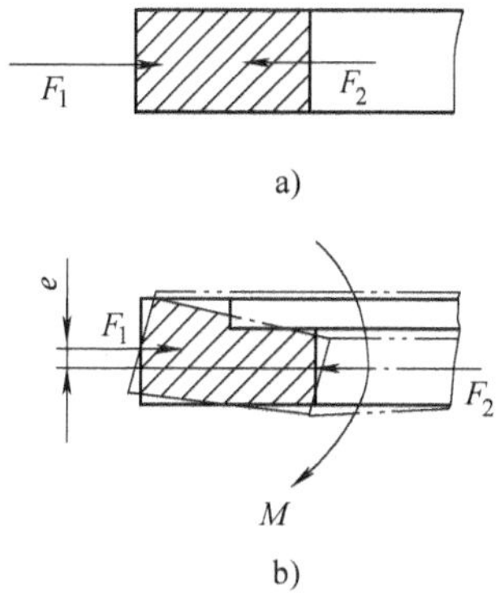

图 3-25　扭曲环作用原理
a）矩形环　b）扭曲环

若将内圆面上的边缘或外圆下的边缘切除一部分，整个气环将扭曲成碟子形，则称这种环为正扭曲环（图 3-22c、d、e）；若将内圆面的下边切除一部分，气环将扭曲成盖子形，则称其为反扭曲环（图 3-22f）。在环面上切去部分金属称为切台。

④ 梯形环（图 3-22g）：其断面呈梯形，工作时，梯形环在压缩行程和做功行程随着活塞受侧压力的方向不同而不断地改变位置，这样会把沉积在环槽中的积炭挤出去，避免了环被粘在环槽中而折断，可以延长环的使用寿命。其缺点是加工困难，精度要求高。楔形环也有梯形环的清除积炭作用，而且因为截面不对称，装入气缸后还会发生扭曲，兼有扭曲环的作用。

⑤ 桶面环（图 3-22i）：桶面环的外圆为凸圆弧形。当桶面环上下运动时，均能与气缸壁形成楔形空间，使机油容易进入摩擦面，减小磨损。由于它与气缸呈圆弧接触，故对气缸表面的适应性和对活塞偏摆的适应性均较好，有利于密封，但凸圆弧表面加工较困难。

⑥ 开槽环（图 3-22j）：在外圆面上加工出环形槽，在槽内填充能吸附机油的多孔性氧化铁，有利于润滑、磨合和密封。

⑦ 顶岸环（图 3-22k、l）：断面为“L”形，因为顶岸环距活塞顶面近（图 3-26），做功行程时，燃气压力能迅速作用于环的上侧面和内侧面，使环的下面与环槽的下面、外侧面与气缸壁面贴紧，有利于密封，还可以减少汽车尾气 HC 的排放量。

按气环的开口形状分，主要有直开口、斜开口和阶梯开口等（图 3-27）。直开口加工容易，但密封性差；阶梯形开口密封性好，工艺性差；斜开口的密封性和工艺性介于前两种开口之间，斜角一般为 30°或 45°。

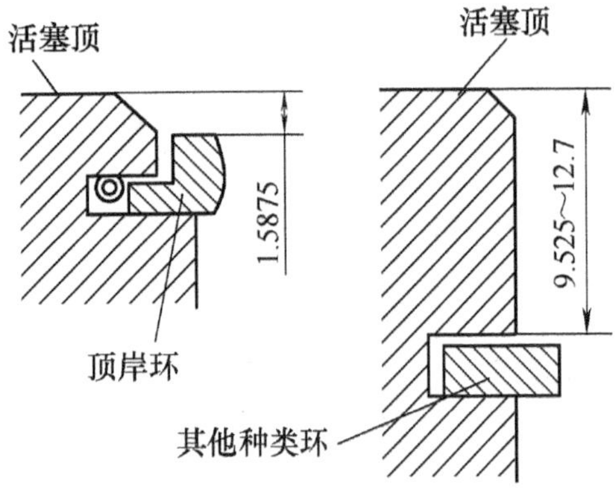

图 3-26　顶岸环特点

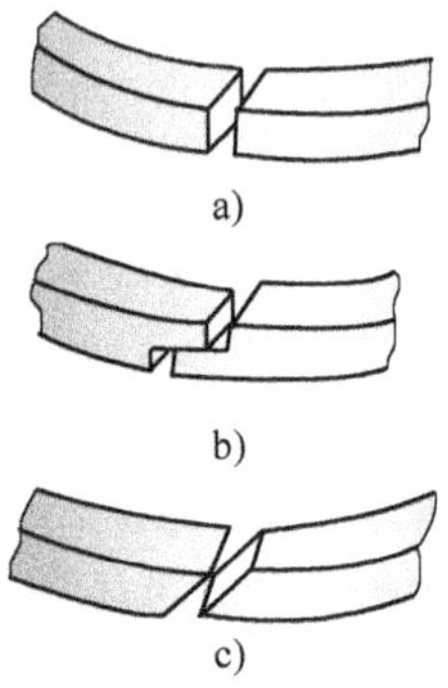

图 3-27　活塞环开口形状
a）直开口　b）阶梯开口　c）斜开口

（2）油环

1）油环的作用。油环的作用是起布油和刮油作用，下行时刮除气缸壁上多余的机油，上行时在气缸壁上铺涂一层均匀的油膜。这样既可以防止机油窜入气缸燃烧，又可以减少活塞、活塞环与气缸壁的摩擦阻力，还能起到封气的辅助作用。

2）油环种类和结构。油环有槽孔式、槽孔撑簧式和组合式三种。

① 槽孔式油环又叫整体式油环。环的外圆柱面中间加工有凹槽，形成上下两道刮油唇，槽中钻有小孔或开切槽，断面形状如图 3-28 所示。

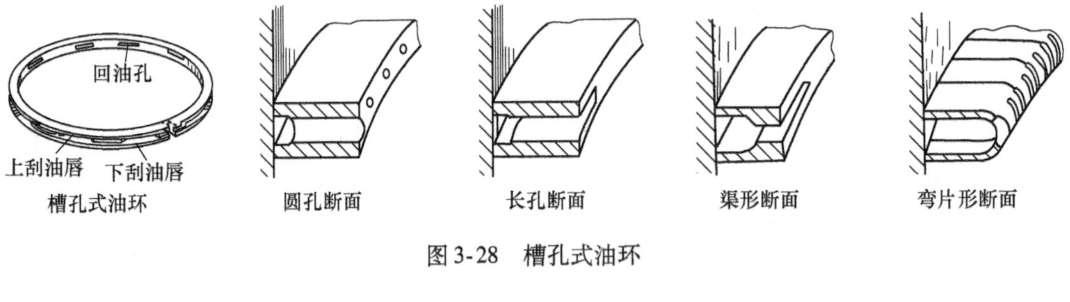

图 3-28　槽孔式油环

② 槽孔撑簧式油环。在槽孔油环的内圆面加装撑簧即为槽孔撑簧式油环。一般作为油环撑簧的有螺旋弹簧、板形弹簧和轨形弹簧三种（图 3-29）。这种油环由于增大了环与气缸壁的接触压力，而使环的刮油能力和耐久性有所提高。

③ 组合式油环。其结构形式多样（图 3-30），一般由上下数片刮油钢片 1 与中间的扩张器组成。扩张器有轨形撑环 2、撑簧 4、轴向衬环 5 和径向衬环 6 等多种形式，它们使刮

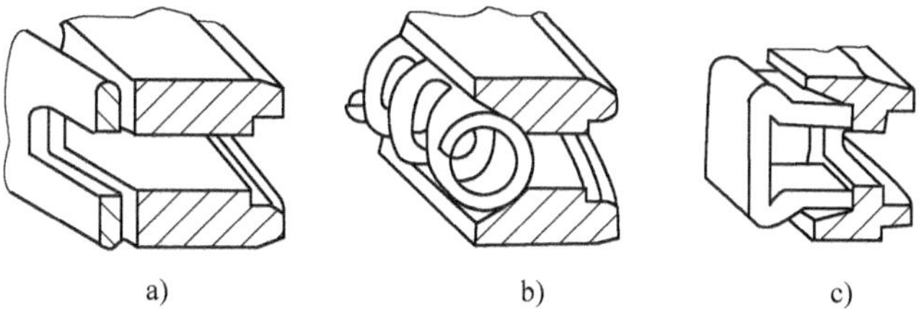

图 3-29　槽孔撑簧式油环

a）板形撑黄油环　b）螺旋撑黄油环　c）轨形撑黄油环

油钢片紧紧压向气缸壁和活塞环槽。近年来，汽车发动机上越来越多地采用了组合式油环。

3. 活塞销

活塞销的作用是连接活塞和连杆小头，将活塞承受的气体作用力传给连杆。

活塞销的结构形式　活塞销的内孔有三种形状：圆柱形、组合形（两段截锥与一段圆柱组合）和两段截锥形（图 3-31）。

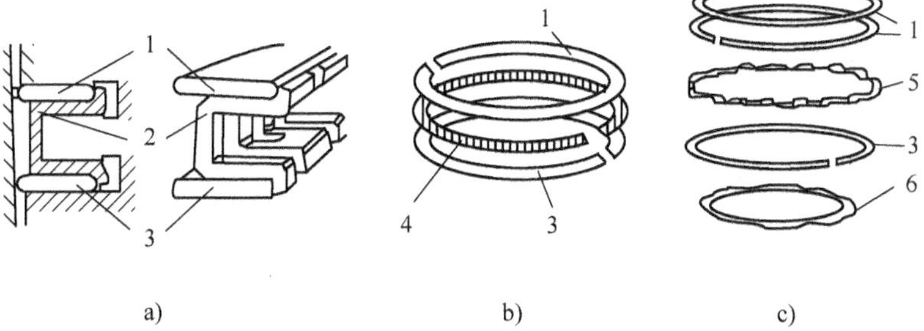

图 3-30　组合油环

a）轨形撑油环　b）撑簧油环　c）多撑簧油环

1—上刮油片　2—轨形撑环　3—下刮油片　4—撑簧

5—轴向衬环　6—径向衬环

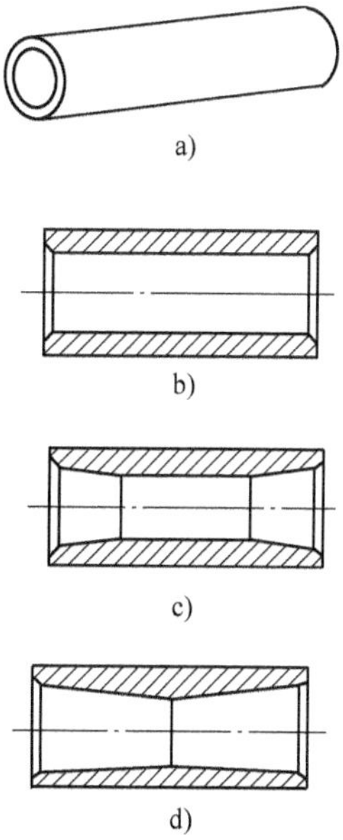

图 3-31　活塞销

a）活塞销　b）圆柱形

c）组合形　d）两段截锥形

活塞销与活塞销座孔及连杆小头衬套孔的连接配合有全浮式和半浮式两种方式（图 3-32）。

“全浮式”是指当发动机工作时，活塞销、连杆小头和活塞销座都有相对运动，使磨损均匀。为了防止活塞销轴向窜动刮伤气缸壁，在活塞销两端装有卡环，进行轴向定位。由于铝活塞热膨胀系数比钢大，为了保证高温工作时活塞销与活塞销座孔有正常间隙（0.01～0.02mm），在冷态时为过渡配合，装配时，应先把铝活塞加热到一定程度，再把活塞销装入。

“半浮式”的特点是活塞中部与连杆小头采用紧固螺栓连接，活塞销只能在两端销座内作自由摆动，而和连杆小头没有相对运动，所以不需要连杆衬套。活塞销不会轴向窜动，不需要卡环，此类活塞销在小轿车上应用较多。

4. 连杆

（1）连杆功用　其功用是连接活塞与曲轴，将活塞的往复运动转变成曲轴的旋转运动。

（2）连杆结构　连杆由连杆小头2、连杆杆身3和连杆大头5等部分组成（图3-33）。

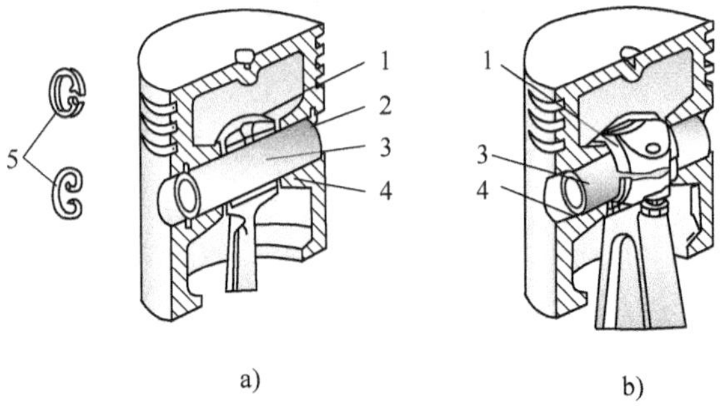

图3-32　活塞销的连接方式

a）全浮式　b）半浮式

1—连杆小头　2—连杆衬套　3—活塞销

4—活塞销座　5—卡环

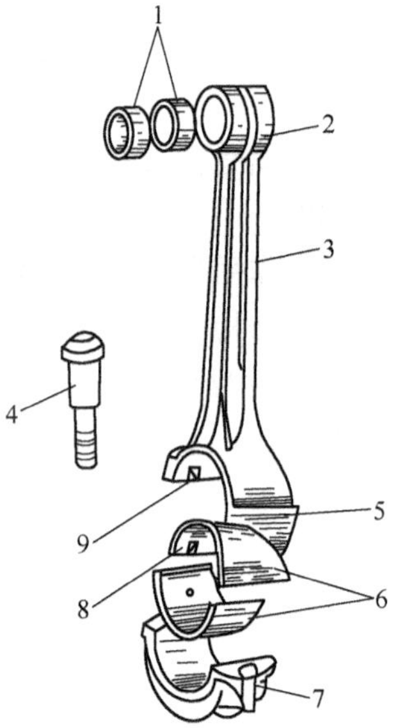

图3-33　连杆的结构

1—连杆衬套　2—连杆小头　3—连杆杆身

4—连杆螺栓　5—连杆大头　6—连杆轴瓦

7—连杆盖　8—连杆轴瓦凸键　9—凹槽

连杆小头与活塞销相连。对全浮式活塞销，由于工作时小头孔与活塞销之间有相对运动，所以在连杆小头孔中压入减磨的青铜连杆衬套1。为了润滑活塞销与衬套，在小头和衬套上铣有油槽或钻有油孔以收集发动机运转时飞溅上来的机油并用以润滑。有的发动机连杆小头采用压力润滑，在连杆杆身内钻有纵向的压力油通道。采用半浮式活塞销是与连杆小头紧配合的，所以小头孔内不需要衬套，也不需要润滑。

连杆杆身通常做成“工”字形断面，抗弯强度好，质量小，大圆弧过渡，且上小下大，采用压力法润滑的连杆，杆身中部制有连通大、小头的油道。

连杆大头与曲轴的连杆轴颈相连，大头有整体式和分开式两种。一般都采用分开式，分开式又分为平分和斜分两种（图3-34）。

平分——分面与连杆杆身轴线垂直（图3-34a），汽油机多采用这种连杆。因为一般汽油机连杆大头的横向尺寸都小于气缸直径，可以方便地通过气缸进行拆装。

斜分——分面与连杆杆身轴线成30°～60°夹角（图3-34b），柴油机多采用这种连杆。因为，柴油机压缩比大，受力较大，曲轴的连杆轴颈较粗，连杆大头尺寸往往超过了气缸直径，为了使连杆大头能通过气缸，便于拆装，一般都采用斜切口。斜切口的连杆盖安装时应注意方向。

把连杆大头分开可取下的部分叫连杆盖，连杆与连杆盖配对加工，加工后，在它们同一侧打上配对记号，安装时不得互相调换或变更方向。为此，在结构上采取了定位措施。平切口连杆盖与连杆的定位多采用连杆螺栓定位，利用连杆螺栓中部精加工的圆柱凸台或光圆柱部分与经过精加工的螺栓孔来保证。斜切口连杆常用的定位方法有锯齿定位、圆销定位、套筒定位和止口定位。

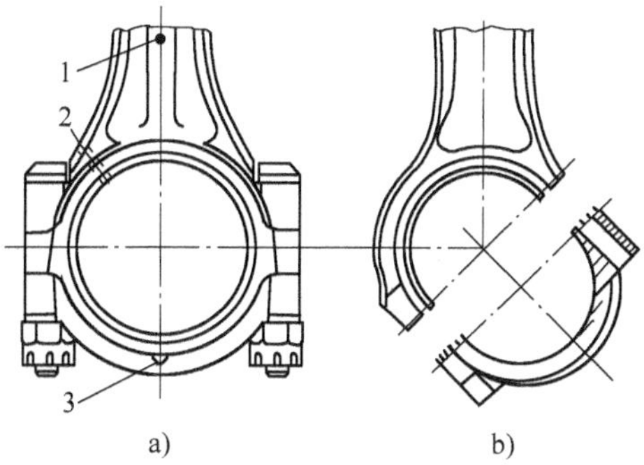

图 3-34 连杆大头

a）平分式 b）斜分式

1—连杆装配标志 2—机油喷孔 3—连杆盖装配标志

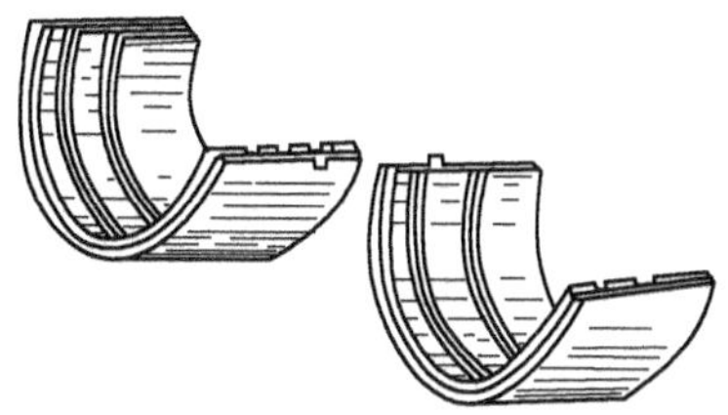

图 3-35 连杆轴承

连杆盖和连杆大头用连杆螺栓连在一起，连杆螺栓在工作中承受很大的冲击力，若折断或松脱，将造成严重事故。为此，连杆螺栓都采用优质合金结构钢，并经精加工和热处理特制而成，损坏后绝不能用其他螺栓来代替。安装连杆盖拧紧连杆螺栓螺母时，要用扭力扳手分 2 ~ 3 次交替均匀地拧紧到规定的力矩，拧紧后还应可靠地锁紧。

连杆大头孔内装有瓦片式滑动轴承（图 3-35），简称连杆轴承。

轴瓦分上、下两个半片。半个轴瓦在自由状态下不是半圆形，当它们装入连杆大头孔内时，又有过盈，故能均匀地紧贴在大头孔壁上，具有很好的承受载荷和导热的能力。

连杆轴瓦上制有定位凸键，供安装时嵌入连杆大头和连杆盖的定位槽中，以防轴瓦前后移动或转动，有的轴瓦上还制有油孔，安装时应与连杆上相应的油孔对齐。

轴瓦材料目前多采用 1 ~ 3mm 的薄壁钢背轴瓦，在其内表面浇铸有减磨合金层。减磨合金层具有质软，容易保持油膜，磨合性好，摩擦阻力小，不易磨损等特点。耐磨合金常采用的有白合金（巴氏合金）、铜基合金和铝基合金。

V 形发动机左右两侧对应两个气缸的连杆是装在曲轴的一个连杆轴颈上的，称为叉形连杆，它有如下三种形式：

① 并列式（图 3-36a） 相对应的左右两缸连杆并列安装在同一连杆轴颈上。

② 主副式（图 3-36b） 一列气缸为主连杆，直接安装在连杆轴颈上，另一列连杆为副连杆，铰接在主连杆大头（或连杆盖）上的两个凸耳之间。

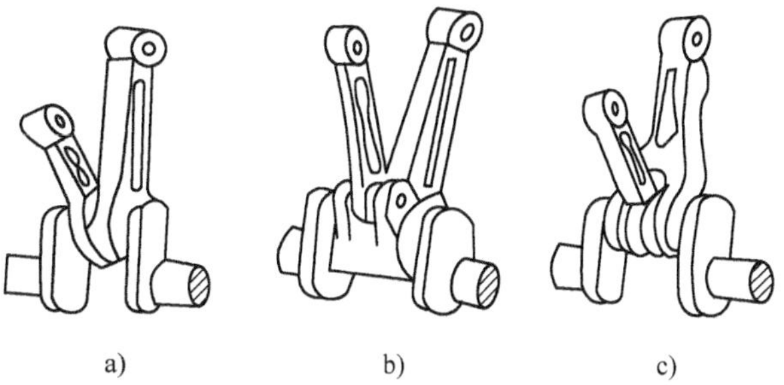

图 3-36 叉形连杆

a）并列式 b）主副式 c）叉式

③ 叉式（图 3-36c） 左右对应的两列气缸连杆中，一个连杆大头做成叉形，跨于另一个连杆厚度较小的大头两端。

二、曲轴飞轮组结构认识

1. 曲轴

（1）曲轴功用 曲轴是发动机最重要的机件之一，它与连杆配合将作用在活塞上的气体压力变为旋转的动力，传给底盘的传动机构。同时，驱动配气机构和其他辅助装置，如风扇、水泵和发电机等。

（2）曲轴结构 曲轴一般由主轴颈 5，曲柄销（连杆轴颈）7、曲柄臂 6、平衡重块 8 等组成（图 3-37）。一个主轴颈、一个连杆轴颈和一个曲柄臂组成了一个曲柄，曲轴的曲柄数目等于气缸数（直列式发动机）；V 形发动机曲轴的曲柄数等于气缸数的一半。

1）主轴颈。主轴颈是曲轴的支承部分，通过主轴承支承在曲轴箱的主轴承座中。主轴承的数目不仅与发动机气缸数目有关，还取决于曲轴的支承方式。曲轴的支承方式一般有两种，一种是全支承曲轴，另一种是非全支承曲轴（图 3-38）。

全支承曲轴：曲轴的主轴颈数比气缸数目多一个，即每一个连杆轴颈两边都有一个主轴颈。这种支承，曲轴的强度和刚度都比较好，并且减轻了主轴承载荷，减小了磨损。

非全支承曲轴：曲轴的主轴颈数比气缸数目少或与气缸数目相等，主轴承载荷较大，但缩短了曲轴的总长度，使发动机的总体长度有所减小。

有的大型发动机曲轴采用组合式，由若干段组合在一起，由滚动轴承支承在机体上。

2）曲柄销（连杆轴颈）。它是曲轴与连杆的连接部分，直列发动机的连杆轴颈数目和气缸数相等。V 形发动机的连杆轴颈数等于气缸数的一半。

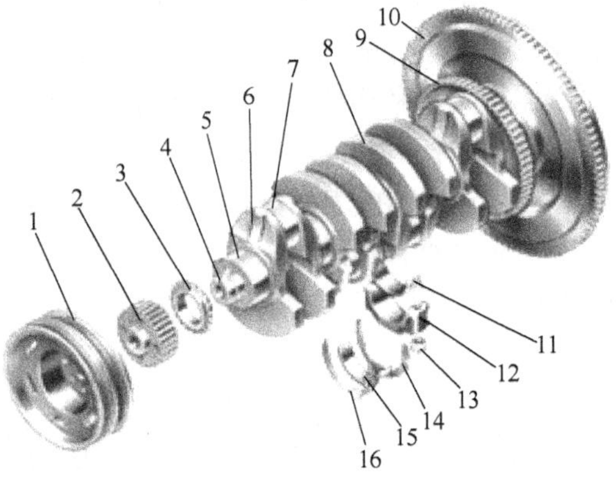

图 3-37 曲轴飞轮组件

1—曲轴带轮 2—曲轴正时带轮 3—曲轴链轮 4—曲轴前端 5—曲轴主轴颈 6—曲柄臂 7—曲柄销（连杆轴颈） 8—平衡重块 9—转速传感器脉冲轮 10—飞轮 11、15—主轴承 12—主轴承盖 13—螺母 14、16—止推垫片

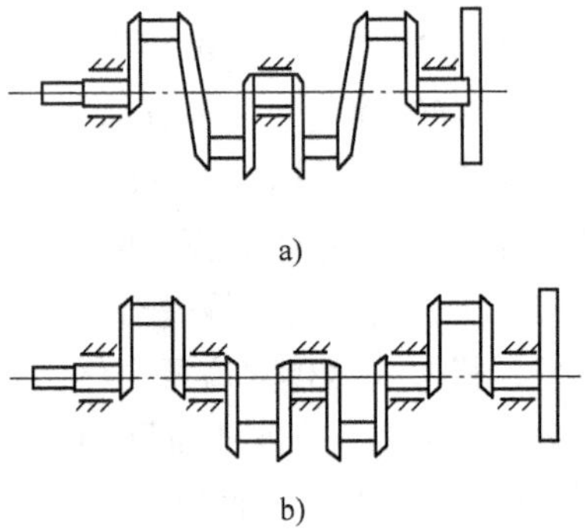

图 3-38 曲轴的支承方式

a）非全支承 b）全支承

3）曲柄臂。是主轴颈和连杆轴颈的连接部分。为了平衡惯性力，曲柄臂处铸有（或紧固有）平衡重块。它用来平衡发动机不平衡的离心力矩，有时还用来平衡一部分往复惯性

力，使曲轴旋转平稳。

曲轴曲柄的布置，不但影响到发动机的平衡，还影响到发动机的工作顺序。

多缸发动机的点火顺序应均匀分布在720°曲轴转角内，并且使连续做功的两缸相距尽可能远，以减轻主轴承的载荷，避免可能发生的进气重叠现象。

4缸四冲程发动机的点火间隔角为720°/4 = 180°，4个曲柄布置在同一平面内（图3-39）。1、4缸与2、3缸互相错开180°，其发火顺序的排列有两种可能，即1-3-4-2或1-2-4-3，其工作循环分别见表3-3和表3-4。

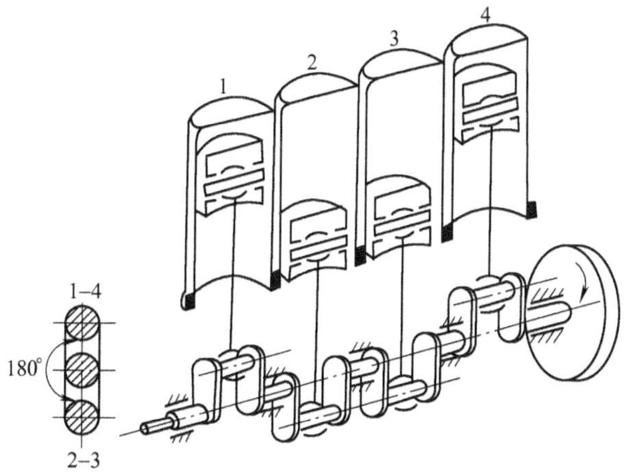

图3-39　4缸四冲程发动机曲柄布置

表3-3　4缸发动机工作循环（点火顺序1-3-4-2）

曲柄转角/(°)	第一缸	第二缸	第三缸	第四缸
0～180	做功	排气	压缩	进气
180～360	排气	进气	做功	压缩
360～540	进气	压缩	排气	做功
540～720	压缩	做功	进气	排气

表3-4　4缸发动机工作循环（点火顺序1-2-4-3）

曲柄转角/(°)	第一缸	第二缸	第三缸	第四缸
0～180	做功	压缩	排气	进气
180～360	排气	做功	进气	压缩
360～540	进气	排气	压缩	做功
540～720	压缩	进气	做功	排气

6缸四冲程直列发动机的点火间隔角为720°/6 = 120°，6个曲柄分别布置在三个平面内（图3-40），有两种点火顺序，1-5-3-6-2-4和1-4-2-6-3-5，前者工作循环见表3-5。

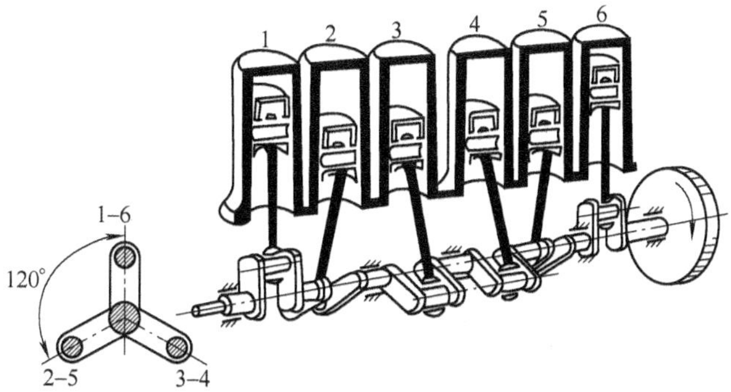

图3-40　6缸四冲程直列发动机曲柄布置

表 3-5　6 缸机工作循环（点火顺序 1-5-3-6-2-4）

<table>
<tr><th colspan="2">曲柄转角/(°)</th><th>第 一 缸</th><th>第 二 缸</th><th>第 三 缸</th><th>第 四 缸</th><th>第 五 缸</th><th>第 六 缸</th></tr>
<tr><td rowspan="3">0 ~ 180</td><td>60</td><td rowspan="3">做功</td><td rowspan="2">排气</td><td>进气</td><td>做功</td><td rowspan="2">压缩</td><td rowspan="3">进气</td></tr>
<tr><td>120</td><td rowspan="3">压缩</td><td rowspan="3">排气</td></tr>
<tr><td>180</td><td rowspan="3">进气</td><td rowspan="3">做功</td></tr>
<tr><td rowspan="3">180 ~ 360</td><td>240</td><td rowspan="3">排气</td><td rowspan="3">压缩</td></tr>
<tr><td>300</td><td rowspan="3">做功</td><td rowspan="3">进气</td></tr>
<tr><td>360</td><td rowspan="3">压缩</td><td rowspan="3">排气</td></tr>
<tr><td rowspan="3">360 ~ 540</td><td>420</td><td rowspan="3">进气</td><td rowspan="3">做功</td></tr>
<tr><td>480</td><td rowspan="3">排气</td><td rowspan="3">压缩</td></tr>
<tr><td>540</td><td rowspan="3">做功</td><td rowspan="3">进气</td></tr>
<tr><td rowspan="3">540 ~ 720</td><td>600</td><td rowspan="3">压缩</td><td rowspan="3">排气</td></tr>
<tr><td>660</td><td rowspan="2">进气</td><td rowspan="2">做功</td></tr>
<tr><td>720</td><td>排气</td><td>压缩</td></tr>
</table>

4）曲轴前端（图 3-41）。曲轴前端装有正时齿轮 4、驱动风扇和水泵的带轮 7 以及起动爪 8 等。为了防止机油沿曲轴轴颈外漏，在曲轴前端装有一个甩油盘，它随曲轴转动，将漏出的机油甩回油底壳。甩油盘外斜面向后，安装时应注意方向，否则会产生相反效果。在齿轮室盖上装有油封，防止机油外漏。

5）曲轴后端。曲轴后端用于安装飞轮。在后轴颈与飞轮凸缘之间制成挡油凸缘和回油螺纹，并安装有油封或密封填料等，以阻止机油向后窜漏（图 3-42）。

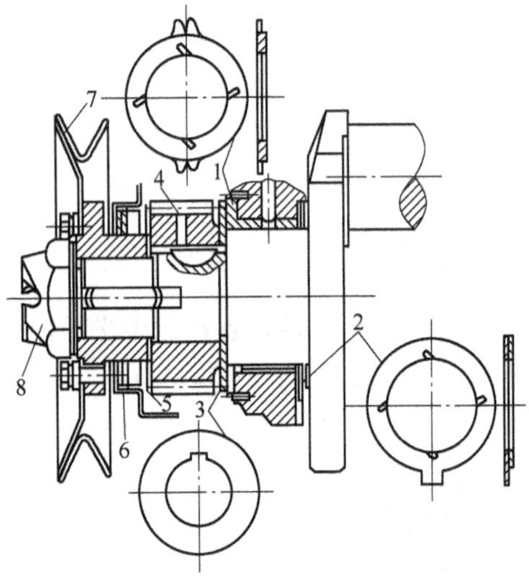

图 3-41　曲轴前端结构

1、2—滑动止推轴承　3—止推片　4—正时齿轮
5—甩油盘　6—油封　7—带轮　8—起动爪

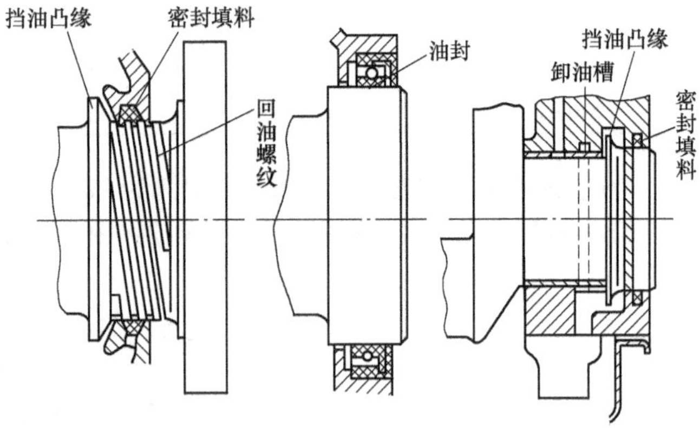

图 3-42　曲轴后端

6）曲轴轴向定位。由于曲轴经常受到离合器施加于飞轮的轴向力作用，有的曲轴前端采用斜齿轮传动，使曲轴产生前后窜动，影响了曲柄连杆机构各零部件的正确位置，增大了

发动机磨损、异响和振动，故必须进行曲轴轴向定位。另外，曲轴工作时会受热膨胀，还必须留有膨胀的余地。

曲轴定位一般采用滑动止推轴承，安装在曲轴前端或中后部主轴承上。

止推轴承有两种形式：翻边主轴瓦的翻边部分或具有减磨合金层的半圆环止推片（图3-43），磨损后可更换。

7）曲轴润滑。为了润滑曲轴主轴颈和曲柄销（连杆轴颈），在轴颈上还钻有油孔，并有斜油道相通（图3-44），再与机体的主油道连通。

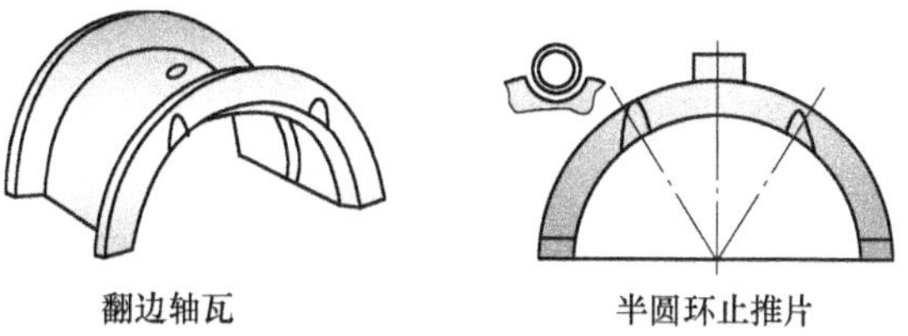

图3-43　曲轴止推轴承

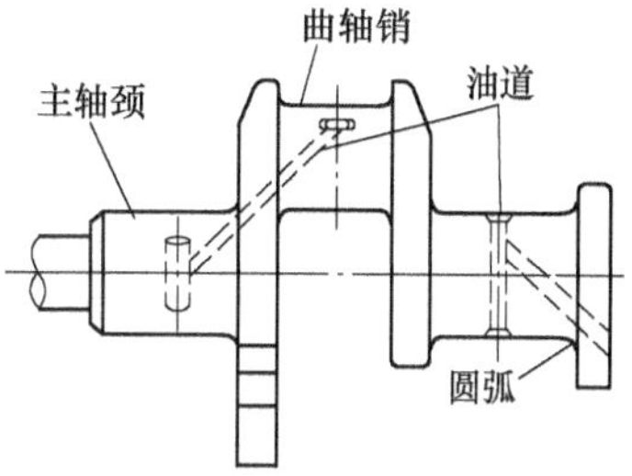

图3-44　曲轴润滑

2. 曲轴扭转减振器

在发动机工作过程中，经连杆传给连杆轴颈的作用力的大小和方向都是周期性变化的，所以曲轴各个曲柄的旋转速度也是忽快忽慢呈周期性变化，导致各曲柄之间产生周期性相对扭转的现象称之为曲轴的扭转振动，简称扭振。曲轴扭振会造成发动机磨损加剧、功率下降，当振动强烈时甚至会扭断曲轴。扭转减振器的功用就是吸收曲轴扭转振动的能量，消减扭转振动。

汽车发动机多采用橡胶扭转减振器、硅油扭转减振器和硅油-橡胶扭转减振器。

（1）橡胶扭转减振器　如图3-45左图所示，减振器壳体与曲轴连接，并通过橡胶层与减振质量连接在一起。

发动机工作时，减振器壳体与曲轴一起振动，由于减振质量惯性滞后于减振器壳体，因而在两者之间产生相对运动，使橡胶层来回揉搓，振动能量被橡胶的内摩擦阻尼吸收，从而使扭振得以消减。

如图3-45右图是带轮－橡胶扭转减振器，基本原理与前面相似，类似结构被应用于东风EQ6100-1和YC6105QC等发动机上。

（2）硅油扭转减振器　如图3-46左图所示，减振器壳体与曲轴连接，侧盖与减振器壳体组成封闭腔，其中滑套着减振质量。减振质量与封闭腔之间留有一定的间隙，里面充满高黏度硅油。

当发动机工作时，减振器壳体与曲轴一起旋转，减振质量则被硅油的黏性摩擦阻尼和衬套的摩擦力所带动。由于减振质量相当大，因此它近似做匀速运动，于是在减振质量与减振器壳体间产生相对运动。曲轴的振动能量被硅油的内摩擦阻尼吸收，使扭振消除或减轻。

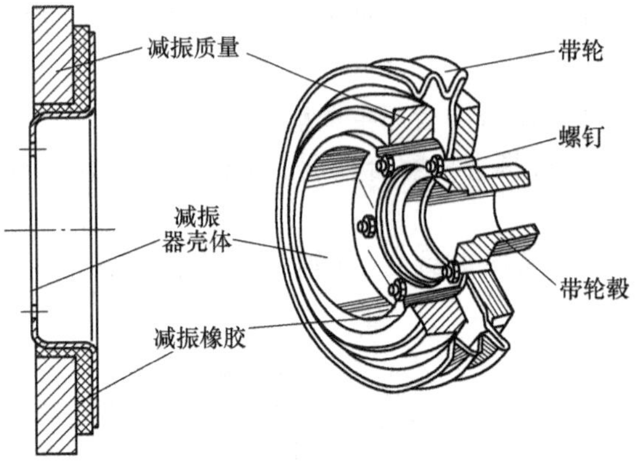

橡胶扭转减振器　　带轮－橡胶扭转减振器

图 3-45　橡胶扭转减振器

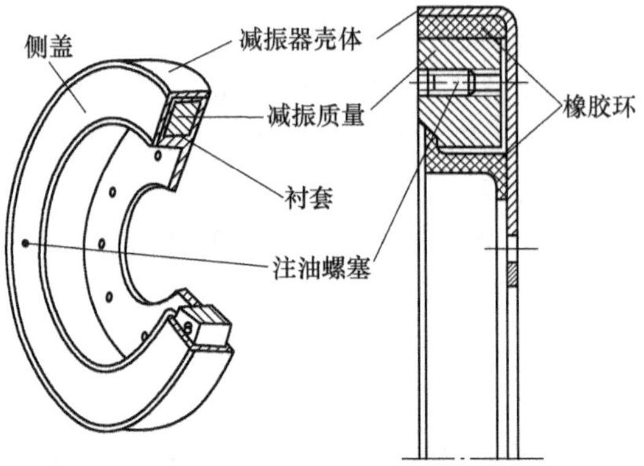

硅油减振器　　硅油－橡胶扭转减振器

图 3-46　硅油减振器

（3）硅油-橡胶扭转减振器　如图 3-46 右图所示，扭转减振器中的橡胶环主要作为弹性体，并用来密封硅油和支撑减振质量。在封闭腔内注满高黏度硅油。硅油-橡胶扭转减振器集中了硅油减振器和橡胶减振器两者的优点，即体积小，质量轻和减振性能稳定等。

3. 飞轮

它是一个很重的铸铁圆盘（图 3-47），用螺栓固定在曲轴后端的接盘上，具有很大的转动惯量。其主要功用是用来储存做功行程的能量，用于克服进气、压缩和排气行程的阻力和其他阻力，使曲轴能均匀地旋转。

飞轮外缘压有齿圈与起动机的驱动齿轮啮合，供起动发动机用；汽车离合器也装在飞轮上，利用飞轮后端面作为驱动件的摩擦面，用来对外传递动力。

在飞轮轮缘上作有记号（刻线或销孔）供找上止点用。当飞轮上的记号与外壳上的记号对正时，正好是上止点（图 3-48）。有的还有进排气相位记号、供油（柴油机）或点火（汽油机）记号供安装和修理用。

图 3-47　飞轮

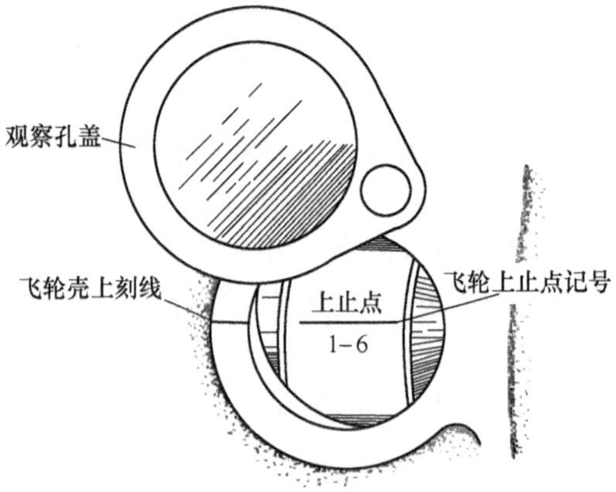

图 3-48　飞轮记号

飞轮与曲轴在制造时一起进行过动平衡试验，在拆装时应严格按相对位置试装。飞轮紧固螺钉承受作用力大，应按规定力矩和正确方法拧紧。

拓展与提高

一、活塞环间隙检查

1）清除活塞、活塞环和气缸积炭和污垢。

2）活塞环侧间隙检查。活塞环与活塞环槽之间的间隙称侧间隙，一般轿车发动机在0.02～0.05mm，可采用塞尺按图3-49所示方法测量。侧间隙过小，可在平面细砂纸上研磨活塞环；侧间隙过大，应更换活塞环或活塞。

3）活塞环开口间隙检查。活塞环装入气缸后的开口距离称开口间隙，各道环不一样，一般轿车发动机第1道气环0.30～0.45mm，第2道气环0.25～0.40mm，油环0.25～0.50mm。测量时应将活塞环放入气缸（图3-50），用塞尺测量。如开口间隙过小，可用细锉刀修磨；如开口间隙过大，应更换活塞环。

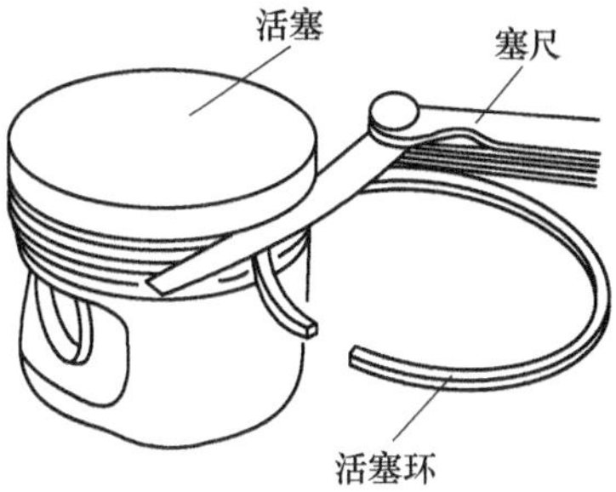

图3-49　活塞环侧间隙测量

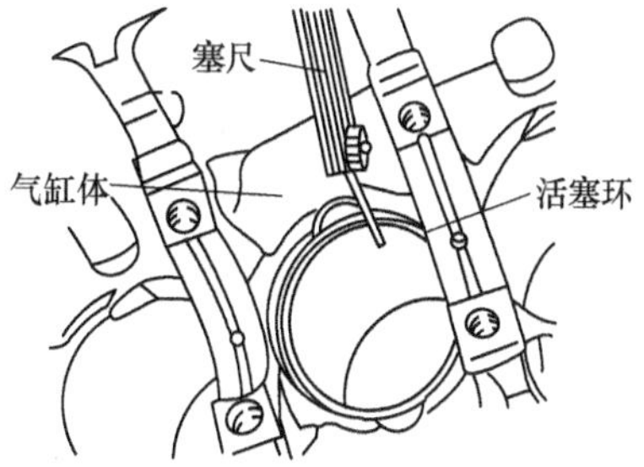

图3-50　活塞环开口间隙测量

二、连杆弯曲、扭曲检测

1. 连杆弯曲和扭曲检测

该项检测应在连杆校正器上进行（图3-51）。检验时，首先将连杆大端的轴承盖装好，不装连杆轴瓦，并按规定的拧紧力矩将连杆螺栓拧紧，同时将心轴装入连杆小端衬套孔中。然后将连杆大端套装在连杆校正器支承轴上，通过调整螺钉使支承轴扩张将连杆固定在校验台上。

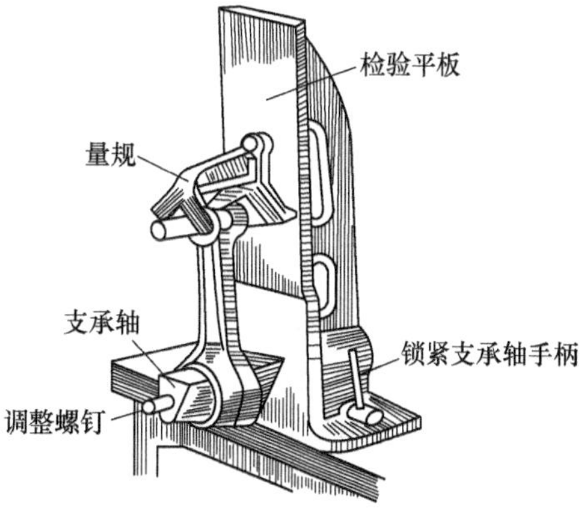

图3-51　连杆检测

连杆校正器的测量工具是一个有V形槽的量规（三点规）。三点规上的三点构成的平面与V形槽的对称平面垂直。测量时，将三点规的V形槽靠在心轴上，并推向检验平板。如三点规的三个点都与校验平板接触，说明连杆不变形。若上测点与平板接触，两个下测点不接触且与平板的间隙一致，或下两测点与平板接触，而上测点不接触，表明连杆弯曲，可用塞尺测出测点与平板之间的间隙，即为连杆在100mm长度上的弯曲量。若只有一个下测点与平板接触，另一下测点与平板不接触，且间隙为上测点与平板间隙的两倍，这时下测点与平板的间隙即为在连杆100mm长度上的扭曲度。

一般要求连杆的弯曲度及扭曲度在100mm长度上不大于0.03mm，若超过应进行校正。

2. 连杆铜套与活塞销间隙检查

连杆铜套与活塞销配合间隙轿车发动机一般是0.005~0.014mm，可用小型内径千分尺测量。经验检验方法是用大拇指可将活塞销缓缓推入连杆铜套内为合适（图3-52）。

图3-52 连杆铜套与活塞销配合

三、曲轴磨损与变形检测

1. 曲轴轴颈磨损量、圆度与圆柱度测量

采用千分尺（图3-53）分别测量每道曲轴的主轴颈与连杆轴颈的最大与最小尺寸，即可以计算出曲轴磨损量、圆度与圆柱度。一般要求曲轴圆度与圆柱度不大于0.025mm，磨损量不大于0.15mm，超过要求应进行磨修或更换。磨修后的曲轴应配加大的主轴承。

2. 曲轴主轴颈径向圆跳动测量

如图3-54所示，将曲轴支承于支架上，将百分表触于待测量的曲轴轴颈上，转动曲轴，观察百分表跳动情况，一般轿车发动机标准值为0.05mm，使用极限值为0.10mm。

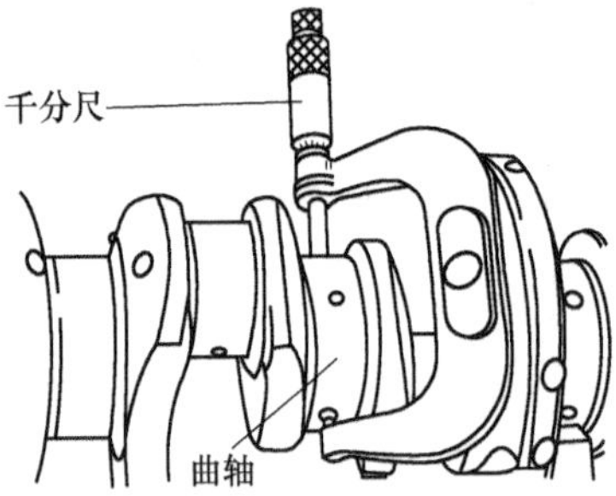

图3-53 曲轴磨损测量

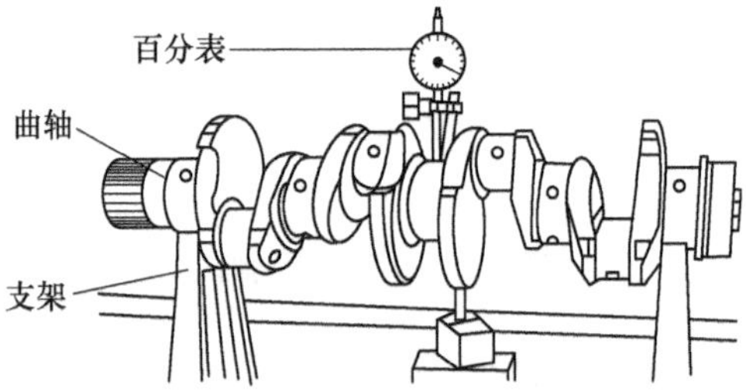

图3-54 曲轴主轴颈径向圆跳动测量

四、曲轴安装间隙检测

1. 曲轴轴向间隙测量

如图3-55所示，将百分表头触及曲轴一端，轴向推动曲轴，观察百分表摆动情况，一般轿车发动机标准值为0.07~0.23mm，使用极限值为0.30mm，超过极限值应更换曲轴止推垫片。

2. 曲轴连杆轴颈与连杆轴瓦配合间隙测量

可采用内径千分尺和外径千分尺分别测量连杆大端（已装配连杆瓦）内径和曲轴连杆轴颈外径得到，也可以采用塑料塞尺塞入曲轴连

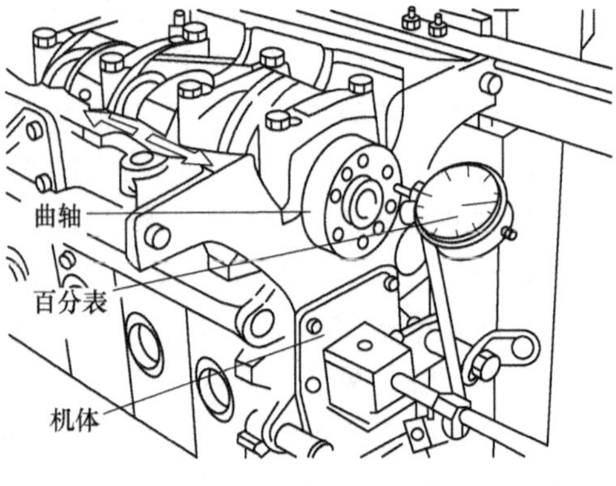

图3-55 曲轴轴向间隙测量

杆轴颈与连杆轴瓦之间测量。一般轿车发动机标准值为0.012～0.052mm，使用极限值为0.12mm，超过极限值应进行磨修曲轴，并配加厚的连杆轴瓦。

3. 曲轴主轴颈与主轴瓦配合间隙测量

测量方法同上。一般轿车发动机标准值为0.02～0.06mm，使用极限值为0.15mm，超过极限值应进行磨修曲轴，并配加厚的主轴瓦。

五、发动机可变气缸控制技术

1. 可变气缸控制的意义

从多缸发动机工作分析可知，发动机各气缸是按照工作顺序全部参与做功，这是不合理的，往往导致“大马拉小车”现象，如6缸发动机，在怠速或小负荷，也仍然6个气缸全部点火做功，造成发动机功率浪费，燃油消耗上升。

为此，美国通用公司、克莱斯勒公司、德国奔驰公司、日本本田公司，都先后开发出随汽车外界负荷变化，让部分气缸停止工作的控制技术，美国通用公司称为DOD（Displacement On Demand）可变排量技术，日本本田公司称为VCM（Vacuum Control Modulator）可变气缸控制技术。

目前最成功的是本田公司的VCM技术，已经应用于本田第八代雅阁发动机上，广州本田第八代雅阁3.5L发动机也同步采用VCM发动机，功率可达206kW/(6200r/min)，它能根据需要，控制发动机在3、4、6缸三种模式工作，既可以作为V6发动机工作，也可以“变身”为直列3缸发动机或者V形4缸发动机。使用表明，该VCM发动机相对于上一代雅阁所搭载的3.0L发动机，燃油耗降低了7%，90km/h等速油耗仅为6.8L，排放达欧Ⅳ标准。

2. 可变气缸控制发动机基本结构原理

图3-56　VCM发动机

（1）基本结构　以广州本田第八代雅阁VCM发动机（图3-56）为例，其控制机构i-VTEC是一套可变气门配气相位和气门升程电子控制系统，它由车用电脑控制，能根据需要控制某缸的进排气门的开闭，当进排气门处于关闭时，该气缸便停止工作。

（2）工作原理　广州本田第八代雅阁VCM发动机有以下三种工作模式：

1）全负荷工作模式：在发动机起动、加速或者低档位爬山时，发动机会起动所有的6个气缸工作，以满足发动机对动力输出的需求。

2）怠速及低负荷工作模式：当发动机怠速或汽车处于中低速运行时，VCM系统会通过控制VTEC系统，关闭发动机一侧的三个气缸的进、排气，并且切断供油，完成从V6发动机到直列3缸发动机工作模式的切换，此时，这台3.5L发动机的实际工作排量只有1.75L。

3）中负荷工作模式：在中等速度、高速巡航和缓坡行驶时，发动机将会用4个气缸来运转。此时，VCM系统会保持发动机每一列三个气缸中靠远端的两个气缸正常工作，另外一个气缸则会被关闭。

VCM系统对发动机进行变缸操作前，会根据气门开度传感器、发动机转速传感器、车速传感器、冷却液温度传感器等信号进行数据测算，以便判断是否应当根据当前的工作负荷来启用相应的 3 缸或者 4 缸工作方案。此外，该系统还会确定发动机机油压力是否支持 VCM 系统进行工作模式的切换，以及在发动机进行变排量操作后，催化转化器的温度是否仍会保持在适当范围内。

如果 VCM 系统判断发动机变缸，那么系统会被命令率先调整点火正时和节气门的开度，以方便气缸开、闭能够平稳过渡。

发动机是否处于部分气缸工作，可以从仪表板上的“ECO”灯判断，灯亮说明发动机处于3 缸或4 缸工作模式。当驾驶人把加速踏板踩下一些，想要获得较大的动力输出时，“ECO”灯马上就会熄灭，如果加速踏板松开持续 1 ~3s 后，“ECO”灯又会亮起。

检测评价

通过以上学习，根据任务实施过程，将完成任务情况记入表 3-6 中，完成检测评价。

表 3-6　发动机曲柄连杆机构结构认识任务评价表

班级		姓名		日期	
序号	评价内容	配分	评分标准	自评	互评
1	发动机活塞连杆组的作用、总体组成与工作原理	15	叙述错误每项扣 2 分		
2	发动机曲轴飞轮组的作用、总体组成与工作原理	15	叙述错误每项扣 2 分		
3	活塞环间隙检查	15	检查错误每项扣 3 分		
4	连杆弯曲、扭曲检测	15	检查错误每项扣 3 分		
5	曲轴磨损与变形检测	15	检查错误每项扣 3 分		
6	曲轴安装间隙检测	15	检查错误每项扣 3 分		
7	操作规范、有序、不超时、实施 5S 理念	10	操作不规范或超时每项扣 2 分		
8	安全用电、防火、无人身、设备事故		因违反操作安全发生重大人身和设备事故按 0 分计		
9	分数统计	100			
教师评语					

课后测评

一、选择题

1. 学生 a 说活塞裙部应该加工成圆形，学生 b 说活塞裙部应该加工成椭圆形，他们说法应该是（　　）。

A. 只有学生 a 正确　　　　B. 只有学生 b 正确

C. 学生 a 和 b 都正确　　　　　　D. 学生 a 和 b 都不正确

2. 下列说法正确的是（　　）。

A. 活塞一般制成上小下大的锥形或阶梯形

B. 活塞一般制成上大下小的锥形或阶梯形

C. 桶形活塞在任何工作状态下都能得到良好润滑

D. 活塞一般制成上下直径相等的圆柱形

3. 活塞气环主要作用是（　　）。

A. 密封　　　B. 布油　　　C. 导热　　　D. 刮油

4. 学生 a 说活塞环中的扭曲环可以减小摩擦和磨损，学生 b 说扭曲环安装错误时会产生“泵油”作用，他们说法应该是（　　）。

A. 只有学生 a 正确　　　　　　B. 只有学生 b 正确

C. 学生 a 和 b 都正确　　　　　　D. 学生 a 和 b 都不正确

5. 学生 a 说组合式油环的刮油钢片对气缸的比压力大，刮油效果好；学生 b 说组合式油环的刮油钢片彼此独立，对气缸壁面适应性好。他们说法应该是（　　）。

A. 只有学生 a 正确　　　　　　B. 只有学生 b 正确

C. 学生 a 和 b 都正确　　　　　　D. 学生 a 和 b 都不正确

6. 下列说法正确的是（　　）。

A. 连杆螺栓是高碳钢材料制造成的

B. 连杆螺栓是优质合金结构钢材料制造成的

C. 连杆螺栓紧固时应该分 2 ~3 次交替均匀地拧紧

D. 连杆螺栓应该以最大力矩拧紧

二、问答题

1. 曲柄连杆机构包括哪些主要零部件？其结构特点如何？

2. 有一台四缸内燃机，工作顺序为 1-3-4-2，当第 3 缸处于排气下止点时，请分析各缸活塞的工作状况。

三、实操题

1. 正确检测活塞环各种间隙。

2. 正确检测连杆弯、扭曲。

3. 正确检测曲轴磨损及变形。

4. 正确检测曲轴安装间隙。

项目小结

1. 机体组是发动机的骨架，主要由机体、气缸盖和气缸盖垫片等零部件组成。

2. 气缸使用后会出现磨损和失圆，严重时将导致起动困难，工作时曲轴箱严重串气，排气管冒蓝烟，燃料和机油消耗增加。可采用量缸表测量其磨损量、圆度和圆柱度。磨损超过极限值时，应进行更换和镗、磨缸。

3. 机体、气缸盖接合面翘曲，或气缸垫安装不当或损坏，会导致机体接合面出现漏气，可采用水平尺检查平面翘曲，通过铲削或磨削加工修理。

4. 曲柄连杆机构包括活塞连杆组（活塞、活塞环、活塞销、连杆、连杆轴瓦等）及曲轴飞轮组（曲轴、飞轮等）。曲柄连杆机构组装时，应注意各零部件的相互配合位置关系，及各重要螺钉的拧紧力矩和拧紧方法。

5. 活塞一般都采用高强度铝合金制成，其顶部有各种凹坑，组成各种燃烧室；头部有的加工有隔热槽、纤维增强合金环等；头部有活塞环槽；裙部起导向作用，并承受侧压力。整个活塞呈上小下大，裙部椭圆形；有的开有膨胀槽、采用拖鞋式裙部等防止活塞卡死的措施。

6. 活塞环有气环和油环两类。气环起密封、传热作用，有矩形环、扭曲环、锥面环、梯形环、桶面环、开槽环和顶岸环等各种截面形状；油环起布油、刮油、传热作用，有槽孔式、槽孔撑簧式和组合式三种。活塞环安装时应注意安装位置和方向。

7. 曲轴的曲柄布置应该使各缸点火顺序均匀分布在720°曲轴转角内。4缸发动机的点火顺序只有1-2-4-3和1-3-4-2两种。根据曲轴的曲柄布置和发火顺序，可分析多缸发动机各缸的工作状况。

8. 发动机可变气缸控制技术是指发动机能够根据汽车外界负荷变化，让部分气缸停止工作的控制技术，它可有效降低发动机燃料消耗和排气污染。

项目四

发动机换气系统结构认识与拆装调整

项目描述

发动机作为汽车的心脏，其动力的产生依靠燃油和氧气的燃烧反应，而控制氧气的进入和废气的排出就是发动机的换气系统。

换气系统的功用是按照发动机工作的要求，定时开启和关闭进、排气门，使干净新鲜可燃混合气（汽油机）或空气（柴油机）及时进入气缸，废气及时从气缸排出。本项目主要学习发动机换气系统的作用、组成、结构、工作原理拆装及调整。

任务一　换气系统结构认识

任务目标

1. 掌握发动机换气系统的作用与分类。
2. 熟悉空气滤清器的结构与工作原理。
3. 熟悉进、排气管总成的结构与工作原理。
4. 掌握配气机构的结构与工作原理。
5. 学会空气滤清器的日常维护。
6. 培养爱岗敬业、勤奋细心、认真负责、团结互助的职业道德和精神。

知识准备

一、换气系统的作用

换气系统的作用是根据发动机各缸的工作循环和着火次序，适时地开启和关闭各缸的进、排气门，使足量的纯净空气或空气与燃油的混合气及时地进入气缸，并及时地将废气排出。

二、换气系统的总体组成与工作原理

换气系统主要由空气滤清器、进排气管总成、配气机构、三元催化器和消声器等组成。桑塔纳 2000GSi 轿车 AJR 发动机换气系统的组成及其在车上的布置，如图 4-1 所示。

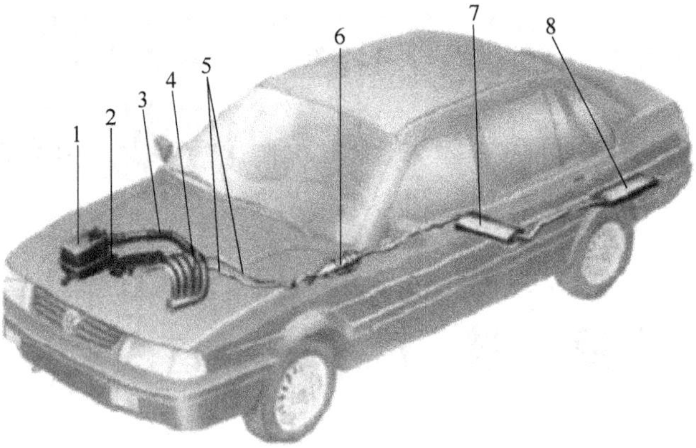

图 4-1　桑塔纳 2000GSi 轿车 AJR 发动机换气系统布置图
1—空气滤清器　2—排气支管　3—进气软管　4—进气支管
5—排气管　6—三元催化器　7—副消声器　8—主消声器

任务准备

1. 器材准备

1）桑塔纳 2000 型汽车发动机实验台 1 台/组。

2）空气滤清器、进气管、排气管、消声器、凸轮轴、挺柱等教具 1 套/组。

3）一体化教室 1 间。

4）录像片及教学挂图 1 套。

2. 任务安排

1）教学课时：4 学时。

2）教学组织：教师结合多媒体现场讲解，学生分组（5~6 人一组）进行现场学习与讨论。

任务实施

一、空气滤清器结构认识

1. 空气滤清器的功用

空气滤清器的功用主要是滤除空气中的杂质或灰尘，让洁净的空气进入气缸；减小气缸壁与活塞环、活塞之间的磨损，延长发动机的使用寿命。另外，空气滤清器还有减小进气噪声的作用。

2. 空气滤清器的结构原理

以现代轿车常用的干式纸滤芯空气滤清器为例（图 4-2），空气滤清器一般由进气导流管、空气滤清器盖、空气滤清器外壳和滤芯等组成。由经过树脂处理的微孔滤纸制成的滤芯1安装在滤清器外壳2中。

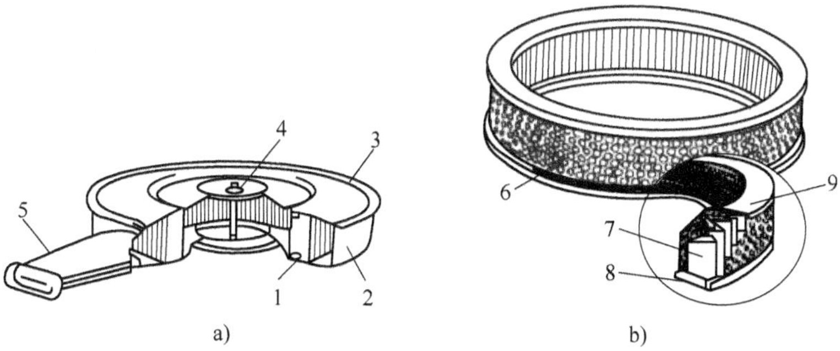

图4-2　纸滤芯式空气滤清器
a）滤清器总成　b）纸滤芯
1—滤芯　2—滤清器外壳　3—滤清器盖　4—碟形螺母
5—进气导流管　6—金属网　7—滤纸　8、9—滤芯密封圈

发动机工作时，空气从滤芯的四周穿过滤纸进入滤芯中心，随后流入进气管，杂质就被滤芯阻留在滤芯外面。纸滤芯空气滤清器具有质量小、成本低和滤清效果好等优点。

3. 空气滤清器的维护

1）滤清器外壳要经常清洁，保持干净。

2）滤清器应安装可靠并密封良好。滤芯两端密封垫圈应完好无损，确保滤芯密封，否则空气未经过滤清就进入气缸。

3）纸质滤芯应定期清洁或更换。轿车一般每行驶15000km就应该更换滤芯；滤芯应避免与油类和水等接触；清洁时，先轻拍滤芯，然后用0.2～0.3MPa压缩空气从滤芯内部向外吹去灰尘（图4-3）。

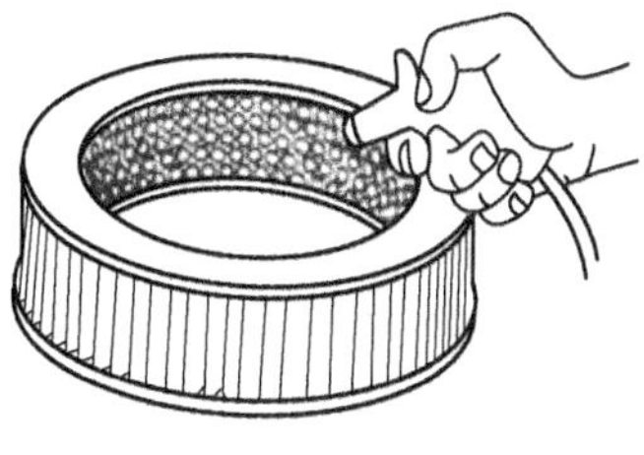

图4-3　清洁滤芯

二、进、排气管总成结构认识

1. 进气管总成

（1）进气歧管　对于节气门体燃油喷射式发动机，进气歧管指的是节气门体后到气缸盖进气道之前的进气管路。它的功用是将空气—燃油混合气从节气门体分配到各气缸进气道。对于进气道燃油喷射式发动机或柴油机，进气歧管只是将洁净的空气分配到各缸进气道。进气歧管一般由铝合金或复合塑料制造而成。

如图4-4和图4-5所示分别为节气门体燃油喷射式和进气道燃油喷射式发动机的进气歧管。

图4-6所示为利用排气加热进气歧管的实例。当发动机工作时，高温排气流过进气歧管底部并对其加热。在排气支管内装有热控阀，根据季节的不同，改变热控阀的位置，可以调节流过进气歧管底部的废气量，即调节对进气歧管的加热程度。利用循环冷却液加热进气歧管需在进气歧管内设置水套，并使其与发动机冷却系统连通，让冷却液在进气歧管的水套内

循环流动。

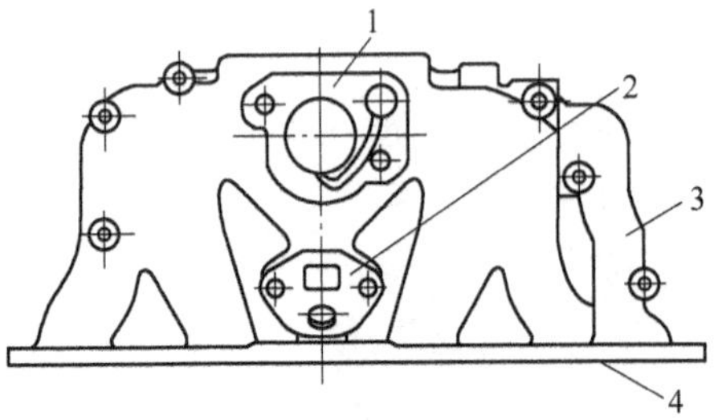

图 4-4　节气门体燃油喷射式发动机进气歧管
1—节气门体安装面　2—排气再循环阀安装面
3—循环冷却液管　4—进气歧管安装面

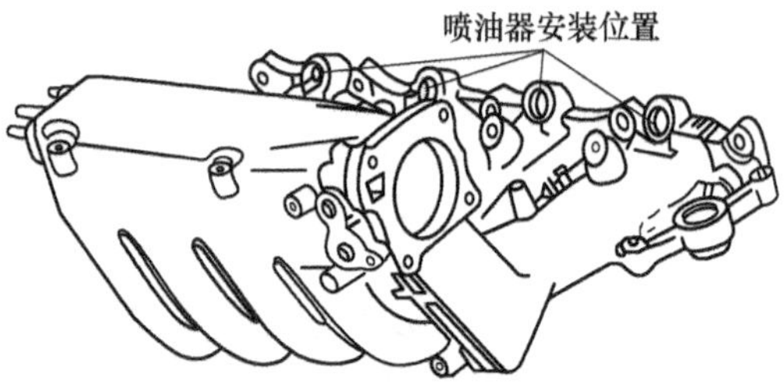

图 4-5　气道燃油喷射式
发动机进气歧管

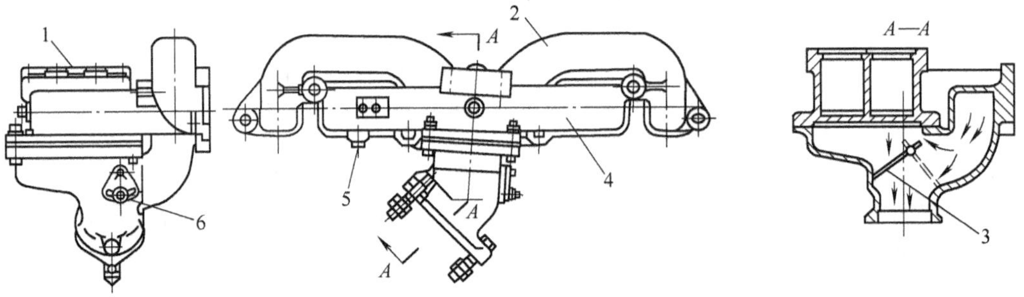

图 4-6　利用发动机排气加热进气歧管
1—节气门体安装座　2—排气歧管　3—热控阀
4—进气歧管　5—放油螺塞　6—热控阀调节手柄

（2）谐振进气系统　由于进气过程具有间歇性和周期性，致使进气歧管内产生一定幅度的压力波，此压力波以声速在进气系统内传播和往复反射。如果利用一定长度和直径的进气歧管或进气导流管与一定容积的谐振室组成谐振进气系统，并使其自振频率与气门的进气周期谐调，那么在特定的转速下，就会在进气门关闭之前，在进气歧管内产生大幅度的压力波，使进气歧管的压力增高，从而增加进气量，这种效应称为进气波动效应。

一种能根据发动机转速和负荷的变化而自动改变有效长度的进气歧管，如图 4-7 所示。当发动机低速运转时，发动机电子控制装置 5 指令转换阀控制机构 4 关闭转换阀 3，这时空气经空气滤清器 1 和节气门 2 沿着弯曲而又细长的进气歧管流进气缸。细长的进气歧管提高了进气速度，增强了气流的惯性，使进气量增多。当发动机高速运转时，转换阀开启，空

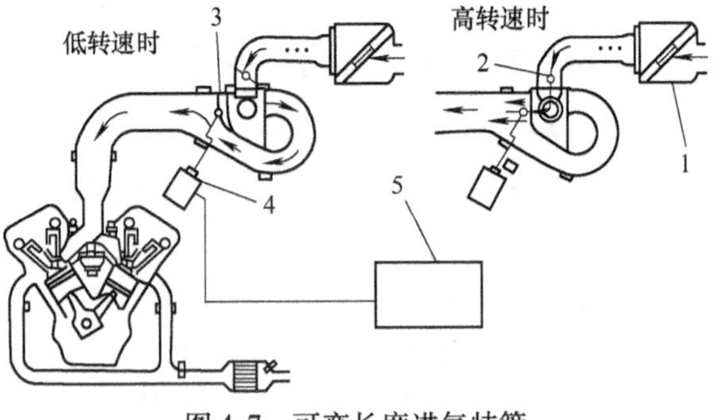

图 4-7　可变长度进气歧管
1—空气滤清器　2—节气门　3—转换阀
4—转换阀控制机构　5—发动机电子控制装置

气经空气滤清器和节气门直接进入粗短的进气歧管。粗短的进气歧管进气阻力小，也使进气量增多。可变长度进气歧管不仅可以提高发动机的动力性，还由于它提高了发动机在中、低速运转时的进气速度而增强了气缸内的气流速度，从而改善了燃烧过程，

另一种可变进气歧管如图4-8所示，其每个歧管都由两个进气通道，一长一短。根据发动机转速的高低，由旋转阀控制空气经哪一个通道流进气缸。当发动机在中、低速运转时，旋转阀将短进气通道封闭，空气沿长进气通道经进气道、进气门进入气缸。当发动机高速运转时，旋转阀使长进气通道一部分短路，将长进气通道也变为短进气通道，这时空气同时经两个短进气通道进入气缸。

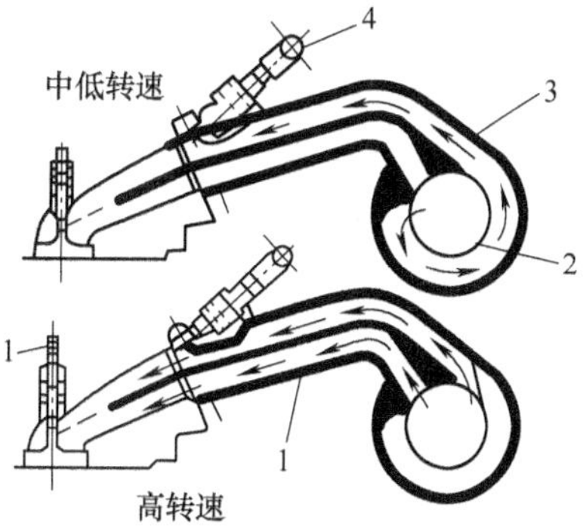

图4-8　双通道可变进气歧管
1—短进气道　2—旋转阀　3—长进气道　4—喷油器

2. 排气管总成

排气管总成的功用是以尽可能小的排气阻力和噪声，将气缸内的废气排到大气中。

排气管总成主要包括排气歧管、排气管和消声器，如图4-9、图4-10所示。

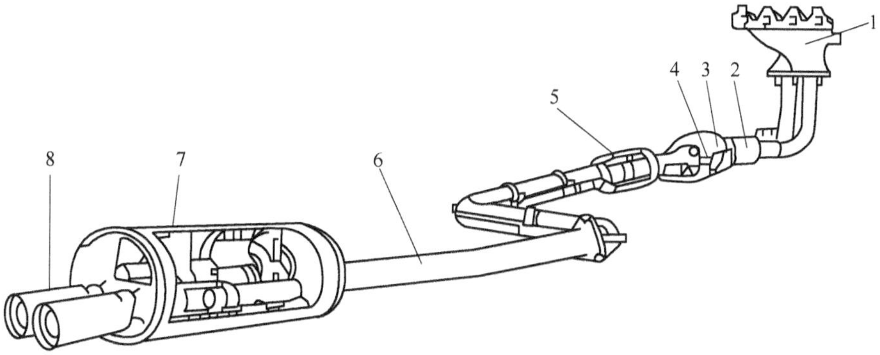

图4-9　排气管总成的组成
1—排气歧管　2—前排气歧管　3—三元催化器　4—排气温度传感器
5—副消声器　6—后排气管　7—主消声器　8—排气尾管

为了不使各缸排气相互干扰，即不发生排气倒流现象，并尽可能地利用惯性排气，应该将排气歧管做得尽可能长，而且各缸歧管应该相互独立、长度相等，如图4-10所示。

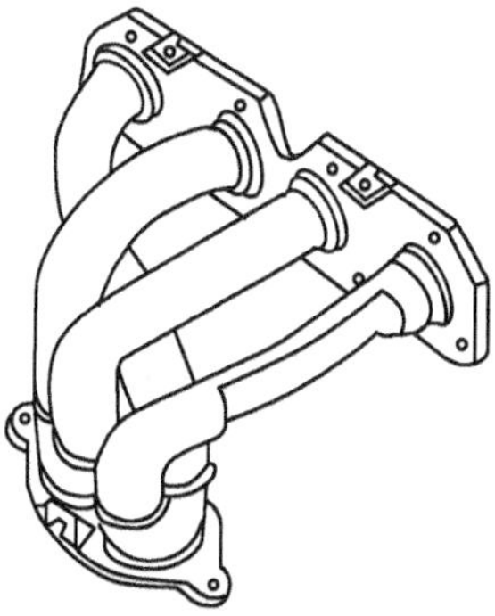

图4-10　排气歧管

发动机的排气压力为0.3～0.5MPa，温度为500～700℃，如果将发动机排气直接排放到大气中，势必产生强烈的噪声。排气消声器的功用就是通过逐渐降低排气压力和衰减排气压力的脉动来减小排气噪声。消声器的结构如图4-11所示。

消声器用镀铝板或不锈钢板制造。通常消声器由共振室、膨胀室和一组多孔的管子构成。有的还在消声器内充填耐热的

吸声材料，吸声材料多为玻璃纤维或石棉。排气经多孔的管子流入膨胀室和共振室，在此过程中排气不断改变流动方向，逐渐降低和衰减其压力和压力脉动，消耗其能量，最终使排气噪声得到减弱。

三、配气机构结构认识

1. 总体组成及工作原理

以顶置双凸轮轴正时带传动的配气机构（图4-12）为例，它主要由气门组件、凸轮轴及其传动机构等组成。

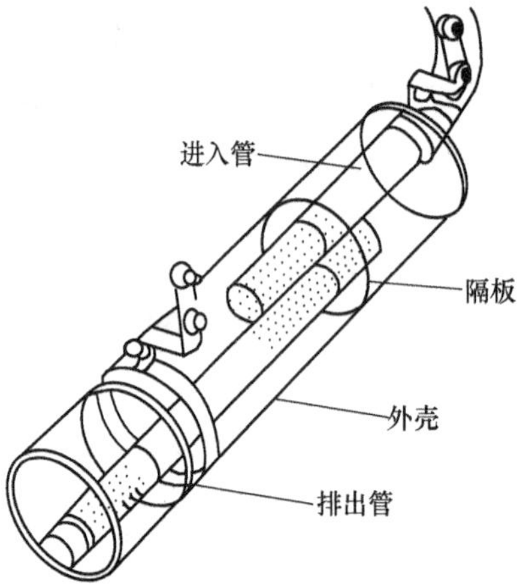

图4-11　消声器的结构示意图

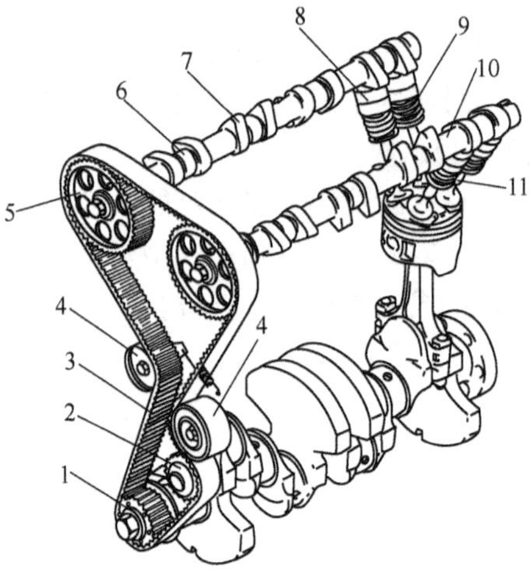

图4-12　配气机构总体总成
1—曲轴正时带轮　2—中间轴正时带轮
3—正时带　4—张紧轮　5—凸轮轴正时带轮
6—进气凸轮轴　7—凸轮　8—液压挺柱
9—进气门组件　10—排气凸轮轴
11—排气门组件

发动机工作时，通过正时带3带动进、排气凸轮轴旋转。当进气凸轮轴某缸的进气凸轮克服气门弹簧力作用压下进气门时，进气门开启，开始进气；当进气凸轮轴转到凸轮的基圆段时，该进气门在气门弹簧作用下回位，关闭进气门，进气停止。排气门的开闭原理与进气门类似。

各缸进、排气门开闭的时刻取决于各进、排气凸轮的相对位置，及进排气凸轮轴与曲轴的相对位置，前者由设计制造保证，后者则要求正确安装与调整配气机构来达到。

2. 分类

（1）按照凸轮轴的布置形式分

1）凸轮轴下置式。这种布置形式如图4-13所示，凸轮轴平行布置在曲轴的一侧，位置较曲轴偏上。

2）凸轮轴中置式。这种布置形式是将凸轮轴的位置抬高到缸体的上部（图4-14）。与下置式配气机构相比，这种形式的推杆较短，有的甚至省去了推杆，结构较下置式的更紧凑、简单。

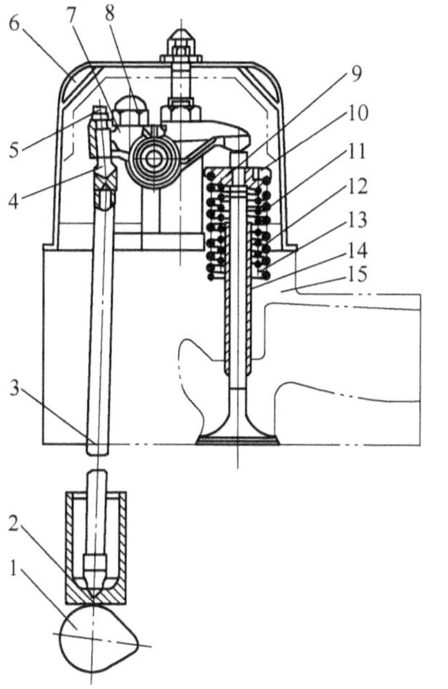

图 4-13 凸轮轴下置式配气机构

1—凸轮轴 2—挺柱 3—推杆 4—调整螺钉 5—锁紧螺母 6—气门室罩 7—摇臂 8—摇臂轴 9—锁片 10—气门弹簧座 11—气门弹簧 12—气门副弹簧 13—气门 14—气门导管 15—气缸盖

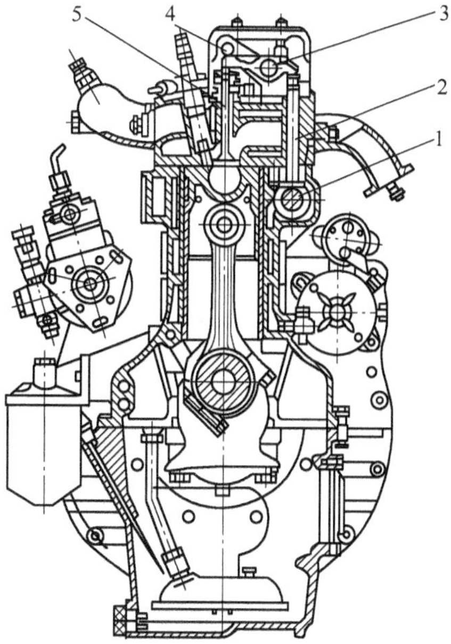

图 4-14 凸轮轴中置式配气机构

1—凸轮轴 2—推杆 3—摇臂轴 4—摇臂 5—气门

3）凸轮轴上置式。这种布置形式将凸轮轴置于气缸盖上，凸轮直接驱动摇臂开启和关闭气门，省去了推杆（图 4-15）。有的甚至让凸轮直接通过挺柱驱动气门，将摇臂也省去（图 4-16）。

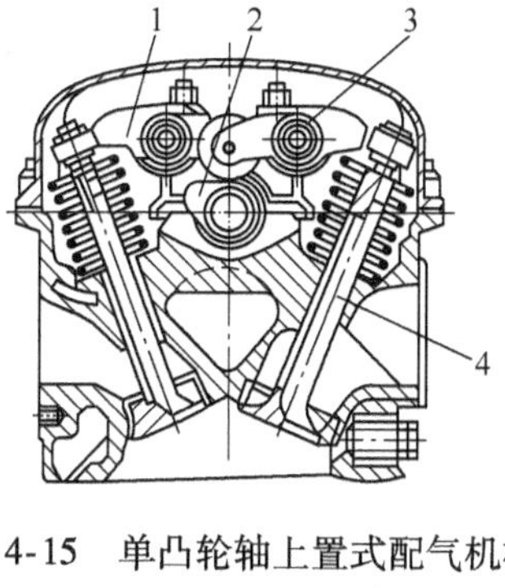

图 4-15 单凸轮轴上置式配气机构

1—摇臂 2—凸轮轴 3—摇臂轴 4—气门

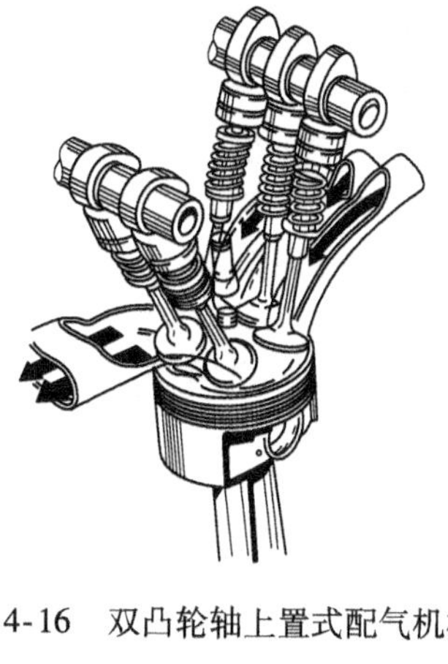

图 4-16 双凸轮轴上置式配气机构

（2）按照凸轮轴的驱动方式分

1）齿轮传动。凸轮轴下置、中置的配气机构大多采用正时齿轮（圆柱齿轮）传动。一般曲轴与凸轮轴之间的传动只需一对正时齿轮（图4-17），必要时可加装中间齿轮。曲轴与凸轮轴的传动比为2∶1，所以凸轮轴正时齿轮的齿数是曲轴正时齿轮齿数的两倍。

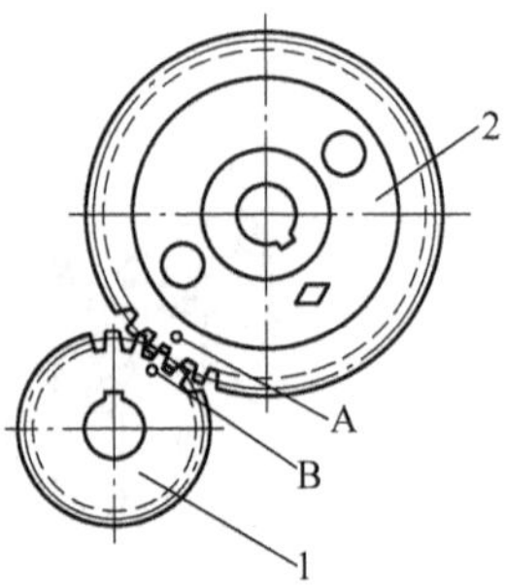

图4-17　齿轮传动

1—曲轴正时齿轮

2—凸轮轴正时齿轮

A、B—正时记号

2）链传动和同步带传动。对于凸轮轴上置式的配气机构，过去常采用链传动（图4-18）。链条一般为滚子链，工作时应保持一定的张力而不致脱链，为此在链传动机构中装有导链板14，上、下链条张紧轮2、11（图4-18）等。为了使链条调整方便，有的发动机使用一根链条传动。由于链传动噪声大，需要定期润滑和定期张紧，很不方便，所以逐渐被同步带传动所取代（图4-19）。

同步带传动既有链传动的精确性，又具有带传动平稳、噪声小、减小结构质量和降低成本的优点，所以得以广泛应用。

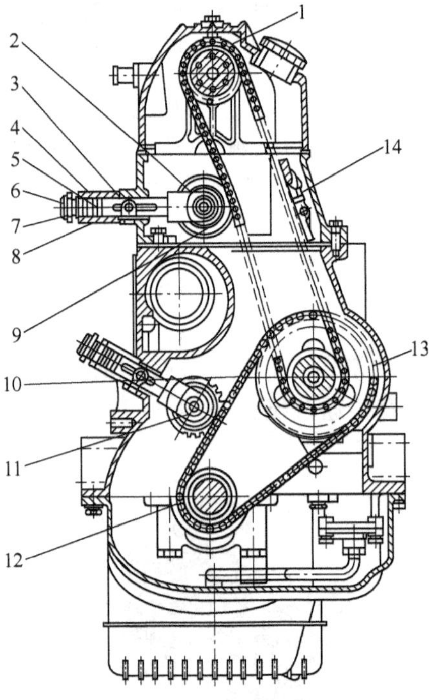

图4-18　凸轮轴链传动装置

1—凸轮轴链轮　2—上链条张紧轮　3—张紧轮导向套筒　4—压紧弹簧　5—锁紧螺母　6—张紧力调整螺钉　7—张紧轮导向销　8—导向销锁紧螺母　9—上链条　10—下链条　11—下链条张紧轮　12—曲轴链条　13—中间链条　14—导链板

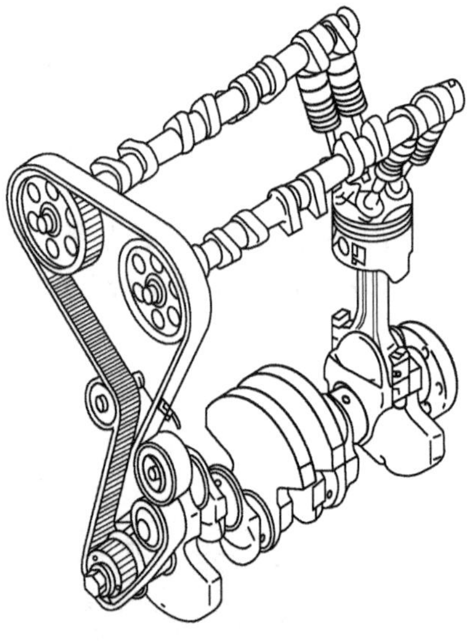
图4-19　正时带传动

（3）按照每缸气门数及其气门排列方式分

1）两气门发动机。一般发动机都采用每缸两个气门，即一个进气门和一个排气门。为了减小进气阻力，使进气更充分，在进气门和排气门数量相同时，进气门头部直径都要比排气门大，如图4-20所示。

2）三气门发动机。三气门发动机每缸两个进气门，一个排气门，两进气门头部直径比排气门小，如图4-21所示。

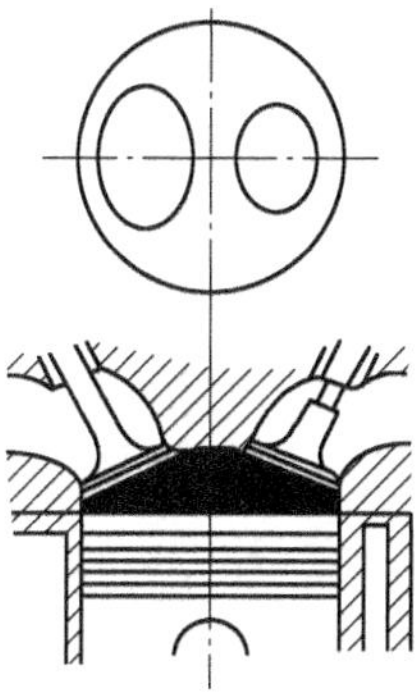

图4-20　两气门机构布置

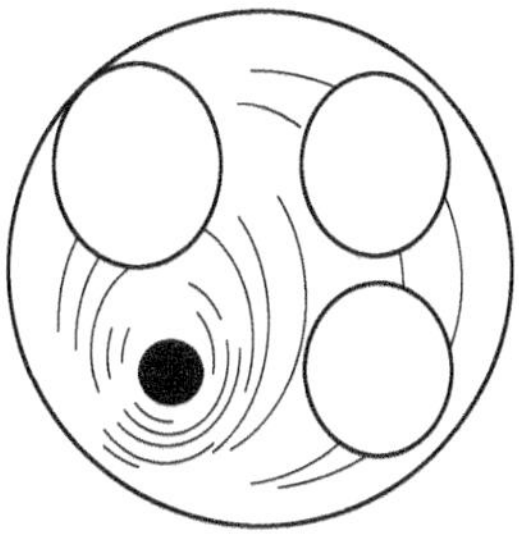

图4-21　三气门机构布置

3）四气门发动机。每缸采用四个气门时，燃烧室头部的面积得到充分利用，进排气道的截面积增加，更有利于换气。现在很多轿车上采用四气门，但采用四气门时会使气门的驱动变得复杂，目前常采用的方案有两种：

① 同名气门排成两列（图4-22a），由一个凸轮通过T形驱动杆同时驱动，并且所有气门都可以由一根凸轮轴驱动。

② 同名气门在同一列（图4-22b），一般用两根凸轮轴驱动。

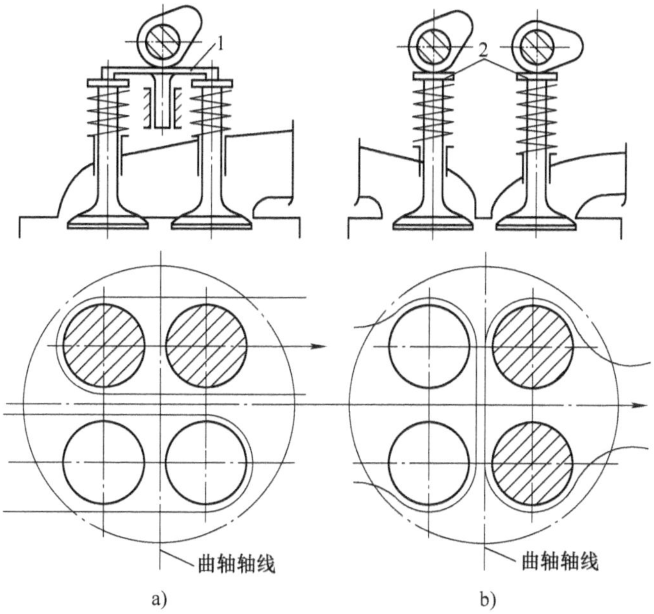

图4-22　四气门机构布置

a）同名气门排成两列　b）同名气门排在同一列

1—T形传动杆　2—气门尾端传动盘

4）五气门发动机。五气门的发动机每缸三个进气门，两个排气门（图 4-23）。这种结构能够明显地增加进气量，比四气门还要优越。但是结构也非常复杂，尤其是增加了燃烧室表面积，对燃烧不利。

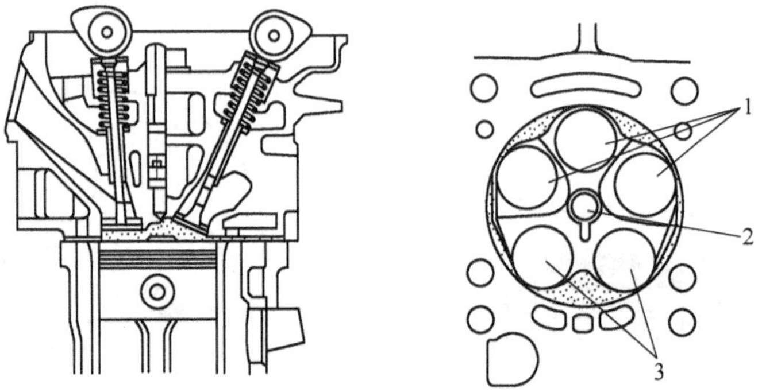

图 4-23　五气门机构布置

1—进气门　2—喷油器　3—排气门

3. 气门组的结构认识

气门组包括气门、气门座、气门导管、气门锁片及气门弹簧等零件，如图 4-24 所示。

（1）气门　如图 4-25 所示，气门由气门头和杆身两部分组成。气门用来封闭气道，分为进气门和排气门两种；杆身则在气门开闭过程中起导向作用。

气门包括头部和杆身，两者圆弧连接。气门头部主要由气门顶部和密封锥面组成，而气门杆身尾端的结构主要取决于气门弹簧座的固定方式。

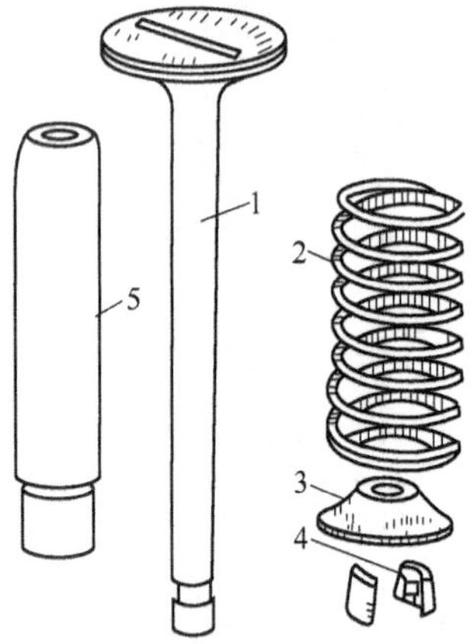

图 4-24　气门组

1—气门　2—气门弹簧　3—气门弹簧座

4—锁片　5—气门导管

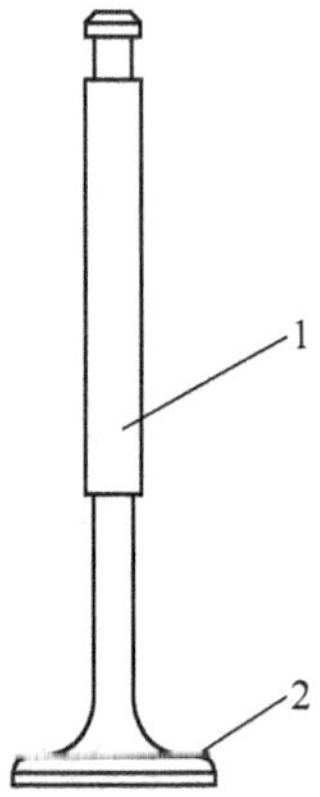

图 4-25　气门

1—气门杆　2—气门头部

1）气门顶部的形状。气门顶部的形状主要分为平顶、喇叭形和球面顶三种结构形式，如图 4-26 所示。

2）气门密封锥面。气门密封锥面是与杆身同轴的圆锥面，气门密封锥面与缸盖平面之间的夹角，称为气门锥角，如图4-27所示，一般的气门锥角为45°，有的进气门锥角也常采用30°。气门头的边缘应保持一定的厚度，一般为1～3mm，以防止工作中由于气门与气门座之间的冲击而损坏或被高温气体烧蚀。采用锥面密封可提高气门的密封性和导热性，使气门落座时，有自定位作用。

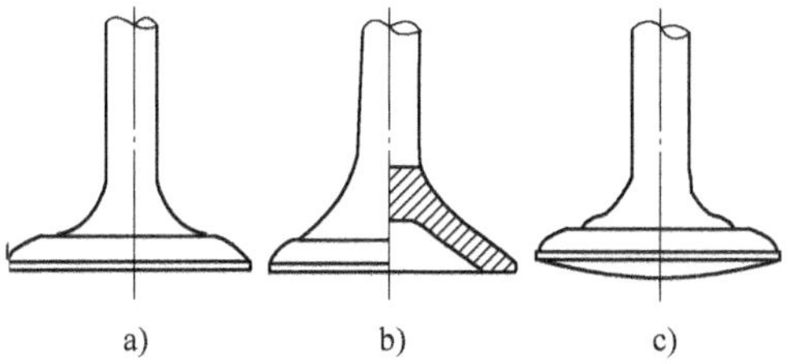

图4-26 气门头部结构形式

a）平顶 b）喇叭形顶 c）球面顶

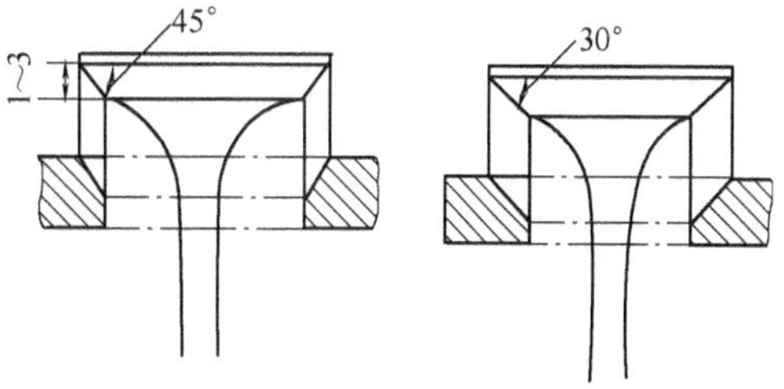

图4-27 气门密封锥面

3）气门杆。气门杆与气门导管配合，为气门开启与关闭过程中的上下运动导向。气门杆的尾部用以固定气门弹簧座，其尾端形状取决于气门弹簧的固定方式。常用的固定方式有锁片式和锁销式，如图4-28所示。

锁片式的锥形锁片被剖分成两半，合在一起后形成一个完整的圆锥结构，圆锥内孔有一环形凸起。弹簧座的中心孔为圆锥形，用来与锁片的外圆锥面配合。锁销式的固定方式比较简单，将弹簧座连同弹簧一起压下后，把锁销插入气门尾部的径向孔内，放松弹簧座后，锁销正好位于弹簧座外侧面的凹穴处，防止了弹簧座的脱落。

某些热负荷较重的发动机，为了加强排气门的散热，采用了钠冷气门，如图4-29所示。这种气门为中空结构，可以减轻气门质量和减小气门运动惯性力。为了降低排气门的温度，在气门杆中填入一半金属钠。发动机工作时，排气门温度超过钠熔点97.8℃，钠熔化后在空腔内上下晃动，将气门头部的热量带到气门杆，再经气门导管传给气缸盖，可有效降低气门头部温度。但是它成本较高。

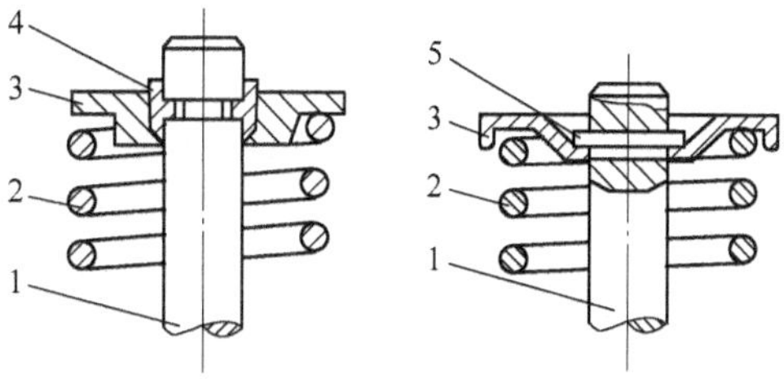

图4-28 弹簧座的固定方式

a）锁片式 b）锁销式

1—气门杆 2—气门弹簧

3—弹簧座 4—锁片 5—锁销

（2）气门座 进、气道口与气门密封锥面直接贴合的部位称为气门座。气门座与气门头部一起对气缸起密封作用，同时接受气门头部的传来的热量，起到对气门散热的作用。

气门座可以直接在气缸盖上镗出，也可以用耐热合金钢或耐热合金铸铁单独制成气门座圈，镶嵌于气缸盖上。直接镗在气缸盖上的气门座散热效果好，使用中不存在脱落的现象，但不耐高温，容易磨损，不便于修理更换。在气缸盖上镶嵌气门座圈可以延长气缸盖的使用寿命。装有铝合金气缸盖的发动机，由于铝合金较软，进排气门座都采用镶嵌式结构。

气门座锥角由三部分组成，如图4-30所示。一般气门座锥角比气门锥角大0.5°～1°，有利于磨合期加速磨合，磨合期结束，锥角逐渐消失，恢复全锥面接触。

(3) 气门导管　气门导管的功用是对气门的运动导向，保证气门做直线往复运动，使气门与气门座圈能正确贴合，并将气门杆的热量传给气缸盖，其结构如图4-31所示。

有些发动机为了防止气门导管松脱，采用卡环对导管进行固定与定位。

气门导管的下方伸入到进排气道内，为了防止对气流造成阻力，伸入端的外圆做成圆锥形。气门导管与气门杆之间留有0.05~0.12mm的间隙，使气门杆能在导管内自由运动。

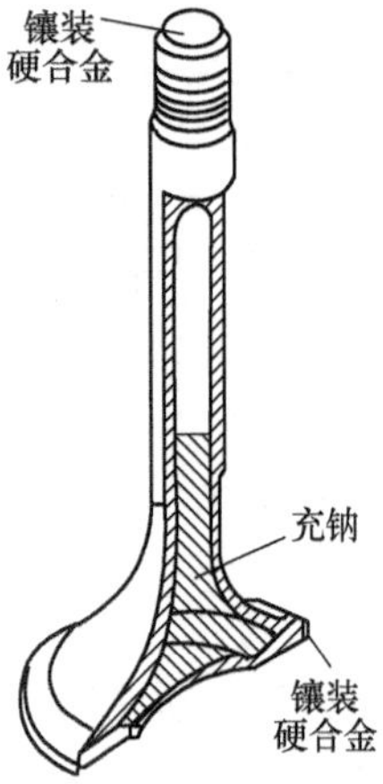

图4-29　钠冷气门

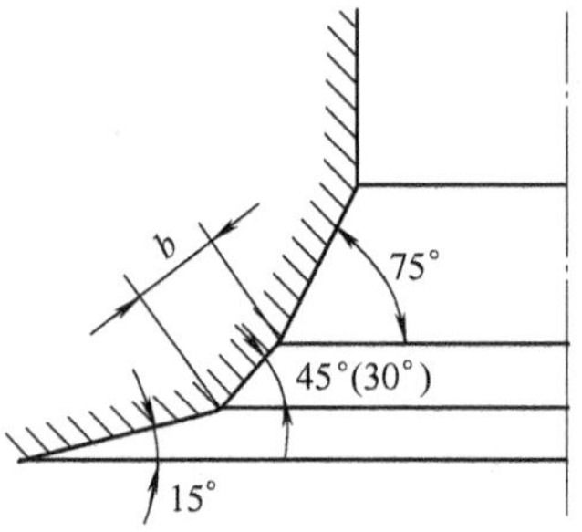

图4-30　气门座锥角

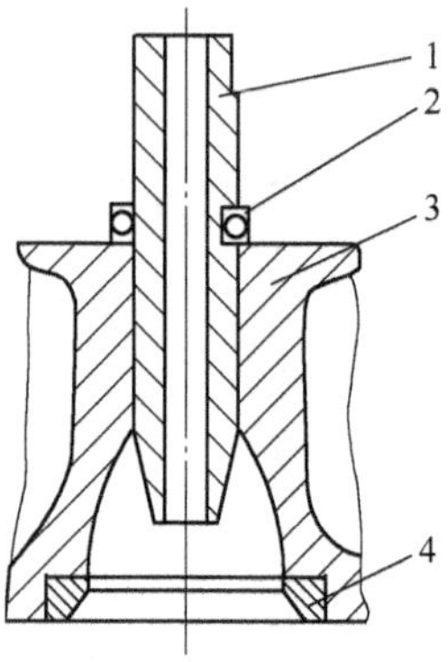

图4-31　气门导管和气门座

1—气门导管　2—卡环

3—气缸盖　4—气门座

(4) 气门弹簧　气门弹簧位于气缸盖与气门杆尾端弹簧座之间。气门弹簧的功用是保证气门关闭时能紧密地与气门座或气门座圈贴合，并克服在气门开启时配气机构产生的惯性力，使传动件始终受凸轮控制而不相互脱离。

气门弹簧多为圆柱螺旋弹簧，如图4-32所示。当气门弹簧的工作频率与其固有频率相等或成整数倍时，气门弹簧就会发生共振而使折断的概率增加。为了防止共振的发生，可采用变螺距弹簧。目前，大多数发动机采用同轴安装的双弹簧。内、外两根弹簧的旋向相反，外弹簧刚度比内弹簧大。双弹簧不但可以防止共振，还可以缩短弹簧长度，并且在其中一根弹簧折断，另一根弹簧还可以继续工作，不至于使气门落入气缸中。

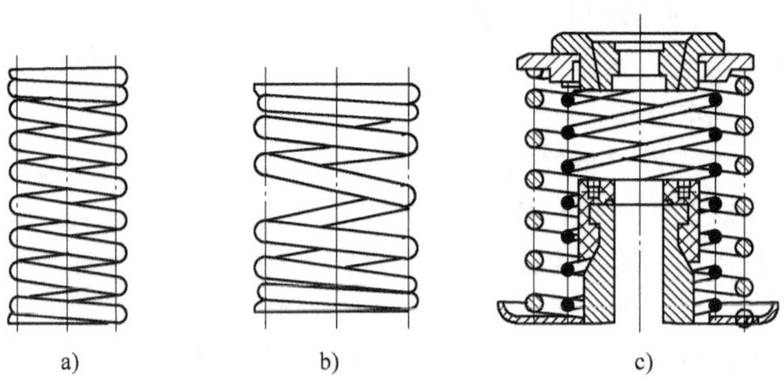

图4-32　圆柱螺旋弹簧

a) 等螺距弹簧　b) 变螺距弹簧　c) 双螺距弹簧

(5) 气门旋转机构　当气门工作时如果能相对于气门座缓慢旋转，可使气门头部周向温度比较均匀，从而减小气门头部的热变形。同时，可清除在密封面上的沉积物而具有自洁作用，其结构如图 4-33 所示。

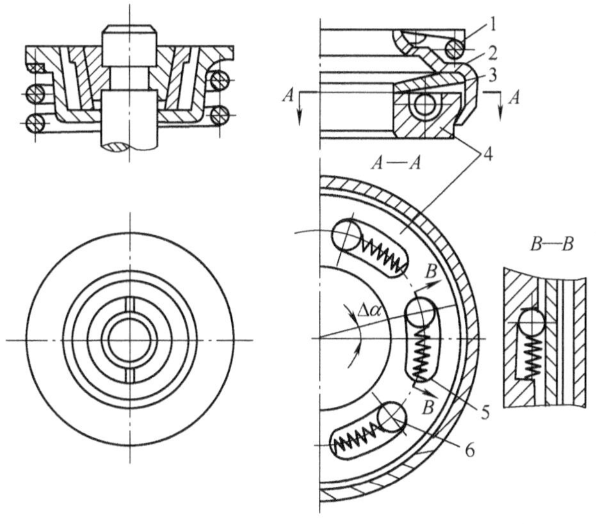

图 4-33　气门旋转机构
a）自由旋转机构　b）强制旋转机构
1—气门弹簧　2—支撑板　3—碟形弹簧　4—壳体　5—回位弹簧　6—钢球

强制旋转机构可使气门每开启一次都旋转一个角度。在壳体中有 6 个变深度的槽，槽中装有带回位弹簧的钢球，当气门关闭时，气门弹簧的力通过支撑板与碟形弹簧直接传到壳体上；当气门升起时，不断增大的弹簧力将碟形弹簧压平，迫使钢球沿着凹槽的斜面滚动，同时带着碟形弹簧、支撑板、气门弹簧、气门一起转过一个角度。在气门关闭的过程中，碟形弹簧的载荷减小而恢复到原来的形状，钢球在回位弹簧的作用下回到原来的位置。

4. 气门传动组的结构认识

气门传动组主要由凸轮轴和凸轮轴正时齿轮、挺柱及其导管、推杆、摇臂总成和摇臂轴组成。其主要作用是使进、排气门按配气相位的时间开启与关闭，并保证规定的开启时间和开启高度。

（1）凸轮轴

1）凸轮轴的结构与功用。凸轮轴是一根细长轴，轴上制有各缸进、排气凸轮，用来使气门按各缸的工作次序和配气相位及时开闭，并保证气门有足够的升程，上面还设有对凸轮轴进行支撑的轴颈。此外，大多数汽油机下置式凸轮轴上还制有驱动分电器、机油泵的螺旋齿轮和驱动汽油泵的偏心轮，如图 4-34 所示。

2）凸轮。凸轮是凸轮轴上最重要的组成部分。凸轮的轮廓能使气门的开启与关闭的时间符合配气相位的要求，使气门有尽可能大的升程。气门开启与关闭过程的运动规律取决于凸轮的轮廓曲线，如图 4-35 所示。

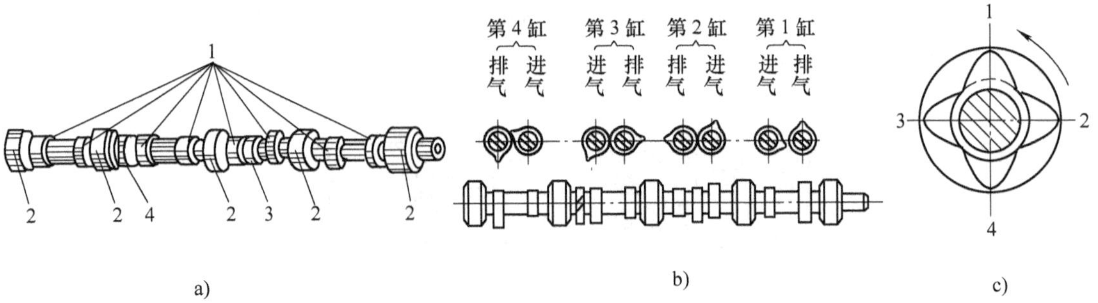

图4-34　四缸四冲程汽油机凸轮轴

a）发动机凸轮轴　b）各凸轮相对角位置　c）进（排）气凸轮投影

1—凸轮　2—凸轮轴轴颈　3—偏心轮　4—螺旋齿轮

3）凸轮轴轴颈和轴承。凸轮轴是细长轴，在工作中承受的径向力很大，容易产生弯曲、扭转等变形，影响配气相位和气门升程。为了减小凸轮轴的变形，有的发动机凸轮轴采用全支承以减小其变形，图4-34中所示发动机的凸轮轴有五个轴颈2。但是，支承数多，加工工艺较复杂，所以一般发动机的凸轮轴是每隔两个气缸设置一个轴颈。为安装方便，凸轮轴的各轴颈直径是做成从前向后依次减小的。

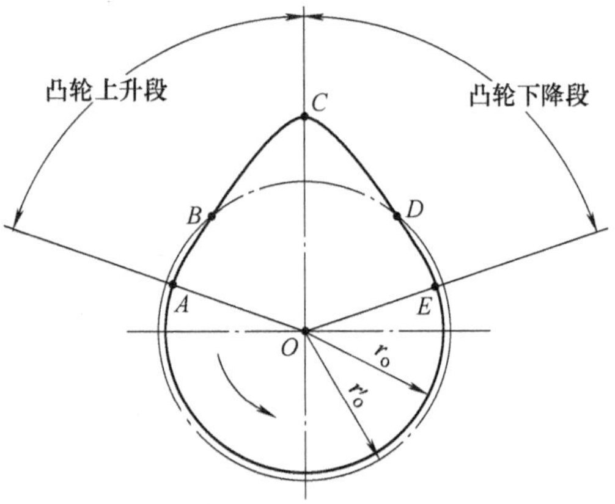

图4-35　凸轮的轮廓曲线

4）凸轮轴的正时与轴向定位。下置式凸轮轴与曲轴之间采用一对正时齿轮传动。在曲轴前端和凸轮轴第一道轴颈前面，各装有一个正时齿轮。其传动比为1:2，凸轮轴上的齿轮大，曲轴上的齿轮小。柴油发动机还需要驱动喷油泵，所以还多了一个中间齿轮。为了保证正确的配气相位和喷油定时，正时齿轮上都刻有定时记号，装配时必须对正记号，如图4-36所示。

为防止凸轮轴的转动过程中产生轴向窜动，影响配气机构的正常工作和使配气相位改变，凸轮轴都设有轴向定位装置，如图4-37所示。在正时齿轮和第一道轴颈之间装有隔圈，隔圈和螺母一起将正时齿轮的轴向位子固定。止推凸缘套于隔圈上，并用两个螺栓固定于缸体前端面。止推凸缘比隔圈薄约0.08～0.20mm，使止推凸缘与正时齿轮后端面间形成0.08～0.20mm的间隙，该间隙可以保证凸轮轴旋转时不受干涉。当凸轮轴产生轴向窜动时，止推凸缘与正时齿轮轮毂端面或者第一道轴颈前端面接触，防止了凸轮轴的前后窜动。止推凸缘固定螺栓是通过正时齿轮腹板上的孔来拧紧的，通过改变隔圈的厚度，可以调整止推凸缘与正时齿轮之间的间隙。

（2）挺柱

1）功用。挺柱的功用是将凸轮的推力传给推杆或者气门杆。

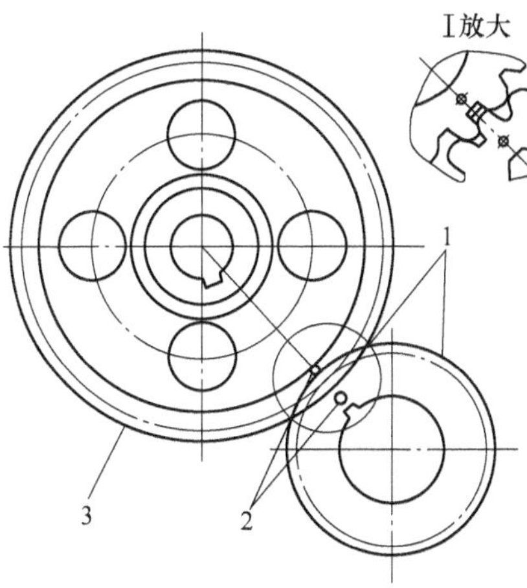

图 4-36　正时齿轮及啮合标记

1—曲轴正时齿轮　2—正时标记

3—凸轮轴正时齿轮

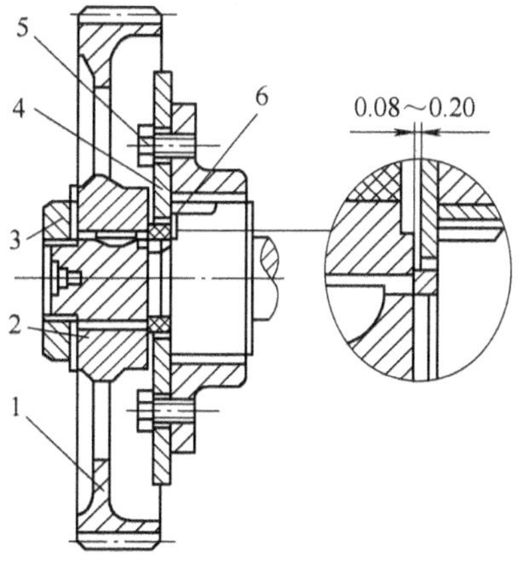

图 4-37　凸轮轴轴向定位

1—定时齿轮　2—锁紧垫圈　3—锁紧螺母

4—止推凸缘　5—止推凸缘固定螺栓　6—隔圈

2）机械挺柱。挺柱常见的形式有筒式和滚轮式两种。大多数发动机采用筒式挺柱，某些大型柴油机采用滚轮式挺柱，滚轮式挺柱可以显著减少摩擦力和侧向力，但结构复杂，质量较大。筒式挺柱的下端设有油孔，以便将漏入挺柱内的机油引到凸轮处进行润滑。挺柱装在气缸体或气缸盖上镗出的导向孔中，也有些发动机采用可拆式挺柱导向体，将挺柱装于导向体的导向孔内，导向体固定在缸体上，如图 4-38 所示。

凸轮在旋转中对挺柱的推力方向是不变的，如果挺柱不能旋转，就会造成挺柱与导向孔之间单面磨损。同时，挺柱底面也与凸轮固定不变地在一处接触，也会造成磨损不均匀。为此，常将挺柱底面做成球面，凸轮在轴向做成一定的锥度形状，如图 4-39 所示。

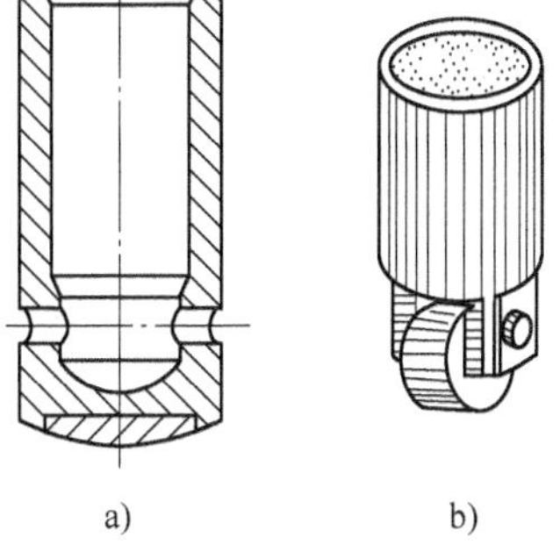

图 4-38　筒式挺柱和滚轮式挺柱

a）筒式挺柱　b）滑轮式挺柱

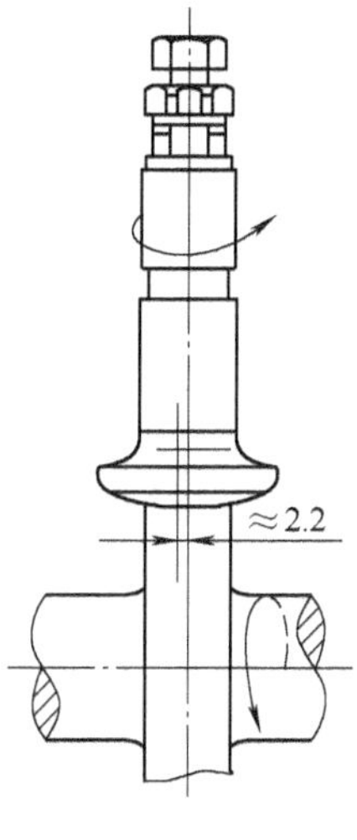

图 4-39　挺柱旋转的原理

这样的设计使得凸轮与挺柱的接触点偏离挺柱中心，在挺柱被凸轮推起上升时，凸轮对挺柱的作用力产生绕挺柱中心轴线的力矩，使挺柱旋转起来，使挺柱和凸轮磨损均匀。

3）液力挺柱。为了解决气门间隙所引起的冲击和噪声，越来越多的发动机（特别是轿车发动机），采用了长度可以变化的液力挺柱，因而取消了气门间隙。气门及其传动件因温度升高而膨胀，或因磨损而缩短，都会由液力作用来自行调整或补偿。

图4-40所示为桑塔纳2000型轿车发动机上所采用的液力挺柱。挺柱体由圆桶和上端盖焊接而成，下端封闭的油腔外圆柱面与挺柱导向孔配合，内圆柱面与柱塞配合。球阀被补偿弹簧压靠在柱塞下端面的阀座上，挺柱体内部的低压油腔通过挺柱顶背面的键形槽与柱塞上方的低压油腔相通。挺柱在运动过程中，挺柱体上的环形槽与缸盖上的斜油孔对齐时，缸盖油道内的润滑油通过量油孔、斜油孔和环形油槽进入低压油腔。柱塞下端油腔内部的空腔，称为高压油腔，当球阀打开时，高压油腔与低压油腔相通。

无论是高压油腔还是低压油腔，都充满了油液。补偿弹簧还可以使油腔与柱塞相对运动，保持挺柱顶面与凸轮紧密接触。油腔下端面与气门杆下端面紧密接触，整个配气机构无间隙。在气门打开的过程中，凸轮推动挺柱和柱塞下移，油腔受到气门弹簧的阻力而不能立即下移，导致油压升高，球阀将阀门关闭。由于油液的不可压缩性，整个挺柱如同一个刚体一起下移，将气门打开。在此期间，挺柱和油腔之间的间隙可能会存在一些油液泄漏，但不影响气门的正常打开。

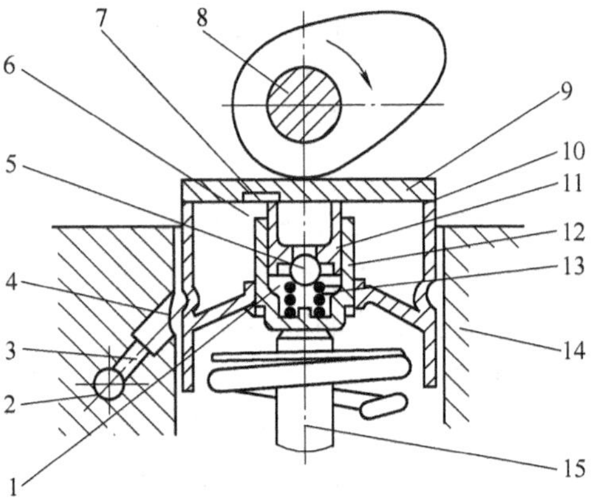

图4-40　桑塔纳2000型轿车发动机液压挺柱
1—高压油腔　2—缸盖油道　3—量油孔　4—斜油孔　5—球阀　6—低压油腔　7—键形槽　8—凸轮轴　9—挺柱体　10—柱塞　11—柱塞　12—油腔　13—补偿弹簧　14—缸盖　15—气门杆

在气门关闭过程中，挺柱上移，由于仍处于关闭状态，液力挺柱仍是一个刚性体，直至气门完全关闭为止。气门关闭以后，补偿弹簧将柱塞和挺柱体继续向上推动一个微小的行程（补偿由于油液泄漏而造成的柱塞与挺柱体的下降），同时高压油腔油压下降，此时球阀打开，低压油腔的油液进入高压油腔内补充泄漏掉的油液。当气门关闭时，挺柱体上的环形油槽与缸盖上的斜油孔对齐，润滑系统的油液进入挺柱低压油腔内。气门受热膨胀伸长时，通过柱塞与油腔之间的间隙，高压油腔内的油向低压油腔泄漏一部分，柱塞与油腔产生相对运动，从而使挺柱自动“缩短”，保证气门关闭紧密。同时，通过减少气门关闭后的补油量，也保证了气门的紧密关闭。当气门冷却收缩时，补偿弹簧将柱塞与挺柱体向上推动，球阀打开，低压油腔内的油液进入高压油腔，挺柱自动“伸长”，保证无气门间隙。

（3）推杆　推杆处于挺柱和摇臂之间，其功用是将挺柱传来的运动和作用力传给摇臂，其结构如图4-41所示。

（4）摇臂　摇臂是中间带有圆孔的不等长双臂杠杆（图4-42），其作用是将推杆和凸轮传来的运动和作用力，改变方向传给气门使其开启。摇臂可以分为普通摇臂和无声摇臂。

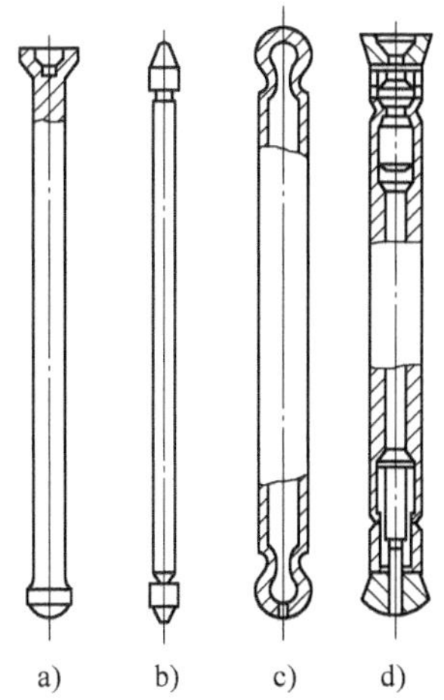

图 4-41　推杆

a）钢制实心推杆　b）硬铝实心推杆

c）、d）钢管推杆

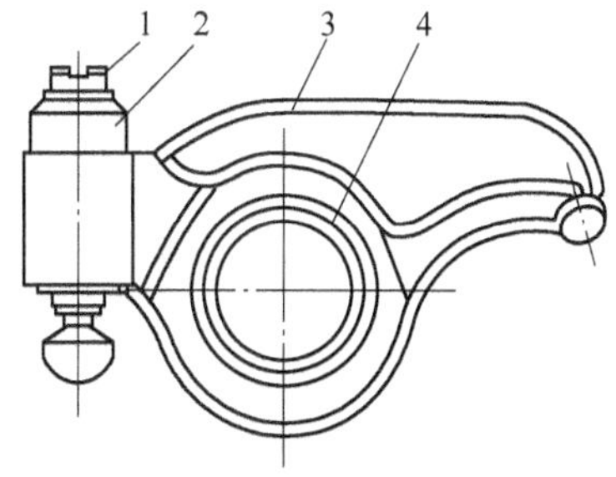

图 4-42　摇臂

1—调整螺钉　2—锁紧螺母

3—摇臂　4—摇臂轴孔

1）普通摇臂。普通摇臂（图 4-42）的长臂端部以圆弧形的工作面与气门尾端接触用以推动气门。短臂的端部有螺孔，用来安装调整螺钉及锁紧螺母，以调整气门间隙。

2）无噪声摇臂。为了消除气门间隙，减小由此而产生的冲击噪声，常采用无噪声摇臂。其工作原理如图 4-43 所示：凸环 8 以摇臂 5 的一端为支点，并靠在气门 9 杆部的端面上，当气门处在关闭位置时，在弹簧 6 的作用下，柱塞 7 推动凸环 8 向外摆动，消除了气门间隙；气门开启时，推杆 3 便向上运动推动摇臂 5，由于摇臂已经通过凸环和气门杆部的端面处在接触状态，从而消除了气门间隙。其中凸环 8 的作用是消除气门和摇臂之间的间隙，从而消除由此而产生的冲击噪声。

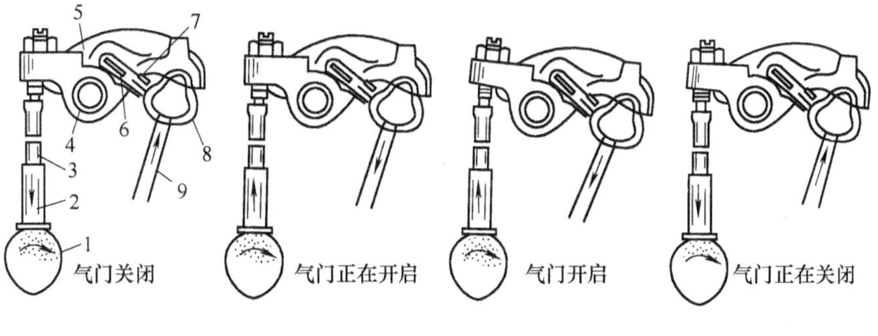

图 4-43　无声摇臂

1—凸轮轴　2—挺柱　3—推杆　4—摇臂轴　5—摇臂　6—弹簧　7—柱塞　8—凸环　9—气门

摇臂通过青铜衬套或滚针轴承支承在空心的摇臂轴上，再一起固定在摇臂轴支座上（图 4-44），再与气缸盖相连。为了防止摇臂窜动，相邻两摇臂之间装有弹簧 7。

摇臂内一般设有油道，与摇臂轴中心相通。压力机油充满摇臂轴中心，并从摇臂油孔流出，润滑挺杆及气门杆端等零件。

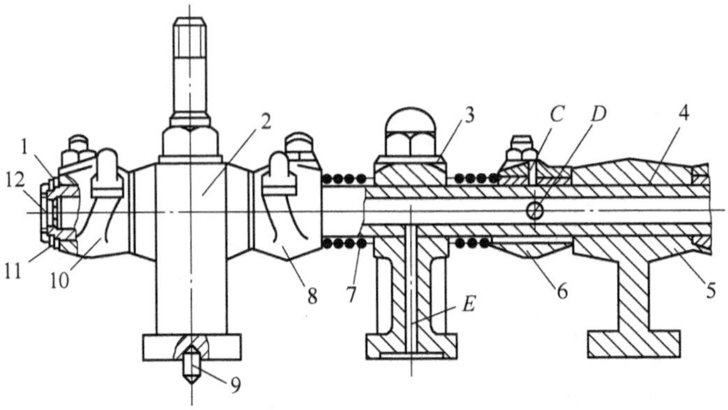

图 4-44　摇臂组

1—垫圈　2、3、4—摇臂轴支座　5—摇臂轴　6、8、10—摇臂
7—弹簧　9—定位销　11—锁簧　12—堵头　C、D、E—油孔

检测评价

通过以上学习，根据任务实施过程，将完成任务情况记入表 4-1 中，完成检测评价。

表 4-1　换气系统结构认识任务评价表

班级		姓名		日期	
序号	评价内容	配分	评分标准	自评	互评
1	换气系统的作用和总体组成	15	叙述错误每项扣 2 分		
2	空气滤清器的结构原理和维护	10	叙述错误每项扣 2 分		
3	进气管总成的组成与结构原理	5	叙述错误每项扣 2 分		
4	排气管总成的作用与结构原理	5	叙述错误每项扣 2 分		
5	配气机构的作用、总体组成和工作原理	20	叙述错误每项扣 2 分		
6	气门组的作用与结构原理	10	叙述错误每项扣 2 分		
7	气门传动组的组成与结构原理	10	叙述错误每项扣 2 分		
8	桑塔纳汽车配气机构异响的原因分析	15	分析错误每项扣 2 分		
9	操作规范、有序、不超时、实施 5S 理念	10	操作不规范或超时每项扣 2 分		
10	安全用电、防火、无人身、设备事故		因违反操作安全发生重大人身和设备事故按 0 分计		
11	分数统计	100			
教师评语					

课后测评

一、选择题

1. 学生 a 说，空气滤清器应该定时清洁和更换；学生 b 说，空气滤清器不需要清洁和更换。他们说法正确的是（　　）。

A. 只有学生 a 正确　　B. 只有学生 b 正确

C. 学生 a 和 b 都正确　　D. 学生 a 和 b 都错误

2. 配气机构按气门的布置位置可分为哪两种形式（　　）。

A. 中置气门式　　B. 侧置气门式

C. 顶置气门式　　D. 下置气门式

3. 汽车发动机普遍采用多气门结构，其作用是为了（　　）。

A. 提高点火性能　　B. 提高喷油性能

C. 减小爆燃　　D. 提高充气量

二、问答题

1. 空气滤清器的作用原理是什么？日常应该如何维护？

2. 配气机构的功用是什么？总体组成和工作原理如何？

任务二　配气机构拆装与调整

任务目标

1. 熟悉配气相位的作用和基本组成。
2. 学会凸轮轴上置式配气机构的拆装方法。
3. 学会气门间隙的调整方法。
4. 学会配气相位的校正方法。
5. 培养爱岗敬业、勤奋细心、认真负责、团结互助的职业道德和精神

知识准备

一、气门间隙

发动机工作时，气门将因温度的升高而膨胀。如果气门及其传动件之间在冷态时无间隙或间隙过小，则在热态下，气门及其传动件如挺柱、推杆等因受热膨胀而伸长，这势必引起气门关闭不严，造成发动机在压缩行程和做功行程中的漏气，从而使功率下降，严重时甚至不易起动。为了消除这种现象，通常在发动机冷态装配时，在气门与传动件之间留有一定的间隙，以补偿气门受热后的膨胀量，这一间隙称为气门间隙，如图 4-45 所示。

气门间隙的大小通常由发动机制造厂根据试验确定。一般在冷态时，进气门的间隙为

0.25~0.3mm，排气门的间隙为0.3~0.35mm。发动机在使用过程中，气门间隙大小会发生变化，因此在配气机构中设有气门间隙调整装置，以便对气门间隙进行调整。现代汽车采用的液力挺柱可随时补偿气门的膨胀量，故不需留气门间隙。

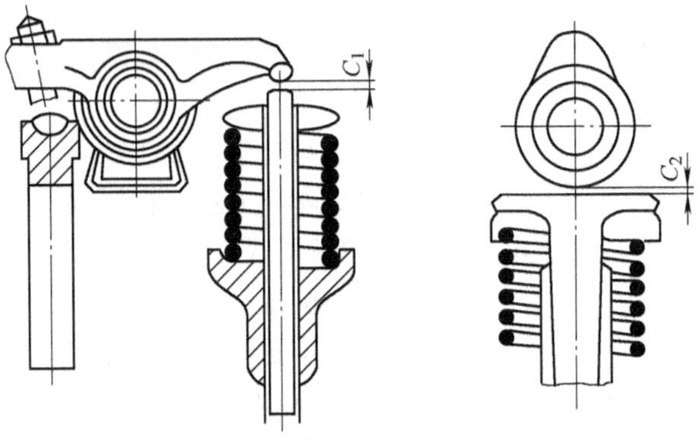

图4-45 气门间隙

C_1—凸轮轴下置式气门间隙 C_2—凸轮轴上置式气门间隙

气门间隙的调整通常可采用逐缸调整法和两次调整法。

逐缸调整法的步骤如下：

1）转动发动机曲轴，使某缸处于压缩行程。

2）检查与调整该缸进、排气门的间隙。如果是有摇臂的配气机构，可使用扳手和螺钉旋具，松开摇臂上的气门调整螺钉锁紧螺母，将塞尺插入气门杆与摇臂之间，拧动调整螺钉，使塞尺被轻轻压住，抽出时稍有压力即可。调好后拧紧锁紧螺母，然后用塞尺复查一次。

3）转动曲轴，以同样的方法检查调整其余各缸的气门间隙。

二、配气相位

为了提高发动机充气系数，增大发动机功率，必须在换气过程中使排气彻底，进气充分。气门的开启和关闭需要适当提前和延后来改善发动机的换气过程。用曲轴转角表示进、排气门开启和关闭时刻及持续时间，称为配气相位。

1. 进气门的配气相位

如图4-46所示，进气门在进气行程上止点之前开启为进气门早开，从进气门开启到活塞上止点所对应曲轴的转角α，为进气提前角。α一般为10°~30°。进气门在进气行程下止点之后关闭为进气门晚关，从进气行程下止点到进气门关闭所对应曲轴的转角β，为进气迟后角，β一般为40°~80°。

进气门早开是为了保证进气行程开始时进气门已有一定开度，减小进气阻力，使进气顺畅。进气门晚关是为了充分利用气流的惯性，增加进气量。进气门开启持续时间内的曲轴转角，即进气持续角为$\alpha+180°+\beta$

2. 排气门的配气相位

排气门在排气行程下止点之前开启为排气门早开，从排气门开启到活塞下止点所对应曲轴的转角γ，为排气提前角。一般γ为40°~80°。排气门在排气行程上止点之后关闭为排气门晚关，从排气行程上止点到排气门关闭所对应曲轴的转角 δ，为排气迟后角。δ 一般为10°～30°。

排气门早开是为了利用缸内较高压力，使废气能高速排出；排气门晚关是为了充分利用气流的惯性，继续排气，减小气缸内残余废气。排气门开启持续时间内的曲轴转角，即排气持续角为 $\gamma + 180° + \delta$。

对进、排气门实际开闭的时刻及过程，用曲轴转角的环形图来表示，更为直观，这种图形称为配气相位图（图4-47）。

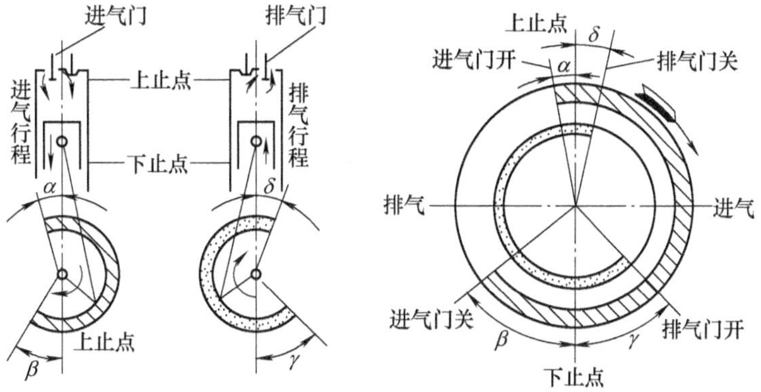

图4-46　配气相位

3. 气门重叠

由于进气门早开，排气门晚关，势必造成在同一时间内两个气门同时开启。把两个气门同时开启的现象称为气门重叠，所对应的曲轴转角叫气门重叠角，气门重叠角的大小为 $\alpha + \delta = 20° \sim 60°$。

在这段时间内，进、排气流各自有自己的流动方向和流动惯性，而重叠时间又很短，不至于混乱，即吸入的可燃混合气不会随同废气排出，废气也不会经进气门倒流入进气道。如果气门重叠角过大，则会出现气体倒流现象。

对于不同的发动机，其配气相位也是不同的。合理的配气相位是根据发动机结构形式、转速等因素，通过反复试验而确定的在某一常用转速下较合适的配气相位，而在其他转速下，配气相位就不会是最合适的。现在有些发动机采用可变配气机构，其配气相位可以随发动机转速、负荷的变化而自动调整。

任务准备

1. 器材准备

1）桑塔纳2000GSi型汽车发动机实验台1台/组。

2）常用拆装工量具1套/组。

3）塞尺1套/组。

4）工作台、手套、抹布等1套/组。

5）一体化教室1间。

6）相关的教具、录像片及教学挂图1套。

2. 任务安排

1）实训课时：2 学时。

2）实训组织：每 5 ~6 人一组，由老师指导，学生自己动手拆装。

任务实施

观看气门组件的拆装视频后自己动手拆装配气机构。

一、气门组件拆装

1）如图 4-47 所示，用专用工具，将气门弹簧座压下，取下气门锁片，拆下气门弹簧。

2）如图 4-48 所示，取下气门弹簧座、气门弹簧、气门油封和气门，并按顺序放好，不可混乱。

3）按照拆卸相反顺序装配气门组件。

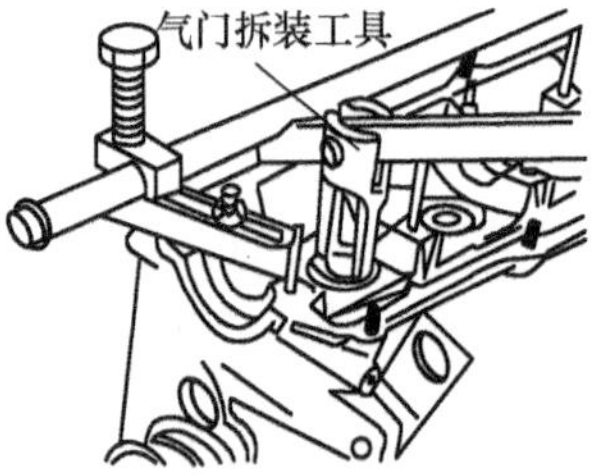

图 4-47　用专用工具拆卸气门

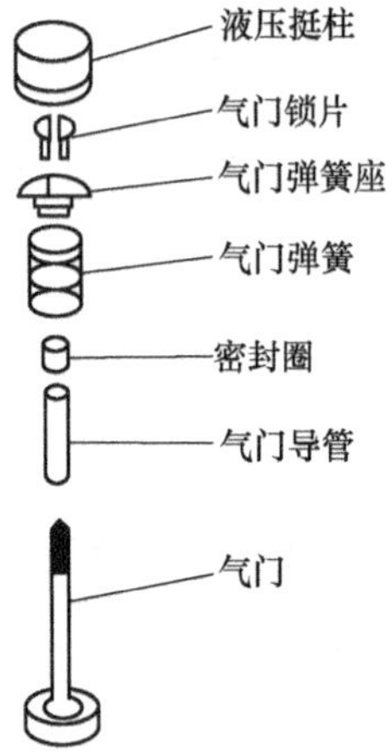

图 4-48　取下气门组件

操作注意事项：

1）安装气门前应检查气门和导管的配合间隙为 0.035 ~0.070mm。

2）气门导管装上新的气门油封，然后装上气门弹簧座，在气门杆部涂以机油，插入气门导管，注意不要损伤油封，最后装上气门弹簧（弹簧旋向相反）和锁片，锁片装好后，用塑料锤轻敲几下，以确保锁止可靠。

二、气门间隙的调整

参见图 4-45，调整各缸气门间隙至规定值（进气门 0.30mm，排气门 0.35mm）。

三、配气相位的调整

1. 正时带的安装

正时带的安装可参照图 4-49 所示进行。

1）转动凸轮轴，使曲轴不在上止点的位置，以免损坏气门及活塞。

2）将凸轮轴正时带轮上的标记对准正时带防护罩上的标记。

3）检查曲轴正时带轮上止点记号与参考标记是否对准。

4）将正时带安装到曲轴正时带轮和水泵上，注意安装位置。

5）将正时带安装到张紧轮和凸轮轴正时带轮上。注意半自动张紧轮的位置，定位块（如图4-50中箭头所示）必须嵌入气缸盖上的缺口内。

6）将半自动张紧轮逆时针转动，直到可以使用专用工具为止，如图4-51中箭头所示。松开张紧轮，直到指针1位于缺口2下方约10mm处。旋紧张紧轮，直到指针1和缺口2重叠，将张紧轮上锁紧螺母以15N·m的力矩拧紧。

7）用手转动曲轴，检查并调整。

2. 检查半自动张紧轮

当发动机前端位于维修工作台上，正时带已安装并张紧时，拆下正时带上防护罩，用拇指用力弯曲正时带，指针应该移向一侧，如图4-52所示。当放松正时带时，张紧轮应该回到初始位置（缺口和指针重叠）。

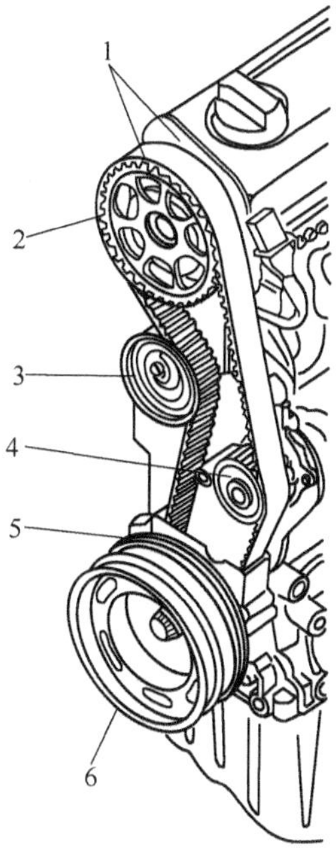

图4-49　正时带的安装

1—凸轮轴正时记号　2—凸轮轴带轮　3—半自动张紧轮　4—水泵　5—曲轴正时记号　6—曲轴带轮

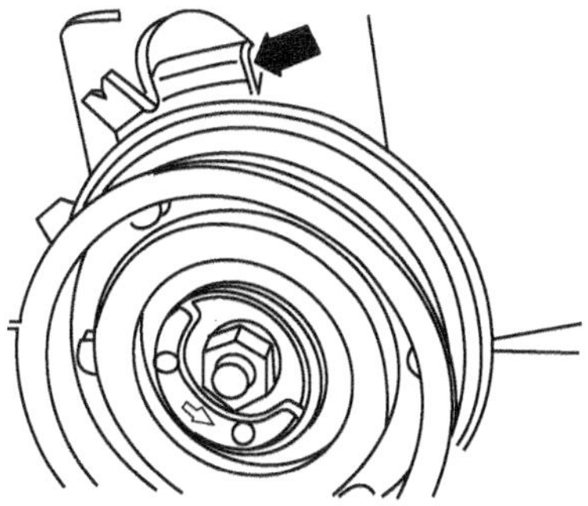

图4-50　半自动张紧轮的位置

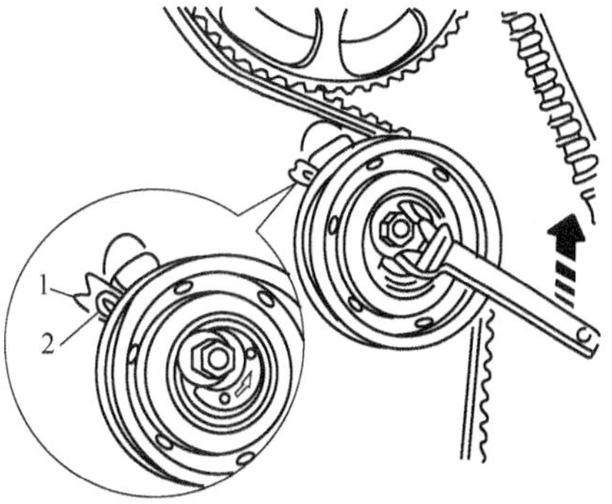

图4-51　用专用工具安装半自动张紧轮

1—指针　2—缺口

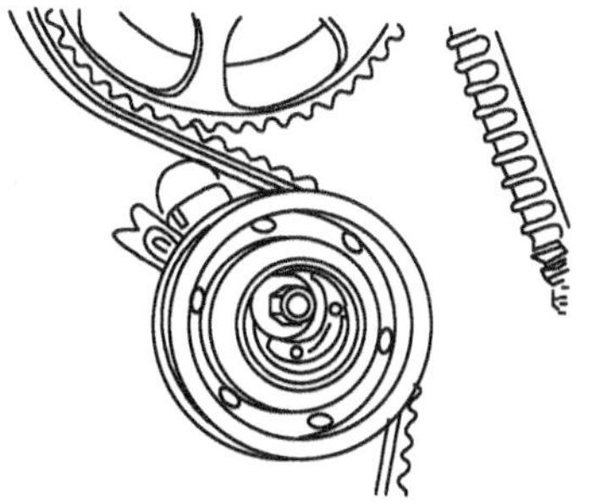

图4-52　检查半自动张紧轮

检测评价

通过以上学习，根据任务实施过程，将完成任务情况记入表4-2中，完成检测评价。

表4-2 配气机构的拆装与调整任务评价表

班级		姓名		日期	
序号	评价内容	配分	评分标准	自评	互评
1	气门组件的拆装步骤	20	叙述错误每项扣2分		
2	气门间隙的定义和作用	5	叙述错误每项扣2分		
3	气门间隙的调整方法和步骤	10	叙述错误每项扣2分		
4	配气相位的作用和组成	15	叙述错误每项扣2分		
5	桑塔纳发动机配气相位的调整步骤	25	叙述错误每项扣2分		
6	桑塔纳汽车配气相位失准的原因分析	15	分析错误每项扣2分		
7	操作规范、有序、不超时、实施5S理念	10	操作不规范或超时每项扣2分		
8	安全用电、防火、无人身、设备事故		因违反操作安全发生重大人身和设备事故按0分计		
9	分数统计	100			
教师评语					

课后测评

一、选择题

1. 气门间隙是指发动机冷态、气门关闭时，气门与摇臂之间的间隙，一般在进气门的间隙为（　　）。

A. 0～0.10mm　　B. 0.5～0.15mm

C. 0.1～0.25mm　　D. 0.25～0.3mm

2. 现代高级轿车多采用了液压挺柱，无需调整（　　）。

A. 点火顺序　　B. 火花塞间隙

C. 喷油量　　D. 气门间隙

3. 学生a说：活塞从上止点开始至进气门完全关闭的曲轴转角叫进气迟后角；学生b说：从排气门打开至下止点所转过的曲轴转角叫排气提前角。下列说法正确的是（　　）。

A. 只有学生a正确　　B. 只有学生b正确

C. 学生a和b都正确　　D. 学生a和b都错误

二、问答题

1. 什么是气门间隙？气门间隙过大过小有何危害？

2. 什么是配气相位？画出进、排气门的配气相位图。

三、实操题

进行配气相位的检查与调整。

任务三 可变配气定时系统拆装与结构认识

任务目标

1. 了解可变配气定时系统的作用。
2. 熟悉不同可变配气定时系统的结构。
3. 理解 VTEC 可变配气定时系统的工作原理。
4. 学会 VTEC 可变配气定时系统的拆装方法。
5. 培养爱岗敬业、勤奋细心、认真负责、团结互助的职业道德和精神。

知识准备

1）回顾配气相位的含义和作用。

2）讨论固定配气相位对发动机工作的影响。

传统的发动机配气相位在发动机制造装配好之后便无法改变，但理想的配气相位应随着发动机的转速、负荷及其他工况而改变。如发动机低速时，在气门重叠角范围内，由于气流惯性的减弱，可能造成废气倒流，转矩不足，尤其当转速在 1000r/min 以下时，更为明显。而在高转速时，又由于进气行程的时间非常短促，造成进气不足、排气不净、功率下降。

现代轿车发动机转速已达 6000～9000r/min，为了使发动机在高转速时能提供较大的功率，在低转速时又能产生足够的转矩，现代轿车发动机已有不少采用可变进气控制系统，它能根据发动机的运行状况改变气门升程和配气相位。

任务准备

1. 器材准备

1）广州本田雅阁汽车发动机实验台 1 台/组。

2）常用拆装工量具 1 套/组。

3）工作台、手套、抹布等 1 套/组。

4）一体化教室 1 间。

5）相关的教具、录像片及教学挂图 1 套。

2. 任务安排

1）教学课时：4 学时（其中实训 2 课时）。

2）教学组织：教师结合多媒体现场讲解，学生分组（5～6 人一组）进行现场学习与讨论。

实训组织：每 5～6 人一组，由老师指导，学生自己动手进行拆装。

任务实施

观看本田 VTEC 系统拆装视频后，自己动手拆装可变配气定时系统。

一、本田 VTEC 系统拆装

以本田雅阁汽车所用 K24A4 发动机为例。

1. 拆卸电磁阀等部件

拆卸 VTEC 电磁阀总成、VTEC 油压开关、VTEC 滤清器、气缸罩、正时链和凸轮轴位置（CMP）脉冲板等部件。

2. 拆卸 VTC 执行器、排气凸轮轴链轮

1）用呆扳手夹住凸轮轴，然后松开可变气门正时控制（VTC）执行器的装配螺栓及排气凸轮轴链轮的装配螺栓。

2）拆除 VTC 执行器及排气凸轮轴链轮。

3. 摇臂总成的拆卸

1）松开摇臂调节螺钉 A（图 4-53）。

2）拆下凸轮轴座螺栓（图 4-54）。为防止损坏凸轮轴，应以交叉方式，每次将螺栓拆松 2 圈。

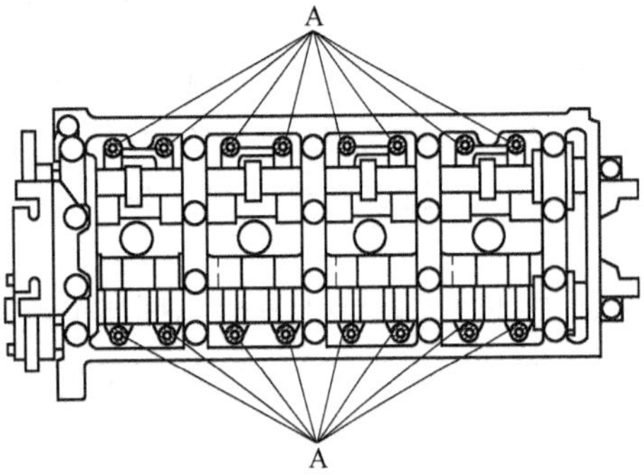

图 4-53 拆卸摇臂调节螺钉 A

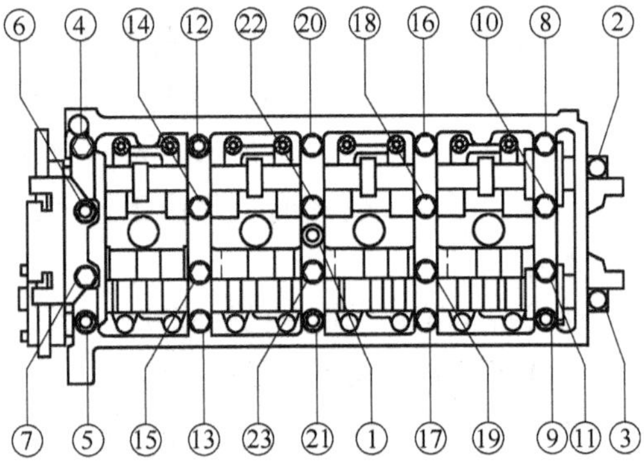

图 4-54 拆下凸轮轴座螺栓

3）拆下正时链导板 B、凸轮轴座及凸轮轴。

4）在摇臂轴座中插入螺栓 A，然后拆下摇臂总成 B（图 4-55）。

4. 摇臂与摇臂轴的分解

图 4-56。

1）拆卸时给每个零件做标记。

2）用橡胶带将进气摇臂绑在一起，并将其作为整体存放。

5. 摇臂总成的安装

1）将 5 号摇臂轴座的配合表面清洁、干燥。

2）给 5 号摇臂轴座的缸盖配合表面均匀地涂上 08C70-X0331S 型液体密封胶。

3）重新组装摇臂总成。

4）在摇臂轴座中插入螺栓（A），然后安装缸盖上的摇臂总成（B）。

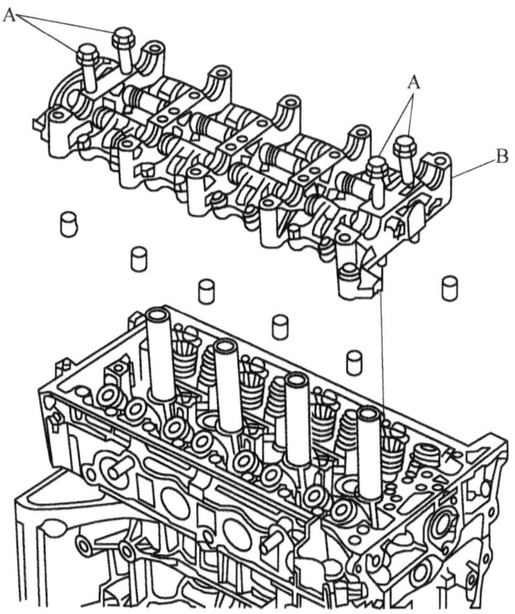

图 4-55　拆下摇臂总成 B

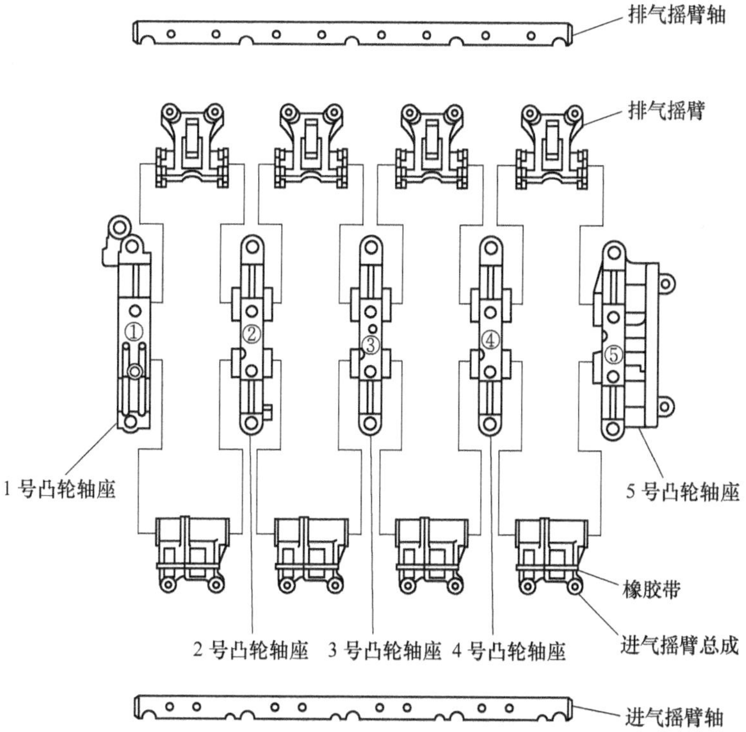

图 4-56　摇臂与摇臂轴的分解

6. 安装执行器

确信可变气门正时控制（VTC）执行器与排气凸轮轴链轮上的冲孔标记面向上方，然后将凸轮轴放在座中。

1）将凸轮轴座和链条导板安装到位。

2）将螺栓锁紧至规定力矩：8mm 螺栓（22N·m），6mm 螺栓（12N·m）。

7. 安装正时链

安装正时链并调节气门间隙。

操作注意事项：

1）重新安装前，用溶剂清洗所有的零部件，风干，然后在所有接触点部位涂上机油。

2）重新安装活塞时，需加注机油。

3）对所有的摇臂及摇臂轴之间的间隙。如果间隙超出了极限，更换摇臂轴及所有间隙超标的摇臂。如有任何 VTEC 摇臂需要更换，则将摇臂（主、次摇臂）成套更换。

4）凸轮轴和凸轮轴座之间的油膜间隙：0.030 ~ 0.099mm，维修极限为 0.15mm。

5）配合表面涂抹液体密封胶超过 5min 后，不得安装零部件。应在去除旧有残留物后重新涂抹液体密封胶。

二、可变配气定时系统结构认识

广州本田 2.0LZC 型发动机采用了气门定时和升程可变进气系统（VTEC），该系统采用在一根凸轮轴上设计两种不同定时和升程的凸轮，且利用油压进行切换的装置。其结构如图 4-57 所示，主要由中间摇臂 4、主摇臂 5、副摇臂 6、同步活塞 A 和 B（1 和 3）及凸轮轴 8 等组成。中间摇臂在发动机高速时使用，主、副摇臂低速时使用。

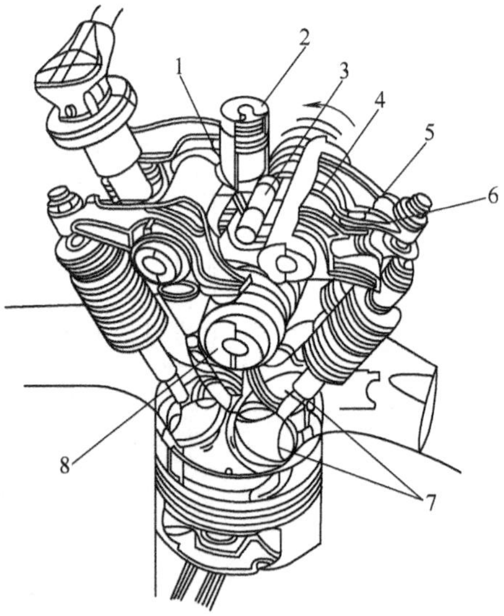

图 4-57 气门定时和升程可变进气系统结构图
1—同步活塞 A 2—空动机构组件 3—同步活塞 B
4—中间摇臂 5—主摇臂 6—副摇臂
7—进气门 8—凸轮轴

该系统的工作原理如图 4-58 所示。低速工作时，由于凸轮轴油道内没有机油压力，同步活塞不发挥作用，主、副摇臂 6、4 与中间摇臂 5 相互分离，运动互不干涉，利用两边的低速凸轮 7（A、B）驱动主、副摇臂，再压下两个进气门使其开启。中间摇臂利用空气弹簧与中间凸轮一起作用，VTEC 系统不发挥作用。高速工作时，随着发动机转速的不断升高，当达到转换条件时，VTEC 电磁阀开启，凸轮轴油道内开始建立机油压力，油压推动活塞如图 4-58 中箭头所示方向移动，克服回位弹簧的阻力，这时同步活塞 A、B 将主、副及中间摇臂连成一体，同时动作，由高速凸轮 8 驱动，使进气门的开启时间和升程同时增大，进而使发动机的功率和转矩得到提高。随着发动机转速的下降，凸轮轴油道内的油压降低，活塞逐渐回位，三个摇臂也相互分离独自运动，发动机恢复到没有 VTEC 工作的状态。

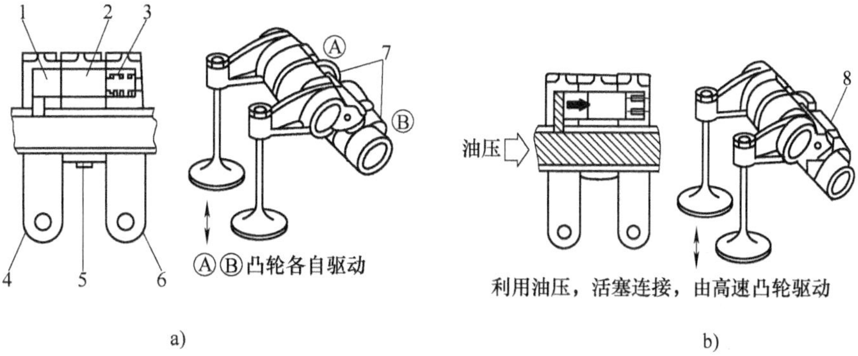

图 4-58 气门定时和升程可变进气系统原理图

a）低速时 b）高速时

1—同步活塞 A 2—同步活塞 B 3—定位活塞 4—副摇臂

5—中间摇臂 6—主摇臂 7—低速用凸轮 8—高速用凸轮

检测评价

通过以上学习，根据任务实施过程，将完成任务情况记入表 4-3 中，完成检测评价。

表 4-3 可变配气定时系统结构认识任务评价表

班级		姓名		日期	
序号	评价内容	配分	评分标准	自评	互评
1	可变配气定时系统的作用和分类	15	叙述错误每项扣 2 分		
2	本田 VTEC 可变配气系统的结构原理	15	叙述错误每项扣 2 分		
3	本田 VTEC 可变配气系统的拆装	25	叙述错误每项扣 2 分		
4	本田 VTEC 可变配气系统的保养方法	15	叙述错误每项扣 2 分		
5	雅阁汽车 VTEC 系统失常的原因分析	20	分析错误每项扣 2 分		
6	操作规范、有序、不超时、实施 5S 理念	10	操作不规范或超时每项扣 2 分		
7	安全用电、防火、无人身、设备事故		因违反操作安全发生重大人身和设备事故按 0 分计		
8	分数统计	100			
教师评语					

课后测评

一、选择题

1. VTEC 可变配气定时系统进排气凸轮数量一共有（　　）个。

A. 2个　　B. 3个　　C. 4个　　D. 5个

2. 学生 a 说：VTEC 可变配气定时系统的气门升程是可以改变的；学生 b 说：VTEC 可变配气定时系统的气门升程是不可以改变的。他们说法正确的是（　　）。

A. 只有学生 a 正确　　B. 只有学生 b 正确

C. 学生 a 和 b 都正确　　D. 学生 a 和 b 都错误

二、问答题

1. 可变进气支管系统是如何工作的?
2. VTEC 可变配气定时系统的结构与工作原理如何?

三、实操题

正确拆装广州本田雅阁汽车发动机 VTEC 系统。

任务四　发动机废气涡轮增压系统拆装与结构认识

任务目标

1. 了解发动机增压系统的作用。
2. 熟悉废气涡轮增压系统的结构与工作原理。
3. 学会废气涡轮增压系统的拆装方法。
4. 培养爱岗敬业、勤奋细心、认真负责、团结互助的职业道德和精神。

知识准备

一、发动机增压的概念

所谓增压就是将发动机进气预先压缩然后再供入气缸，以期提高进入气缸的空气密度，增加进气量的一项技术。由于进气量增加，可相应地增加循环供油量，从而可以增加发动机功率。同时，增压还可以改善燃油经济性，降低有害气体的排放，其中 CO 和 HC 的排放能比非增压发动机少 1/3 以上。

二、发动机增压的类型

增压有废气涡轮增压、机械增压和气波增压等三种基本类型，目前常用是废气涡轮增压，实现废气涡轮增压的装置称为废气涡轮增压器。

废气涡轮增压器由涡轮机和压气机等组成，如图 4-59 所示。将发动机排出的废气引入涡轮机，利用废气所包含的能量推动涡轮机叶轮旋转，并带动与其同轴安装的压气机叶轮工作，新鲜空气在压气机内增压后进入气缸。

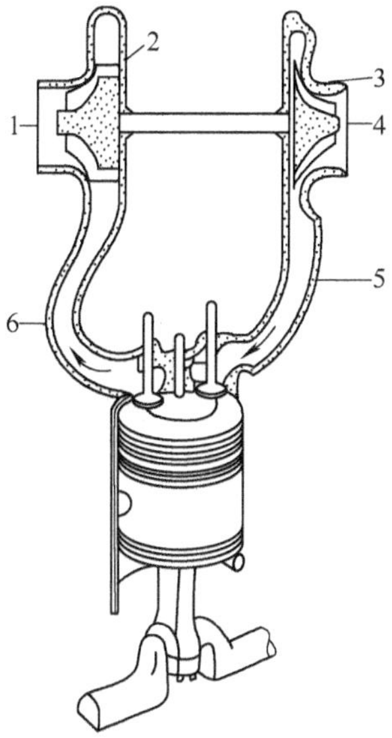

图 4-59 涡轮增压示意图

1—排气口 2—涡轮机 3—压气机 4—进气口 5—进气管 6—排气管

任务准备

1. 器材准备

1）大众宝来 1.8T 汽车发动机实验台 1 台/组。

2）常用拆装工量具 1 套/组。

3）工作台、手套、抹布等 1 套/组。

4）一体化教室 1 间。

5）相关的教具、录像片及教学挂图 1 套。

2. 任务安排

1）教学课时：2 学时（其中实训 2 课时）。

2）教学组织：教师结合多媒体现场讲解，学生分组（5～6 人一组）进行现场学习与讨论。

实训组织：每 5～6 人一组，由老师指导，观看完废气涡轮增压系统拆装视频后，学生自己动手进行拆装。

任务实施

一、废气涡轮增压系统拆装

废气涡轮增压器的分解图如图 4-60 所示。

1）在废气涡轮增压器的增压器轴顶端与压气机叶轮和轴端螺母之间相对应位置做好记

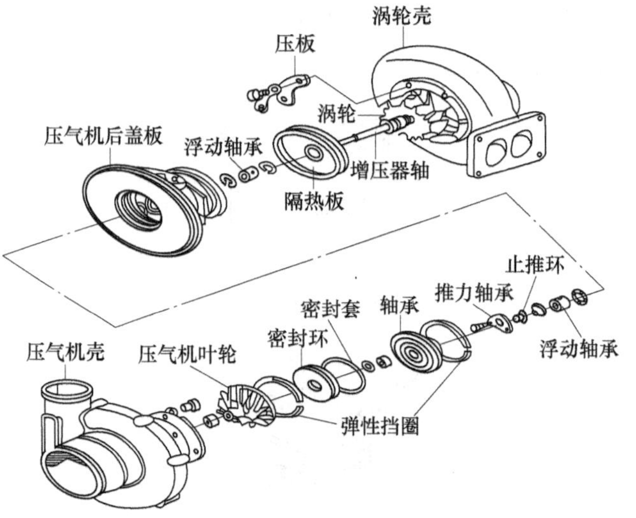

图 4-60　废气涡轮增压器分解示意图

号，如图 4-61 所示。在清洗时不得擦掉记号，以免安装时破坏动平衡。

2）用木锤或橡胶锤拆下压气机壳体，如图 4-62 所示。用扳手夹紧涡轮端头部，再用另一把扳手松开锁紧螺母，如图 4-63 所示。

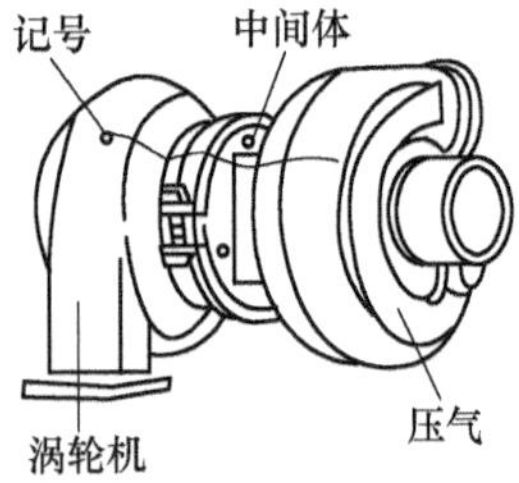

图 4-61　刻上记号

图 4-62　拆压气机壳

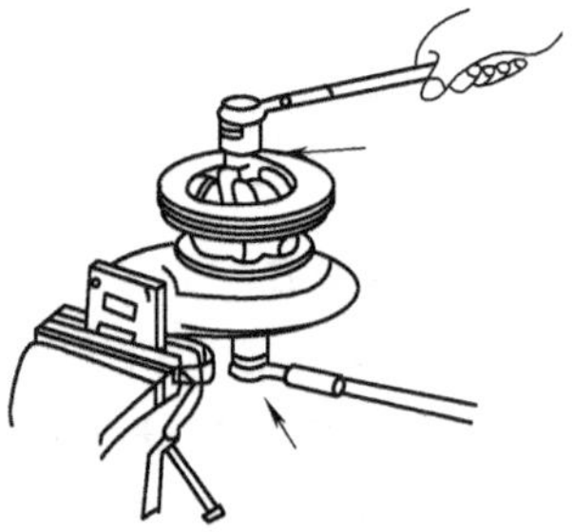

图 4-63　拆压气机轴锁紧螺母

3）如图 4-64 所示，用卡簧钳取出弹性挡圈后，手握叶轮一边左右扭动，一边向上提取（图 4-65），取下压气机叶轮（不允许用螺钉旋具从叶轮背部撬起，或用木锤轻轻敲打压气机壳体），取出压气机叶轮。

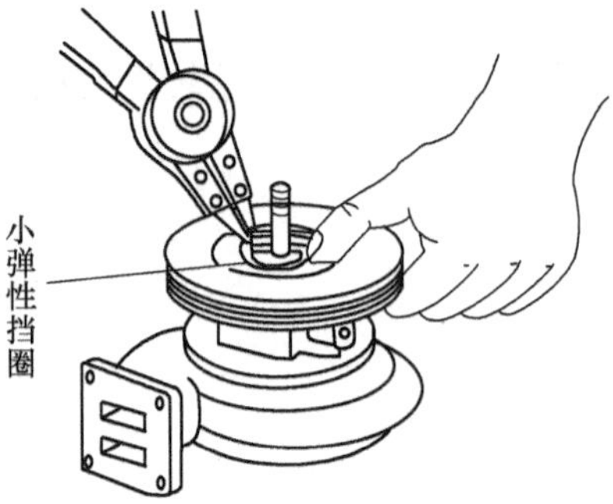

图 4-64　取出弹性挡圈

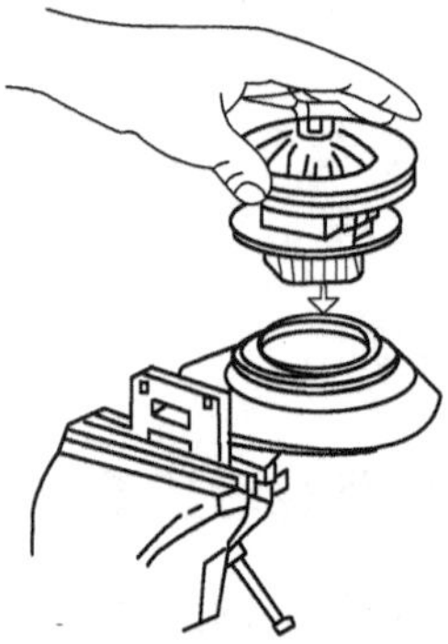

图 4-65　取出压气机叶轮

4）最后，根据情况取下隔热板，松开背盘螺栓，取下背盘及 O 形密封圈；取下挡油板及推力轴承板，取出浮动轴承。

5）按与拆卸相反顺序进行安装。注意清洗拆下的零件，安装时对准标记。

操作注意事项：

1）安装前应在进油口加注少许干净机油，用手指转动叶轮，检查转子轴转动情况，应转动灵敏，无摩擦碰撞。

2）观察机油变脏或变质，轴承颜色变蓝或被划伤，必须更换轴承。

3）使用塞尺测量压气机叶轮和涡轮叶片的轴向窜动间隙，应在规定范围之内。

二、废气涡轮增压系统结构认识

1. 废气涡轮增压系统的分类

废气涡轮增压系统分为单涡轮增压系统和双涡轮增压系统。只有一个废气涡轮增压器的增压系统为单涡轮增压系统，如图 4-66 所示。废气涡轮增压系统除废气涡轮增压器之外，还包括进气旁通阀 2，排气旁通阀 9 和排气旁通阀控制装置 10 等。

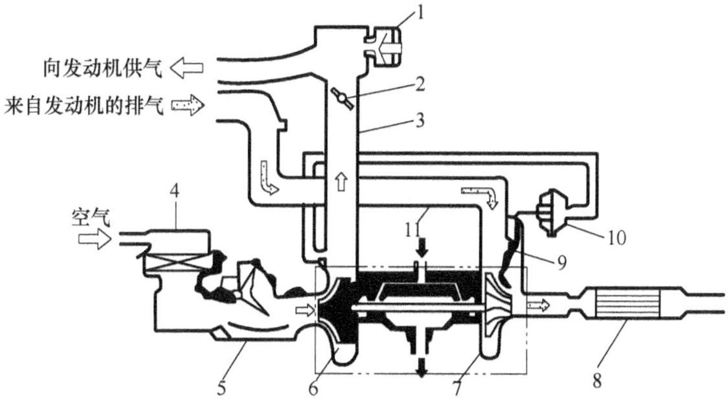

图 4-66　单涡轮增压系统示意

1—进气旁通阀　2—节气门　3—进气管　4—空气滤清器　5—空气流量传感器　6—压气机　7—涡轮机　8—催化转化器　9—排气旁通阀　10—排气旁通阀控制装置　11—排气管

如图 4-67 所示为六缸汽油喷射式发动机的双涡轮增压系统示意，其中两个废气涡轮增压器并列布置在排气管中，按气缸工作顺序把 1，2，3 缸作为一组，4，5，6 缸作为另一组，每组三个气缸的排气涡轮驱动一个涡轮增压器。因为三个气缸的排气间隔相等，所以增压器转动平稳。另外，把三个气缸分成一组还可以防止各缸之间的排气干扰。此系统除废气涡轮增压器 9，进气旁通阀 2，排气旁通阀 10 及排气旁通控制装置 11 之外，还包括中冷器 3，谐振室 4 和增压压力传感器 5 等。

2. 废气涡轮增压器的结构及工作原理

车用涡轮增压器由离心式压气机、径流式涡轮机及中间体三部分组成（图 4-68）。增压器轴 5 通过两个浮动轴承 9 支承在中间体 14 内。中间体内有润滑和冷却轴承的油道，还有防止机油漏入压气机或涡轮机中的密封装置等。

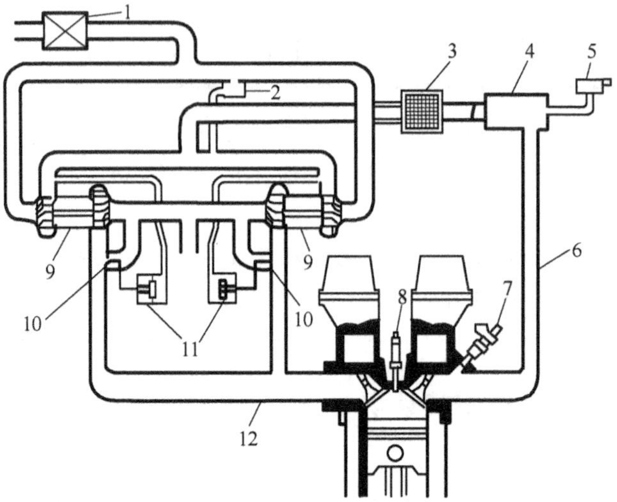

图 4-67　双涡轮增压系统示意

1—空气滤清器　2—进气旁通阀　3—中冷器　4—谐振室　5—增压压力传感器　6—进气管　7—喷油器　8—火花塞　9—涡轮增压器　10—排气旁通阀　11—排气旁通阀控制装置　12—排气管

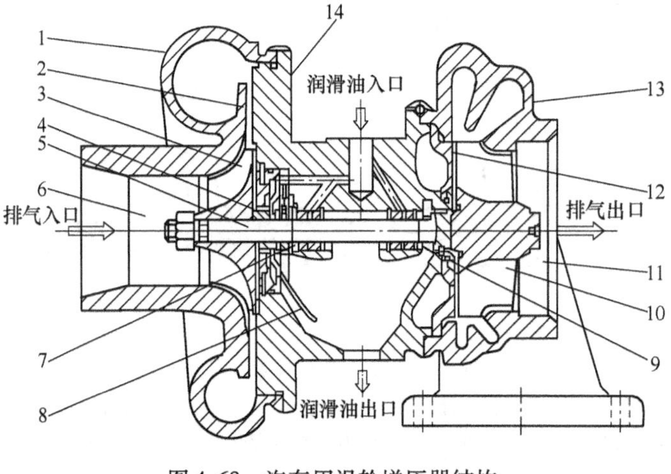

图 4-68　汽车用涡轮增压器结构

1—压气机涡壳　2—无叶式扩压管　3—压气机叶轮　4—密封套　5—增压器轴　6—进气道　7—推力轴承　8—挡油板　9—浮动轴承　10—涡轮机叶轮　11—出气道　12—隔热板　13—涡轮机涡壳　14—中间体

（1）离心式压气机　图 4-69 为离心式压气机示意图，当压气机旋转时，空气经进气管进入压气机叶轮，并在离心力的作用下沿着压气机叶片 1 之间形成的流道，从叶轮中心流向叶轮的周边，使其流速，压力和温度均有较大的增高，然后进入叶片式扩压管 3 减速增压。

（2）径流式涡轮机　径流式涡轮机由涡壳、喷管、叶轮和出气道等组成（图 4-70）。涡壳 4 的进口与发动机排气管相连，发动机排气经涡壳引导进入叶片式喷管，喷管是由相邻叶片构成的减缩形流道。排气流过喷管时降压、降温、增速、膨胀，使排气的压力能转变为气流动能。由喷管流出的高速气流冲击叶轮 1，并在叶片 2 所形成的流道中继续膨胀做功，推动叶轮旋转。

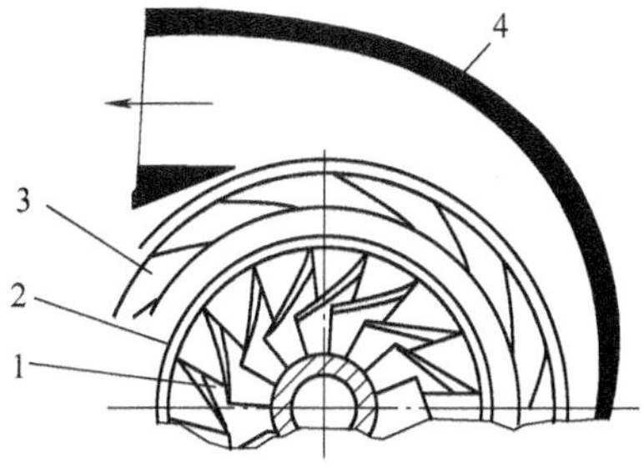

图 4-69　离心式压气机示意图

1—压气机叶片　2—叶轮　3—叶片式扩压管　4—压气机涡壳

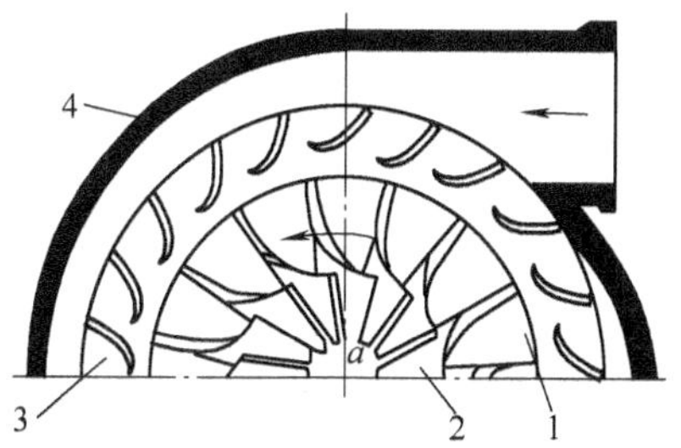

图 4-70　径流式涡轮机示意图

1—叶轮　2—叶片　3—叶片式喷管　4—涡壳

(3) 转子　涡轮机叶轮，压气机叶轮和密封套等零部件安装在增压器轴上，构成涡轮增压器转子。转子以超过 100000r/min、最高可达 200000r/min 的高转速旋转，因此，转子的平衡是非常重要的。

(4) 增压器轴承　增压器轴承的结构是保证车用涡轮增压器可靠性的关键之一。现代车用涡轮增压器都采用浮动轴承（图 4-71b），浮动轴承实际上是套在轴上的圆环，圆环与轴以及圆环与轴承座之间都有间隙，形成双层油膜。圆环浮在轴与轴承座之间，一般内层间隙为 0.05mm，外层间隙大约为 0.1mm。轴承壁厚约 3～4.5mm，用锡铅青铜合金制造，轴承表面度一层厚度约为 0.005～0.008mm 的铅锡合金或金属铟。在增压器工作时，轴承在轴与轴承座中间转动。

增压器工作时产生轴向推力，由设置在压气机一侧的推力轴承 1（图 4-71a）承受。为了减少摩擦，在整体式推力轴承两端的止推面 6 上各加工有四个布油槽 7；在轴承上还加工有进油孔 5，以保证止推面的润滑和冷却。

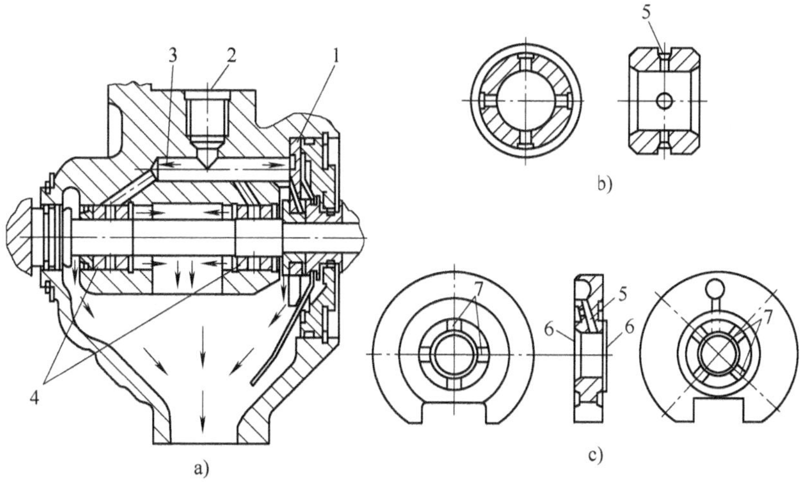

图 4-71　涡轮增压器轴承及其润滑

a) 润滑油道　b) 浮动轴承结构　c) 推力轴承结构

1—推力轴承　2—机油入口　3—润滑油道　4—浮动轴承　5—进油孔　6—止推面　7—布油槽

3. 增压压力的调节

在涡轮增压系统中都设有进气旁通阀和排气旁通阀，用以控制增压压力（参看图 4-66 和图 4-67）。排气旁通阀及其控制装置在增压器上的安装位置如图 4-72 所示，控制膜盒 1 中的膜片将膜盒分为左室和右室，右室经连通管 11 与压气机出口相通，左室设有膜片弹簧施力于膜片上，膜片还通过连动杆 2 与排气旁通阀 3 连接。当压气机出口压力，也就是增压压力低于限定值时，膜片在膜片弹簧的作用下移向右室，并带动连动杆使排气旁通阀保持关闭状态。当增压压力超过限定值时，增压压力克服膜片弹簧力，推动膜片移向左室，并带动连动杆将排气旁通阀打开，使部分排气不经过涡轮机而直接排放到大气中，从而达到控制增压压力机涡轮机转速的目的。进气旁通阀的工作原理与排气旁通阀相似。

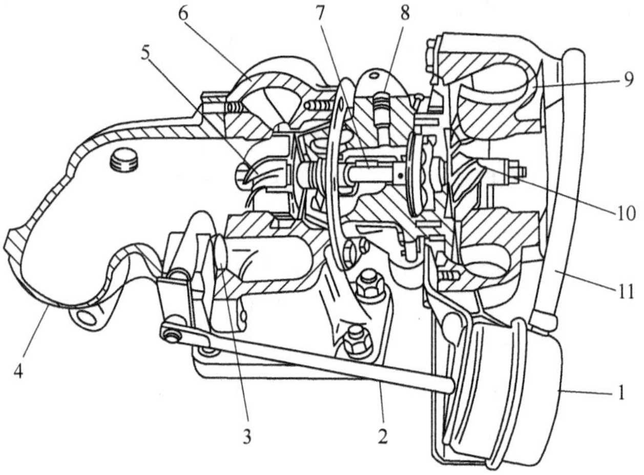

图 4-72　排气旁通阀及其控制装置的安装位置

1—控制膜盒　2—连动杆　3—排气旁通阀　4—排气管　5—涡轮机叶轮　6—涡轮机涡壳　7—增压器轴　8—中间体　9—压气机涡壳　10—压气机叶轮　11—连通管

在有些发动机上，排气旁通阀的开闭由电控单元操纵的电磁线圈控制。电控单元根据压气机出口增压压力的降低，对电磁线圈通电或断电，以开闭排气旁通阀。有的电控单元还能按照电控系统预编程序，在发动机突然加速时，允许增压压力短时间超出限定值，以提高发动机的加速性。

4. 涡轮增压器的润滑及冷却

来自发动机润滑系统主油道的机油，经增压器中间体上的机油口 1 进入增压器，润滑和冷却增压器轴和轴承，然后，机油经中间体上的机油出口 2 返回发动机油底壳（图 4-73）。在增压器轴上装有油封，用来防止机油窜入压气机或涡轮机涡壳内。如果油封损坏，将导致机油消耗量增加和排气冒烟。

由于汽油机增压器的热负荷大，因此在增压器中间体的涡轮机侧设置冷却水套，并用软管与发动机的冷却系统连通。冷却液自中间体上的冷却液进口 3 流入中间体内的冷却水套 4，从冷却液出口 5 流回发动机冷却系。冷却液在中间体的冷却水套中不断循环，使增压器轴和轴承得到冷却。

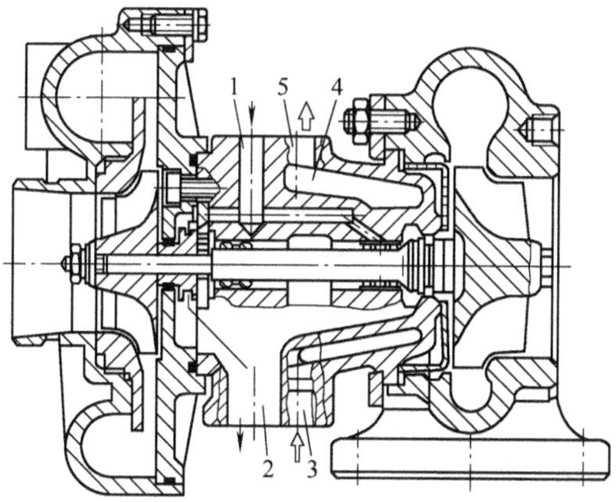

图 4-73 涡轮增压器的润滑油路及冷却水套

1—机油进口 2—机油出口 3—冷却液进口 4—冷却水套 5—冷却液出口

有些涡轮增压器在中间体内不设置冷却水套，只靠机油及空气对其进行冷却。当发动机在大负荷或高转速工作之后，如果立即停机，那么机油可能由于轴承温度太高而在轴承内燃烧。因此，这类涡轮增压发动机应该在停机之前，至少在怠速下运转 1min。

检测评价

通过以上学习，根据任务实施过程，将完成任务情况记入表 4-4 中，完成检测评价。

表 4-4 发动机废气涡轮增压系统结构认识任务评价表

班级		姓名		日期	
序号	评价内容	配分	评分标准	自评	互评
1	发动机增压系统的作用和分类	15	叙述错误每项扣 2 分		
2	单涡轮增压系统的结构原理	15	叙述错误每项扣 2 分		
3	双涡轮增压系统的结构原理	15	叙述错误每项扣 2 分		
4	废气涡轮增压器的拆装	25	叙述错误每项扣 2 分		
5	宝来发动机高速无力的原因分析	20	分析错误每项扣 2 分		
6	操作规范、有序、不超时、实施 5S 理念	10	操作不规范或超时每项扣 2 分		
7	安全用电、防火、无人身、设备事故		因违反操作安全发生重大人身和设备事故按 0 分计		
8	分数统计	100			
教师评语					

课后测评

一、选择题

1. 进气增压主要有哪几种方式（　　）。

A. 废气涡轮增压　　B. 机械增压　　C. 齿轮泵增压　　D. 转子泵增压

2. 增压器轴与增压器轴承是车用涡轮增压器的关键部位，要保证其有良好的（　　）。

A. 强硬度　　B. 润滑　　C. 冷却　　D. 转矩

3. 在废气涡轮增压系统中，一般都带有冷却器，也称中冷器，其作用是对（　　）。

A. 涡轮增压机进行冷却　　B. 涡轮轴承进行冷却

C. 进气进行冷却　　D. 排气进行冷却

二、问答题

1. 何为增压？有何作用？

2. 简述废气涡轮增压器的基本结构与原理。

三、实操题

正确进行废气涡轮增压器的拆装。

项目小结

1. 发动机换气系统由空气滤清器、进气管系、配气机构、排气管系及消声器等组成。

2. 配气机构的作用是根据发动机需要，适时地开启和关闭各缸的进、排气门，进行进气和排气，其主要由气门组件、凸轮轴组件、凸轮轴传动组件和气门驱动组件组成。现代轿车发动机较多采用顶置多气门、上置凸轮轴式和带传动式结构。

3. 四冲程发动机的换气过程包括自由排气、强制排气和进气阶段。在换气过程中，进、排气门均早开和迟闭。进、排气门实际开闭时刻曲轴转角来表示，称为配气相位。

4. 可变气门控制系统能根据发动机的运行状况而改变气门升程和气门开启的时间，使发动机在所有工作转速下都能获得较佳的配气相位和气门升程，以提高发动机的动力性和经济性。

5. 可变进气管控制系统可根据发动机转速等的变化，自动调节进气管长度和流通截面，利用气流的波动效应来增加进气量，以提高充气效率。

6. 增压是提高发动机功率，降低燃料消耗，减少排气污染的有效途径之一。废气涡轮增压是利用发动机排出的具有一定能量的废气，通过增压器对进气进行增压。它主要由涡轮增压器、增压压力控制阀及冷却器等组成。为保证发动机在不同转速及负荷等工况下都能得到最佳增压值，现代发动机常采用电脑控制增压压力。

7. 注意换气系统的维护，如空气滤清器的清洁与更换、进排气管路的泄漏检查及配气机构的检查、调整或修理。

项目五

汽油机燃料供给系统拆装与结构认识

项目描述

汽车行驶工况（工作状况的简称）变化大，从起动、怠速、小负荷、中负荷、大负荷到全负荷等，要求供给不同浓度的可燃混合气。

可燃混合气的浓度通常用空燃比 α 来表示，空燃比是每工作循环充入气缸的空气量 A 与燃油量 F 的质量比（$\alpha = A/F$）。理论上可燃混合气完全燃烧，其空燃比为14.7。

汽油机不同工况对可燃混合气浓度的要求见表5-1。

表5-1　汽油机各工况对可燃混合气的要求

发动机工况	空燃比
起动：（0℃）	约2
起动：（20℃）	约5
怠速	约11
小负荷	12～13
中等负荷（经济车速）	15～18
大负荷	12～13
加速	8

燃油供给系统的作用是根据汽油机的不同工况要求，供给不同浓度的混合气。现代汽车主要靠电子控制汽油喷射（后续课程介绍），但是也离不开众多机械机械部件，本项目主要介绍汽油机燃油供给系统总体组成与基本原理。

任务一　汽油机燃油系统总体拆装

任务目标

1. 熟悉电控汽油机燃油系统的总体组成。
2. 学会燃油箱、燃油滤清器的正确拆装。
3. 学会汽油泵和燃油压力调节器的正确拆装。
4. 培养爱岗敬业、勤奋细心、认真负责、团结互助的职业道德和精神。

知识准备

电控汽油机燃料供给系统主要由燃油供给系统（含燃油箱、燃油泵、燃油泵滤清器、燃油滤清器、压力调节器、喷油器等）、空气供给系统（含空气流量传感器、节气门、进气管、怠速空气控制装置等）和控制系统（含各种传感器、执行器和控制器等）组成（图5-1）。

它的工作原理是：应用各种传感器来检测发动机工作状态和汽车行驶状态，以电信号形式发送到发动机 ECU，计算出最佳的燃油喷油量，并驱动喷油器按照发动机要求定时定量喷射燃油。

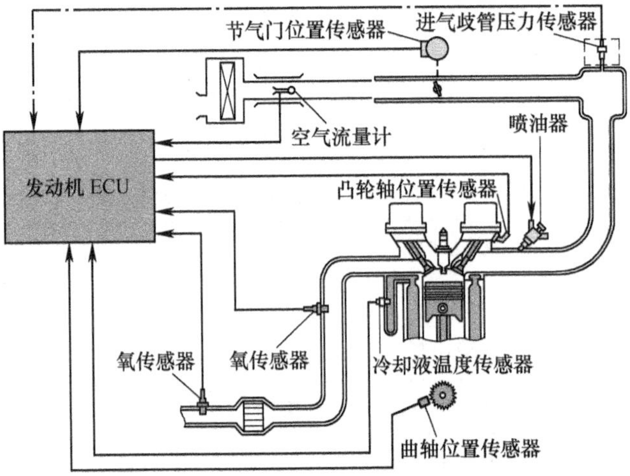

图5-1　电控汽油机燃料供给系统的组成

任务准备

1. 器材准备

1）桑塔纳2000GSi 型汽车发动机实验台1台/组。
2）常用拆装工具1套/组。
3）一体化教室1间。
4）相关的教具、录像片及教学挂图1套。

2. 任务安排

1）实训课时：2 学时。

2）实训组织：每 5 ~ 6 人一组，由教师指导，观看完燃油系统总体拆装的视频后，学生自己动手进行拆装。

任务实施

一、电控汽油机燃油系统总体拆装

以上海桑塔纳 2000GSi 型轿车发动机的电控燃油供给系统为例（图 5-2），其拆装步骤如下：

1）拆下蓄电池接地线，放出燃油箱中的汽油。

2）放掉发动机的冷却液，并将冷却液存放在适当的容器中，以备再用。

3）释放燃油系统的压力。

4）拆下怠速调节器组件 1，并进行分解。

5）拆下燃油分配管组件 39，并进行分解。

6）拆下节气门组件 30，并进行分解。

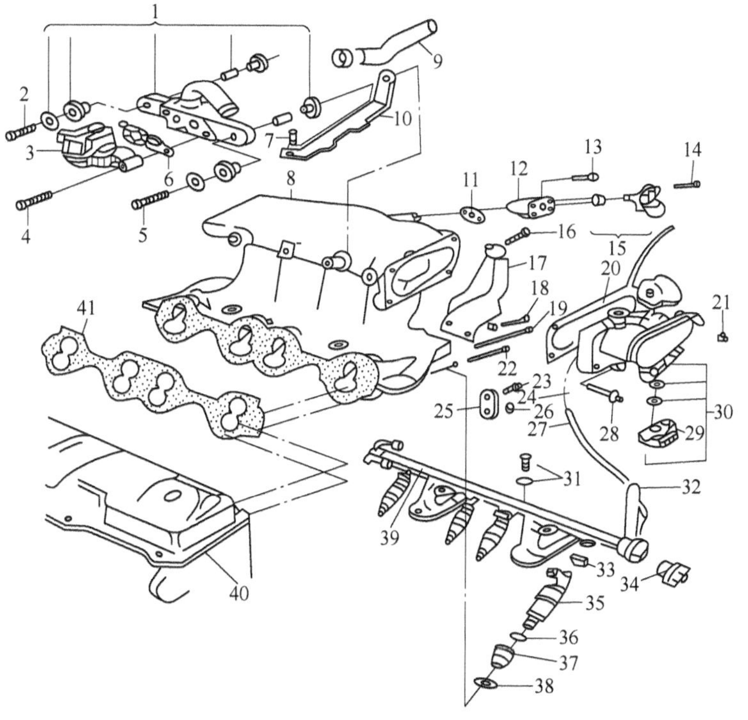

图 5-2　桑塔纳 2000GSi 型轿车发动机燃油供给系统分解图

1—怠速调节器组件　2、4、5、7、13、14、16、18、19、21、22、23、28、31—螺栓　3—怠速调节器　6—怠速调节器密封垫　8—进气歧管　9—软管　10—支架　11—法兰垫片　12—法兰　15—进气温度传感器　17—隔热板　20—节气门垫　24、27—真空管　25—进排气管支架　26、38—垫圈　29—节气门传感器　30—节气门　32—夹紧器　33—喷油器夹紧器　34—燃油压力调节器　35—喷油器　36—O 形圈　37—喷油器插入件　39—燃油分配管　40—气缸盖　41—进气管垫

操作注意事项：

1）为了安全起见，进行燃油供给系统的拆装前应先拆下蓄电池接地线。

2）燃油供给系统有一定的压力，在打开系统之前先在开口处放置抹布，然后小心地松开接头以进行泄压。

3）将拆下的零部件放置在干净的地方并覆盖，不要使用带纤维的布。

4）安装时一定要更换新的O形密封圈。

二、燃油箱的拆装

图5-3是桑塔纳2000GSi轿车燃油箱及其附件的分解图，其拆装步骤如下：

1）在点火开关断开的情况下，拔下蓄电池的搭铁线。

2）使用专用设备抽取燃油箱内的燃油，使燃油箱内燃油的容量不能超$\frac{2}{3}$。

3）旋下位于行李箱内地毯下的燃油箱密封凸缘7。

4）拔下导线插头3，如图5-4所示。

5）打开加油口盖板，撬出环绕在加油口颈部的橡胶件系统的夹环。

6）将橡胶件推入。

7）旋下在车底部的加油颈口固定螺栓。

8）拔下位于车辆底部的进油管1、回油管2和通气管3，如图5-5所示。

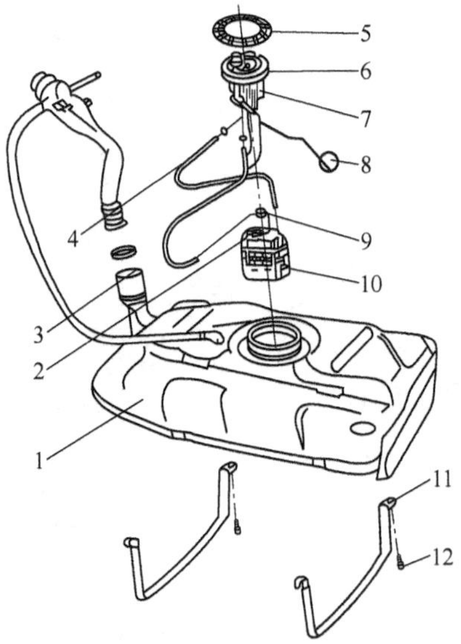

图5-3　桑塔纳2000GSi燃油箱及其附件

1—燃油箱　2—燃油泵导线　3—加注燃油透气管　4—进油管（接到燃油分配器）
5—塑料紧固螺母　6—透气管（连接到炭罐）　7—密封凸缘
8—浮子（用于燃油表传感器）　9—回油管（来自燃油分配器）
10—燃油泵总成　11—燃油箱夹带　12—夹带螺栓

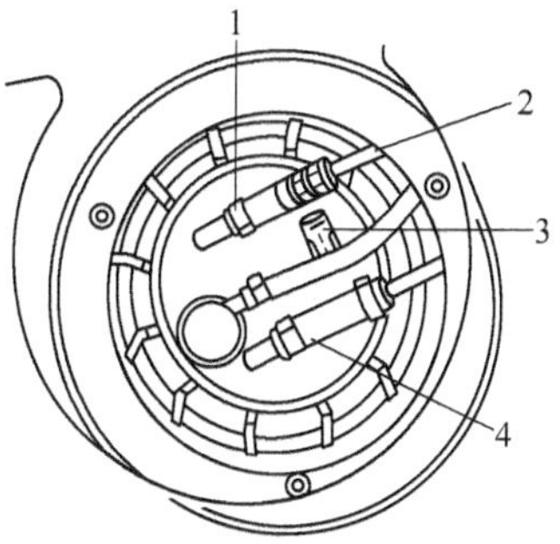

图 5-4　拔下导线插头

1—回油管　2—通气管　3—导线插头　4—进油管

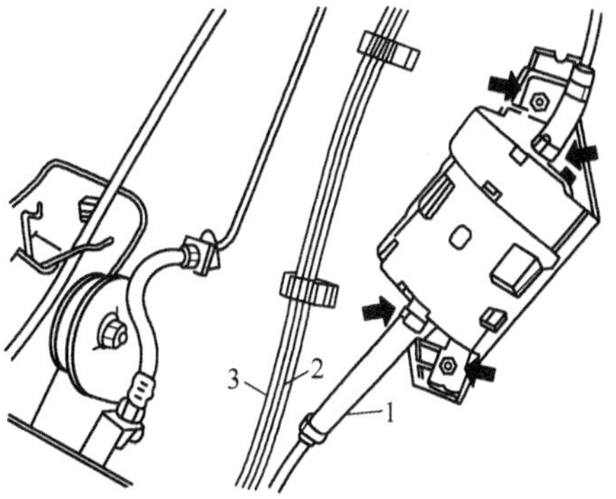

图 5-5　拔下进、回油管和通气管

1—进油管　2—回油管　3—通气管

9）将托架放置在燃油箱下。

10）松开燃油箱夹带（图 5-6），放下燃油箱。

11）按拆卸的相反顺序装配燃油箱。

三、燃油表传感器的拆装（图 5-7）

1）拆下燃油箱盖板（在行李舱地毯下）。

2）拔出吸油管 1、回油管 3 和通气管 2。

3）拆卸燃油表导线插头 4。

4）旋开环形大螺母，取下燃油表传感器。

5）按拆卸相反顺序进行安装。

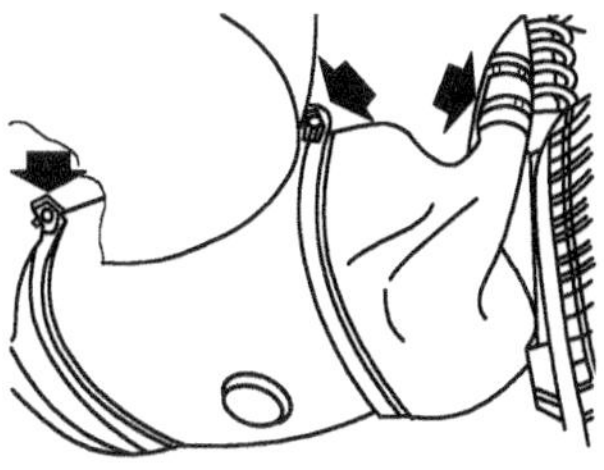

图 5-6　松开燃油箱夹带

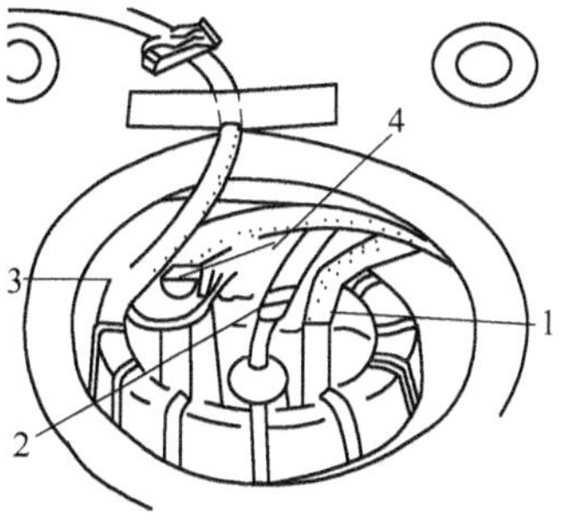

图 5-7　燃油表传感器的拆装

1—吸油管　2—通气管　3—回油管　4—导线插头

操作注意事项：

1）不要使皮肤接触燃油，操作时要戴防护手套。

2）装配时应注意传感器上的记号应朝向汽车的行驶方向。

四、燃油滤清器的拆装

现代轿车上一般都是使用不可拆式燃油滤清器（图5-8），应整体更换，桑塔纳2000GSi轿车燃油滤清器更换的步骤如下：

1）松开车辆底部燃油滤清器托架紧固螺栓，取下燃油滤清器托架。

2）松开夹箍，拔下燃油滤清器的油管。

3）取下燃油滤清器。

4）安装上新的燃油滤清器。

图5-8　不可拆式燃油滤清器

操作注意事项：

1）在拔下燃油滤清器的油管时，应注意使用一块抹布防止剩余的燃油滴落。

2）在安装新的燃油滤清器时，应注意燃油滤清器上箭头应该指向燃油的流向。

3）更换燃油滤清器后一般应更换新的O形密封圈。

五、燃油压力调节器的拆装

以桑塔纳2000GSi轿车燃油压力调节器为例，其拆装步骤如下（参见图5-9）：

1）按要求拆下节气门体。

2）卸下分配管1上的发动机线束固定螺栓，把线束与燃油分配管脱开。

3）拔下四个喷油器2的导线连接器。

4）拆下燃油压力调节器3上的真空软管和燃油回流软管。

5）卸下燃油分配管固定螺栓，并拆下燃油分配管。

6）卸下燃油压力调节器的卡簧6，然后拆下调节器并从调节器上拆下O形圈。

7）按拆卸的相反顺序进行燃油压力调节器的安装。

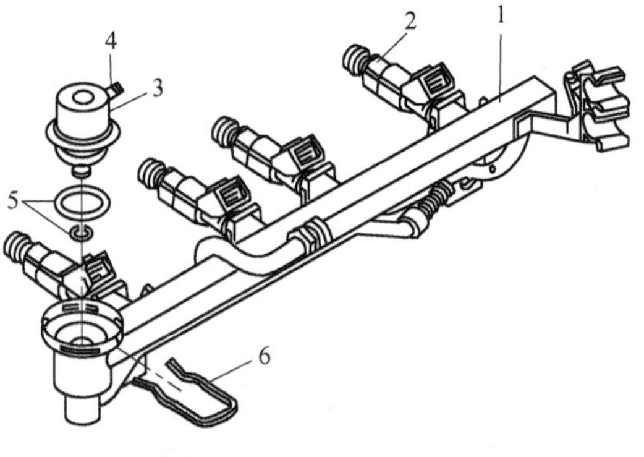

图5-9　燃油压力调节器的拆装

1—燃油分配管　2—喷油器　3—燃油压力调节器

4—与进气歧管相连　5—O形圈　6—卡簧

操作注意事项：

1）在安装时，要在新O形圈上涂一层机油。

2）应对所有拆卸零部件进行清洗，避免污染燃油。

六、电动燃油泵的拆装

以桑塔纳2000GSi轿车电动燃油泵（图5-10）的拆装为例，其拆装步骤如下：

1）在点火开关切断的情况下，拔下蓄电池搭铁线。

2）拆下位于行李箱内地毯下的燃油箱密封凸缘的盖板。

3）从燃油箱密封凸缘上拔下进油管4、回油管1和通气管2（图5-11），再拔下三个端子的导线插头3。

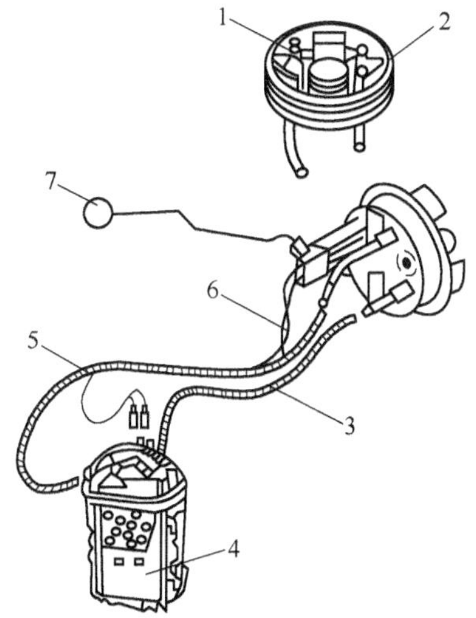

图5-10　桑塔纳2000GSi电动燃油泵及其附件
1—通气管（通向活性炭罐）　2—密封凸缘　3—回油管
4—电动燃油泵　5—进油管　6—导线　7—浮子

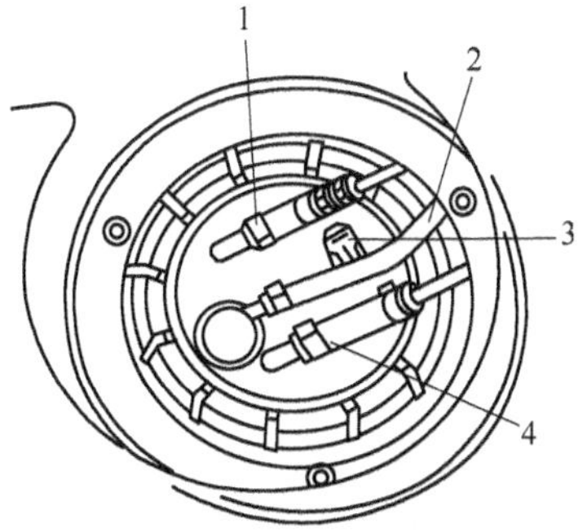

图5-11　拔下导线插头
1—回油管　2—通气管　3—导线插头　4—进油管

4）用专用工具旋下大螺母，如图5-12所示。

5）从燃油箱开口处拉出密封凸缘和橡胶密封件。

6）拔下密封凸缘内的燃油表导线插头。

7）将专用工具插入到燃油箱内燃油泵壳体的三个拆装缺口内，旋松燃油泵，如图5-13所示。

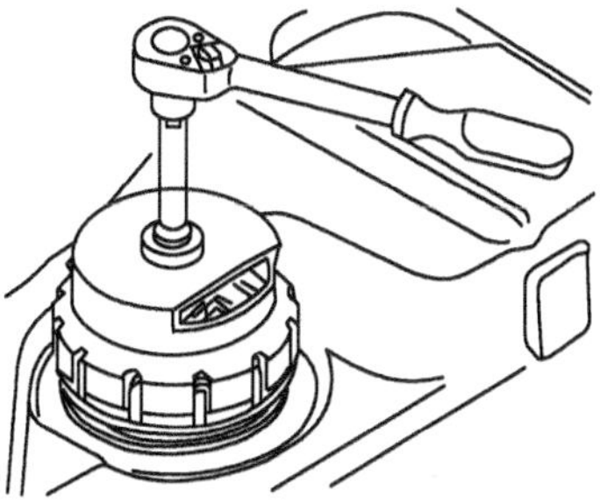

图5-12　用专用工具旋下大螺母

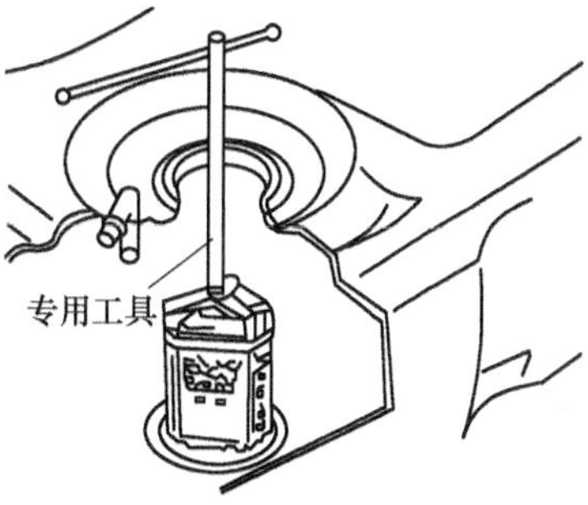

图5-13　拆卸燃油泵

8）从燃油箱中拉出燃油泵。

9）按相反的顺序安装电动燃油泵。

操作注意事项：

1）在拆卸前应对连接部位及其周围进行彻底清洗。

2）拆卸时一般应戴上防油手套，避免皮肤与燃油接触。

3）密封凸缘上的箭头必须对准燃油箱上的箭头，如图 5-14 所示。

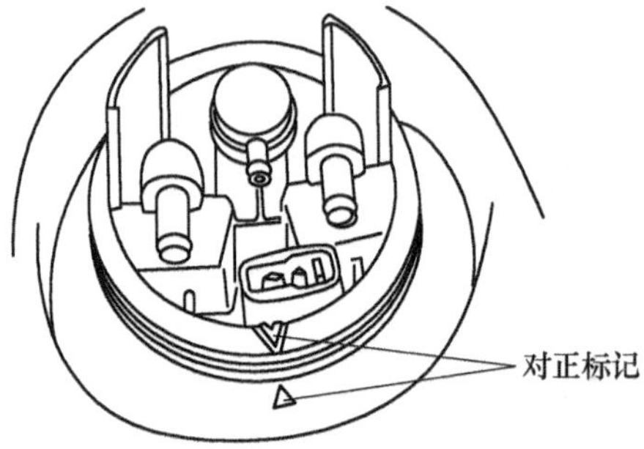

图 5-14　密封凸缘与燃油箱对正标记

七、电磁喷油器的拆装

1. 喷油器拆卸（图 5-15）

以桑塔纳 2000GSi 轿车 AJR 发动机的电磁喷油器为例，其拆卸过程如下。

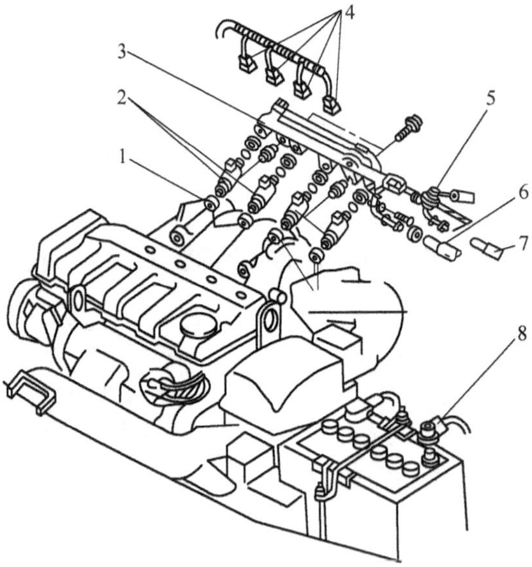

图 5-15　电磁喷油器在发动机上的拆卸

1—橡胶垫圈　2—喷油器　3—燃油总管　4—喷油器线束插头

5—燃油压力调节器　6—进油管　7—回油管　8—蓄电池负极搭铁线

1）释放燃油系统油压。

2）拆下蓄电池负极搭铁线。

3）拔下各缸喷油器线束插头。

4）拔下连接在燃油总管上的进油管和回油管。

5）拔去燃油压力调节器上的真空软管，拆下燃油压力调节器。

6）拧下燃油总管的固定螺栓，将燃油总管和喷油器一同拆下。

7）从燃油总管取下四个喷油器，并从喷油器上拆下 O 形密封环及密封圈。

操作注意事项：

1）对于上方供油式喷油器，可从燃油总管中拔出喷油器；对于侧方供油式喷油器，在拆下燃油总管后，一般按照维修手册指定的方法将喷油器从燃油总管中拆下。

2）有些车型在拆卸喷油器时，应先拆除发动机上方影响喷油器拆卸的油管零部件后，如进气管、节气门体等，才能按上述步骤拆卸喷油器。

2. 喷油器安装（图 5-16）

1）将喷油器装在燃油总管的喷油器孔中。

2）在将喷油器装入燃油总管时应不断转动喷油器，以免损坏 O 形密封圈。

3）在进气歧管的喷油器孔上安放好橡胶密封圈，将喷油器和燃油总管一同装在发动机上，拧紧燃油总管固定螺栓。

4）用手转动喷油器，检查是否能平顺地转动。

5）安装进油管和回油管，插上燃油压力调节器真空管，插好各喷油器线束插头。

6）按拆卸时相反的顺序安装进气管等其他零部件。

7）预置燃油系统压力，检查有无漏油。

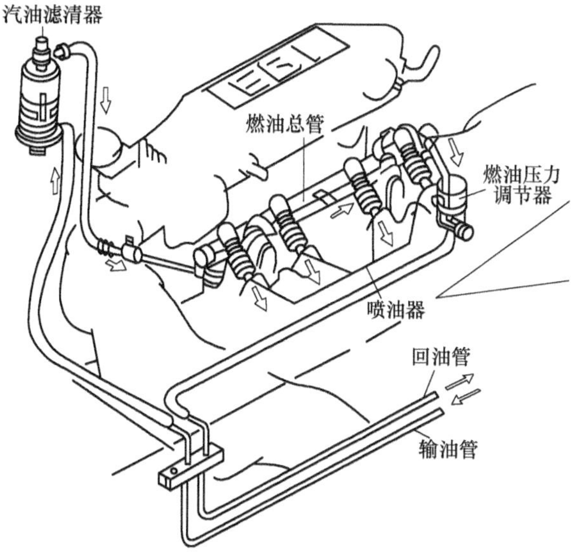

图 5-16　电磁喷油器的安装

操作注意事项：

1）安装时应更换所有的O形密封圈，并在O形密封圈上涂少量干净的汽油或机油。

2）如果喷油器不能用手转动，说明O形密封圈安装不当，应拆下喷油器重新安装。

拓展与提高

怠速控制阀（ISC）的拆装

以LEXUS LS400为例介绍其拆装步骤。

1）放掉发动机冷却液。

2）拆下V形排列气门室盖及进气连接管、正时带罩和高压线下盖板。

3）脱开ISC阀上的来自节气门体的冷却液旁通水管和来自EGR阀的冷却液旁通水管（带EGR系统的发动机）。

4）拔下ISC阀上的导线插接器。

5）拆下ISC阀及其衬垫。

6）检查ISC阀是否损坏，若损坏则更换。

7）按拆卸相反的顺序进行ISC阀的安装，并以18N·m的力矩拧紧ISC阀。

检测评价

通过以上学习，根据任务实施过程，将完成任务情况填入表5-2中，完成检测评价。

表5-2 汽油机燃油系统总体拆装任务评价表

班级		姓名		日期	
序号	评价内容	配分	评分标准	自评	互评
1	正确使用工具、仪器	10	工具使用不当每次扣2分		
2	燃油箱的拆装	10	操作错误每项扣2分		
3	燃油滤清器的拆装	10	错误每项扣2分		
4	燃油压力调节器的拆装	10	错误每项扣2分		
5	电动燃油泵的拆装	20	错误每项扣3分		
6	电磁喷油器的拆装	15	错误每项扣3分		
7	怠速控制阀（ISC）的拆装	10	错误每项扣2分		
8	操作规范、有序、不超时、实施5S理念	15	操作不规范或超时每项扣2分		
9	安全用电、防火、无人身、设备事故		因违反操作安全发生重大人身和设备事故按0分计		
10	分数统计	100			
教师评语					

课后测评

实操题

1. 正确拆装燃油箱、滤清器。
2. 正确拆装燃油压力调节器。
3. 正确拆装电动燃油泵。
4. 正确拆装电磁喷油器。
5. 正确拆装怠速控制阀。

任务二　电控汽油喷射系统结构认识

任务目标

1. 掌握电控汽油机燃油系统的总体组成。
2. 熟悉燃油箱、燃油滤清器的结构原理。
3. 理解汽油泵、燃油压力调节器和喷油器的结构原理。
4. 培养爱岗敬业、勤奋细心、认真负责、团结互助的职业道德和精神。

知识准备

电喷汽油机燃油系统主要包括：燃油箱、燃油泵、燃油泵滤清器、燃油滤清器、压力调节器、输送管、喷油器和脉动缓冲器（图 5-17）。

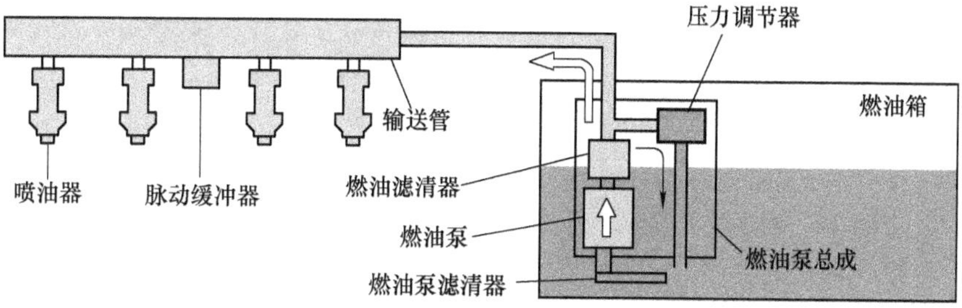

图 5-17　燃油系统的组成

任务准备

1. 器材准备

1）桑塔纳 2000GSi 型汽车发动机实验台 1 台/组。

2）电喷汽油机燃料供给系统零部件 1 套/组。

3）一体化教室 1 间。

4）录像片及教学挂图 1 套。

2. 任务安排

1）教学课时：2 学时。

2）教学组织：教师结合多媒体现场讲解，学生分组（5 ~6 人一组）现场学习讨论。

任务实施

一、燃油箱结构认识

燃油箱用以储存汽油，普通汽车只有一个燃油箱，越野车则常有两个油箱，以适应特殊要求。一般汽车油箱的续航里程（一次性加满汽油可连续行驶的里程）为 200 ~600km。

燃油箱（图 5-18）常用薄钢板或工程塑料制成，为防止油液面由于行车振荡而外溢，在油箱内部装有隔板 10。油箱上表面装有液面传感器 4，底部有辅助油箱 7，内有燃油泵 9；为了便于排除油箱内的杂质，在底部装有放油螺塞 8，油箱加油口用带阀门的油箱盖 1 封闭。

油箱盖用于防止汽油的溅出及减少汽油挥发，它由空气阀 1 和蒸气阀 2 组成（图 5-19）。空气阀弹簧较蒸气阀弹簧软，当油箱内汽油减少，压力下降到预定值（约 98kPa）时大气推开空气阀进入油箱内；当油箱内燃油蒸气压力增大到 120kPa 时，蒸气阀打开，燃油蒸气泄入大气，保持油箱内压力正常。

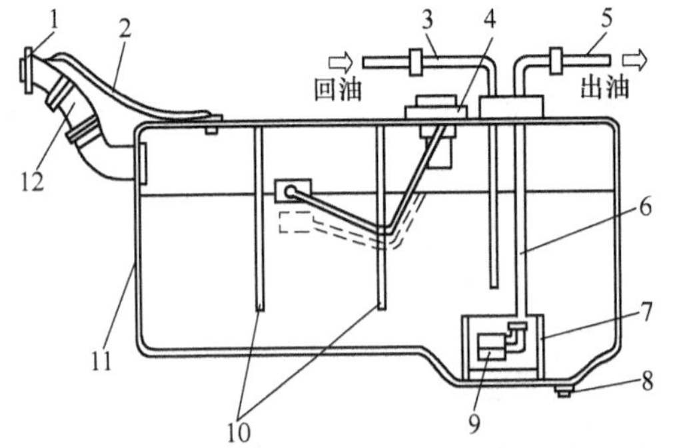

图 5-18　汽油箱

1—油箱盖　2—通气软管　3—回油管　4—油面传感器
5—出油管　6—燃油连接管　7—辅助油箱　8—放油螺塞
9—燃油泵　10—隔板　11—油箱体　12—燃油进口软管

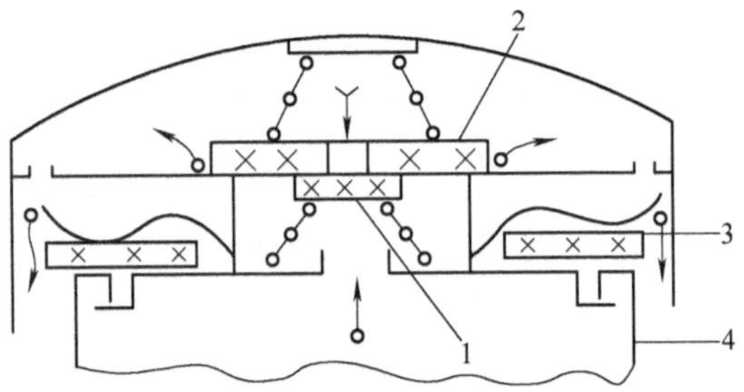

图 5-19　双腔油箱盖原理图

1—空气阀　2—蒸气阀
3—密封垫和弹片　4—油箱口

二、燃油泵结构原理

燃油泵（图 5-20）安装于油箱中，与燃油泵滤清器、压力调节器和燃油表等结合为一整体。电动机带动油泵叶轮压缩燃油。

燃油泵停止工作时，单向阀关闭，以维持燃油管路内的残余压力，这样更有助于使发动机重新起动。若没有残余压力，在高温时很容易出现气阻，使发动机重新起动变得很困难。当出油口侧压力过高时，安全阀开启，防止燃油压力过高。

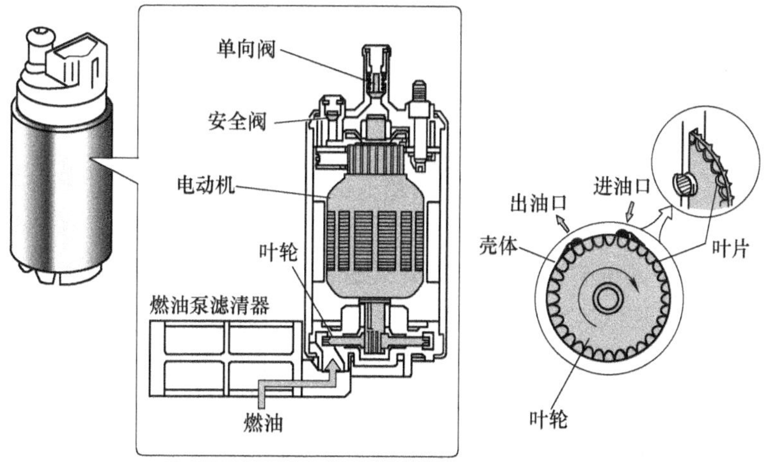

图 5-20　燃油泵的组成

三、燃油泵滤清器、燃油滤清器结构认识

燃油泵滤清器在燃油进入燃油泵之前，去除燃油中的灰尘和杂质。若燃油滤清器发生阻塞，就会降低传递至喷油器的燃油压力，使得发动机起动困难，操纵不灵活。

有些燃油泵安装在燃油箱外部。在某些车型中，采用螺栓接头或各种类型的快速接头来连接燃油管，如图 5-21 所示。

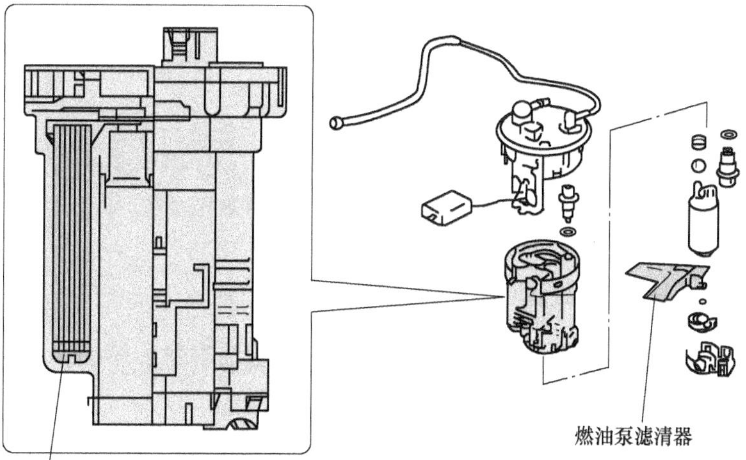

图 5-21　燃油滤清器

四、压力调节器结构原理

压力调节器将喷油器的燃油压力控制在 324kPa（视发动机型号不同，具体压力值也会有不同）。此外，压力调节器能像燃油泵的单向阀一样，维持燃油管里的残余压力。有两种燃油压力调节方法。

一种是将燃油压力控制在一个恒定的压力值，当燃油压力超过压力调节器的弹簧的压力时，阀门开启，使燃油回流到燃油箱并调节压力。这种燃油调节方式，发动机 ECU 根据进气歧管真空度的变化，计算每次喷射时间内燃油的喷油量，确保喷油器喷射适当数量的燃油，如图 5-22 所示。

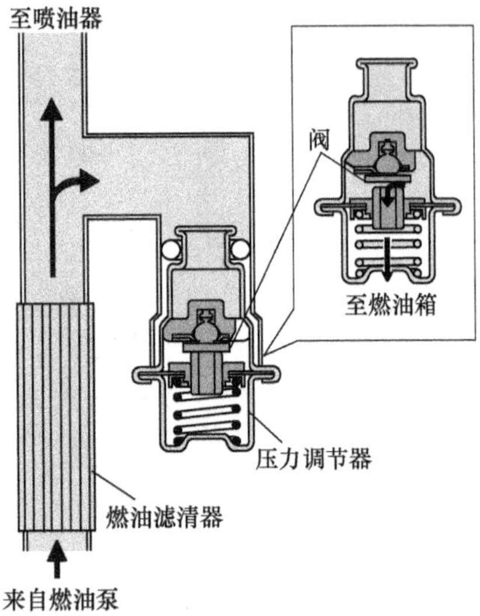

图 5-22　燃油压力恒定输出

另一种装备有一个高压油管，它持续调节燃油压力，使燃油压力高于进气歧管压力，产生一个固定压力差。其基本工作原理与第一种燃油调节方法相同，但由于进气歧管真空被作用于膜片的上腔，燃油压力就通过阀门开启时，根据进气歧管压力改变燃油压力进行控制，燃油通过回油管流回燃油箱。这种燃油调节方式中，燃油压力根据进气歧管真空度而不断进行调节，使燃油压力保持高于某一固定压力，以确保每次喷射时间都能维持一个固定的喷油量，如图 5-23 所示。

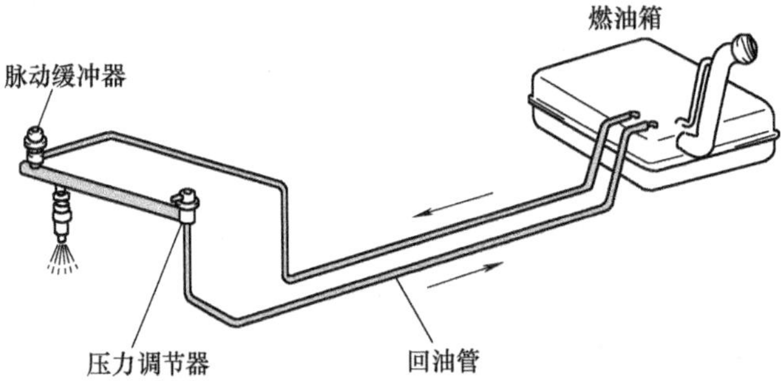

图 5-23　燃油压力调节器控制喷油器压力差

五、脉动缓冲器结构原理

脉动缓冲器（图 5-24）采用一个膜片，吸收由于燃油喷射和燃油泵压缩而产生的微量的燃油压力脉动。

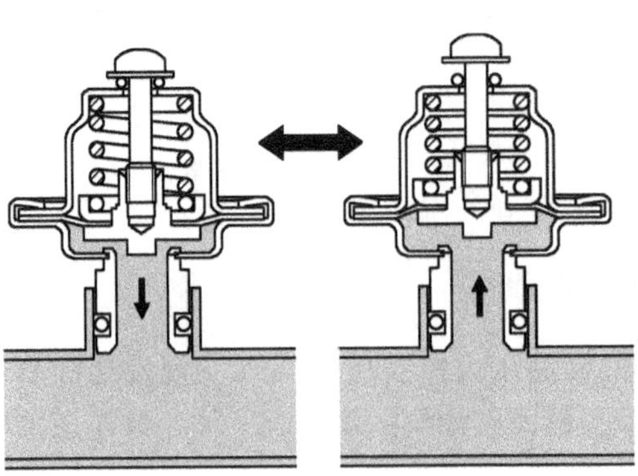

图 5-24　脉动缓冲器

燃油压力的检查可通过脉动缓冲器的螺旋装置来轻易实现，在有些型号的发动机上没有配备脉动缓冲器。

六、喷油器结构原理

喷油器（图 5-25）根据发动机 ECU 传来的信号，将燃油喷射进气缸的进气口。

发动机 ECU 传来的信号使电磁线圈通电，产生电磁力，拉动针阀，此时阀门开启，喷射燃油。由于针阀行程是固定的，燃油喷油量是由电磁线圈的通电时间来控制。

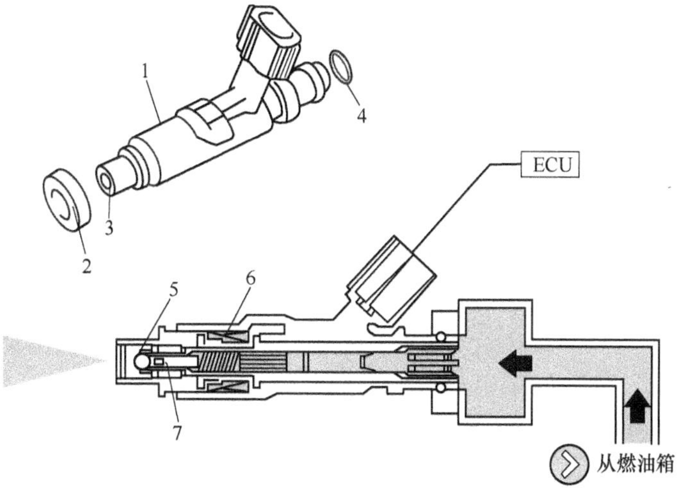

图 5-25　喷油器

1—喷油器壳体　2—护套　3—喷孔　4—O 形圈　5—阀座　6—电磁线圈　7—针阀

O 形圈的处理：O 形圈不可重复使用，安装 O 形圈时，先将其涂上汽油。把喷油器向输油管上安装时，小心不要损坏 O 形圈。当喷油器安装到输油管上后，用手转动喷油器。若喷油器旋转不平滑，则说明 O 形圈已损坏。

拓展与提高

一、汽油牌号

汽油机的燃料是汽油，我国车用汽油通常分为 90 号、93 号、97 号三个牌号。

二、汽油的主要性能

汽油性能的优劣，对于汽油发动机的动力性、经济性、可靠性及使用寿命等均有很大影响。对汽油的质量要求是：

1）抗爆性好，辛烷值合乎要求，保证发动机工作稳定、运转正常，不发生爆燃，以充分发挥发动机功率。

爆燃是汽油机的一种非正常燃烧现象，它是在火花塞点火后、正常火焰传来之前，未燃混合气自燃并急速燃烧的现象。严重爆燃将引起发动机敲缸、过热、功率下降、油耗上升，甚至导致发动机无法工作。

2）良好的蒸发性，保证发动机在冬季易于起动，在夏季不易产生气阻，并能较充分燃烧。

3）安定性好，即诱导期要长，实际胶质要小，使汽油在长期的储存过程中不会发生辛烷值降低、酸度增大、颜色变深等质量变化，也不至于生成过多的胶状及酸性物质。

4）抗腐蚀性要好，在储存及使用过程中保证汽油不会腐蚀储油容器及汽油机机件。

5）汽油的热值也是评价汽油性能的主要指标之一，燃料的热值是指1kg燃料完全燃烧后所产生的热量，汽油的热值约为44000kJ/kg。此外，通常用汽油中是否含有机械杂质及水分来评价汽油的清洁度。

三、汽油的选用

选择汽油的主要依据是发动机的压缩比。因为压缩比越大，汽油在发动机气缸内燃烧产生爆燃的可能性越大，所以压缩比高的汽油机应采用辛烷值高的汽油。压缩比在8.5～9.5的中档轿车一般应使用93号汽油；压缩比大于9.5的轿车应使用97号汽油。一般是按照汽车使用说明书要求添加汽油。由于汽油容易挥发，遇到明火极易燃烧，使用时应特别注意防火。严禁在加油站等汽油集聚的场所抽烟、划火。

检测评价

通过以上学习，根据任务实施过程，将完成任务情况填入表5-3中，完成检测评价。

表5-3 电控汽油喷射系统结构认识任务评价表

班级		姓名		日期	
序号	评价内容	配分	评分标准	自评	互评
1	电喷汽油机燃油系统的组成与工作原理	20	叙述错误每项扣2分		
2	燃油泵的结构与工作原理	20	叙述错误每项扣2分		
3	压力调节器的结构与工作原理	20	叙述错误每项扣2分		
4	喷油器的结构与工作原理	20	叙述错误每项扣3分		
5	汽油的牌号与正确选用	10			
6	操作规范、有序、不超时、实施5S理念	10	操作不规范或超时每项扣2分		
7	安全用电、防火、无人身、设备事故		因违反操作安全发生重大人身和设备事故按0分计		
8	分数统计	100			
教师评语					

课后测评

一、选择题

1. 根据化学反应，在理想的情况下，理论上可燃混合气完全燃烧，其空燃比为（　　）。

A. 11.7　　B. 12.7　　C. 13.7　　D. 14.7

2. 学生 a 说汽车稳定工况可分为怠速、小负荷、中等负荷、大负荷和全负荷；学生 b 说汽车在运行中常遇到的过渡工况有冷起动、暖机和加速三种工况。他们说法正确的是（　　）。

A. 只有学生 a 正确　　B. 只有学生 b 不确

C. 学生 a 和 b 都正确　　D. 学生 a 和 b 都不正确

3. 汽油的主要性能有（　　）。

A. 抗压性　　B. 抗爆性　　C. 蒸发性　　D. 黏度

二、问答题

1. 电控汽油机燃油供给系统的基本组成是什么？总体工作原理如何？
2. 简述电动燃油泵的结构与工作原理。
3. 简述电磁式电控喷油器的结构与工作原理。
4. 试说明汽油机对燃料供给系统的基本要求？
5. 什么叫汽油机爆燃？发生爆燃时会发生哪些现象？它是如何产生的？

项目小结

1. 可燃混合气的浓度通常用空燃比 α 来表示，空燃比是每工作循环充入气缸的空气量 A 与燃油量 F 的质量比（$\alpha = A/F$）。理论上可燃混合气完全燃烧，其空燃比为 14.7。汽油机不同工况对可燃混合气浓度的要求是不同的。

2. 电子燃油喷射（EFI）系统由燃油供给、空气供给和电子控制三大部分组成。它应用各种传感器来检测发动机工作状态和汽车行驶状态，由发动机 ECU 计算出最佳的燃油喷油量，并使喷油器喷射燃油。

3. 燃油供给系统由电动燃油泵、燃油滤清器、燃油压力脉动缓冲器、燃油压力调节器、喷油器和燃油管路等组成。燃油供给系统有一定的压力，在打开系统之前先在开口处放置抹布，然后小心地松开接头以泄压。

4. 我国车用汽油目前分为 90 号、93 号、97 号三个牌号。选择汽油主要依据发动机的压缩比，压缩比在 8.5 ~9.5 的中档轿车一般应使用 93 号汽油，压缩比大于 9.5 的轿车应使用 97 号汽油。

5. 爆燃是汽油机的一种非正常燃烧现象，它是在火花塞点火后，正常火焰传来之前，未燃混合气自燃并急速燃烧的现象。严重爆燃将引起发动机敲缸、过热、功率下降、油耗上升，甚至无法工作。

项目六

柴油机燃料供给系统拆装与结构认识

项目描述

柴油机由于具有良好的燃油经济性（比汽油机省油30%左右）、可靠性、耐久性好和CO排放低（比汽油机低45%左右）等优点而被广泛应用于货车、客车、轿车及各种专用汽车上。特别是近二十年来，车用柴油机采用先进的电控高压共轨喷射技术，它具有喷油电子控制、反应速度快、喷油量和喷油时间控制精准灵活、喷射压力高达200MPa等优点，有效提高了柴油机的动力性能、经济性能、运转性能，排放已能达到欧洲V号排放标准。欧洲目前生产的轿车中，柴油轿车占50%以上。

柴油机与汽油机结构上的最大不同在于燃料供给系统，柴油机燃料供给系统的作用就是根据柴油机的要求，定时、定量地产生高压油，并按要求喷入燃烧室特定位置。本项目重点介绍电控柴油喷射系统总体拆装、组成、结构与工作原理。

任务一　高压共轨柴油喷射系统主要部件拆装

任务目标

1. 熟悉高压共轨电控柴油喷射系统的总体组成。
2. 学会电控喷油器的拆装。
3. 学会电控喷油泵的拆装。
4. 学会高压共轨管的拆装。
5. 学会柴油机燃料供给系统的使用与维护。
6. 培养爱岗敬业、勤奋细心、认真负责、团结互助的职业道德和精神。

知识准备

一、电控柴油机总体组成

现代高压共轨电控柴油机，主要由燃油供给系统（油箱、输油泵、燃油滤清器、电控高压泵、共轨管、电控喷油器等）和电子控制系统（各种传感器、执行器和控制器 ECU）两大部分组成（图 6-1）。

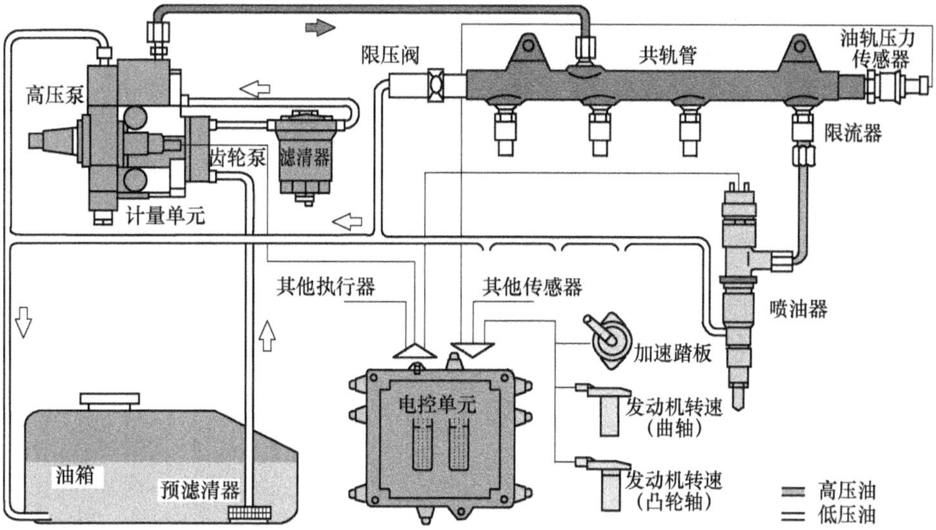

图 6-1 高压共轨电控柴油喷射系统

二、高压共轨电控柴油喷射系统基本工作原理

如图 6-2 所示，各种输入信号通过传感器及开关输入电控单元，与存储器中的相应参数

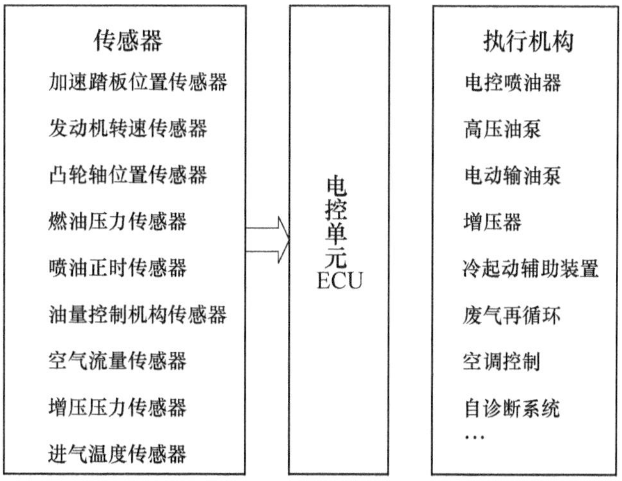

图 6-2 电控柴油喷射基本原理

和最优运行结果比较，如果两者相同，则电控系统保持原状态，发动机继续按当前状态运行。当实际参数偏离目标参数时，微机将根据偏离值的大小和方向按一定的控制对策进行有关信息的分析与处理，再计算出相应的控制指令，控制电子液力控制喷油器，实现对喷油正时、喷油量的控制。

任务准备

1. 器材准备

1）高压共轨电控柴油机 1 台/组。

2）高压共轨电控柴油示教板 1 台/组。

3）电控喷油器、电控喷油泵、高压共轨管各 1 台/组。

4）常用拆装工具 1 套/组。

5）清洗机 1 台。

6）相关的教具、录像片及教学挂图 1 套。

2. 任务安排

1）实训课时：2 学时。

2）实训组织：每 5 ~6 人一组，由老师指导，观看电控喷油器和喷油泵的拆装视频后，学生自己动手拆装。

任务实施

一、电控喷油器拆装

1）拆卸喷油器线束插头（图 6-3）。

2）用手推挤卡簧封闭端到底，拆卸回油管（图 6-4）。

3）拆卸高压油管。

4）拆卸压紧夹块的膨胀螺栓，取下夹块。

5）用手轻微地旋转并推拉喷油器，取出喷油器。

6）将喷油器固定在专用夹具上，拆卸喷油嘴紧帽，取出针阀偶件，注意小心轻放。

7）喷油器安装顺序与拆卸相反。

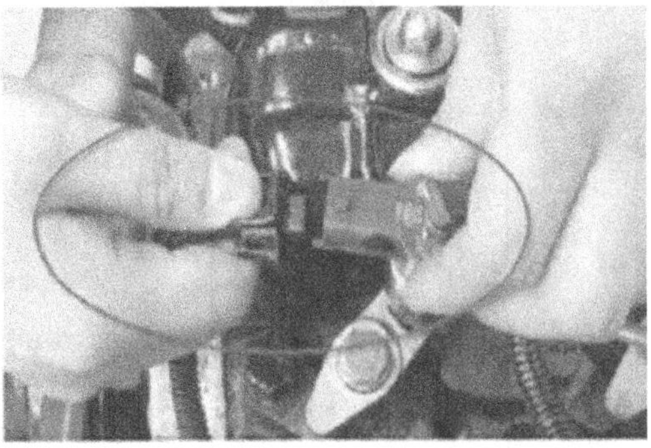

图 6-3　拆卸喷油器线束插头

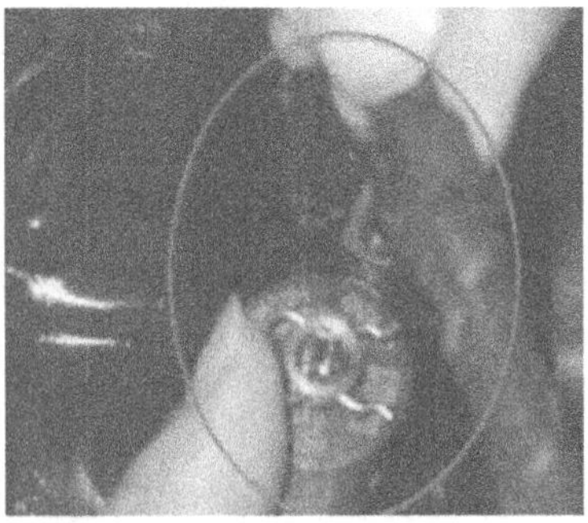

图 6-4　拆卸回油管

操作注意事项：

1）安装前要清洁喷油器安装孔。

2）维修时夹块压紧螺钉必须更换新件。

3）夹块压紧螺钉和高压油管紧固螺钉应按规定力矩拧紧。

二、电控喷油泵拆装

以博世 CP1 型高压油泵为例：

1）用柴油清洗泵体外部，将其固定在专用拆装架上。

2）拆卸断油电磁阀固定螺钉，取出断油电磁阀（图 6-5）。

3）拆卸端盖固定螺钉，取出端盖。

4）拆卸进、出油阀，柱塞偶件与弹簧。

5）拆卸喷油泵前盖，取出齿轮泵。

6）拆卸喷油泵后盖，取出驱动轴和偏心凸轮。

7）按相反顺序安装高压油泵各零部件。装配时注意柱塞偶件的配合面应保持高度清洁，各螺钉的紧固力矩应达到要求。

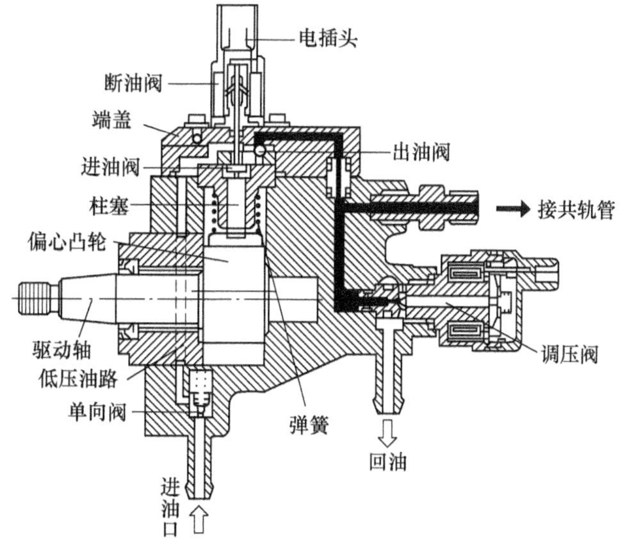

图 6-5　高压油泵拆装

三、高压共轨管拆装

1）释放共轨管内压力至环境压力。

2）拆卸进出油管和各缸高压油管。

3）拆卸固定螺钉，取下共轨管。

4）安装顺序与上述相反，注意各螺钉、紧帽应按要求力矩拧紧。

拓展与提高

柴油机燃料供给系统的使用与维护

1. 柴油的清洁

由于柴油喷射系统有诸多精密偶件，如喷油嘴偶件，其配合间隙仅0.0015mm左右，喷孔小而多，如博世公司的6孔、直径0.169mm的喷孔，稍有杂质就会导致喷孔堵塞或偶件卡死，为此燃油必须保持高度清洁，使用前要经过严格的净化（储存沉淀与过滤）。

（1）柴油的沉淀　柴油加注到汽车燃油箱以前，必须经过长时期的静置。一般静置要求为100~120h，以使其中的固体杂质和水分下沉，与柴油分离。储油罐底部设有螺塞，应定期清除罐底部的杂质和水分，并清洗储油罐内壁。

（2）柴油的过滤　柴油注入油池后，还必须经过滤清才能使用，一般采用加压过滤法，效率高、过滤质量好。用油泵将柴油压入过滤器内，经过滤芯，流入油桶或油罐，以备使用。发动机维护时，粗细滤清器必须按时洗刷更新。

2. 柴油机燃料供给系统的维护

（1）日常维护

1）每天例行检查燃油系统的各紧固螺钉（喷油泵的紧固螺钉、喷油器的紧固螺钉或螺母、联轴器的连接螺钉、各缸高压油管的连接螺母、喷油泵壳体上的外部螺钉，螺母）有无松动。

2）检查燃油系统的密封状况，各接头、油管不得有漏油、进气现象。

3）注意检查电控柴油喷射系统各电缆、导线连接应可靠、正确。

4）接通起动开关，注意查看仪表盘故障指示灯是否点亮，出现故障及时到修理厂检查排除。

5）发动机运行时，不要拆卸蓄电池。给车辆蓄电池充电时，需拆下蓄电池；控制线路的各种插头只能在断电状态（点火开关关闭）进行拔插，不能按照传统的方法进行新型电控柴油发动机的故障诊断。

6）油路进空气时，会导致起动困难，应松开油路上油管螺钉，使用电动燃油泵泵油，排除空气；如果空气在高压油路，则松开喷油器进油口，起动起动机把空气排净。

（2）定期维护

1）按使用说明书要求，定时维护柴油滤清器，一般柴油机工作累积50h，或汽车行驶1500~2500km时可以进行一次维护。滤芯可以用干净的柴油或煤油清洗，如滤芯堵塞严重或滤芯破裂应予以更换。安装时，应注意滤芯密封垫的位置不得偏斜，否则，柴油滤清器会漏柴油。安装有方向要求的滤清器时，要注意柴油管的连接方向（输油泵进油口处有滤网的，这时也应清洗）。

2）按制造厂家的要求定期检查调试喷油器及喷油泵。平时使用中，则不能轻易拆卸或随意调整。

检测评价

通过以上学习，根据任务实施过程，将完成任务情况填入表6-1中，完成检测评价。

表 6-1 高压共轨柴油喷射系统主要部件拆装任务评价表

班级		姓名		日期	
序号	评价内容	配分	评分标准	自评	互评
1	正确使用拆装工具和夹具	10	工具或夹具使用错误每次扣2分		
2	正确拆装电控喷油器	15	拆装错误每次扣5分		
3	正确拆装高压油泵	40	拆装错误每次扣5分		
4	正确拆装共轨管	15	拆装错误每次扣5分		
5	柴油机燃料供给系统的使用与维护	10	拆装错误每次扣5分		
6	操作规范、有序、不超时、实施5S理念	10	操作不规范或超时每项扣2分		
7	安全用电、防火、无人身、设备事故		因违反操作安全发生重大人身和设备事故按0分计		
8	分数统计	100			
教师评语					

课后测评

实操题

1. 正确拆装电控喷油器。
2. 正确拆装电控高压油泵。
3. 正确拆装共轨管。
4. 对柴油机燃料供给系统进行使用与维护。

任务二 高压共轨柴油喷射系统结构认识

任务目标

1. 掌握电控柴油喷射系统的基本组成与工作原理。
2. 熟悉电动输油泵的构造与结构原理。
3. 熟悉电控喷油器的构造与结构原理。
4. 熟悉电控喷油泵的构造与结构原理。
5. 学会柴油的正确选用维护。
6. 培养爱岗敬业、勤奋细心、认真负责、团结互助的职业道德和精神。

知识准备

一、柴油机混合气形成特点

柴油机使用的燃料是柴油，由于其蒸发性和流动性比汽油差，且燃点又比汽油低，所以只能采用在压缩上止点前直接喷入气缸，靠压缩着火燃烧。

由于柴油机混合气形成时间极短，只占15°~35°曲轴转角，可燃混合气形成十分困难；而且边燃烧边喷油，气缸内各处混合气浓度很不均匀，极易造成燃烧不完全、排气冒黑烟、动力与经济性能下降等不良后果。

为此，现代柴油机除采用前面所述的高压燃油喷射外，还需要组织空气在气缸中高速流动，同时设计出各种燃烧室，以促进可燃混合气的形成和快速燃烧。

二、柴油机燃烧室

燃烧室是柴油机的燃烧场所，它对燃烧有重要影响，其结构形形色色，通常分为直喷式燃烧室和分开式燃烧室两大类（图6-6）。

（1）直喷式燃烧室　直喷式燃烧室的结构特点是只有一个燃烧室，位于活塞顶面和气缸盖底平面之间，燃料直接喷入该燃烧室中与空气进行混合燃烧。

直喷式燃烧室的活塞顶设计极具独创性（图6-7），不同的涡流凹坑，产生不同的气体运动，混合气形成也不同，导致发动机性能的差异。

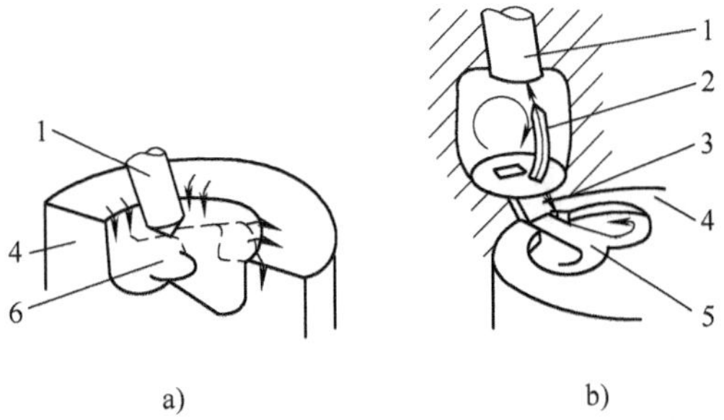

图6-6　柴油机燃烧室

a）直喷式燃烧室　b）分隔式燃烧室

1—喷油器　2—副燃烧室　3—连接通道

4—活塞　5—双涡流凹坑　6—凹坑

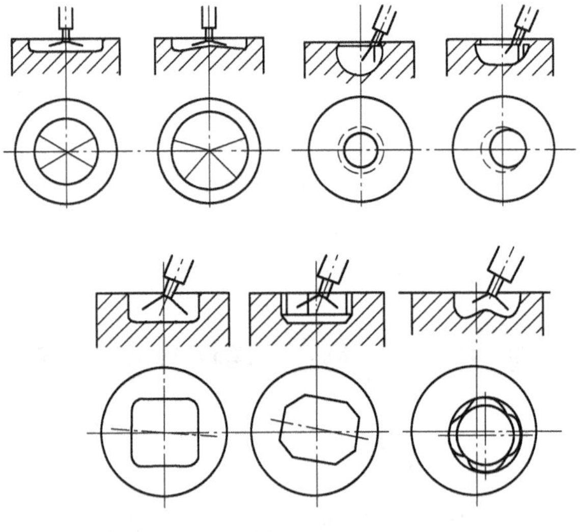

图6-7　不同直喷式燃烧室

（2）分隔式燃烧室　分隔式燃烧室的结构特点是燃烧室被分隔为主、副两个燃烧室，二者用一个或数个通道相通（图6-8）。副燃烧室在气缸盖内，容积占总压缩容积的50%~80%，主燃烧室在缸盖底平面与活塞顶面之间。燃料先喷入气缸盖中的副燃烧室进行预燃烧，再经过通道喷到活塞顶上的主燃烧室进一步燃烧。

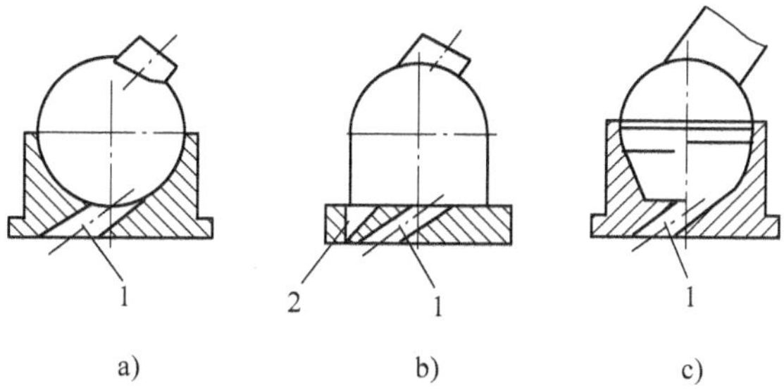

图 6-8　涡流室式燃烧室的副燃烧室

a）球形　b）吊钟形　c）组合型

1—主通道　2—副喷孔

任务准备

1. 器材准备

1）高压共轨电控柴油机 1 台/组。

2）高压共轨电控柴油示教板 1 台/组。

3）电控喷油器、电控喷油泵、高压共轨管各 1 台/组。

4）常用拆装工具 1 套/组。

5）清洗机 1 台。

6）相关的教具、录像片及教学挂图 1 套。

2. 任务安排

1）教学课时：4 学时。

2）教学组织：教师结合多媒体现场讲解，学生分组（5 ~ 6 人一组）进行现场学习与讨论。

任务实施

一、高压共轨电控柴油喷射系统结构组成

如图 6-9 所示，高压共轨电控柴油喷射系统主要由低压油路（含燃油箱 1、滤网 2、输油泵 3、燃油滤清器 4 及低压油管 5 等）和高压油路（含高压油泵 6、高压油管 7、共轨管 8、电控喷油器 9、回油管 10 等）两部分组成。

二、输油泵结构认识

输油泵的作用是将柴油从燃油箱中吸出，目前主要有两种类型——机械驱动的齿轮输油泵和电动输油泵。

1. 齿轮输油泵

装在高压泵中，与高压泵共用驱动装置，或装在发动机旁利用联轴器、齿轮或传动带驱动。

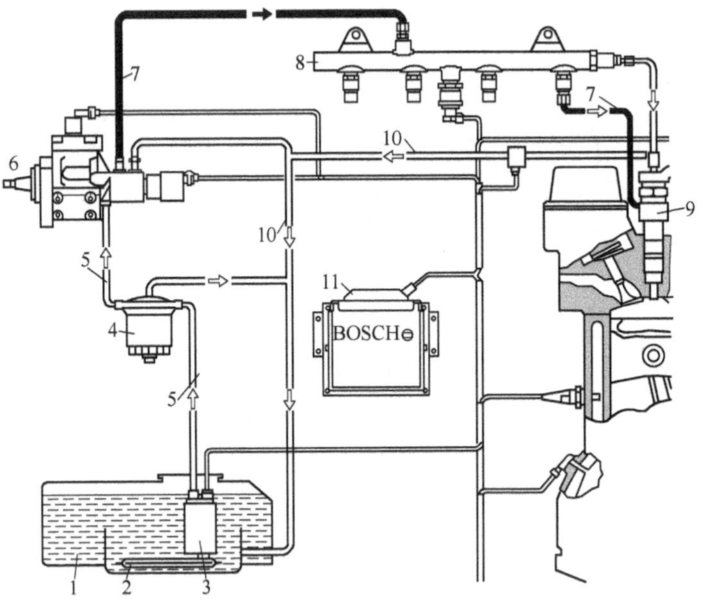

图 6-9　高压共轨燃油系统

1—燃油箱　2—滤网　3—输油泵　4—燃油滤清器　5—高压油管　6—高压油泵
7—低压油管　8—共轨管　9—电控喷油器　10—回油管　11—ECU

齿轮输油泵的基本构件是两个互相啮合反向转动的齿轮（图 6-10），它们将齿隙中的燃油从吸油端送往压油端。齿轮的接触线将吸油端和压油端互相密封以防止燃油倒流，其输油量与发动机转速成正比，因此输油量的调节借助于吸油端的节流调节阀或压油端的溢流阀进行。

齿轮泵在工作期间无须保养；在第一次起动前或油箱内燃油被用尽时，应用手动泵排出燃油系统内的空气。手动泵常和柴油滤清器做成一体。

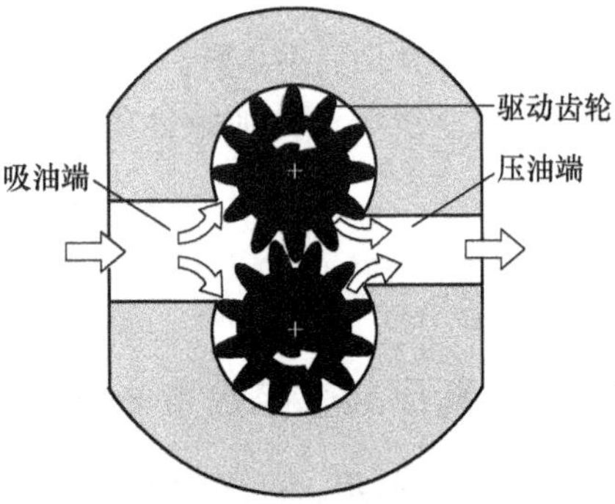

图 6-10　齿轮输油泵结构与工作原理

2. 电动输油泵

电动输油泵有油管安装式和油箱安装式两种。油管安装式输油泵安装在车辆底盘上油箱与燃油滤清器之间的油管上；而油箱安装式输油泵则安装在油箱内的专用支架上，其总成通常还包括吸油端的吸油滤网、油位显示器、储油罐，以及与外部连接的电气和液压接头。

电动输油泵有多种结构型号，乘用车共轨喷油系统采用的是滚子叶片泵（容积式泵），它主要由电动机、滚柱叶片泵、限压阀和油泵壳体等组成（图 6-11）。

滚柱叶片泵的结构如图 6-12 所示，装有滚柱 3 的转子 2 偏心安装在泵壳 4 内，当永磁直流电动机转子通电转动时，滚柱在离心力的作用下压靠在泵壳的内表面上，起到密封的作用，在相邻两个滚柱之间形成一个密封油腔。滚柱之间的油腔容积，在转子转动时不断发生变化。在进油口时，油腔容积增大，形成一定的真空度，将燃油吸入泵内；在出油口时，油腔容积减小，滚柱之间的油压升高，从出油口输出。

燃油在出油口打开以后从电动机流过，并经压油端（图 6-11）的连接盖输出，从而使电动机得到冷却。燃油经燃油滤清器送往高压泵，多余的燃油经溢流阀流回油箱。

电动输油泵运行不受发动机转速影响，且具有安全电路，可防止在停机时向发动机输送燃油。

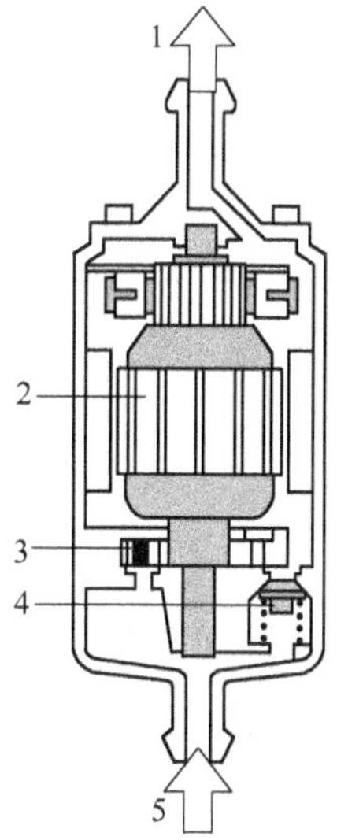

图 6-11 电动输油泵

1—压油端 2—电动机 3—滚柱叶片泵 4—限压阀 5—吸油端

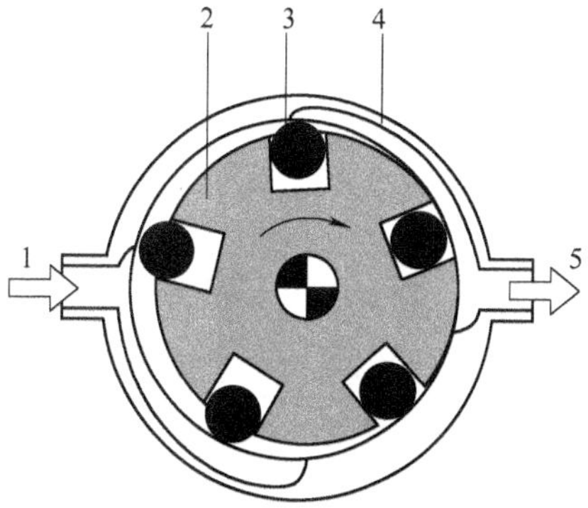

图 6-12 滚柱叶片泵结构原理

1—进油口 2—转子 3—滚柱 4—油泵外壳 5—出油口

三、燃油滤清器结构认识

燃油滤清器将进入高压泵前的燃油滤清净化和排除燃油中的水分，从而防止高压泵和喷油器等精密零部件过早磨损和损坏。

燃油滤清器结构如图 6-13 所示，工作时燃油从进油口 2 进入，经纸质滤芯 3 过滤，干净的柴油从出油口 7 流出。

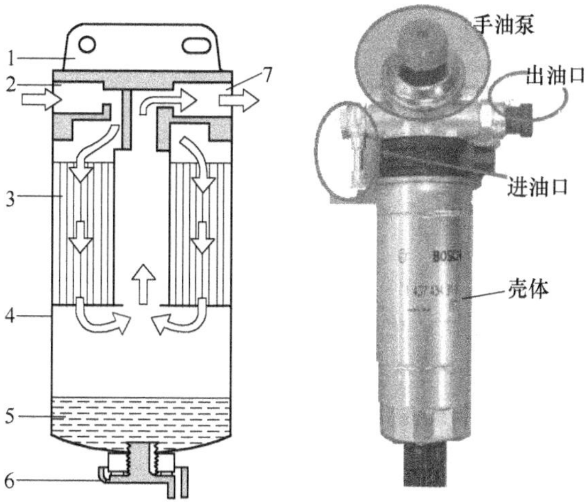

图 6-13 燃油滤清器

1—滤清器盖 2—进油口 3—纸质滤芯 4—外壳 5—集水槽 6—放水螺塞 7—出油口

如果燃油中有水，由于水的密度比油大，在流经滤清器时，水会沉入底部集水槽5中，打开放水螺塞6即可将水放掉（图6-13）。现代汽车大部分设有自动水位报警装置，当滤清器内的水到一定高度时，警告灯就会闪亮，提醒驾驶人及时将水排出。

四、电控高压油泵结构认识

高压油泵位于低压油路和高压油路之间，它的作用是使燃油产生高压（120～200MPa），以满足系统对喷油的需求。

高压油泵类型较多，以德国博世公司CP1型高压油泵为例，其结构如图6-14所示，它采用三个径向布置的柱塞泵油元件，相互错开120°，由偏心凸轮驱动。

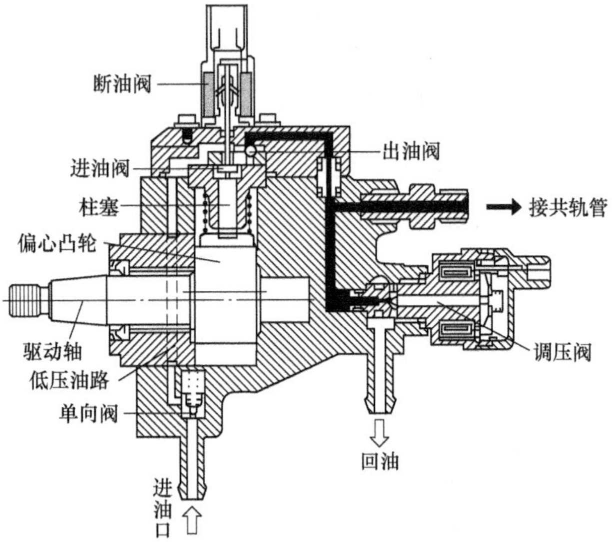

图6-14　CP1型高压油泵

高压油泵工作时，从输油泵来的柴油到达单向阀，当输油压力超过单向阀开启压力（0.05～0.15MPa）时，单向阀打开，燃油一部分经节流小孔流向偏心凸轮室供润滑冷却用，另一部分经低压油路进入柱塞室。当偏心凸轮转动导致柱塞下行时，进油阀打开，柴油被吸入柱塞室；当偏心凸轮顶起时，进油阀关闭，柴油被压缩，压力剧增，达到共轨压力时，顶开出油阀，高压油被送去共轨管。柱塞不断往复运动，使进油和出油不断进行，不断向共轨管提供高压燃油。

在怠速或小负荷时，输出油量有剩余，可以经调压阀流回油箱。还可以通过控制电路使柱塞断油阀通电，使电枢上的销子下移，顶开进油阀，使供油行程中吸入柱塞腔中的燃油不受压缩，又流回到低压油路，柱塞腔内不增加压力，高压泵不再连续供油，而是处于间歇供油阶段，因此减少了功率消耗。

高压油泵调压阀的任务是根据发动机的负荷状况调整和保持共轨管中的压力。调压阀结构如图6-15所示。

调压阀有两个调节回路：低速电调节回路，用于调整共轨中可变化的平均压力值；高速机械液压调节回路，用于补偿高频压力波动。

当调压阀不工作时，电磁线圈4不带电，当高压泵出口压力大于弹簧2的弹力（10MPa左右），阀门6被顶开（图6-15）。根据供油量的大小，调压阀调整打开的开度。

当需要提高共轨管中的压力时，电磁线圈通电，给电枢3一个附加作用力，压紧阀门6，使共轨管中的压力升高到与其平衡为止，然后调节阀门停留在一定开启位置，保持压力不变。泵油量的变化和燃油从喷油器中喷出时，调压阀通过不同的开度予以补偿。电磁阀的电磁力与控制电流成正比，而控制电流的变化通过脉宽调制来实现，脉宽的调制频率为1kHz。为进行润滑和散热，整个电磁阀周围都有燃油流过。

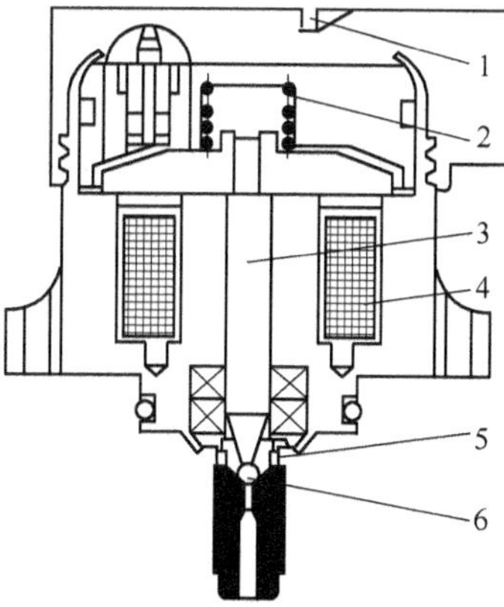

图6-15　调压阀

1—电气接头　2—弹簧　3—电枢

4—电磁线圈　5—回油孔　6—阀门

五、共轨管结构认识

共轨管也称高压存储器，其作用是存储高压油，对高压泵的供油和喷油所产生的压力波动进行缓冲，保持压力稳定，从而确保喷油器打开时喷油压力不变。

共轨管结构如图6-16所示，共轨管上安装有压力传感器2、限压阀3和流量限制器4（选装）。

共轨压力传感器（图6-17）用螺纹6紧固在共轨管上，高压燃油经共轨中的一个孔流入，传感器膜片将孔末端封住。在共轨压力作用下，膜片形状发生变化（150MPa时约为1mm），膜片上的传感元件电阻值会随之变化，并在接收5V供电的电阻电桥中产生电压变化。

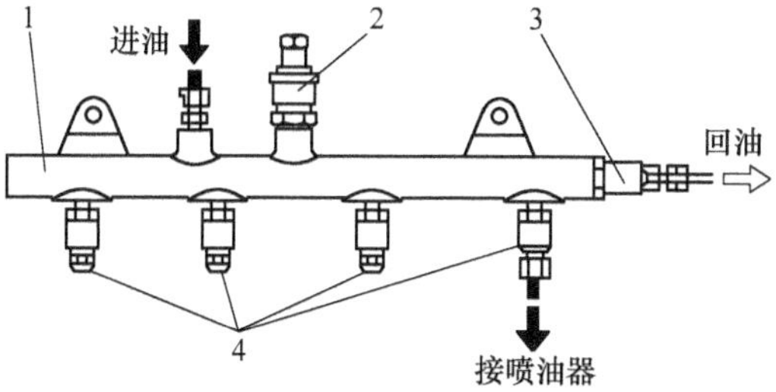

图6-16　共轨管（高压存储器）

1—共轨管　2—共轨压力传感器

3—限压阀　4—流量限制器

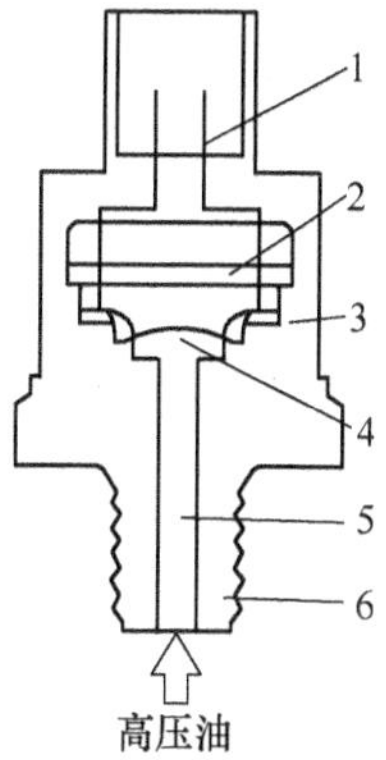

图6-17　共轨压力传感器

1—电气插头　2—分析电路　3—外壳

4—压力传感膜片　5—油道　6—固定螺纹

限压阀相当于安全阀，其作用是把共轨管中的压力限制在150MPa以内。

限压阀结构如图6-18所示，外壳在通往共轨的连接端有一个孔，此孔被外壳内部密封面上的锥形阀头2关闭。在标准工作压力（135MPa）下，弹簧将活塞紧压在座面上，共轨呈关闭状态。只有当压力超过弹簧5的弹力时，阀头2打开卸压，高压油经流通孔3和回油孔 8 流回油箱，降低了共轨中的压力。

流量限制器的作用是防止喷油器出现持续喷油，其结构如图 6-19 所示，金属外壳上有外螺纹，以便拧装在共轨管上，另一端的外螺纹用来拧入喷油器的进油管，与共轨和喷油器进油管建立液压连接。

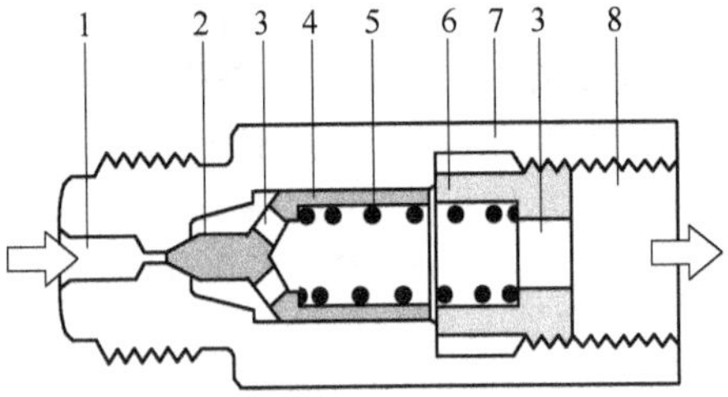

图 6-18　限压阀

1—高压接头　2—锥形阀头　3—流通孔　4—活塞　5—弹簧　6—限位件　7—阀体　8—回油孔

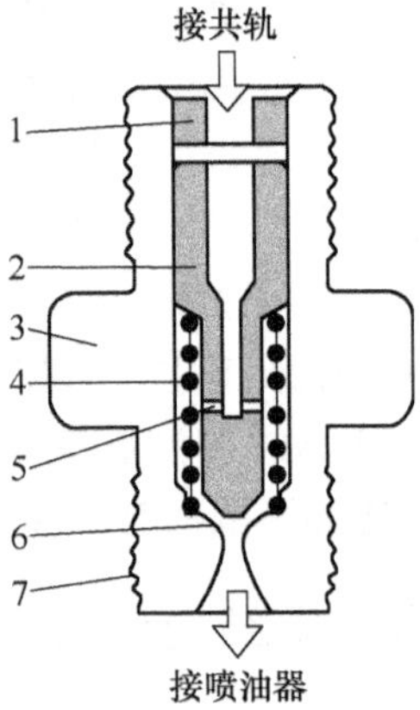

图 6-19　流量限制器

1—堵头　2—活塞　3—外壳　4—弹簧　5—节流孔　6—密封座面　7—螺纹

流量限制器内部有一个活塞 2，弹簧 4 将此活塞向共轨方向压紧，活塞对外壳壁部密封。活塞上的纵向孔连接进油和出油口，其直径在末端是缩小的，这种缩小的作用就像流量精确规定的节流孔效果一样。

活塞 2 在静止时，由于受弹簧 4 的作用力，总是靠在堵头 1 端。在一次喷油后，喷油器端压力下降，活塞在共轨压力作用下向喷油器端移动，活塞压下的容积补偿了喷油器喷出的燃油容积。在喷油终止，活塞停止运动，但并不关闭密封座面，弹簧将活塞推回到静止位置，燃油经节流孔 5 流出。

只有在喷油器出现持续喷油，导致活塞下移量过大，流量限制器才封闭通往喷油器的通道，切断供油。

流量限制器属于选装件，由于结构较复杂，现已大多省略不用。

六、电控高压喷油器结构认识

电控高压喷油器是共轨柴油喷射系统的核心部件，其作用是准确控制向气缸的喷油时间、喷油量和喷油规律，一般用卡夹装在气缸盖上。

电控喷油器主要有两大类：电磁阀式和压电晶体式。电磁阀式电控喷油器结构如图 6-20所示，它主要由喷油嘴、液压伺服系统、电磁阀组件等构成。

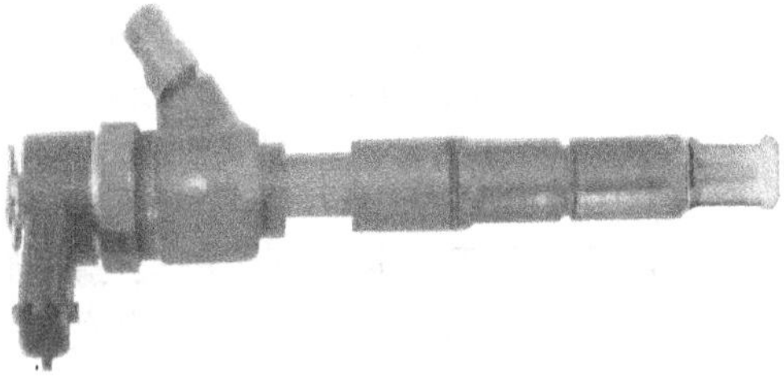

图 6-20　电控喷油器

电磁阀式电控喷油器工作原理如图 6-21 所示，发动机停机时，电磁阀没有通电，共轨管里中没有压力，喷油嘴弹簧使喷油器

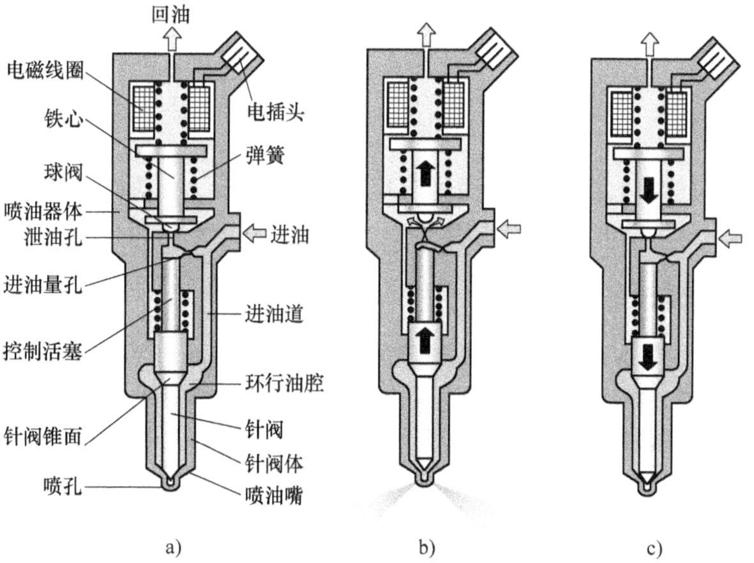

图6-21 电控喷油器工作原理

a）蓄压 b）喷油 c）结束

关闭。

电控喷油器工作有以下三个过程：

1）蓄压（图6-21a）。发动机工作时，由共轨管来的高压油经进油接头进入喷油器体内，有一部分高压油由进油量孔流向控制活塞上方，并作用在控制活塞上，压向喷油嘴针阀，使其关闭密封锥面，停止喷油；另有一部分高压油经喷油器体的进油道进入喷油器体环行油腔，试图顶开针阀喷油。在喷油器不喷油时，电磁线圈不通电，泄油孔处于关闭状态，由于控制活塞上部的受压面积比针阀承压锥面大，使得作用在活塞上的液压力大于作用在喷油器针阀承压锥面的向上分力，针阀关闭。

2）喷油（图6-21b）。当电磁线圈通电时，电磁触发产生的力超过了球阀上的弹簧力，球阀打开，电磁线圈电流降低，维持球阀保持开启。

球阀开启导致活塞上腔与泄油孔连通，燃油经泄油孔、回油管流回燃油箱。同时泄油孔打开破坏了压力平衡，使活塞上方的液压力小于喷油器针阀承压锥面的向上分力，使针阀升起，喷油器喷油，燃油以几乎与共轨内的相同压力喷入燃烧室内。喷油量大小取决于喷油嘴开启的持续时间（决定于ECU输出脉宽）、喷油压力及针阀升程等。

3）喷油结束（图6-21c）。当电磁线圈断电时，弹簧使球阀向下运动，关闭泄油孔，燃油经进油量口进入活塞上腔建立压力，这个压力与共轨内的压力相同，该压力在控制活塞末端面上产生一个增大的力，再加上弹簧力，超过了由针阀锥面产生的向上的力，使喷油器针阀关闭，喷射停止。

电控喷油器的喷油嘴一般采用针阀直径为4mm的P系列孔式喷油嘴，喷油嘴的喷孔数量、大小及布置必须与喷油量、柴油机燃烧室形状、燃烧室中的空气涡流很好匹配，如博世公司的6孔、直径0.169mm的喷孔式喷油嘴。

拓展与提高

一、柴油分类

柴油汽车使用的柴油为轻柴油，我国按其质量将柴油分为优等品、一等品和合格品三个等级，每个等级又按柴油的凝点分为10、0、-10、-20、-35和-50六个牌号。

二、柴油主要性能

（1）十六烷值　它是评价柴油着火难易的一个重要指标：十六烷值小，柴油着火变难，着火延迟期变长，柴油机工作粗暴，汽车柴油机要求十六烷值不小于45。

（2）凝点　凝点是指柴油失去流动性开始凝固时的温度，汽车用轻柴油就是按凝点的温度，从高到低分为各种牌号的。

（3）馏程　馏程表征柴油蒸发性能的一个指标，以某一馏出容积百分数下的温度表示。50%馏程表征了柴油的平均蒸发性能，该温度越低，说明柴油蒸发性越好。

（4）黏度　黏度表征柴油稀稠的一项指标。黏度过大，柴油喷雾困难，雾化质量变差，影响燃烧过程；而黏度过小，喷油泵及喷油器中的精密偶件润滑不良，容易磨损。

（5）机械杂质和水分　机械杂质会引起喷油嘴的喷孔堵塞，加剧喷油泵、喷油嘴精密偶件的磨损；而水分会使燃烧恶化，都应严格控制。尤其是柴油的输运和添加等环节，注意防止外界灰尘、杂质及水分混入，应进行沉淀和严格过滤。除此之外，对柴油的化学安定性、防腐性等也都有要求。

三、柴油选用

柴油牌号的选择应根据气温进行，要求柴油的凝点低于当地气温5℃以上。如当地气温为0℃时，应选择-10号柴油。

检测评价

通过以上学习，根据任务实施过程，将完成任务情况填入表6-2中，完成检测评价。

表6-2　高压共轨柴油喷射系统结构认识任务评价表

班级		姓名		日期	
序号	评价内容	配分	评分标准	自评	互评
1	高压共轨柴油喷射系统的总体组成与工作原理	20	叙述错误每项扣2分		
2	电动输油泵的结构原理	15	叙述错误每项扣2分		
3	电控高压油泵的结构原理	20	叙述错误每项扣3分		
4	电控喷油器的结构原理	20	叙述错误每项扣3分		
5	柴油机混合气的形成特点	15	叙述错误每项扣3分		

（续）

序号	评价内容	配分	评分标准	自评	互评
6	操作规范、有序、不超时、实施5S理念	10	操作不规范或超时每项扣2分		
7	安全用电、防火、无人身、设备事故		因违反操作安全发生重大人身和设备事故按0分计		
8	分数统计	100			
教师评语					

课后测评

一、选择题

1. 下列属于电控柴油机燃油供给系统的有（　　）。

A. 曲轴　　B. 活塞

C. 高压油泵　　D. 电控喷油器

2. 电控喷油器电磁阀磨损，会导致（　　）。

A. 喷油量增加　　B. 喷油量减少

C. 回油量增加　　D. 回油量减少

3. 关于电控高压油泵（以德国博世公司CP1型为例）的下列说法正确的是（　　）。

A. 采用三个径向布置的柱塞泵油元件

B. 可以产生的最高压力达50MPa

C. 油泵每转1圈，可以对外供油1次

D. 在怠速或小负荷时，高压泵有时不再连续供油

4. 学生a说：高压共轨电控柴油喷射系统的喷油规律柔性可调；学生b说：高压共轨电控柴油喷射系统的喷油压力可以达到160MPa以上。他们说法应该是（　　）。

A. 只有学生a正确　　B. 只有学生b正确

C. 学生a和b都正确　　D. 学生a和b都不正确

5. 下列说法正确的是（　　）。

A. 气温0℃，应选择0号柴油　　B. 气温0℃，应选择10号柴油

C. 气温0℃，应选择-10号柴油　　D. 气温0℃，应选择-20号柴油

二、问答题

1. 叙述高压共轨燃油供给系统的基本组成、各部件的基本结构与工作原理。

2. 叙述柴油机对混合气形成的要求和应采取的措施。

项目小结

1. 电控柴油喷射系统具有喷油量及喷油定时控制精度高、调节灵活、响应速度快、稳定性好、可靠性和适应性强等优点。

2. 电控柴油喷射系统主要由燃油供给系统（电动输油泵、燃油滤清器、高压油泵、共轨管、电控喷油器等）和电子控制系统（各种传感器、执行器和控制器 ECU）两大部分组成。

3. 电控柴油喷射系统基本工作原理是通过传感器采集柴油机的转速、温度、压力、流量和加速踏板位置等信号，输入 ECU 进行比较、运算，确定最佳运行参数，再通过执行机构对喷油压力、喷油量、喷油时间、喷油规律等进行控制，使柴油机工作状态达到最佳。

4. 柴油机可燃混合气是在气缸内以极短时间形成的，需要通过柴油的高压喷射和组织空气的适度涡流，并配以合适的燃烧室形状来完成。

5. 我国柴油按质量分为优等品、一等品和合格品三个等级，每个等级又按柴油的凝点分为 10、0、－10、－20、－35 和－50 六个牌号。选用柴油时，要求柴油的凝点低于气温 5℃以上。

6. 柴油机燃料供给系统应注意柴油使用的高度清洁、日常维护及定期维护。

项目七

发动机排放净化装置结构认识

项目描述

汽车有害气体排放主要是发动机尾气的排放，其排气中含有多种对人体和环境有害的物质，主要有一氧化碳（CO）、碳氢化合物（HC）、氮氧化物（NO_x）、二氧化硫（SO_2）、醛类和微粒（含炭烟）等。据资料介绍，目前世界汽车每年排向大气中的有害物质高达7亿多吨，严重污染了大气，已形成公害。为此，各国都制定了相应的汽车排放标准，研制了各种排放净化装置，将有害排放应控制在一定数值范围内。本项目主要介绍目前汽车中常见的三元催化转化器、废气再循环系统等排放净化装置。

任务目标

1. 理解发动机排放污染的来源与成因。
2. 熟悉掌握三元催化转化器的结构原理。
3. 熟悉二次空气喷射系统的结构原理。
4. 熟悉废气再循环系统的结构原理。
5. 熟悉曲轴箱强制通风系统的结构原理。
6. 理解燃油蒸发控制系统的结构原理。
7. 培养爱岗敬业、勤奋细心、认真负责、团结互助的职业道德和精神。

知识准备

一、汽车有害排放物

1. 汽车有害排放及其主要危害

汽车有害排放物及其主要危害详见表7-1。

表 7-1 汽车主要有害排放及危害

有害排放物	有害物特征	危害
CO	无色、无臭、有毒气体	使人出现恶心、头晕、疲劳等缺氧症状，严重时可窒息死亡
NO_2	赤褐色、有刺激性的气体	伤害心、肝、肾，与光化学反应形成臭氧和醛等
HC	有刺激性的气体	破坏造血机能，造成贫血、神经衰弱，降低肺对传染病的抵抗力，与光化学反应形成臭氧和醛等
光化学烟雾	HC 与 NO_x 在阳光作用下所形成的烟雾，有刺激性	降低大气可见度，伤害眼睛、咽喉，影响植物生长
醛类	较强的刺激性臭味	伤害眼睛、上呼吸道、中枢神经
PM（微粒）	炭烟等	伤害肺组织
SO_2	无色、刺激性气体	刺激鼻喉，引起咳嗽、胸闷、支气管炎等

2. 汽车排放标准

汽车有害气体的排放已严重污染了大气，形成公害。为此，世界各国都制订了相应的汽车排放标准，美国加州汽车排放法规是目前世界上最严的标准。欧洲 1992 年实行欧Ⅰ排放标准、2013 年 1 月开始实行欧Ⅵ排放标准。

我国排放标准参照欧洲法规体系，2000 年开始执行欧Ⅰ标准，2003 年开始执行欧Ⅱ标准，2015 年 12 月 30 日起，正式执行国有第三、四阶段机动车排放标准（相当于欧Ⅲ、欧Ⅳ排放标准），自 2007 年 1 月 1 日起，对轻型柴油车实施国 5 排放标准。2013 年 2 月 1 日起，北京市第五阶段机动车排放标准（京Ⅴ排放标准，参照欧Ⅴ排放标准）正式实施。

二、汽车汽车排放污染来源

汽车排放污染物来源主要有排气管排出的废气、燃油箱中的燃油蒸发以及从气缸壁和活塞之间的漏气，有害气体比例如图 7-1 所示。

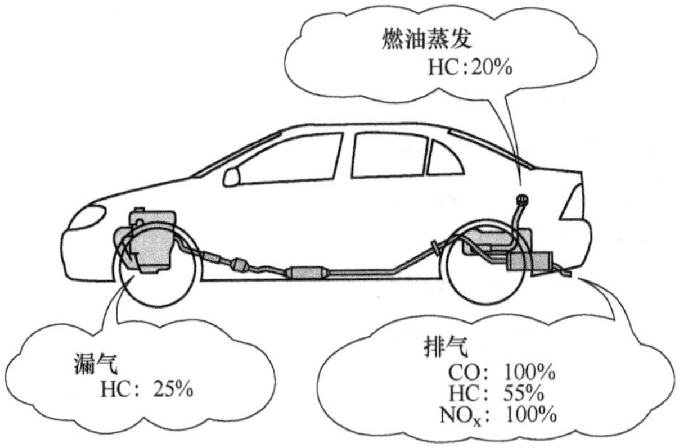

图 7-1 汽车产生的有害气体

一氧化碳（CO）来源于汽油的不完全燃烧，如果混合气过浓，燃烧室中氧气不足，就会产生一氧化碳。

碳氢化合物（HC）的排放主要来自三个方面，一是油箱蒸发，二是曲轴箱窜气，三是燃油未完全燃烧。混合气越浓，碳氢（HC）产生越多；混合气越稀，碳氢（HC）产生越少。但是混合气太稀时，部分混合气如不能点燃，碳氢（HC）会激增。另外，气门重叠开启时的泄漏，燃烧室温度过低时的“猝熄”也会增加碳氢（HC）排放。

氮氧化合物（NO_x）是由空气—燃油混合气中的氮气和氧气在燃烧室温度达到1800℃以上时产生的。燃烧室温度越高，其生成量越大。混合气越稀，其生成量越大，因为混合气中氧的比例太高。因此，氮氧化合物（NO_x）的生成是由燃烧室温度和氧的浓度决定的。

三、汽车汽车排放污染控制途径

汽车主要的排放控制途径如图7-2所示。

- 燃烧废气
  - → 改善燃烧室
  - → 改善进排气系统
  - → 改善供油控制 (EFI)
  - → 改善点火控制 (ESA DIS)
  - → 三元催化转化系统 (TWC)
  - → 二次空气喷射系统 (AI)
  - → 废气再循环系统 (EGR)
  - → 可变配气的 EGR 效果 (VVT)
- 曲轴箱窜气 → 曲轴箱强制通风系统 (PCV)
- 燃油蒸发 → 燃油蒸发控制系统 (EVAP)

图7-2　汽车排放控制途径

任务准备

1. 器材准备

1）桑塔纳2000GSi型汽车发动机实验台1台/组。

2）三元催化转化器、废气再循环装置等排气净化装置1套/组（图7-3）。

3）常用拆装工具1套/组。

4）一体化教室1间。

5）相关的教具、录像片及教学挂图1套。

2. 任务安排

1）实训课时：2学时。

2）实训组织：每5～6人一组，由老师指导，学生自己动手拆装。

三元催化转化器　　废气再循环装置　　PCV阀

图7-3　实训物品

任务实施

一、三元催化转化器的结构认识

三元催化转化器（TWC）结构如图7-4所示，催化剂的主要成分是贵金属铂、钯、铱、铑等。

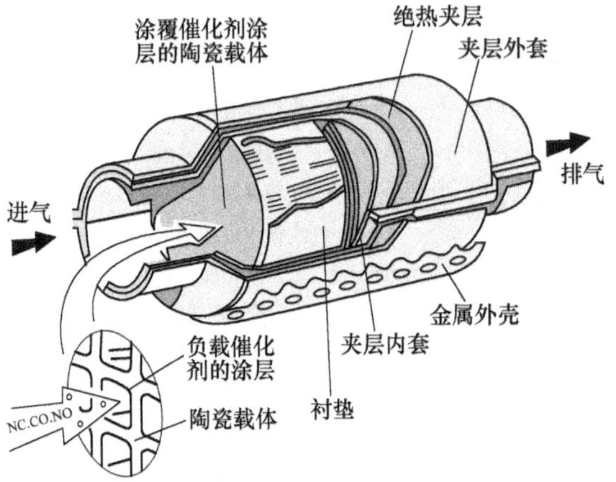

图7-4　催化转化器结构

三元催化转化器一般安放在排气管中，把发动机排出的有害物质（CO、HC和NO_x），经过化学反应转化为H_2O、CO_2和N_2，如图7-5所示

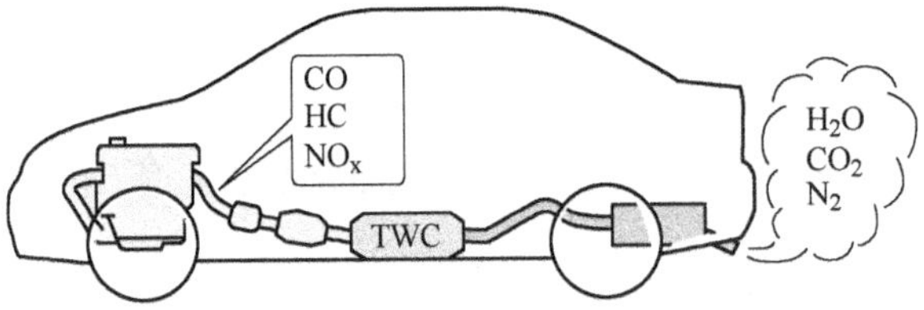

图7-5　三元催化转化器工作原理

混合气在理论空燃比附近时，三元催化转化器的效率最高。因此，需要空燃比反馈控制系统把空燃比保持在理论空燃比附近。空燃比反馈控制系统使用插入排气管内的氧传感器监测废气中氧的含量，然后发动机控制单元通过调整燃油喷油量控制空燃比，使三元催化转化器的转化效率达到最高。

三元催化转化器的净化率随温度而变化，三元催化转化器温度达到400℃以上时，净化率接近100%，废气将得到有效净化。

混合气过浓会使三元催化转化器负担过重，温度升高。若高温（1000～1400℃）持续时间过长，会损坏三元催化转化器，导致排气不畅。

二、二次空气喷射系统的结构认识

二次空气喷射（AI）控制系统或吸气（AS）控制系统是将一定量的新鲜空气引入排气管或三元催化转化器中，使废气中的有害气体与空气进一步燃烧，其作用是降低HC和CO

的排放量，缩短氧传感器的加热时间，使发动机控制模块尽快进入空燃比闭环控制过程。这两种系统之间的差别在于：AI 控制系统是使用电动空气泵强制把空气压入，而 AS 控制系统是利用排气歧管怠速时间歇性真空吸力来吸入空气。

AI 控制系统由发动机 ECU 所控制，只有在当发动机冷机状态或车辆减速而使 HC 和 CO 废气排放增大时，该系统进行运作。这个系统在其他任何运行条件下都不使用。

当满足 AI 运行条件时，发动机 ECU 起动电动空气泵，同时控制 VSV 系统运作，以使进气歧管真空接通空气喷射阀，这样就打开了压缩空气流入排气歧管的通道，发动机 ECU 依据空气流量传感器传来的参数，计算流入 TWC 的喷射空气总量，如图 7-6 所示。

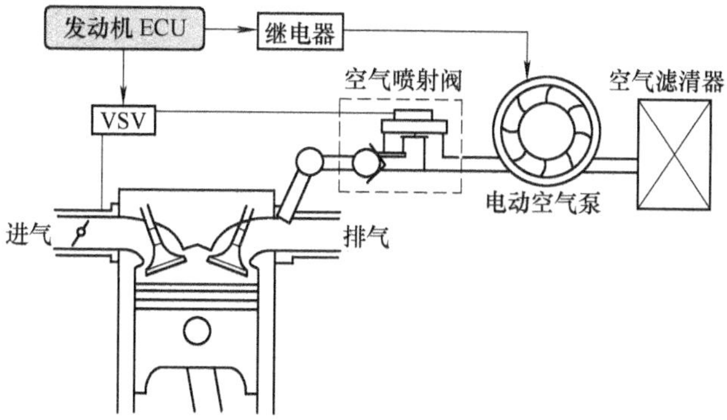

图 7-6 空气喷射（AI）控制系统

AS 控制系统的功能类似于 AI 控制系统，它利用怠速时排气管间歇性真空度吸入一定量新鲜空气，从而实现降低 HC 和 CO 废气的排放，并缩短氧传感器的加热时间，如图 7-7 所示。

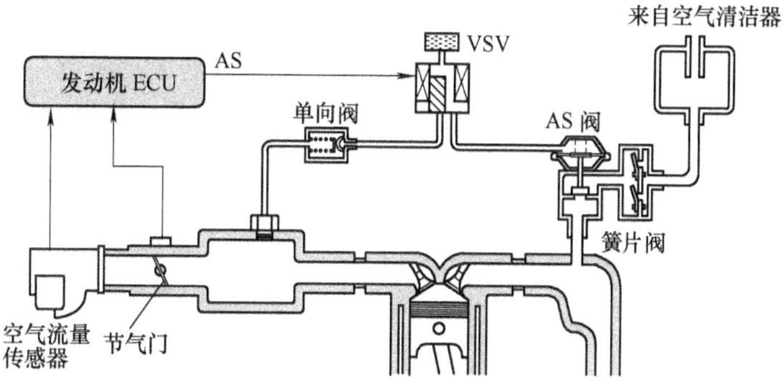

图 7-7 AS（吸气）控制系统

三、废气再循环系统的结构认识

废气再循环（EGR）系统将部分废气引入进气系统。因为废气的大部分为惰性（不可燃）气体，将废气混入可燃混合气后，燃烧过程中火焰传播速度减慢。而且，由于惰性（不可燃）气体吸收燃烧所产生的热量，使燃烧温度得以降低，从而减少了氮氧化合物的产生，其结构原理如图 7-8 所示。

废气再循环量的大小用 EGR 率表示，EGR 率是再循环废气的量占整个进气量的百分比，一般控制在 6% ~23% 之间。EGR 率过高，则油耗增加、HC 排量增加、缺火率增加，使燃烧变得不稳定，发动机性能下降。EGR 率过低，则氮氧化物排放控制效果不好。

过去 EGR 阀的开启采用复杂的真空控制，当前 EGR 阀大都采用带位置传感器的电磁阀由电脑精确控制。发动机处于冷机或怠速运行时，燃烧温度较低，同时为了怠速稳定，EGR 阀关闭。发动机全负荷时需要最大的功率输出，EGR 阀也暂时关闭。

另外，一些发动机利用可变气门正时机构来实现 EGR 功能。在进气行程中，由于进气门和排气门的重叠，有部分废气被吸入。

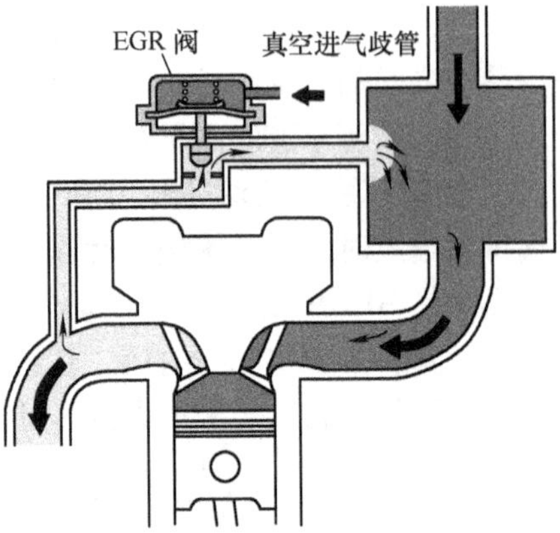

图 7-8　废气再循环系统结构原理

四、曲轴箱强制通风系统的结构认识

曲轴箱强制通风（PCV）系统能将窜缸混合气导入进气系统，将其重新燃烧。窜缸混合气是从燃烧室通过活塞环泄漏到曲轴箱中的气体，大部分为未燃烧的可燃混合气。在曲轴箱（一般安装在缸盖罩上）和进气歧管之间通过管道连接，利用进气歧管的真空将窜缸混合气吸入并燃烧。为了保持曲轴箱内气压稳定，增加了一条联通曲轴箱和节气门前部进气管之间的通道，如图 7-9 所示。

PCV 阀安装在进气歧管和曲轴箱之间的管道内，用来控制气体流量。一般来说，当发动机负荷小时，所产生的窜缸混合气的量较小，进气歧管真空度较大，而当发动机负荷较大时所产生的窜缸混合气的量较小，进气歧管真空度却变小，所以 PCV 阀应该能够随着发动机负荷的增大而增大开启通道。

典型的 PCV 阀如图 7-10 所示。发动机停机时，回位弹簧使阀芯关闭；怠速时，真空吸力较大，阀芯被吸向进气歧管一侧，真空通道几乎关闭。随着发动机负荷增大，进气歧管真空度变小，阀芯逐渐向气缸盖侧移动，真空通道逐渐开大。

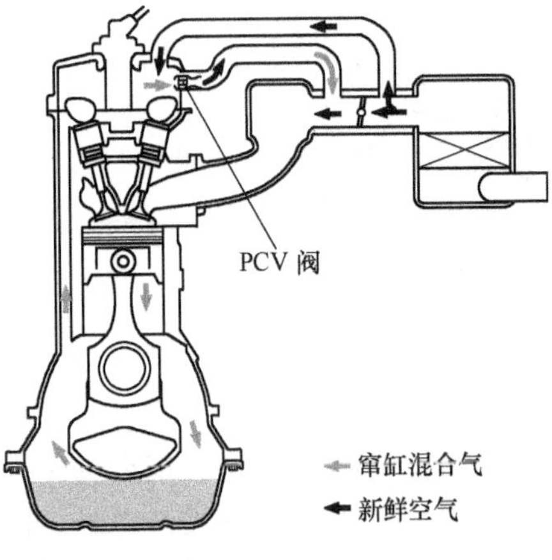

图 7-9　曲轴箱强制通风系统结构原理

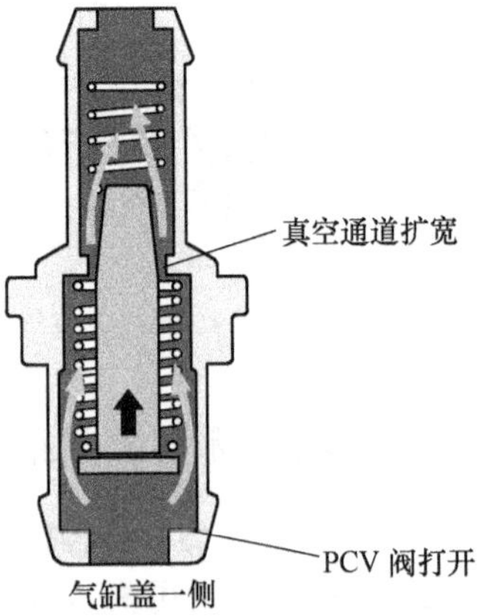

图 7-10　PCV 阀结构

在怠速和中小负荷情况下，进气管内的新鲜空气经平衡管流向气缸盖（曲轴箱）。但是当加速或大负荷时，曲轴箱内产生大量的窜缸混合气超过了 PCV 阀吸入能力，此时一部分窜缸混合气经平衡管流向进气管，防止曲轴箱内压力过高导致油封泄漏。

五、汽油蒸发控制系统的结构认识

汽车产生的 HC 排放物中大约有 20% 来自燃油蒸发。燃油蒸发控制（EVAP）系统能够存储燃油系统产生的燃油蒸气（HC），阻止燃油蒸气泄漏到大气中，减少环境污染；同时将收集的燃油蒸气适时地送入进气歧管，与正常混合气混合后进入发动机燃烧，使汽油得到充分利用。

当前新车型中，大都通过发动机 ECU 直接控制碳罐电磁阀，精确的 ECU 脉宽控制可以很好地避免燃油蒸气对怠速的影响，同时与喷油脉宽修正配合实现良好的排放控制，其结构原理如图 7-11 所示。

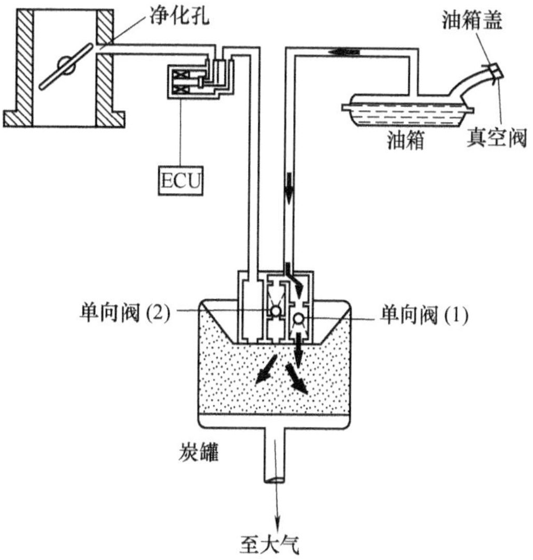

图 7-11　电磁阀控制的 EVAP 系统

检测评价

通过以上学习，根据任务实施过程，将完成任务情况填入表 7-2 中，完成检测评价。

表 7-2　发动机排放净化装置结构认识任务评价表

班级		姓名		日期	
序号	评价内容	配分	评分标准	自评	互评
1	汽车排放污染物来源分析	10	叙述错误每项扣 2 分		
2	三元催化转化器的结构与原理	20	叙述错误每项扣 3 分		
3	废气再循环系统的结构与原理	20	叙述错误每项扣 3 分		
4	二次空气喷射系统的结构与原理	15	叙述错误每项扣 3 分		
5	曲轴箱强制通风系统的结构与原理	10	叙述错误每项扣 2 分		
6	汽油蒸发控制系统的结构与原理	15	叙述错误每项扣 3 分		
7	操作规范、有序、不超时、实施 5S 理念	10	操作不规范或超时每项扣 2 分		
8	安全用电、防火、无人身、设备事故		因违反操作安全发生重大人身和设备事故按 0 分计		
9	分数统计	100			
教师评语					

课后测评

一、选择题

1. 两个技师讨论 EGR 通道阻塞问题。技师甲说，阻塞的 EGR 通道将导致过多的氮氧化物排放；技师乙说，阻塞的 EGR 通道将导致发动机爆燃。说法正确的是（　　）。

A. 甲正确　　B. 乙正确

C. 两人均正确　　D. 两人均不正确

2. 发动机怠速时通过 PCV 阀的进气量可以达到（　　）。

A. 1% ~3%　　B. 10% ~20%

C. 5% ~10%　　D. 最高 30%

3. 三元催化转化器的作用是（　　）。

A. 把废气中的 H_2O、CO 和 NO_x 转变为 HC、CO_2 和 N_2

B. 把废气中的 HC、CO 和 NO_x 转变为 H_2O、CO_2 和 N_2

C. 把废气中的 HC、CO_2 和 NO_x 转变为 H_2O、O_2 和 N_2

D. 把废气中的 HC、CO 和 NO_x 转变为 H_2O、O_2 和 N_2

4. 以下哪个不是造成发动机排气中 NO_x 含量超标的可能原因？（　　）

A. 混合气太浓　　B. 混合气稍稀

C. 废气再循环阀卡在关闭位置　　D. 发动机冷却液温度偏高

二、问答题

1. EGR 系统是怎样减少氮氧化物废气排放的？

2. PCV 和 AI 控制什么废气排放？

3. 三元催化转化器是怎样减少氮氧化物的排放的？

项目小结

1. 汽车排放污染物主要有 CO、HC 和 NO_x。CO 主要是因为燃料不完全燃烧形成的，HC 产生的原因除燃料不完全燃烧外，燃烧室温度过低是排气中 HC 的主要来源，NO_x 是发动机燃烧温度过高时，残留的氧气与氮气发生反应的产物。

2. 汽车主要的排放控制装置有三元催化装置、二次空气喷射系统、废气再循环系统、曲轴箱强制通风系统、汽油蒸发控制系统等。

3. 三元催化装置是通过铂、钯、铱、铑等催化剂把发动机排出的有害物质（CO、HC 和 NO_x），经过化学反应转化为 H_2O、CO_2 和 N_2。

4. 废气再循环（EGR）系统是将部分废气引入进气系统，使燃烧温度得以降低，从而减少了氮氧化物的产生。

项目八

发动机冷却系统拆装与结构认识

项目描述

汽车发动机的正常工作温度，一般在 80 ~ 90℃。温度过高，会破坏发动机各零部件的配合间隙和润滑，导致“拉缸”“抱轴”等严重事故；温度过低，会影响发动机的正常燃烧，导致功率下降，油耗上升。为了保证发动机工作在适宜的温度，需要一套专门的机构进行调节，这就是发动机冷却系统。本项目主要学习发动机冷却系统的作用、组成、拆装、结构与工作原理。

任务一　发动机冷却系统拆装

任务目标

1. 熟悉发动机冷却系统的基本组成。
2. 学会冷却液的排放与加注。
3. 学会节温器、散热器、水泵等主要零部件的拆装与检查。
4. 学会风扇传动带张紧度的检查与调整。
5. 培养爱岗敬业、勤奋细心、认真负责、团结互助的职业道德和精神。

知识准备

一、冷却系统的作用

发动机冷却系统将汽车发动机工作时高温零部件所吸收的热量及时带走，使它们保持在正常的温度范围（一般为 80 ~ 90℃）内工作。冷却系统带走的热量约等于发动机燃料实际释放热量的 25% ~ 75%。

二、冷却系统的总体组成与工作原理

图8-1是桑塔纳汽车发动机冷却系统，其主要由水泵、散热器、风扇、节温器、膨胀水箱和水管等组成。当冷却液温度高于75℃时，热敏开关将风扇电动机低速档接通，风扇以约1600r/min的转速运转；当冷却液温度高于105℃时，热敏开关接通风扇电动机高速档，风扇以2400r/min的转速运转；当冷却液温度下降到93～98℃时，风扇电动机高速档停止工作；当冷却液温度下降到84～93℃时，低速档停止工作。

节温器安装在水泵进水口处，当冷却液温度达102℃时，节温器阀门全开，冷却液进行大循环（流经散热器，见图8-2）；当冷却液温度低于87℃时，节温器阀门关闭，冷却液进行小循环（不流经散热器）；当冷却液温度在87～102℃时，节温器阀门部分开启，大、小循环并存。

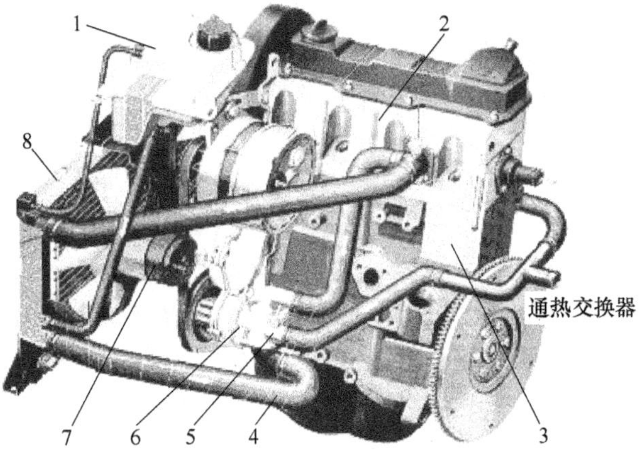

图8-1 桑塔纳汽车水冷系统组成
1—膨胀水箱 2—气缸盖 3—气缸体 4—水管
5—节温器 6—水泵 7—风扇 8—散热器

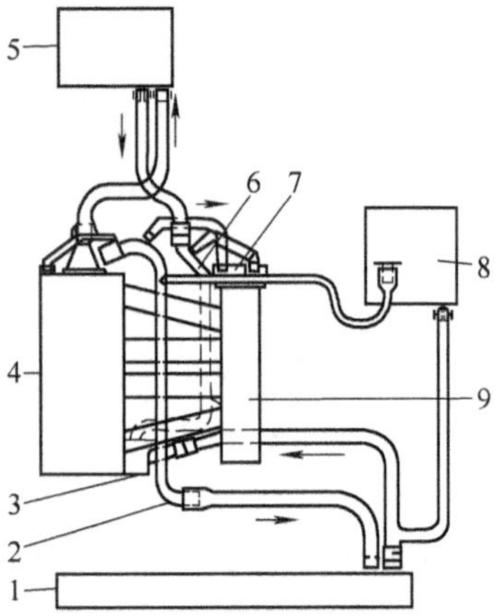

图8-2 桑塔纳汽车发动机冷却液循环线路
1—散热器 2—上冷却液管 3—节温器与水泵组件 4—气缸体 5—暖风热交换器 6—下冷却液管 7—进气预热 8—膨胀水箱 9—进气歧管

任务准备

1. 器材准备

1）桑塔纳2000GSi型汽车发动机实验台1台/组。

2）常用拆装工具1套/组。

3）水银温度计或电子温度计（量程大于110℃）、加热器、加热容器、水桶（图8-3）、抹布等1套/组。

4）一体化教室1间。

5）相关的教具、录像片及教学挂图1套。

2. 任务安排

1）实训课时：2学时。

2）实训组织：每5～6人一组，由老师指导，观看发动机冷却系统拆装视频后，学生自己动手进行拆装。

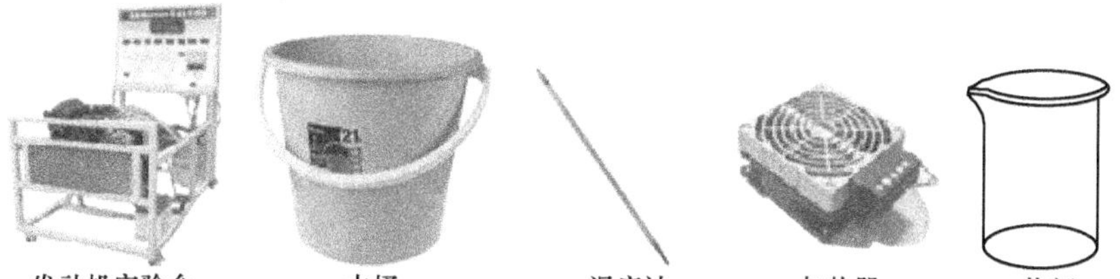

发动机实验台　水桶　温度计　加热器　烧杯

图 8-3　实训物品

任务实施

一、冷却液的排放与加注

1. 冷却液排放

1）将发动机停机，待温度下降到 30℃以下，取下冷却液膨胀水箱的盖子。

2）在发动机下放置一个干净的水桶。

3）松开夹箍，拔下散热器的下水管，放出冷却液。

2. 冷却液加注

1）加注冷却液至膨胀水箱最高点标志处（图 8-4），旋紧膨胀水箱盖子。

2）使发动机运转 5 ~ 7min，检查冷却液液面高度，必要时继续添加。

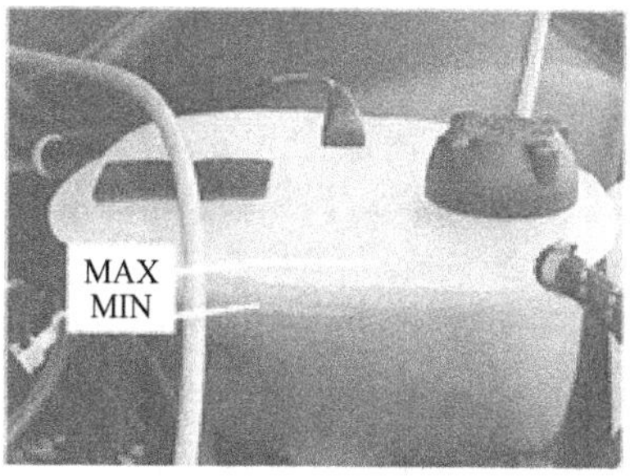

图 8-4　膨胀水箱

操作注意事项：

1）在热态时不可立即取下冷却液膨胀水箱的盖子，防止蒸汽喷出。

2）切勿混用不同牌号的冷却液。

3）禁止使用磷酸盐和亚硝酸盐作为防腐剂的冷却液。

二、水泵的拆装

1）使发动机位于维修工作台上，排放冷却液，拆卸驱动水泵的 V 带。

2）拆卸散热器风扇电动机。

3）拆下正时带的上、中防护罩，并将曲轴调整到第一缸上止点位置。

4）拆下凸轮轴上的正时带，但不必拆下曲轴带轮；保持正时带在曲轴带轮上的位置；旋下螺栓，拆下正时带后防护罩。

5）拆下水泵，小心地将其拉出，如图 8-5 所示。

6）按相反顺序安装水泵各零部件。

注意：拧紧水泵螺栓的力矩为 15N · m，安装正时带要注意调整配气相位。

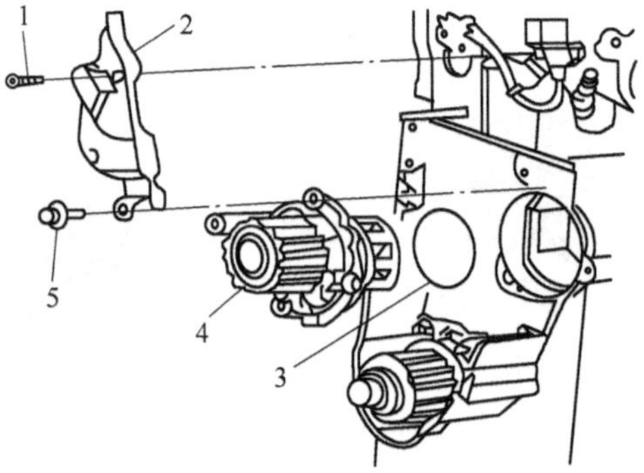

图 8-5 水泵的拆装

1、5—螺栓 2—正时带后防护罩 3—O 形密封圈 4—水泵

操作注意事项：

1）拆卸后应清洗所有零部件并进行检查与测量；磨损超差的，必须更换新件，各零部件检查合格后才能装复。

2）装配时应更换所有衬垫及密封圈。

3）安装时，特别注意水泵叶轮与水泵壳体的轴向间隙，水泵叶轮与壳体的径向密封处的间隙，并注意轴承的润滑条件。

三、风扇传动带紧度的检查与调整

（1）检查 在传动带中部用 30 ~ 50N 力按下传动带，下垂距离为 10 ~ 15mm 为宜。

（2）调整 松开张紧轮固定螺母，拧转调整螺钉进行调整（图 8-6）。

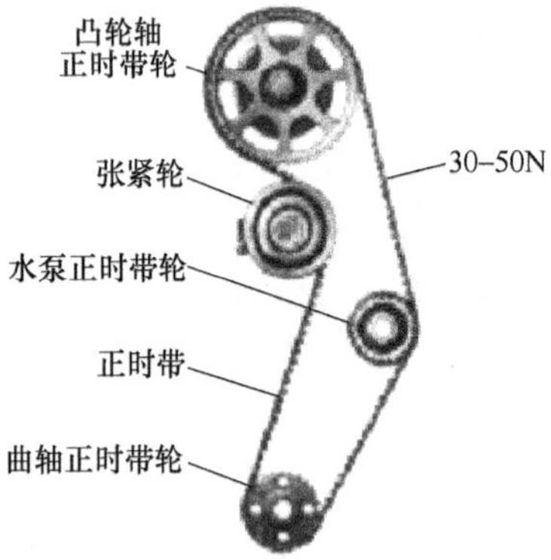

图 8-6 风扇传动带张紧度的检查与调整

拓展与提高

一、节温器的拆装与检查

1. 节温器的拆装

1）使发动机前端位于维修工作台上，在点火开关切断的情况下，拔下蓄电池搭铁线，

排放冷却液。

2）拆卸V带及发电机。

3）从连接体上拆下冷却液管。

4）松开螺栓，取出节温器盖、O形密封圈和节温器（图8-7）。

5）按拆卸相反顺序安装节温器。

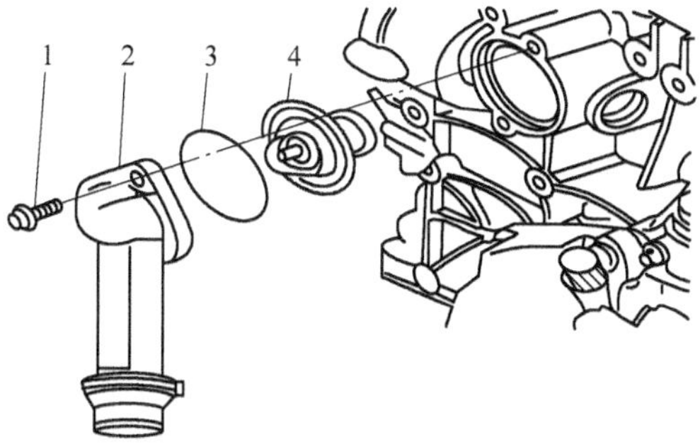

图8-7　节温器的拆卸

1—螺栓　2—节温器盖　3—O形密封圈　4—节温器

操作注意事项：

1）节温器安装前应清洗所有零部件，更换新的O形密封圈。

2）安装节温器时应把壳体与其在发动机上的位置对准。

2. 节温器的检查

检查节温器的功能是否正常，可将节温器置于热水中，观察温度变化时节温器的动作（图8-8）。桑塔纳汽车的节温器在（87±2)℃时开始打开，温度达到（102±3)℃时，其升程大于7mm。若达不到要求，就应更换节温器。

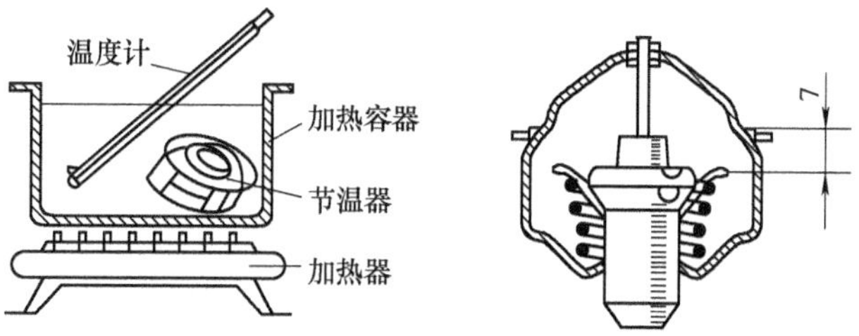

图8-8　节温器的检查

二、散热器的拆装

1）断开蓄电池负极导线，待发动机及冷却系统冷却，排放出冷却液。

2）松开冷却液管上的夹箍，从散热器上卸下上部管路和储液罐的管路。

3）拔下位于冷却风扇罩壳上的热敏开关插头，卸下冷却风扇。

4）抬起车身并牢固地支撑住，从散热器上卸下下部管路，卸下固定支架，抬出散热器。

5）按拆卸相反顺序安装散热器。

操作注意事项：

1）由于散热器和冷凝器位置很近，为防止损坏冷凝器及制冷剂管路，不要压迫、扭曲及弯曲制冷剂管路。

2）拆卸后清洁所有零部件，检查散热器管路有否硬化、裂纹、膨胀变形或流动不畅的迹象，若有应更换。

检测评价

通过以上学习，根据任务实施过程，将完成任务情况填入表8-1中，完成检测评价。

表8-1　发动机冷却系统拆装任务评价表

班级		姓名		日期	
序号	评价内容	配分	评分标准	自评	互评
1	正确使用工具、仪器	10	工具使用不当每次扣2分		
2	冷却液的排放与加注	10	操作错误每项扣2分		
3	水泵的拆装与检查	30	错误每项扣3分		
4	节温器的拆装与检查	15	错误每项扣2分		
5	散热器的拆装与检查	20	错误每项扣2分		
6	操作规范、有序、不超时、实施5S理念	15	操作不规范或超时每项扣2分		
7	安全用电、防火、无人身、设备事故		因违反操作安全发生重大人身和设备事故按0分计		
8	分数统计	100			
教师评语					

课后测评

实操题

1. 正确拆装与检查发动机水泵。
2. 正确拆装与检查节温器和散热器。
3. 正确拆装传动带并调整其张紧度。

任务二　发动机冷却系统结构认识

任务目标

1. 理解发动机所使用的冷却液、冷却方式与分类。
2. 掌握冷却水泵的结构与工作原理。
3. 熟悉散热器的结构与工作原理。
4. 熟悉风扇的结构与工作原理。
5. 理解节温器的结构与工作原理。

知识准备

1. 回顾冷却系统的作用，讨论发动机温度过高、过低产生的不良后果。
2. 回顾冷却系统的总体组成与工作原理。
3. 对比人体功能，讨论发动机通过哪几种形式来保持温度恒定。

任务准备

1. 器材准备

1）桑塔纳2000型汽车发动机实验台1台/组。

2）发动机冷却液、水泵、散热器、风扇、节温器（图8-9）等教具1套/组。

3）一体化教室1间。

4）录像片及教学挂图1套。

2. 任务安排

1）教学课时：2学时。

2）教学组织：教师结合多媒体现场讲解，学生分组（5～6人一组）进行现场学习与讨论。

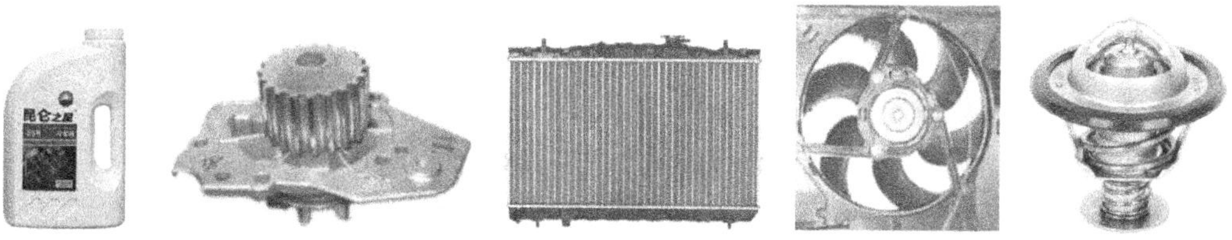

冷却液　　水泵　　散热器　　风扇　　节温器

图8-9　发动机冷却液及冷却系统部件

任务实施

一、冷却系统的类型

汽车发动机常见的冷却方式有两种，即水冷却和风冷却。以空气为冷却介质的冷却系称为风冷系，以冷却液为冷却介质的冷却系称为水冷系，汽车发动机大都采用水冷系。

二、冷却液及其使用

冷却液是发动机冷却系统最重要的工作介质，汽车常用的冷却液主要由水和防冻液组成。

1. 水冷却液

指直接用水作冷却液，它具有简单方便的优点。但水沸点低，易蒸发，需经常添加。注意不要添加河水、井水等含矿物质的水，以免产生水垢，影响冷却系散热不良。

2. 防冻液

现代汽车普遍采用防冻液，以提高冷却液的防冻和防沸的能力。例如，桑塔纳汽车采用以乙二醇为基料的冷却液（乙二醇的质量分数占45.6%、水的质量分数占54.4%），使其冰点在-25℃以下，沸点在106℃以上。有的冷却液还添加有防锈剂、泡沫抑制剂等，有利于减轻冷却系统锈蚀和冷却液泡沫产生，提高冷却效果。

专用冷却液一般呈深绿色或深红色，有一定的毒性，使用时应注意。如发现冷却液泄漏应及时检查添加。

三、冷却系统主要部件结构原理

1. 散热器

（1）散热器的功用　其功用是加速冷却液的冷却。冷却液经过散热器后，其温度可降低10～15℃。为了将散热器传出的热量尽快带走，散热器一般用铜和铝制成，在散热器后面装有风扇与散热器配合工作。

（2）散热器的构造原理　散热器由上水室、散热器芯和下水室等组成，如图8-10所示。

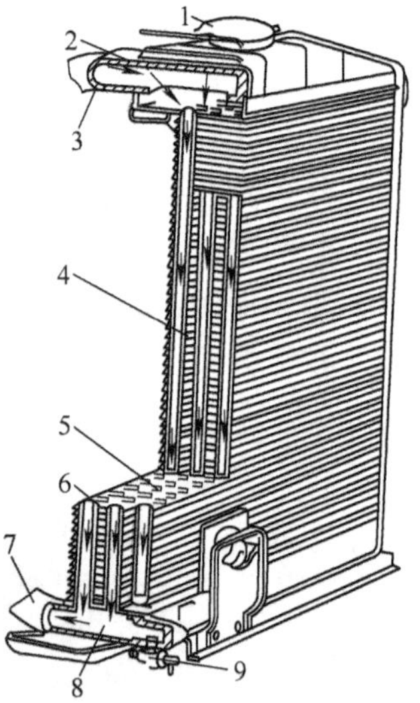

图8-10　散热器

1—散热器盖　2—上水室　3—散热器进水管　4—散热器芯　5—冷却管　6—散热片　7—散热器出水管　8—下水室　9—放水开关

在散热器下面与车架接合面一般装有减振垫，防止散热器受振动而损坏。

散热器盖多采用压力式（图8-11），由一个压力阀4和一个真空阀6组成，均为单向阀。

发动机正常状态时阀门均关闭，使冷却系统与大气隔开。当冷却系统内温度升高，蒸汽压力升高到一定值时，压力阀弹簧受压缩，打开阀门，过高的压力由溢流管释放掉，冷却系统内的压力下降，以防止散热器胀裂；当压力下降到一定值时，压力阀在弹簧作用下又重新关闭。这样就使冷却系统内压力稍高于大气压力，从而可提高冷却液沸点，一般冷却系统内压力超过大气压26%～37%。

当散热器内的压力继续降低，超过某一值时，真空阀开启，使外部空气进入散热器，以防止散热器内产生真空；当散热器内的压力升高到一定值后，真空阀在其弹簧的作用下重新关闭。

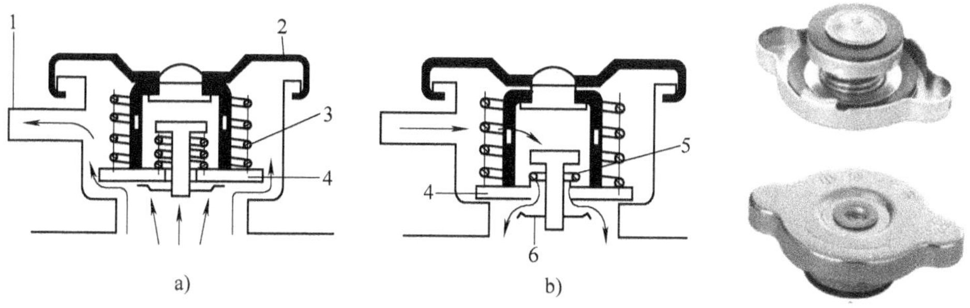

图 8-11 压力式散热器盖

a）压力阀打开状态 b）真空阀打开状态

1—溢流管 2—加压盖 3—压力阀弹簧 4—压力阀 5—真空阀弹簧 6—真空阀

2. 膨胀水箱

（1）膨胀水箱的功用 膨胀水箱用于回收和补充冷却系统的冷却液。

（2）膨胀水箱的构造原理 膨胀水箱（图 8-12）用软管与散热器的出水管相连，当冷却液在散热器内受热膨胀时，多余的冷却液便进入膨胀水箱；而当温度降低，散热器内形成了一定的真空度时，膨胀水箱内的冷却液便进入散热器。当冷却温度低于 50℃时，液面高度不得低于膨胀水箱上的下刻线，否则应补充冷却液（可以从膨胀水箱口加入），但高度不得高于膨胀水箱上的上刻线。

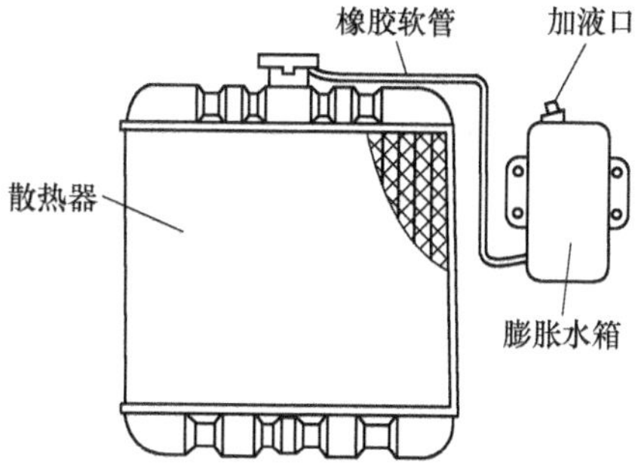

图 8-12 膨胀水箱示意图

3. 百叶窗

（1）百叶窗的功用 有些货车和大客车发动机在散热器前面装有百叶窗，其作用是通过改变吹过散热器的空气量来调节发动机的冷却强度，以保证发动机经常在适当的温度范围内工作。

（2）百叶窗的结构原理 百叶窗的结构如图 8-13 所示，可由驾驶人通过驾驶室内的手柄来操纵其开闭，也可用感温器自动控制。

在发动机冷起动或暖车期间，冷却液的温度较低，这时将百叶窗部分或完全关闭，以减少吹过散热器的空气流量，使冷却液的温度迅速升高。

蜡式节温器可以自动控制百叶窗的开度，随着冷却液温度升高，蜡式节温器中的石蜡 2 膨胀，控制杆 1 上升，通过传动机构 6，带动百叶窗开大角度，冷却强度加大。

4. 风扇

风扇安装在水泵轴上，并由驱动水泵和发电机的同一根传动带传动。

（1）风扇的功用 吸进冷空气，使其通过散热器，以加速冷却液的冷却。

（2）风扇的结构原理 风扇（图 8-14）由若干叶片组成，由曲轴带轮通过传动带驱动，现代汽车多采用电动机驱动和控制。在风扇外围设有导风罩，使风扇吸进的空气全部通过散热器，以提高风扇效率。风扇旋转时，空气沿着风扇旋转的轴线方向流动，属于轴流式风扇。

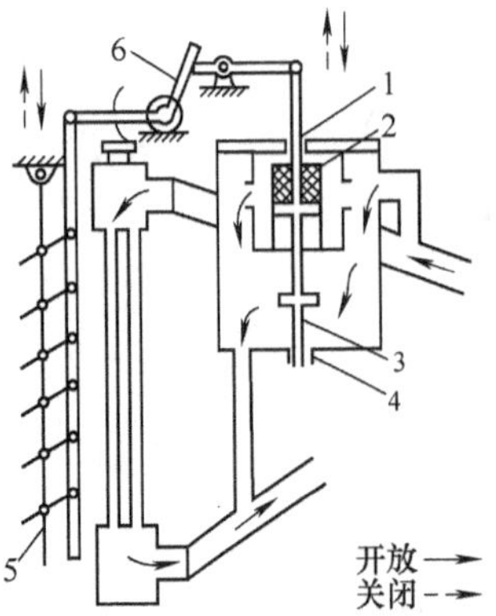

图 8-13 百叶窗自动调节装置示意图
1—控制杆 2—石蜡 3—复位弹簧 4—壳体
5—百叶窗 6—传动机构

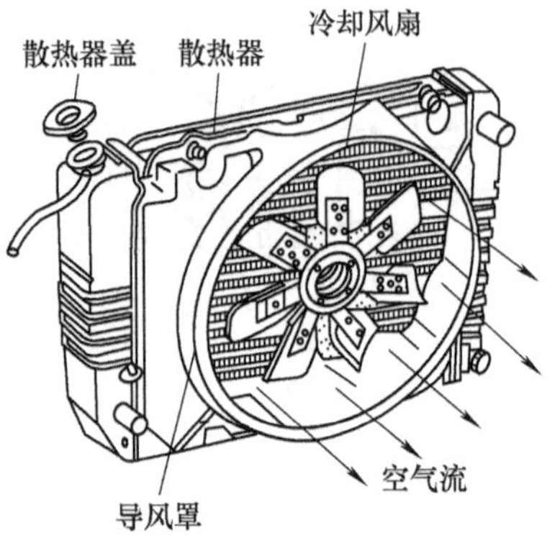

图 8-14 冷却风扇与导风罩

5. 冷却水泵

(1) 冷却水泵的功用 其功用是对冷却液加压，使其在冷却系统内循环流动。

(2) 冷却水泵的结构与原理 汽车发动机常用的离心式水泵，其结构如图 8-15 所示。

发动机工作时，曲轴通过传动带驱动水泵轴，并带动叶轮转动，从而使水泵腔内的冷却液也一起转动，在离心力作用下，冷却液被甩向叶轮边缘，以切线方向从出水管泵出。同时，叶轮中心部位形成一定的真空，将散热器内的冷却液经进水管吸入泵腔，使整个冷却系统内的冷却液循环流动。

6. 节温器

(1) 节温器的功用 它是控制冷却液流动路径的阀门，能根据发动机冷却液温度的高低，调节冷却强度，保证发动机在最适宜的温度下工作。

(2) 节温器的结构 汽车发动机装用的节温器基本是蜡式节温器（图 8-16），推杆 3 的一端固定在支架 1 上，另一端插入橡胶管 5 的中心孔内。石蜡 4 装在橡胶管与节温器壳体 7 之间的腔体内。

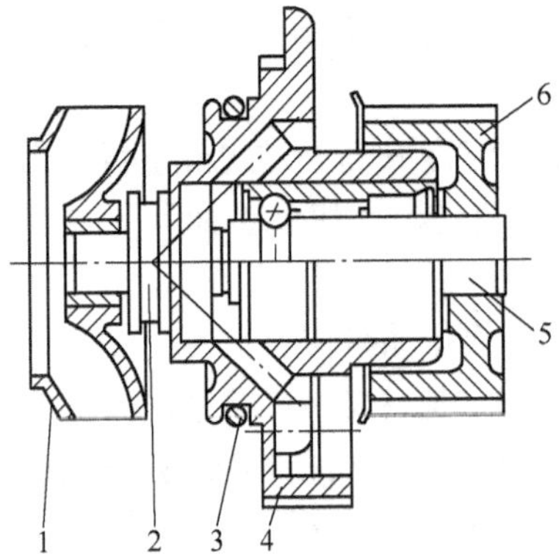

图 8-15 离心式水泵的结构
1—叶轮 2—水封 3—O 形圈 4—轴承座
5—水泵轴承 6—带轮

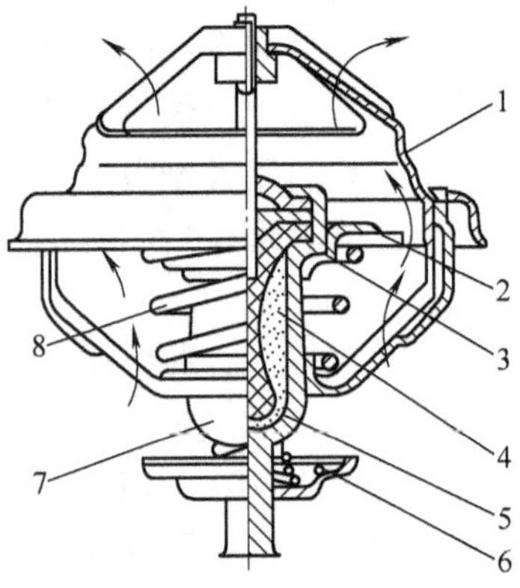

图 8-16 蜡式节温器的构造
1—支架 2—主阀门 3—推杆 4—石蜡
5—橡胶管 6—副阀门 7—节温器壳体 8—弹簧

（3）节温器的工作原理　冷却液温度较低时，石蜡呈固态，主阀门2被弹簧8推向上方与阀座压紧（图8-16），处于关闭状态，此时，副阀门开启，冷却液进行小循环（图8-17a），来自发动机水套的冷却液经副阀门6、小循环水管直接进入水泵，被泵回到发动机水套内。

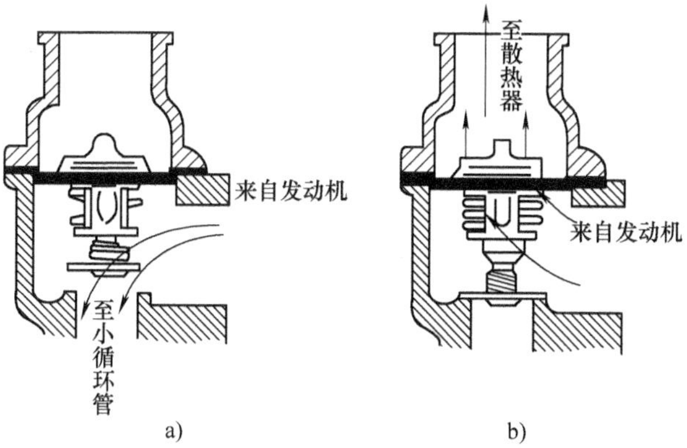

图8-17　蜡式节温器的工作原理
a）小循环　b）大循环

温度升高时，石蜡逐渐熔化成液态，体积膨胀，迫使胶管收缩对推杆端部产生向上的推力，由于推杆固定在支架上，推杆对橡胶管、节温器壳体7（图8-16）产生向下的反推力。当冷却液温度升高到一定值时，反推力克服弹簧8的弹力使橡胶管、节温器壳体向下运动，主阀门2开始开启，同时副阀门6开始关闭。当冷却液温度进一步升高到一定值时，主阀门2完全开启，而副阀门6正好也关闭小循环水路（图8-17b），此时来自发动机水套的冷却液全部经过散热器进行大循环。冷却液温度在主阀门开始开启温度与完全开启温度之间时，主阀门和副阀门均部分开启，在整个冷却系统内，部分冷却液进行大循环，部分进行小循环。

拓展与提高

一、纳米冷却液和无水冷却液

以水为主要成分的冷却液的主要缺点是易氧化沉淀起水垢、工作状态压力大、有毒、不环保等。目前有一类前沿科技的冷却介质：纳米冷却液和无水冷却液，其中应用比较广泛的是美国爱温无水冷却液，该冷却液在20世纪80年代由美国军方牵头，杜邦公司负责研制成功，产品具备高沸点、低冷凝点、无氧化积垢腐蚀、超强热传导性、免更换和添加等显著特点；加注后能够快速预热发动机并始终保持内部恒温、提升发动机动力、有效降低油耗和尾气排放等效果。

二、电控节温器

传统的节温器控制冷却液大小循环的路线，节流损失大，工作不可靠，工作效率低，不能根据发动机的散热要求准确地调节冷却系统的散热能力，而电控节温器利用电子技术，对发动机冷却能力进行智能控制。

检测评价

通过以上学习，根据任务实施过程，将完成任务情况填入表 8-2 中，完成检测评价。

表 8-2　发动机冷却系统结构认识任务评价表

班级		姓名		日期	
序号	评价内容	配分	评分标准	自评	互评
1	发动机冷却系统的作用、总体组成与工作原理	20	叙述错误每项扣 2 分		
2	发动机的冷却方式与分类	10	叙述错误每项扣 2 分		
3	冷却系统常用冷却液及其选用	5	叙述错误每项扣 3 分		
4	散热器的作用与结构原理	10	叙述错误每项扣 2 分		
5	水泵的作用与结构原理	5	叙述错误每项扣 2 分		
6	风扇的作用与结构原理	10	叙述错误每项扣 2 分		
7	节温器的作用与结构原理	10	叙述错误每项扣 2 分		
8	桑塔纳汽车冷却液温度过高的原因分析	20	分析错误每项扣 2 分		
9	操作规范、有序、不超时、实施 5S 理念	10	操作不规范或超时每项扣 2 分		
10	安全用电、防火、无人身、设备事故		因违反操作安全发生重大人身和设备事故按 0 分计		
11	分数统计	100			
教师评语					

课后测评

一、选择题

1. 下列属于发动机冷却系统零部件的是（　　）。

A. 水泵　　　　B. 节温器

C. 曲轴位置传感器　　　　D. 进气压力传感器

2. 下列说法正确的是（　　）。

A. 汽车发动机常见的冷却方式有两种，即水冷和风冷

B. 发动机冷却液缺少时，可添加井水

C. 现代轿车采用防冻液，以提高冷却液的防冻和防沸的能力

D. 防冻液的沸点可在 160℃以上

3. 发动机如果工作温度过高，将容易产生（　　）。

A. 活塞“咬缸”　　　　B. 轴瓦“抱轴”

C. 柴油机转速升高　　　　　　　　D. 发动机油耗降低

4. 下列说法正确的是（　　）。

A. 风冷发动机结构比水冷发动机简单

B. 压力式散热器盖实际上是一个蒸汽空气阀

C. 汽车百叶窗作用是用来提高发动机的转速

D. 发动机工作时，风扇将热风吹向散热器

5. 下列说法正确的是（　　）。

A. 汽车发动机强制冷却水系统常采用离心式水泵

B. 节温器是用来调节冷却强度，保证发动机在最适宜的温度下工作

C. 节温器是通过 ECU 来控制其开闭的

D. 节温器的工作温度一般大于 85℃

6. 冷却系统中提高冷却液沸点的装置是（　　）。

A. 散热器盖　　　B. 散热器　　　C. 水套　　　D. 水泵

二、问答题

1. 发动机冷却液温度过高的可能原因有哪些?

2. 发动机冷却液温度过低的可能原因有哪些?

3. 简述桑塔纳 2000GSi 型汽车发动机冷却系统大、小循环路线。

项目小结

1. 发动机冷却系统用于保持发动机处在合适的温度下工作，冷却方式有水冷式和风冷式两种。

2. 发动机水冷系统主要由散热器、风扇、水泵、节温器和冷却水道组成。

3. 冷却系统的工作原理是：

1）当发动机工作温度较低时，节温器主阀门关闭、副阀门打开，冷却液经节温器返回发动机机体水套，进行小循环；

2）当发动机工作温度高于一定值时，节温器主阀门开启、副阀门关闭，冷却液经节温器及散热器进水软管流入散热器，在散热器中，冷却液向流过散热器周围的空气散热而降温，最后冷却液经散热器出水软管返回水泵，进行大循环；

3）当发动机冷却液温度处于大小循环的温度范围内，节温器主阀门和副阀门都部分开启，冷却液大小循环都同时存在，以调节发动机温度基本稳定。

项目九 发动机润滑系统拆装与结构认识

项目描述

汽车发动机高速运行时，曲轴以7000r/min的高速旋转，此时一旦缺少润滑，发动机就可能烧熔“抱轴”；活塞与活塞环在气缸中做高速往复运动，其线速度高达17～23m/s，也容易造成发热而“拉缸”；大量相互运动件都需要进行润滑，以减少运动件之间的摩擦，减轻机件的磨损，延长寿命，降低功率消耗。同时，润滑还兼有冷却、清洁、密封、防氧化锈蚀、降低噪声的功能。本项目将介绍发动机润滑系统的基本组成、结构与原理。

任务一　发动机润滑系统拆装

任务目标

1. 熟悉发动机润滑系统的基本组成。
2. 学会润滑系统主要机件的拆装。
3. 学会润滑系统主要机件的检查。
4. 学会正确选用机油和维护润滑系统。
5. 培养爱岗敬业、勤奋细心、认真负责、团结互助的职业道德和精神。

知识准备

发动机润滑系统一般由油底壳、机油集滤器、机油泵、机油滤清器和机油冷却器等组成。图9-1为桑塔纳2000GSi型轿车发动机的润滑系统。

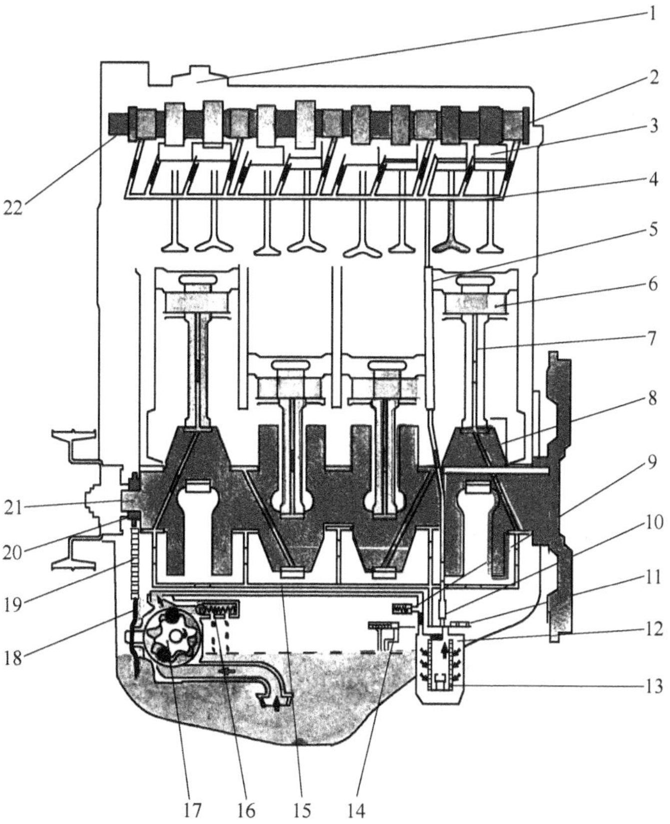

图 9-1 桑塔纳 2000GSi 型轿车发动机润滑系统

1—加机油口盖 2—凸轮轴轴颈 3—液压挺柱 4—气缸盖主油道 5—气缸盖—气缸体主油道 6—活塞销 7—连杆油道 8—曲轴油道 9、11—油压开关 10—单向阀 12—机油滤清器 13—旁通安全阀 14—限压阀 15—气缸体主油道 16—溢流阀 17—机油泵 18—机油泵链轮 19—链条 20—曲轴链轮 21—曲轴 22—凸轮轴

任务准备

1. 器材准备

参见图 9-2。

1）桑塔纳 2000GSi 型汽车发动机实验台 1 台/组。

2）机油泵、机油滤清器各 1 套/组。

3）常用发动机机油 1 套/组。

4）常用拆装工具 1 套/组。

5）一体化教室 1 间。

6）相关的教具、录像片及教学挂图 1 套。

2. 任务安排

1）实训课时：2 学时。

2）实训组织：每 5 ~ 6 人一组，由老师指导，观看发动机润滑系统拆装视频后，由学生自己动手进行拆装。

发动机实验台　　机油泵　　机油滤清器　　机油样品

图 9-2　实训物品

任务实施

一、润滑系统主要零部件拆装

以桑塔纳 2000GSi 型轿车为例，介绍润滑系统主要零部件的拆装。

1. 机油滤清器拆装

拆装机油滤清器时应使用机油滤清器扳手（图 9-3），机油滤清器螺栓拧紧力矩为 20N · m。

2. 油底壳的拆装

1）使发动机前端位于维修工作台上，放出发动机机油。

2）拆卸离合器防尘罩板。

3）如图 9-4 箭头所示，旋下副梁螺栓和发动机橡胶支承，缓缓放下副梁。

4）旋下油底壳上的所有螺栓，拆卸油底壳，必要时用橡胶锤轻轻敲击。

5）按拆卸相反次序安装油底壳。

图 9-3　机油滤清器扳手

图 9-4　旋下副梁螺栓和发动机橡胶支承

操作注意事项：

1）正式维修润滑系统时，应更换油底壳衬垫。

2）紧固油底壳螺栓时应交替对角拧紧。

3）主要部件螺栓应按规定力矩拧紧。

3. 机油泵的拆装

1）拆下油底壳。

2）旋下图 9-5 箭头所示螺栓。

3）将链轮和机油泵一起拆下。

4）按拆卸相反次序安装机油泵。

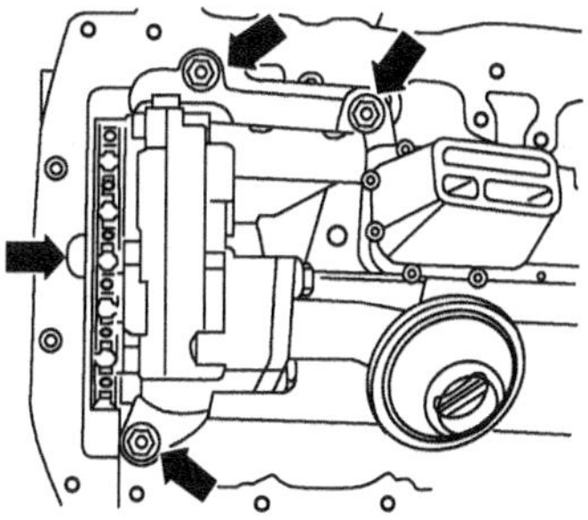

图 9-5 旋下螺栓

操作注意事项：

1）安装机油泵时，应将销钉插入到机油泵上端，机泵轴与链轮只能有一个安装位置。

2）主要部件螺栓应按规定力矩拧紧。

拓展与提高

一、机油泵检查

机油泵有齿轮式和转子式两种形式，下面以齿轮式机油泵为例。

1）机油泵盖与齿轮端面间隙检查。用钢直尺直边紧靠在带齿轮的泵体端面上（图 9-6），将塞尺插入二者之间的缝隙进行测量，其标准为 0.05mm，使用极限为 0.15mm，若不符合，可以通过增减泵盖与泵体之间的垫片来进行调整。

2）主、被动齿轮与泵腔内壁间隙检查。用塞尺插入二者之间的缝隙进行测量（图 9-7），超过 0.3mm 时应换新件。

3）主、被动齿轮的啮合间隙检查。用塞尺插入啮合齿间（图 9-8），测量 120°三点齿侧隙，标准为 0.05mm，使用极限为 0.20mm。

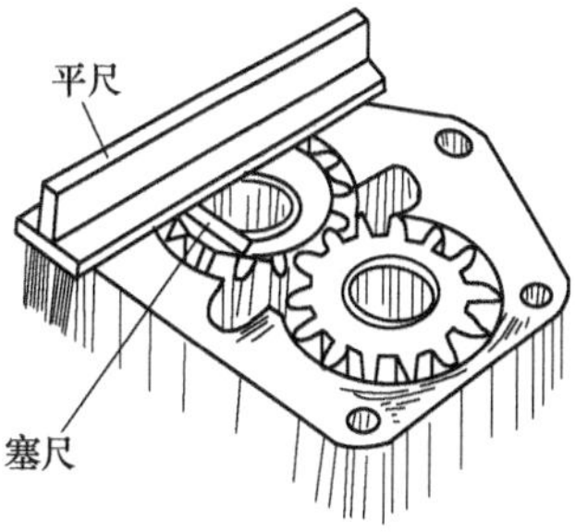

图 9-6 机油泵盖与齿轮端面间隙检查

图 9-7 主、被动齿轮与泵腔内壁间隙检查

图 9-8 主、被动齿轮的啮合间隙检查

二、机油压力开关的检测

以桑塔纳 2000GSi 型轿车为例，测试机油压力开关前应保证机油液面正常，当点火开关接通时机油压力警告灯应该闪亮；发动机机油温度约为 80℃。

1）拔下低压开关（0.025MPa，棕色绝缘层），将其拧到专用机油开关测试仪上（图 9-9）。

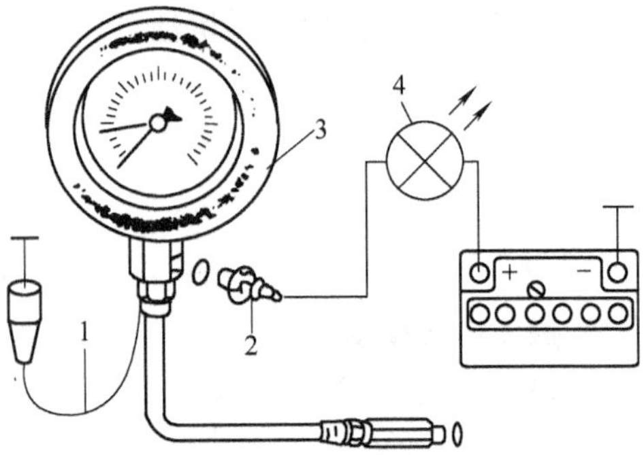

图 9-9　机油压力开关的检测
1—棕色导线　2—机油压力开关
3—专用机油开关测试仪　4—发光二极管

2）将测试仪拧到机油滤清器支架的压力开关的位置上，测试仪的棕色导线搭铁。

3）将二极管测试灯连接到机油压力开关和蓄电池正极上，发光二极管必须发亮。

4）起动发动机，并缓慢提高发动机转速。当机油压力为 0.015 ~ 0.045MPa 时，测试灯必须熄灭，否则更换机油压力开关。

5）将二极管测试灯拧在高压油压开关上（0.18MPa，白色绝缘层），当机油压力为 0.16 ~ 0.2MPa 时，发光二极管必须发亮，否则更换机油压力开关。

6）继续提高发动机转速，在 2000r/min 和 80℃ 的机油温度下，机油压力应至少维持在 0.2MPa。

检测评价

通过以上学习，根据任务实施过程，将完成任务情况填入表 9-1 中，完成检测评价。

表 9-1　发动机润滑系统拆装任务评价表

班级		姓名		日期	
序号	评价内容	配分	评分标准	自评	互评
1	正确使用工具、仪器	10	工具使用不当每次扣 2 分		
2	机油滤清器的拆装	15	拆装错误每次扣 2 分		
3	机油泵的拆装	20	拆装错误每次扣 2 分		
4	机油泵的检查	20	检查错误一处扣 2 分		
5	机油压力开关的检测	20	检测错误一处扣 2 分		
6	操作规范、有序、不超时、实施 5S 理念	15	操作不规范或超时每项扣 2 分		
7	安全用电、防火、无人身、设备事故		因违反操作安全发生重大人身和设备事故按 0 分计		
8	分数统计	100			
教师评语					

课后测评

实操题

1. 正确拆装机油泵和滤清器。
2. 正确检查机油泵和机油压力开关。

任务二　发动机润滑系统结构认识

任务目标

1. 掌握润滑系统的作用与分类。
2. 掌握润滑系统的基本组成、结构与原理。
3. 熟悉机油的循环路线。
4. 理解机油的主要性能、分类与选用。
5. 培养爱岗敬业、勤奋细心、认真负责、团结互助的职业道德和精神。

知识准备

一、润滑系统的作用

润滑系统的主要作用是减少运动件之间的摩擦，以减轻机件的磨损，延长寿命，降低功率消耗；同时还兼有冷却、清洁、密封、防氧化锈蚀和降低噪声的功能；在换气系统中的液压挺柱和可变气门升程控制，机油还起传力和控制的作用。

二、润滑方式

根据汽车发动机不同的运动表面特点，分别采用以下 3 种润滑方式。

1. 压力润滑

以一定的压力把机油供入摩擦表面的润滑方式。此种方式润滑可靠，但结构较为复杂，主要用于曲轴主轴承、连杆轴承及凸轮轴承等负荷较大的摩擦表面的润滑。

2. 飞溅润滑

利用发动机工作时运转零部件撞击机油溅起来的油滴或油雾润滑摩擦表面的润滑方式。该方式结构简单，但可靠性较差，主要用于负荷较轻的气缸壁面和配气机构的凸轮、挺柱、气门杆、摇臂等零部件的工作表面。

3. 润滑脂润滑

通过定期加注润滑脂来润滑零件工作表面的方式，如水泵及发电机轴承等。

任务准备

1. 器材准备

1）桑塔纳 2000GSi 型汽车发动机实验台 1 台/组。

2）机油泵、机油滤清器各 1 套/组。

3）常用拆装工具 1 套/组。

4）一体化教室 1 间。

5）相关的教具、录像片及教学挂图 1 套。

2. 任务安排

1）实训课时：2 学时。

2）实训组织：每 5 ~6 人一组，由老师指导，学生自己动手进行拆装。

任务实施

发动机润滑系统一般由油底壳、机油集滤器、机油泵、机油滤清器和机油冷却器等组成。

一、油底壳

发动机油底壳（图 9-10）用于存储机油，它由薄钢板冲压而成，为防止机油渗漏，其与机体结合面加有垫片和密封胶密封。

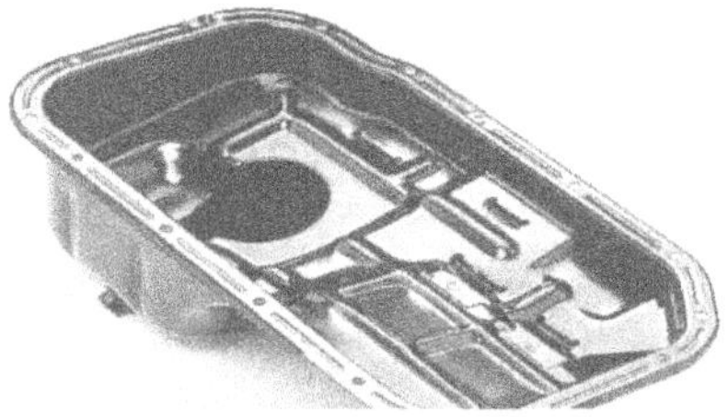

图 9-10　发动机油底壳

二、机油集滤器

机油集滤器安装在油底壳机油的入口，用来滤除机油中粗大的杂质。

机油集滤器有浮式和固定式两种。浮式集滤器（图 9-11）的浮筒 3 能随着油底壳油平面高低浮动，始终浮在油面上，以吸入上层干净的机油。滤网 2 采用金属丝编织，有弹性，中央有环口，一般情况下，借助滤网弹性，环口压紧在浮筒罩 1 上。浮筒罩边缘有缺口，浮筒罩与浮筒装合后形成进油狭缝。正常工作时，机油从油底壳经进油狭缝、滤网进入吸油管（图 9-11a），大杂质被滤网滤除；当滤网被杂质堵塞时，滤网上方真空度提高，将滤网吸向上方，环口离开浮筒罩，机油经进油狭缝和环口直接进入吸油管（图 9-11b），以防供油中断。

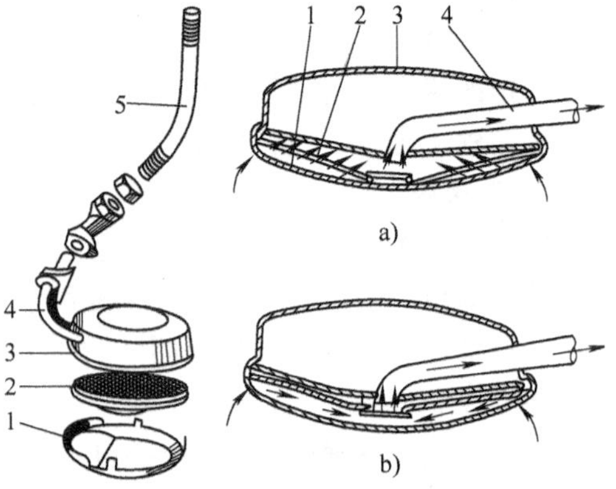

图 9-11　机油集滤器

a）滤网未堵塞　b）滤网堵塞

1—浮筒罩　2—滤网　3—浮筒　4—吸油管　5—固定油管

浮式集滤器由于浮在机油面上，容易吸入油面的泡沫而使机油压力下降，可靠性差；而固定式集滤器的浮筒淹没在油面下，其他结构与浮式集滤器类似。固定式集滤器工作可靠，但容易吸入油底壳底部杂质。

三、机油泵

机油泵用于将油底壳中的机油吸出，并以一定压力压向各润滑部位。机油泵按其结构不同可分为齿轮式和转子式两种，齿轮式又分外接齿轮式（图 9-12）和内接齿轮式（图 9-13）两种。

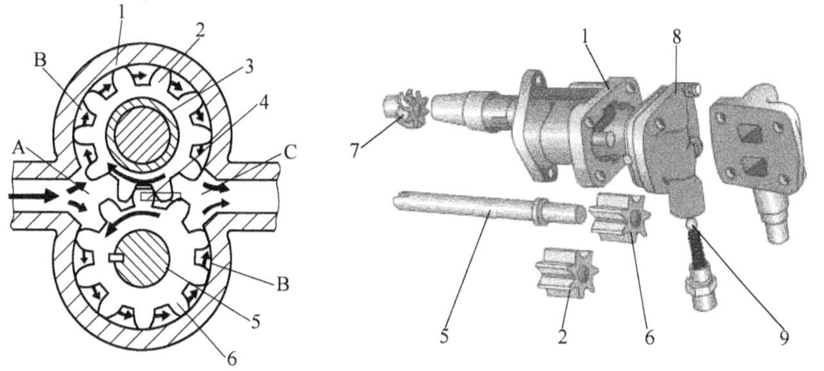

a)　　　　b)

图 9-12　外接齿轮式机油泵

a）工作原理　b）结构

1—机油泵体　2—机油泵被动齿轮　3—衬套　4—卸压槽　5—驱动轴　6—机油泵主动齿轮　7—驱动齿轮　8—机油泵端盖　9—压力调节阀　A—进油腔　B—过渡油腔　C—出油腔

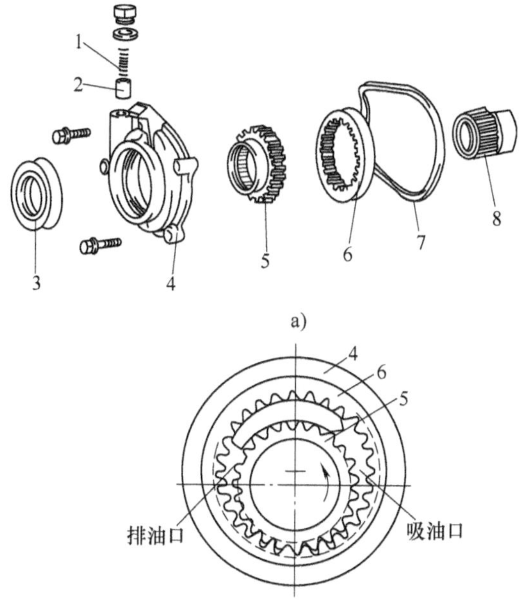

b)

图 9-13　内接齿轮式机油泵

a）结构　b）工作原理

1—安全阀弹簧　2—安全阀柱塞　3—曲轴前油封　4—机油泵体　5—主动外齿轮　6—从动外齿轮　7—O 形密封圈　8—花键套

1. 外接齿轮式机油泵

为了防止封闭在轮齿径向间隙内的油压过高引起的工作阻力加大和机油泵轴衬套磨损加快，在泵盖上加工有卸压槽4，使轮齿径向间隙内的机油经卸压槽流入出油腔。

在机油泵齿轮与泵盖之间加有垫片以进行密封，同时可以通过调整垫片厚度，调整齿轮端面间隙保持在0.05～0.20mm，该间隙过大，机油压力下降，泵油量减少。

2. 内接齿轮式机油泵

外齿轮5为主动齿轮，套在曲轴前端，通过花键套8直接由曲轴驱动；内齿轮6为从动齿轮，安装在机油泵体内，泵体固定在发动机机体前端。当主动齿轮旋转时，带动从动齿轮的齿轮旋转，进油容积由小变大，不断进油；出油容积不断由大变小，油压升高。这种齿轮泵直接由曲轴驱动，无须中间传动机构，所以其零部件数少、体积小、成本低，但泵油效率较低。

3. 转子式机油泵

转子式机油泵（图9-14）由内、外转子等零部件组成：内转子5有多个凸齿，外形为次摆线，固定在机油泵驱动轴4上，由机油泵齿轮1驱动；外转子3有比内转子多一个的凹齿，它自由地安装在机油泵壳体2内，并与内转子啮合转动。内外转子有一定偏心距，它们与机油泵体和泵盖组成了进油腔、过渡油腔和出油腔。

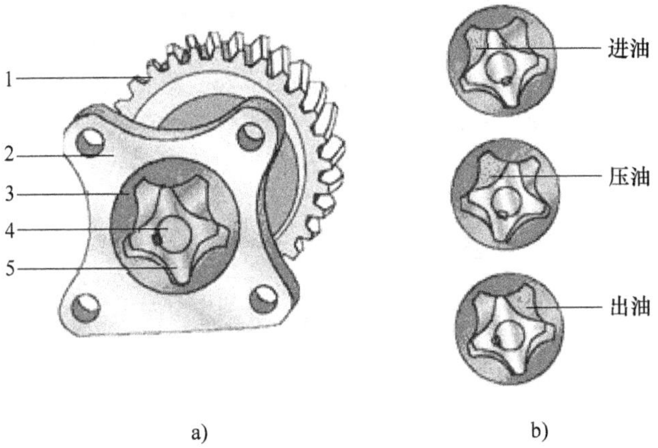

图9-14　转子式机油泵（一）

a）结构　b）工作原理

1—机油泵齿轮　2—壳体　3—外转子（被动）　4—驱动轴　5—机油泵内转子（主动齿轮）

机油泵工作时，内转子带动外转子旋转，进油腔容积不断由小变大，腔内产生一定真空度，机油从油底壳被吸入进油腔，随后经过过渡油腔，再进入出油腔，出油腔容积由大变小，使机油压力升高，再送往各润滑油道。

图9-15所示也是一种转子式机油泵，其内外转子的齿数较多，还带有安全阀6。

四、安全阀

机油泵由发动机驱动，当发动机转速升高时，机油泵运转速度加快，输油量增加，机油压力升高。为了防止压力过高，在润滑油路中（有的直接在机动泵上或滤清器上）设置有安全阀6（图9-15）。当机油压力超过规定值时，安全阀打开，多余的机油经安全阀流回机油泵的进油腔（或流回油底壳）。

五、机油滤清器

机油滤清器用来滤除机油中的金属屑、机械杂质和机油被氧化后生成的胶质。

机油滤清器若串联安装在机油泵与主油道之间，所有机油经过滤清器过滤，称该滤清器为全流式滤清器（图9-16）；若滤清器与主油道并联安装，只有一部分机油经过滤清器过滤，称该滤清器为分流式滤清器；有的发动机两种滤清器都有（如重型货车发动机），全流式滤清器作为粗滤器，滤除机油中直径为0.05mm以上的较大杂质后，再进入主油道，润滑各运动零部件表面；分流式滤清器作为细滤清器，滤除机油中直径为0.001mm以上的细小杂质后，再返回油底壳。

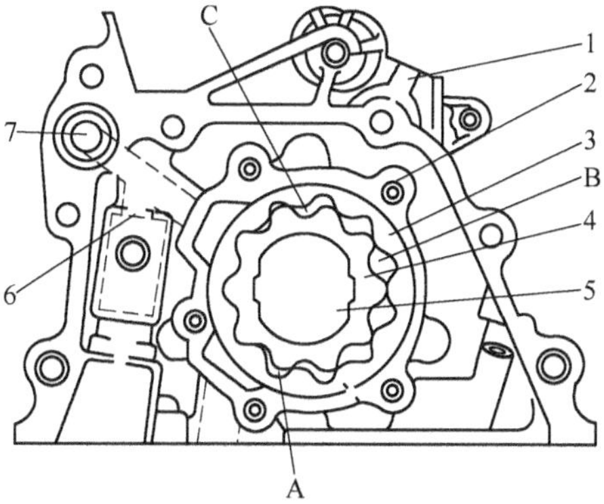

图9-15　转子式机油泵（二）

1—发动机体　2—机油泵体　3—外转子　4—内转子　5—驱动轴　6—安全阀　7—出油孔　A—进油腔　B—过渡油腔　C—出油腔

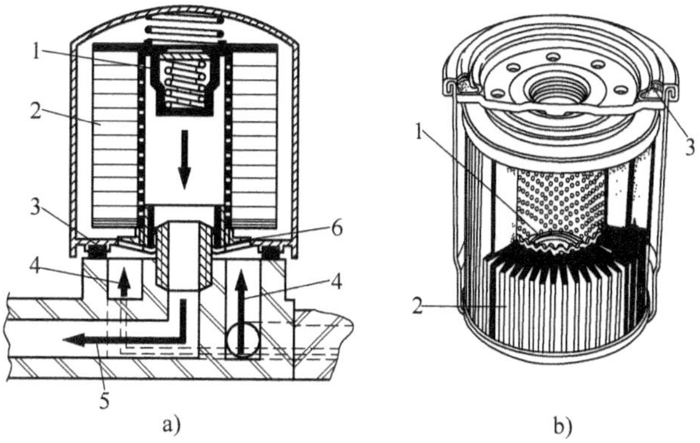

图9-16　全流式滤清器

a）滤清器　b）纸滤芯总成

1—安全阀　2—纸滤芯　3—密封圈　4—来自机油泵的机油　5—过滤后的机油　6—防漏阀

全流式滤清器外壳内安装有纸滤芯总成（图9-16b），机油泵来的机油从滤芯外围进入滤清器中心，过滤后的干净机油经出油口进入主油道。

滤清器使用一定时间后，滤芯外产生了较多杂质，应该按说明书要求及时更换新滤清器。为了防止用户未及时更换新滤清器造成滤芯堵塞，造成发动机缺机油的严重后果，在滤清器中设置有安全阀1，当滤芯堵塞，机油压力升高时，能克服弹簧的压力，顶开安全阀，直接进入主油道。

滤清器的滤芯材料有纸质、锯末和金属等，纸质滤芯结构简单、质量小、体积小、滤清效果好、成本低、保养方便，因而得到了广泛的应用。

为了提高机油过滤效果，有的发动机采用双滤芯（图9-17），称复合滤清器。正常情况下，从机油泵来的机油经进油口进入外滤芯6（粗滤芯），再进入内滤芯7（细滤芯），然后经中心油道从出油口流向主油道。

当内滤芯堵塞时，其前后压差达0.09～0.1MPa时，旁通阀15打开，机油从旁通阀流向主油道；当外滤芯堵塞时，其前后压差达0.2～0.25MPa时，安全阀3打开，机油从安全阀流向主油道。

六、机油冷却器

机油在发动机机体内循环，温度高达95℃以上，尤其是热负荷较高的发动机。过高的温度使机油黏度下降，不利于在摩擦表面形成油膜润滑，同时加快机油氧化变质，失去作用，所以有些发动机带有机油冷却器。

机油冷却器分为风冷和水冷两种：风冷式机油冷却器安放在发动机前部，其结构与冷却系统的散热器相似，靠汽车行驶时迎面风对机油进行冷却；水冷式机油冷却器（图9-18）靠冷却液冷却，在全流式机油滤清器4上带有水冷式机油冷却器，从冷却系统散热器出水管引来的冷却液在冷却器芯2的外面流过，而从机油泵来的机油经冷却器芯进入机油滤清器过滤，再经冷却器芯流出，在冷却器内进行热交换。

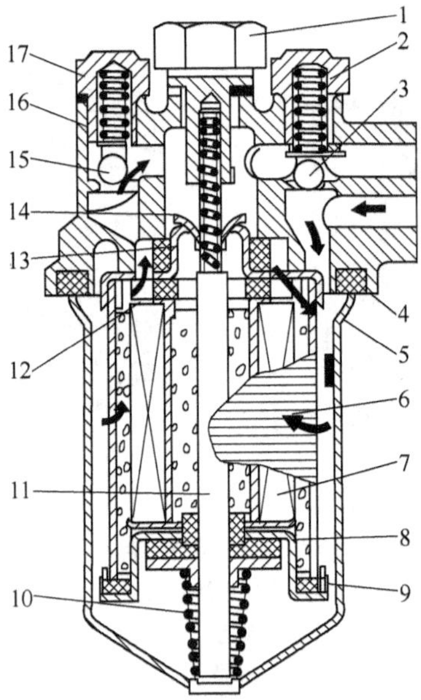

图9-17　复合滤清器

1—拉杆螺母　2—安全阀弹簧　3—安全阀　4—橡胶垫　5—壳体　6—外（粗）滤芯　7—内（细）滤芯　8—橡胶下油封　9—橡胶密封圈　10—滤芯底座弹簧　11—拉杆螺栓　12—橡胶上油封　13—密封圈　14—锁紧螺母　15—旁通阀　16—旁通阀弹簧　17—滤清器盖

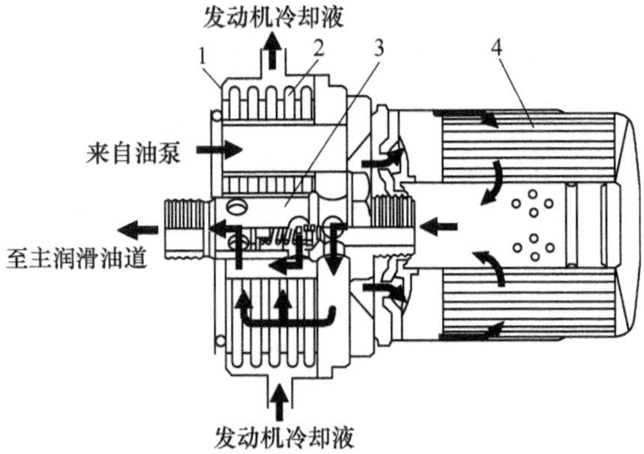

图9-18　水冷式机油冷却器

1—冷却器壳体　2—冷却器芯　3—安全阀　4—机油滤清器

七、发动机润滑油路

不同发动机润滑油路不同，但基本原则相同，对于负荷较大的曲轴主轴颈、连杆轴颈凸轮轴颈等采用压力润滑，而气缸、活塞、齿轮等采用飞溅润滑。常见的油路示意图如图9-19所示。

当发动机工作时，机油泵运转，油底壳的机油被吸上来，经过机油滤清器过滤，进入主油道再分为多路。第一路经主油道将机油分配到各曲轴主轴承，再由曲轴上的斜油孔通往各连杆轴承，由连杆体上的油孔通往连杆小头村套，流出的机油喷向活塞销、气缸壁以润滑气缸和活塞的活塞环；第二路经主油道将机油分配到各凸轮轴主轴承，同时经凸轮轴正时齿轮润滑正时齿轮室所有齿轮；第三路经气缸体上的一个通向气缸体上平面的油道，经气缸盖机油油道到摇臂轴中心，再分配到各摇臂轴和气门顶，如果是顶置式凸轮轴，则可以润滑凸轮轴轴颈和液压挺杆。同时曲轴旋转带动连杆摆动，连杆大头撞击机油，使机油溅到活塞、气缸的表面以进行润滑。

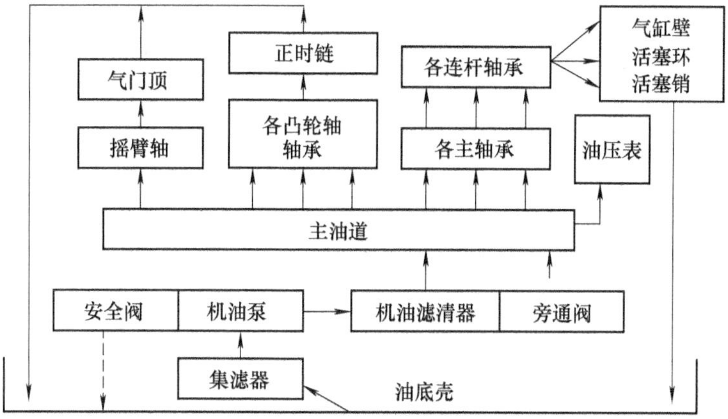

图 9-19　发动机润滑油路示意图

拓展与提高

一、发动机机油分类

我国汽车发动机机油分为 4 类、若干个等级（见表 9-2），每一种级别又有若干种单一黏度等级（如 30、40 和 50 号）和多黏度等级（如 5W-30、10W W-30、15W-40 等）。单一黏度等级的机油黏温性较差，只适应某一温度范围使用，多黏度等级的机油黏温性好，适应温度范围宽。

二、发动机机油主要性能

1. 黏度

黏度是指机油受外力作用移动时，分子间产生的内摩擦力大小，它是机油分级和选用的主要依据。黏度过小，在高温、高压下容易从摩擦表面流失，不能形成足够厚度的油膜；黏度过大，冷起动阻力增加，起动困难，机油不能及时被泵送到摩擦表面，导致起动磨损严重。

表 9-2　机油分类

种　类	等　级
汽油机油	SE、SF、SG、SH（GF-1）、SJ（GF-2）、SL（GF-3）、SM（GF-4）、SN（GF-5）
柴油机油	CC、CD、CF、CF-2、CF-4、CG-4、CH-4、CI-4、CJ-4
通用油	如 SJ/CF-4
农用柴油机油	用于农用柴油机及农用车

2. 黏温性

黏温性是指机油黏度随温度而变化的特性。发动机从起动到满负荷工作，温度变化范围大，导致机油温度变化大于100℃。若机油的黏度随温度变化太大，就会使高温时黏度太低，而低温时黏度太高，影响正常润滑。

3. 氧化安定性

氧化安定性是指机油抵抗氧化作用使其性质不发生永久变化的能力。机油工作温度高达95℃，产生氧化后，颜色变暗，黏度增加，酸性增大，并产生胶状沉积物。氧化变质的机油会腐蚀发动机零部件，甚至影响发动机的正常工作。

4. 其他性能

如极压性、防腐性、起泡性、清净分散性等，它们对发动机的润滑都会产生一定的影响，因此需要加入各种添加剂，以保证机油的性能。

三、发动机润滑系统的使用与维护

1. 发动机机油选用

应严格按照汽车使用说明书的要求，选用合适类型和牌号的机油。汽油机要选择汽油机机油，柴油机要选择柴油机机油，通用油适用于汽油机与柴油机。根据气温选用适当黏度等级的机油。

避免不同牌号的发动机机油混用，以免相互起化学反应。

选购时，应尽可能地购买有影响、有知名度的正规厂家的发动机机油，要特别注意辨别真假，以确保发动机机油质量。图9-20、图9-21显示了使用不良机油所导致的严重后果。

图9-20 火花塞结胶积炭

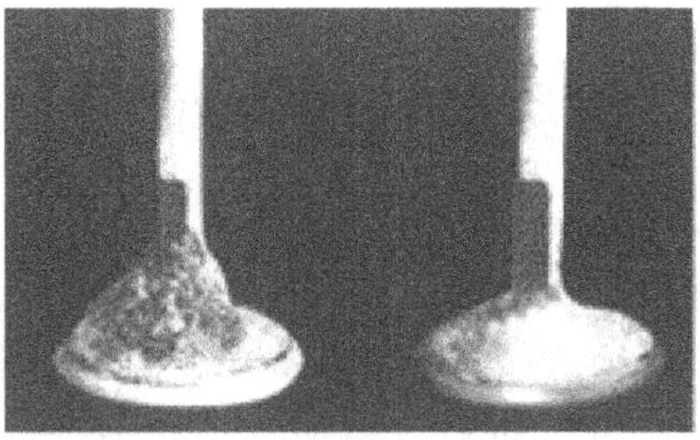

图9-21 气门积炭严重

2. 机油油面高度检查

每次出车前应抽出油尺，检查机油的油面位置。

油尺上有上刻度线和下刻度线，如图9-22所示油尺上有2/4、4/4两道刻线，正常的机油油面应位于两刻线之间，低于2/4刻线时，应及时补充机油，高于4/4刻线时，易造成发动机漏油，运转阻力增加，应及时放出多余的机油。

检查时汽车要停放在平地上，发动机熄火3min，待机油流回油底壳后，抽出油尺并将其擦净，再插回到底，重新抽出油尺，在油尺上就可以观察到机油油面位置。若油面处于油尺下刻度线的下方，应从加油口处加注机油，直到油面位置符合要求为止。若油面位置超过上刻度线，应放出多余的机油。

图 9-22 油尺

3. 机油压力检查

对于在驾驶室仪表盘上有机油压力表的汽车，可由机油压力表上直接读取主油道机油压力。对于驾驶室仪表盘上装有机油压力警告灯的汽车，当汽车在正常行驶中，警告灯亮即表示机油压力过低，如果进一步检测主油道的机油压力，则需要拧下安装在主油道上的机油压力传感器，利用其连接螺口，安装一机油压力表，由此表读取发动机工作时主油道内的机油压力。

4. 定期更换滤芯和机油

按照汽车使用说明书的要求，定期检查和更换机油滤芯器的滤芯。

一般汽车在完成走合里程后，汽车在每行驶 5000km，或每 3 个月，应更换一次滤芯和机油。注意检查机油颜色、气味、黏度的变化，如已变质，应及时更换。

更换机油时，在发动机熄火后的热机状态下，拧下油底壳底部的放油螺塞，放净发动机内的旧机油，再装回放油螺塞，从加油口加注新机油，直到油面位置符合要求为止。

在更换机油时，同时对润滑油道进行清洗。

5. 机油散热器维护

保持机油散热器外表干净，经常检查清除杂物和油垢。

在寒冷地区或冬季使用装有水冷式机油散热器的发动机时，若冷却系统中没有采用防冻液而用的是普通冷却水，在停车后放水时，应拧开水冷式机油散热器下面的放水开关，把机油散热器内的水放干净，以防机油散热器冻裂。

四、润滑脂

润滑脂俗称黄油，具有良好的黏附性，在常温下可附着于垂直表面而不流淌，可以在敞开或密封不良及受压较大的摩擦部位工作，并有防水、防尘、密封作用。

汽车发动机主要在水泵轴承及发电机轴承使用润滑脂。目前，普遍推荐使用的是通用锂基润滑脂，它具有良好的高低温适应性，可在 -30 ~ 120℃ 的温度范围内使用，具有良好的抗水性、防锈性、安定性和润滑性，在高速运转的水泵及发电机轴承使用，不变质，不流失，保证润滑。

检测评价

通过以上学习，根据任务实施过程，将完成任务情况填入表 9-3 中，完成检测评价。

表 9-3 发动机润滑系统结构认识任务评价表

班级		姓名		日期	
序号	评价内容	配分	评分标准	自评	互评
1	机油集滤器、机油滤清器的结构与原理	15	叙述错误每项扣 2 分		
2	机油泵的结构与原理	15	叙述错误每项扣 2 分		

（续）

序号	评价内容	配分	评分标准	自评	互评
3	机油冷却器的结构与原理	15	叙述错误每项扣 2 分		
4	发动机润滑油路	15	叙述错误每项扣 2 分		
5	机油的分类	15	叙述错误每项扣 2 分		
6	润滑系统的使用维护	15	叙述错误每项扣 2 分		
7	操作规范、有序、不超时、实施 5S 理念	10	操作不规范或超时每项扣 2 分		
8	安全用电、防火、无人身、设备事故		因违反操作安全发生重大人身和设备事故按 0 分计		
9	分数统计	100			
教师评语					

课后测评

一、选择题

1. 学生 a 说：润滑系统有减轻机件磨损、减小摩擦损失、降低功率消耗的作用；学生 b 说：润滑系统有密封、冷却、清洁和防氧化锈蚀作用。他们说法应该是（　　）。

A. 只有 a 学生正确　　B. 只有 b 学生正确

C. 学生 a 和 b 都正确　　D. 学生 a 和 b 都不正确

2. 下列说法正确的是（　　）。

A. 曲轴主轴承和连杆轴承是采用飞溅润滑

B. 配气机构的凸轮是采用压力润滑

C. 发动机的水泵及发电机轴承采用润滑脂润滑

D. 发动机正时齿轮是采用机油润滑

3. 学生 a 说：机油泵中设置安全阀的目的是防止机油压力过高；学生 b 说：机油泵中设置安全阀的目的是防止机油泵工作突然停止。他们说法应该是（　　）。

A. 只有 a 学生正确　　B. 只有 b 学生正确

C. 学生 a 和 b 都正确　　D. 学生 a 和 b 都不正确

4. 学生 a 说：机油黏温性是指机油黏度随温度而变化的特性；学生 b 说：机油黏温性越小越好。他们说法应该是（　　）。

A. 只有 a 学生正确　　B. 只有 b 学生正确

C. 学生 a 和 b 都正确　　D. 学生 a 和 b 都不正确

5. 学生 a 说：多黏度等级的润滑油黏温性好；学生 b 说：单一黏度等级机油黏温性好。他们说法应该是（　　）。

A. 只有 a 学生正确　　B. 只有 b 学生正确

C. 学生 a 和 b 都正确　　D. 学生 a 和 b 都不正确

二、问答题

1. 润滑系统一般由哪些零部件组成？各有何功用？
2. 简述转子式和齿轮式机油泵的结构与工作原理。
3. 画出所拆发动机的润滑油路示意图。
4. 分析发动机机油压力过低的原因。

三、实操题

进行润滑系统的日常使用维护。

项目小结

1. 润滑系统具有的减轻机件磨损、减小摩擦损失、降低功率消耗的作用，还具有密封、冷却、清洁和防氧化锈蚀的功能。

2. 汽车发动机润滑有压力润滑、飞溅润滑和润滑脂润滑三种方式。曲轴主轴承、连杆轴承及凸轮轴承等负荷较大的摩擦表面采用压力润滑；负荷较轻的气缸壁面和配气机构的凸轮、挺柱、气门杆、摇臂等采用飞溅润滑；水泵及发电机轴承采用润滑脂润滑。

3. 发动机润滑系统一般由油底壳、机油集滤器、机油泵、机油滤清器和机油冷却器等组成。为了保证可靠润滑，在机油泵和机油滤清器等零部件上安装有相应的安全阀门和旁通阀门。

4. 汽车发动机润滑剂有机油和润滑脂两类。机油的黏度、黏温性、氧化安定性等对使用性能影响较大。我国汽车发动机用机油分汽油机机油、柴油机机油、通用油和农用柴油机油 4 大类，每类又分若干级别。机油的选用应根据发动机类型及气温等条件确定。润滑脂主要应用于水泵轴承及发电机轴承，一般推荐使用通用锂基润滑脂。

项目十

汽车动力传动系统拆装与结构认识

项目描述

人们骑自行车时，是通过脚踩自行车踏板，经过链条等（相当于传动系统），驱动后轮转动，使自行车行驶。汽车也类似，它通过一套传动系统，将发动机发出的动力传给驱动车轮，推动汽车行驶，并实现减速增矩等功能。汽车传动系统主要包括离合器、变速器、传动轴、主减速器、差速器以及半轴等（图10-1），本项目将逐一介绍汽车传动系统各部件的结构和工作原理。

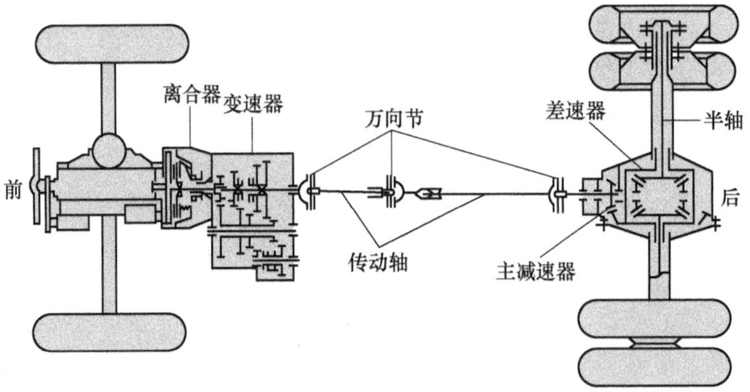

图10-1　汽车传动系统

任务一　离合器的拆装与结构认识

任务目标

1. 熟悉离合器及液压传动系统的基本组成。

2. 学会离合器的拆装与检查。
3. 学会主动盘、从动盘、主缸与工作缸等主要部件的拆装与检查。
4. 学会离合器踏板自由行程的检查与调整。
5. 培养爱岗敬业、勤奋细心、认真负责、团结互助的职业道德和精神。

知识准备

一、离合器的基本作用

离合器安装在发动机与变速器之间，在汽车行驶过程中，驾驶人可根据需要踩下或松开离合器踏板，以切断或传递发动机向变速器输入的动力。

二、离合器的基本结构

以目前汽车上广泛采用的摩擦式离合器为例，其基本结构及工作原理如图 10-2 所示，它主要由主动部分（飞轮 1）、从动部分（从动盘 2）、压紧机构（压紧弹簧 5）和操纵机构（分离套筒 7、操纵杆 4）四部分组成。

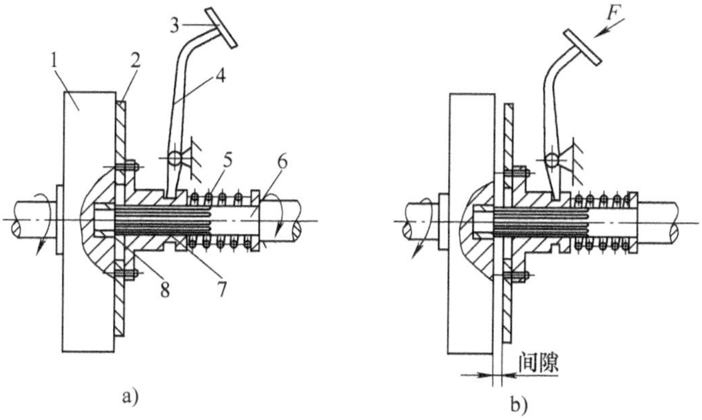

图 10-2　摩擦式离合器的工作原理

a）离合器接合　b）离合器分离

1—飞轮　2—从动盘　3—离合器踏板　4—操纵杆　5—压紧弹簧　6—花键轴　7—分离套筒　8—轴承

当离合器踏板处自由状态，从动盘在压紧弹簧作用下压紧在飞轮端面。发动机工作时，飞轮旋转，靠离合器从动盘摩擦片与飞轮端面之间的摩擦力，将动力传给变速器。

当踩下离合器踏板，通过操纵机构 4，使分离套筒 7 克服压紧弹簧作用力而右移，带动从动盘右移，使从动盘与飞轮端面出现间隙，切断发动机的动力传递。

任务准备

1. 器材准备

1）桑塔纳 2000GSi 型传动系统实验台 1 台/组。

2）常用拆装工具 1 套/组。

3）常用丁字套筒和花形套筒一套，塞尺，卡环钳，拉拔器、专用拆装工具一套、抹布等1套/组。

4）一体化教室1间。

5）相关的教具、录像片及教学挂图1套。

2. 任务安排

1）实训课时：4学时。

2）实训组织：每5~6人一组，由老师指导，观看完离合器拆装视频后，学生自己动手进行拆装。

任务实施

一、离合器拆装

以桑塔纳轿车离合器的拆装为例进行讲解。

1）用专用工具将飞轮固定（图10-3），然后逐渐将离合器压盘的固定螺栓对角拧松，取下离合器盖及压盘总成，并取下离合器从动盘。

2）用对角线交叉法分两次旋下离合器盖总成固定螺栓，依次取下离合器盖、从动盘（图10-4）。

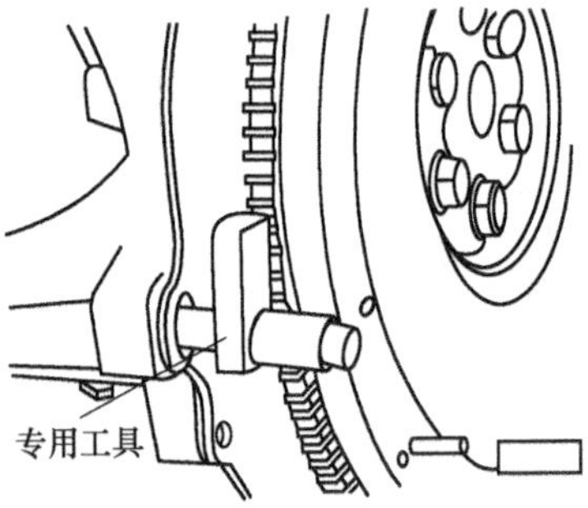

图10-3 用专用工具固定飞轮

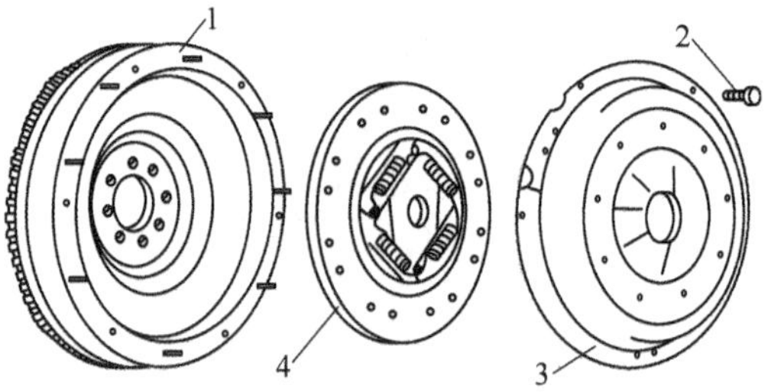

图10-4 离合器压盘和从动盘

1—飞轮 2—固定螺栓（25N·m） 3—压盘 4—从动盘

3）按图10-5所示的顺序分解离合器的其他部件。

4）离合器总成的装配。

① 用专用工具或自制工具将飞轮固定。

② 安装从动盘。

注意：从动盘上减振弹簧突出的一面必须朝外。

③ 安装离合器盖总成，对正装配标记，分两次对角交叉旋紧固定螺栓，使用扭力扳手以25N·m的拧紧力矩对角拧紧。

5）离合器的安装。用专用工具（图10-3）将飞轮固定。用专用工具或变速器第一轴将离合器从动盘定位于飞轮和压盘的中心（图10-6）。装上紧固螺栓，并用25N·m的力矩对角逐渐拧紧。

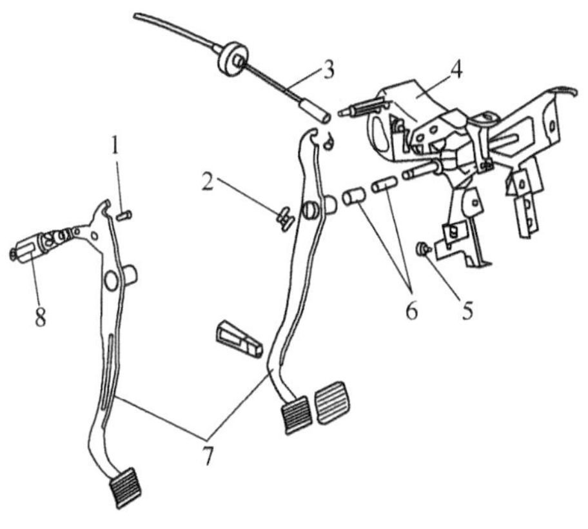

图 10-5　离合器踏板装置分解图

1—连接销　2—保险装置　3—离合器拉索
4—踏板支架　5—限位块　6—轴承衬套
7—离合器踏板　8—助力弹簧

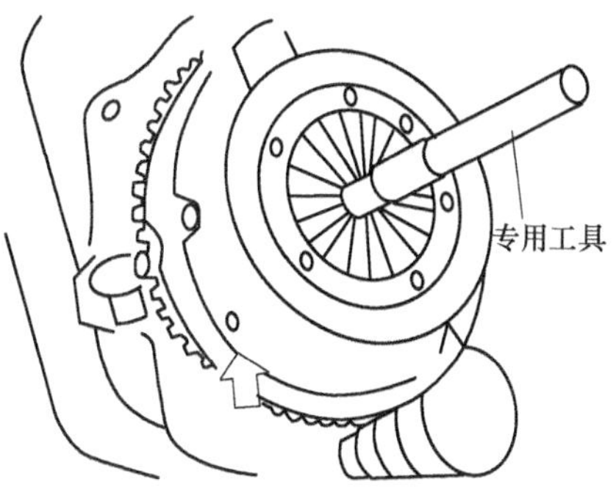

图 10-6　离合器的安装

二、离合器主缸、工作缸的拆装

1. 离合器主缸的拆卸

1）取下离合器踏板与主缸推杆叉的连接销轴。

2）从主缸上拧下进油管和出油管接头。

3）拧下主缸固定螺栓，拉出主缸。

2. 离合器工作缸的拆卸

拧下工作缸进油管接头，再拆下工作缸固定螺栓，即可拉出工作缸。

工作缸的分解过程是：拉出工作缸推杆，拆下防尘罩，然后用压缩空气将工作缸活塞从缸筒内压出来。

3. 离合器主缸、工作缸的装配

主缸和工作缸的装配，按拆卸与分解相反顺序进行。

操作注意事项：

1）零件在装配前要用非腐蚀性液体清洗干净，并在活塞、皮碗、皮圈、缸套等零件上涂一层制动液。

2）装合后推杆应在缸筒内运动灵活。在放松位置时，主缸皮碗和活塞头部应位于进油孔和补偿孔之间，两孔都开放。

3）工作缸上带有塑料支承环，安装时外表面要涂上一层薄薄的机油，工作缸推杆末端也要涂上润滑脂。

4）安装离合器工作缸时，需要用一个适应的杠杆克服弹簧的弹力，将其压向变速器壳相应的孔中后，方能将固定螺栓拧入。

三、离合器踏板自由行程的调整

驾驶人在踩下离合器踏板后，需要先消除操纵机构中的机械、液压间隙和离合器分离间隙，然后才能分离离合器。为消除这些间隙所需要的离合器踏板行程，称为离合器踏板自由行程。桑塔纳轿车离合器踏板自由行程应为 15～20mm，其调整是靠离合器拉索的调整来进行的，具体可通过图 10-7 箭头所示的调整螺母来进行。

四、离合器的结构认识

如图 10-8 所示为桑塔纳 2000GSi 汽车摩擦式离合器，它由主动部分、从动部分、压紧装置和操纵机构四部分组成。

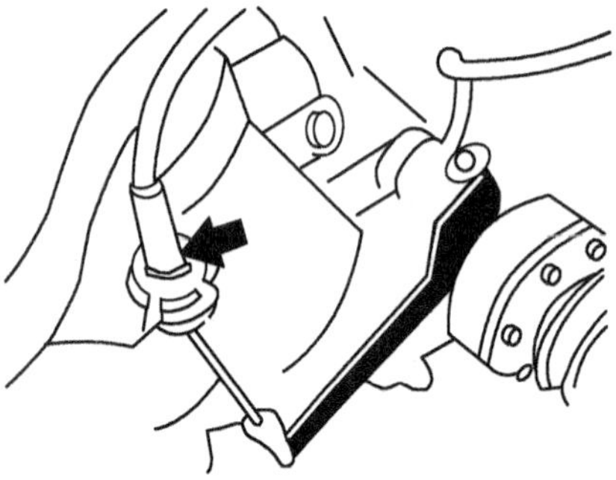

图 10-7　离合器踏板自由行程的调整

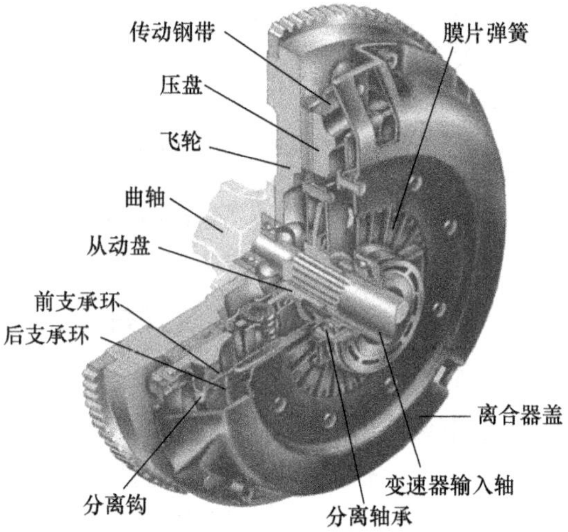

图 10-8　桑塔纳 2000GSi 汽车离合器

1. 主动部分

主动部分包括飞轮、离合器盖和压盘等。离合器盖通过螺钉与飞轮固定，与压盘之间通过四组传动钢片来传递转矩。

2. 从动部分

从动部分主要由从动盘组件（简称从动盘）组成，从动盘有带与不带扭转减振器的两种结构形式。

（1）不带扭转减振器的从动盘（图 10-9）　从动盘钢片直接铆接在从动盘毂上。为了提高接合的柔和性，在从动盘钢片与摩擦片之间加铆波浪形弹性钢片，使从动盘具有一定的轴向弹性。为了获得足够的摩擦力矩，在从动盘钢片上铆接前、后两片摩擦片，摩擦片通常用石棉合成物制成，具有较大的摩擦系数、良好的耐磨性、耐热性和适当的弹性。

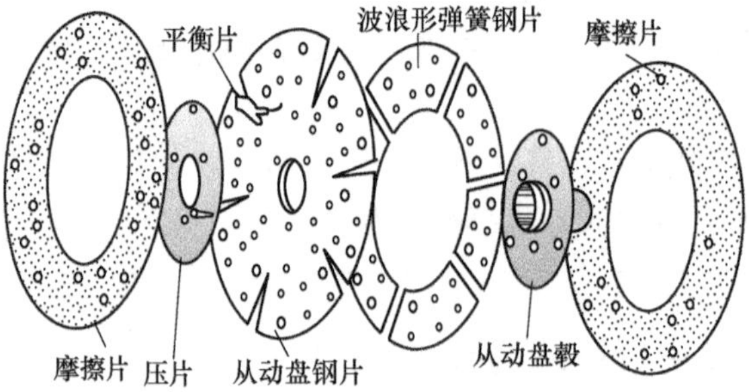

图 10-9　不带扭转减振器的从动盘

（2）带扭转减振器的从动盘　这种从动盘（图 10-10）外缘部分（即铆装摩擦片的部分）的结构原理基本与上述的相同，只是在中心部分附装有扭转减振器。

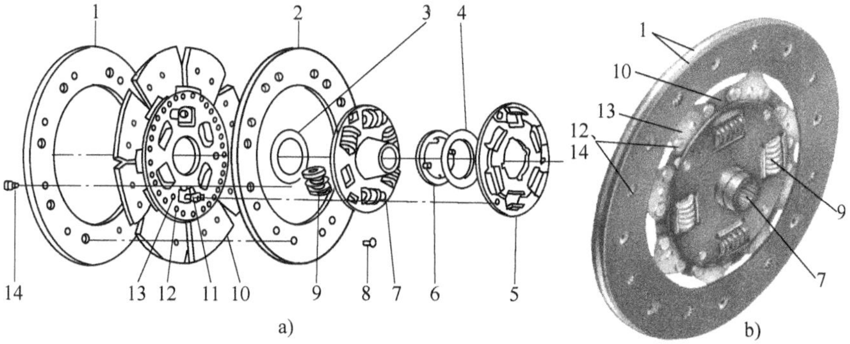

图 10-10　带扭转减振器的离合器从动盘

a）零件分解图　b）装配图

1、2—摩擦片　3—摩擦垫圈　4—碟形垫圈　5—减振器盘　6—摩擦板　7—盘毂

8、12、14—铆钉　9—减振器弹簧　10—波形片　11—止动销　13—从动盘本体

带扭转减振器的从动盘的工作原理如图 10-11 所示，从动盘不工作时（图 10-11a），从动盘本体 13、盘毂 7 及减振器盘 5 三者的窗孔是相互重合的；从动盘工作时（图 10-11b），由摩擦片传递的转矩首先通过波形片传到从动盘本体和减振器盘上，再经六个减振弹簧传给从动盘毂，这时弹簧被压缩，借此缓和冲击。

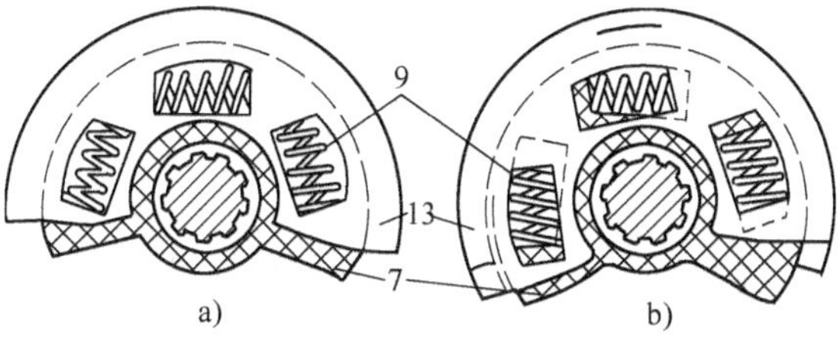

图 10-11　扭转减振器工作示意图

a）不工作时　b）工作时（图注同图 10－10）

3. 压紧装置

压紧装置有螺旋弹簧和膜片弹簧压紧两种形式。

（1）螺旋弹簧压紧装置　图 10-12 为弹簧式离合器，由 16 个沿圆周分布的螺旋压紧弹簧组成，位于压盘和离合器盖之间。在压紧弹簧压力作用下，压盘将从动盘压紧，并使其与飞轮紧密接触，离合器处于接合状态。

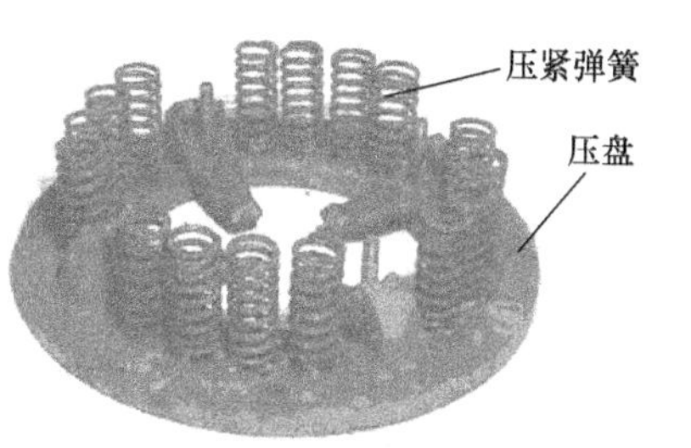

图 10-12　螺旋弹簧压紧装置

（2）膜片弹簧压紧装置　图 10-13 为膜片弹簧离合器，其结构特点是压紧弹簧 3 是用薄弹簧钢板制成的带有锥度的膜片弹簧，其靠中心部分开有 18 条径向切口，末端接近外缘处加工呈圆孔，形成 18 根弹性杠杆。支承铆钉 8 穿过膜片弹簧末端圆孔铆在离合器盖 1 上，膜片弹簧外缘抵靠在压盘 5 的环形凸起上，膜片弹簧两侧有钢丝支承环 2 和 4，作为膜片弹簧的支点，转矩由通过传动片 6、离合器盖 1，传至压盘 5。

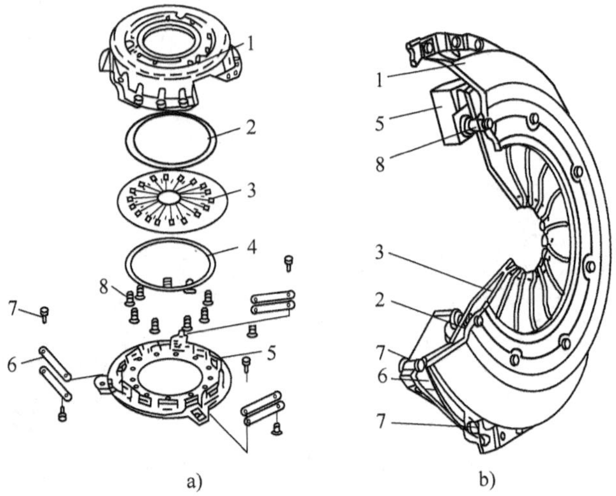

图 10-13　膜片弹簧离合器

a）分解图　b）组装图

1—离合器盖　2、4—钢丝支承环　3—膜片弹簧　5—压盘　6—传动片　7—铆钉　8—支承铆钉

4. 操纵机构

桑塔纳 2000GSi 型轿车离合器液压操纵系统由离合器踏板、储液罐、进油软管、离合器主缸、离合器工作缸、油管总成、分离叉和分离轴承等组成，如图 10-14 所示。

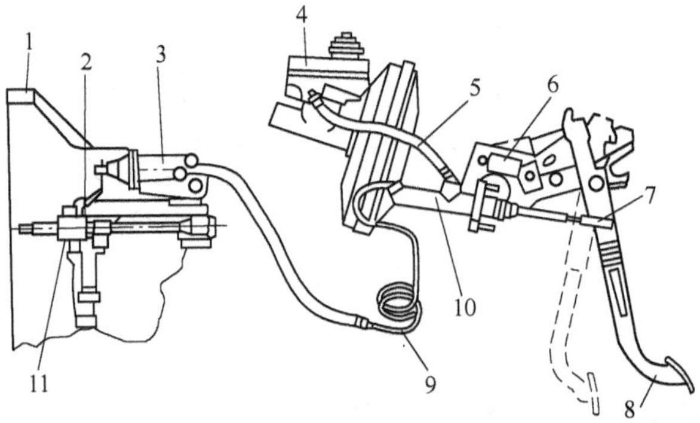

图 10-14　离合器液压操纵系统

1—变速器壳体　2—分离叉　3—离合器工作缸　4—储液罐　5—进油软管　6—助力弹簧　7—推杆接头　8—离合器踏板　9—油管总成　10—离合器主缸　11—分离轴承

储液罐有两个出油孔，分别把制动液供给制动主缸和离合器主缸。

离合器主缸的结构如图 10-15 所示，主缸体借补偿孔 A、进油孔 B 通过进油软管与储液罐相通。主缸内装有活塞，活塞中部较细，且为“十”字形断面，使活塞右方的主缸内腔形成油室。活塞两端装有皮碗，活塞左端中部装有单向阀，经小孔与活塞右方主缸内腔的油室相通。当离合器踏板处于初始位置时，活塞左端皮碗位于补偿孔 A 与进油孔 B 之间，两孔均为开放状态。

离合器工作缸结构如图 10-16 所示，工作缸内装有活塞、皮碗、推杆等，缸体上还设有放气螺塞。当管路内有空气存在而影响操纵时，可拧出放气螺塞进行放气。工作缸活塞直径为22.2mm，主缸活塞直径为19.05mm，由于工作缸活塞直径略大于主缸活塞直径，故液压系统稍有增力作用，以补偿液流通道的压力损失。

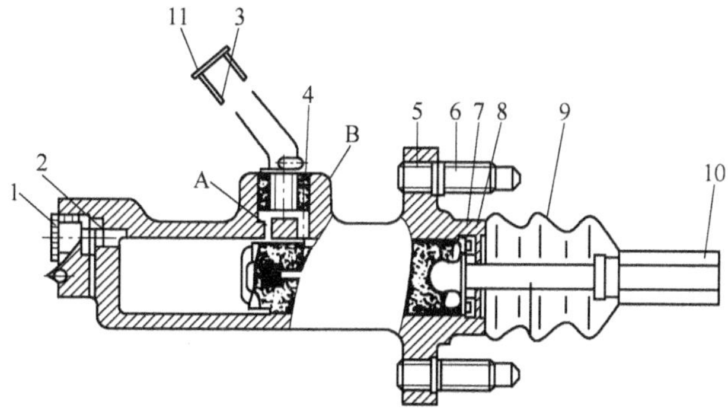

图10-15　离合器主缸结构
1—保护塞　2—壳体　3—管接头　4—皮碗　5—阀芯　6—固定螺栓　7—卡簧　8—挡圈
9—护套　10—推杆　11—保护套　A—补偿孔　B—进油孔

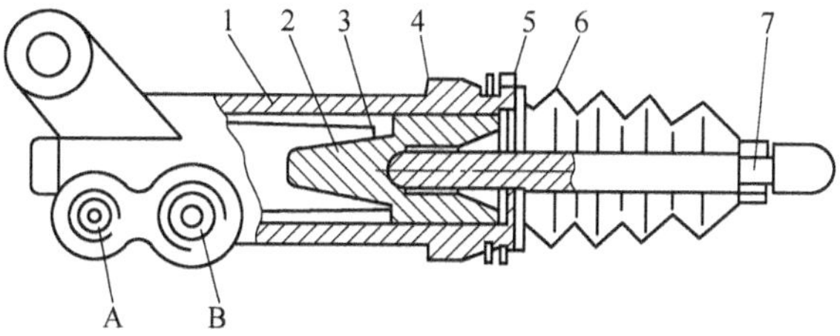

图10-16　离合器工作缸结构
1—壳体　2—活塞　3—管接头　4—皮碗　5—挡圈　6—保护套　7—推杆　A—放气孔　B—进油孔

拓展与提高

离合器液压系统中空气的排出

离合器液压操纵系统在经过检修之后，管路内可能进入空气，在添加制动液时也可能使液压系统中进入空气。空气进入后，由于缩短了主缸推杆行程即踏板工作行程，从而使离合器分离不彻底。因此，液压系统检修后或怀疑液压系统进入空气时，就要排除液压系统中的空气。排气方法如下：

1）将主缸储液罐中的制动液加至规定高度。

2）在工作缸的放气阀上安装一软管，接到一个盛有制动液的容器内（图10-17）。

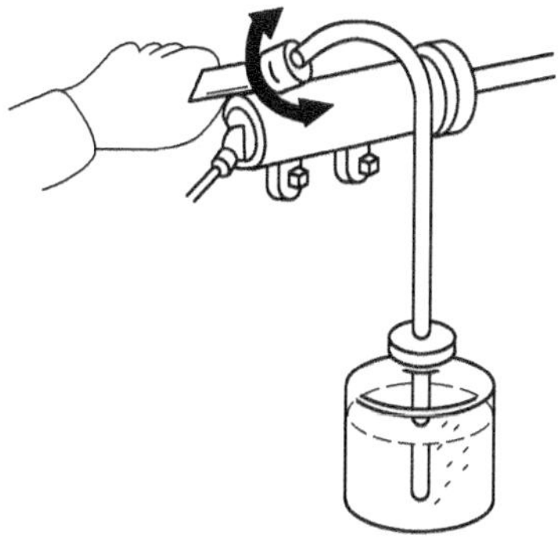

图10-17　工作缸放气

3）慢慢地踏离合器踏板数次，感到有阻力时踏住不动，拧松放气阀直至制动液开始流出，然后再拧紧放气阀。

4）连续按上述方法操作几次，直到流出的制动液中不见气泡为止。

5）空气排除干净之后，需要再次检查及调整踏板自由行程。

操作注意事项：

1）用千斤顶顶起汽车，要注意安全。

2）排空气需要两个人配合工作。

检测评价

通过以上学习，根据任务实施过程，将完成任务情况填入表10-1中，完成检测评价。

表10-1　离合器拆装任务评价表

班级		姓名		日期	
序号	评价内容	配分	评分标准	自评	互评
1	正确使用工具、仪器	10	工具使用不当每次扣2分		
2	自由行程的调整	10	操作错误每项扣2分		
3	离合器的拆装与检查	30	错误每项扣3分		
4	主缸的拆装与检查	20	错误每项扣2分		
5	工作缸的拆装与检查	15	错误每项扣2分		
6	操作规范、有序、不超时、实施5S理念	15	操作不规范或超时每项扣2分		
7	安全用电、防火、无人身、设备事故		因违反操作安全发生重大人身和设备事故按0分计		
8	分数统计	100			
教师评语					

课后测评

一、选择题

1. 汽车离合器安装于（　　）。

A. 发动机与变速器之间　　B. 变速器与后驱动轴之间

C. 带轮与变速器之间　　D. 分动器与变速器之间

2. 汽车离合器的主要作用有（　　）。

A. 保证汽车怠速平稳　　B. 使换档时工作平顺

C. 防止传动系统过载　　D. 增加变速比

3. 下列说法正确的是（　　）。

A. 汽车离合器操作要领是分离时要迅速、彻底，接合时要平顺、柔和

B. 汽车离合器有摩擦式、液力耦合式和带式等几种

C. 离合器从动盘有带扭转减振器和不带扭转减振器两种结构形式
D. 离合器的压盘压力越大越好

二、问答题

1. 汽车摩擦式离合器主要有哪几部分组成，其基本结构与工作原理如何？
2. 什么是离合器踏板自由行程？有什么作用？

三、实操题

1. 正确拆装与检查离合器。
2. 正确拆装与调整主缸、工作缸。
3. 正确检查与调整踏板的自由行程。

任务二 手动变速器的拆装与结构认识

任务目标

1. 掌握手动变速器的基本作用与组成。
2. 熟悉手动变速器的结构与工作原理。
3. 学会手动变速器的拆装。
4. 学会手动变速器的检查与调整。
5. 培养爱岗敬业、勤奋细心、认真负责、团结互助的职业道德和精神。

知识准备

一、变速器的功用

1）改变传动比：扩大驱动轮的转矩和转速的变化范围，以适应经常变化的行驶条件，如起步、加速、上坡等，使发动机在有利的工况下工作。

2）在发动机的旋转方向不变的前提下，使汽车能倒退行驶。

3）利用空档，中断动力传递，以使发动机能够起动、怠速运转，并便于变速器的换档操作或动力输出。

二、手动变速器的总体组成与工作原理

桑塔纳2000系列轿车采用五档手动变速器，由传动机构、操纵机构、变速器壳体等组成，其结构紧凑、噪声低、操作灵活可靠。该变速器的五个前进档均装有锁环惯性式同步器，换档轻便，所有档位都采用防跳档措施。

桑塔纳2000系列轿车五档手动变速器的结构如图10-18所示，图10-19为桑塔纳2000系列轿车五档变速器传动原理图。当驾驶人挂上某一档位时，动力由输入轴传入变速器，通过相啮合的齿轮副将动力由输出轴传至主减速器，在变速器中实现了变速、变矩。变速器设置有超速档（传动比小于1），主要用于在良好路面或空车行驶时，提高汽车的燃料经济性。

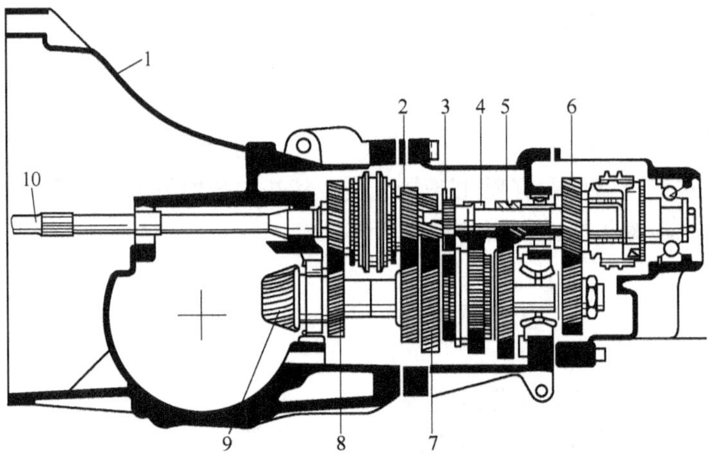

图 10-18　变速器的结构

1—变速器壳体　2—输入轴三档齿轮　3—倒档齿轮　4—倒档轴　5—输入轴一档齿轮
6—输入轴五档齿轮　7—输出轴二档齿轮　8—输出轴四档齿轮　9—输出轴　10—输入轴

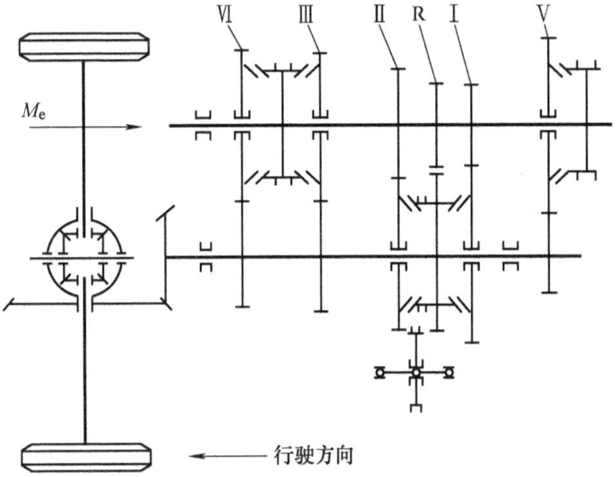

图 10-19　变速器传动原理图

任务准备

1. 器材准备

1）桑塔纳 01N 型汽车手动变速器 1 台/组。

2）常用拆装工具 1 套/组，塞尺、卡环钳、拉拔器、专用拆装工具 1 套/组、放置小零件的容器 3 个/组。

3）一体化教室 1 间。

4）相关的教具、录像片及教学挂图 1 套。

2. 任务安排

1）实训课时：4 学时。

2）实训组织：每 5 ~ 6 人一组，由老师指导，观看完变速器拆装视频后，学生自己动手进行拆装。

任务实施

一、手动变速器拆装

1. 整套齿轮的拆卸

1）清洗变速器外表，将其固定在修理架上，放出机油。

2）拆下变速器后盖。

3）拆下轴承支座。

4）拆下整套齿轮。

2. 输入轴的拆卸

输入轴的分解图如图 10-20 所示。

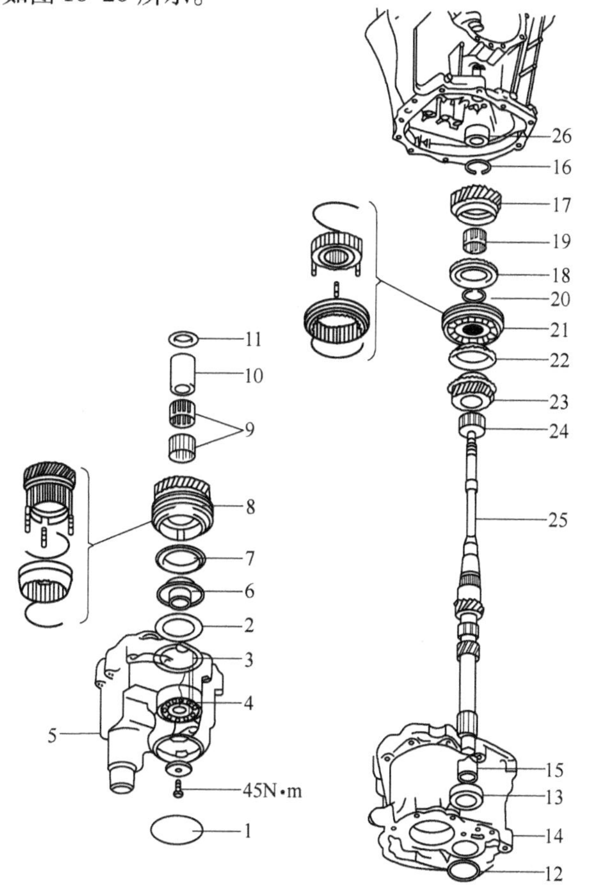

图 10-20　输入轴分解图

1—后轴承的罩盖　2—挡油圈　3—锁环　4—输入轴后轴承　5—变速器后盖　6—五档同步器套管　7—五档同步环　8—五档同步器和齿轮　9—五档齿轮滚针轴承　10—五档齿轮滚针轴承内圈　11—固定垫圈　12—锁环　13—中间轴承　14—轴承支座　15—中间轴承内圈　16—有齿的锁环　17—四档齿轮　18—四档同步环　19—四档齿轮滚针轴承　20—锁环　21—三档和四档同步器　22—三档同步环　23—三档齿轮　24—三档齿轮滚针轴承　25—输入轴　26—输入轴滚针轴承

1）拆下四档齿轮的锁环。取下四档齿轮、同步环和滚针轴承。

2）拆下同步器锁环，如图 10-21 所示。

3）取下三档和四档同步器。取下三档同步环和齿轮，如图 10-22 所示。取下三档齿轮的滚针轴承。

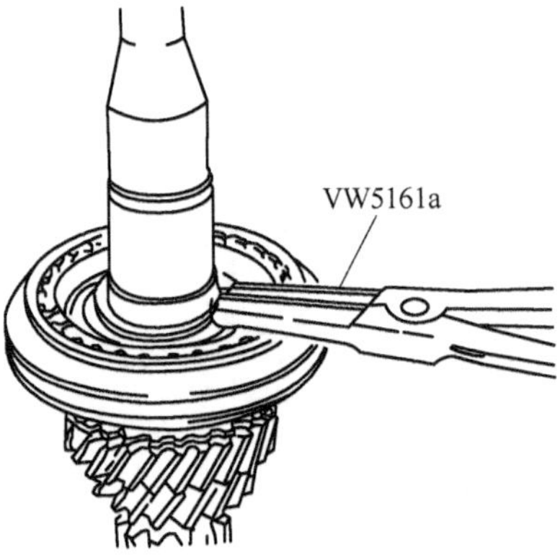

图 10-21　拆下同步器锁环

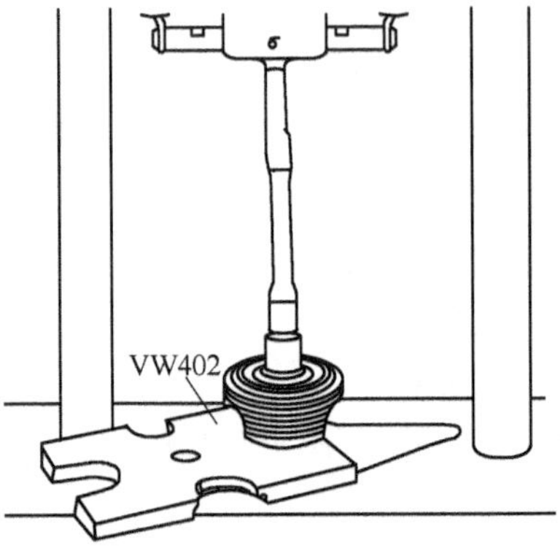

图 10-22　取下三档同步环及齿轮

4）取下输入轴的中间轴承内圈，如图 10-23 所示。

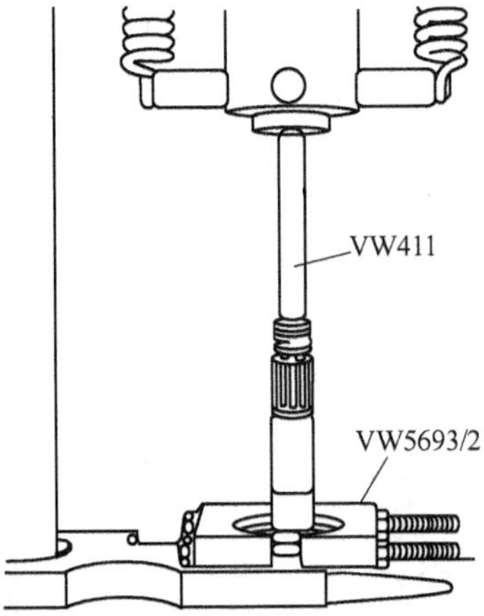

图 10-23　取下输入轴中间轴承内圈

3. 输出轴的拆卸

输出轴的分解图如图 10-24 所示。

1）拆下输出轴内后轴承和一档齿轮，如图 10-25 所示。取下滚针轴承和一档同步环。

2）取下滚针轴承的内圈、同步器和二档齿轮，如图 10-26 所示。然后，取下二档齿轮的滚针轴承。

3）拆下三档齿轮的锁环、三档齿轮，如图 10-27 所示。

4）拆下四档齿轮的锁环、四档齿轮，如图 10-28 所示。

5）拆下输出轴的前轴承。

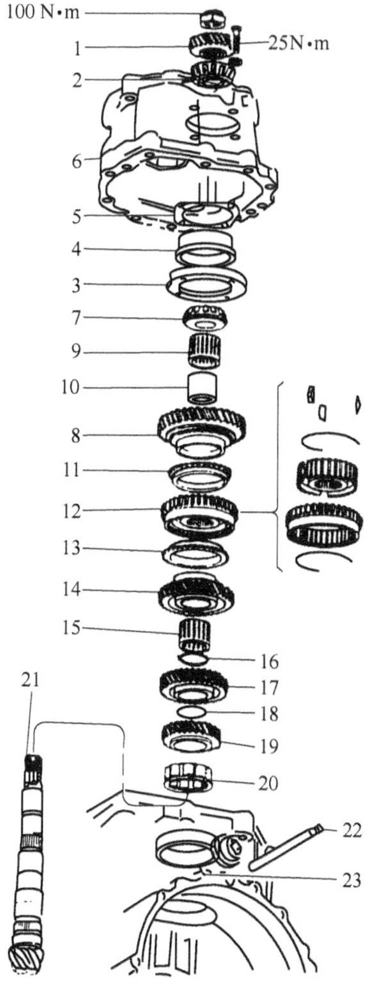

图 10-24　输出轴分解图

1—五档齿轮　2—输出轴外后轴承　3—轴承保持架　4—后轴承外圈　5—调整垫片 S3　6—轴承支座　7—输出轴内后轴承　8——档齿轮　9——档齿轮滚针轴承　10——档齿轮滚针轴承内圈　11——档同步环　12——档和二档同步器　13—二档同步环　14—二档齿轮　15—二档齿轮滚针轴承　16—挡环（厚度应用测量薄板用的样板测定，可使用的厚度为 1.5mm 和 1.6mm）　17—三档齿轮（凸缘应转向四档齿轮）　18—挡环　19—四档齿轮（凸缘应转向锥主动齿轮）　20—输出轴前轴承　21—输出轴　22—圆柱销　23—输出轴前轴承外圈

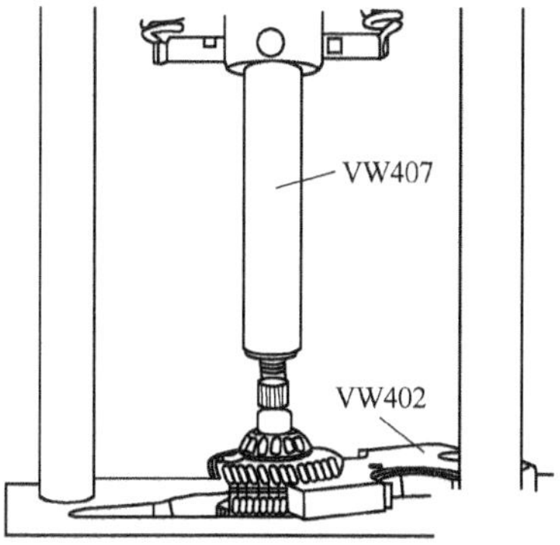

图 10-25　拆下内后轴承和一档齿轮

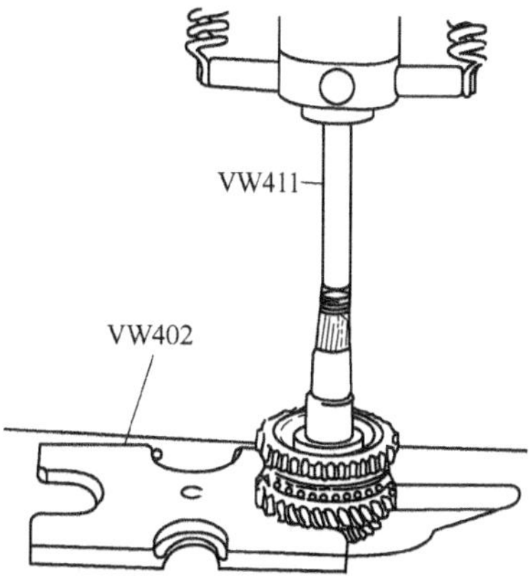

图 10-26　拆下滚针轴承的内圈、同步器和二档齿轮

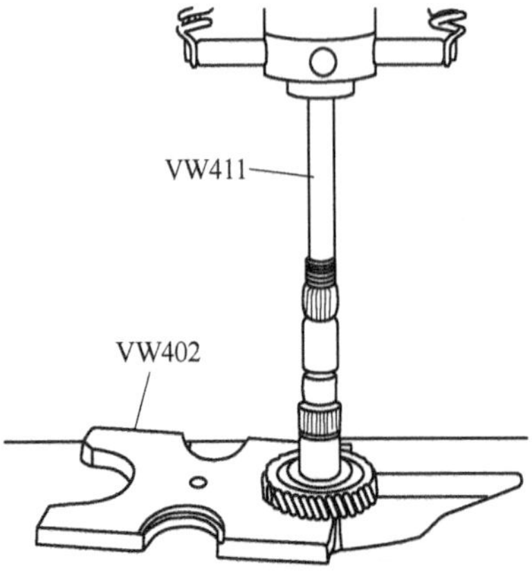

图 10-27　拆下三档齿轮

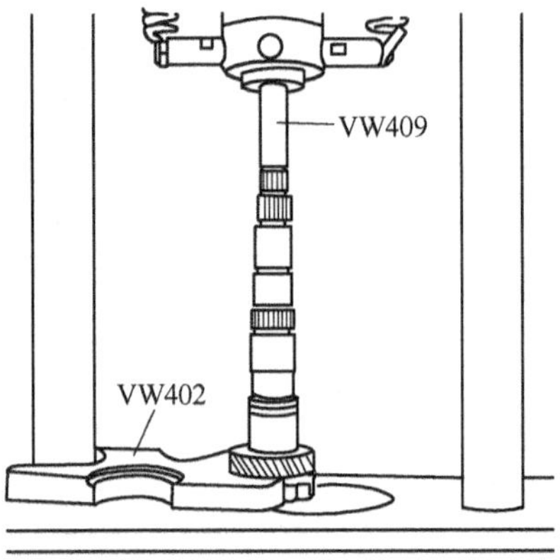

图 10-28　拆下四档齿轮

4. 输入轴、输出轴的安装

1）检查所有齿轮和轴承的损坏情况，并更换损坏件。

2）用干净的柴油清洗各零部件。

3）按照拆卸相反顺序安装各零部件。注意各零部件的相对安装位置、安装间隙（利用各种厚度垫片调整）和螺钉紧固力矩。

二、手动变速器结构认识

1. 手动变速器同步器

（1）同步器的作用　变速器在换档过程中，必须使所选档位相对应的、准备要啮合的一对齿轮轮齿的圆周速度相等，才能平顺地啮合而挂上档。同步器的功用就是使接合套与待啮合的齿圈迅速同步，实现无冲击换档，缩短换档时间，简化驾驶人换档操作。

（2）同步器的结构及工作原理　同步器有常压式、惯性式、自行增力式等种类。目前广泛采用的是惯性式同步器，以锁环式惯性同步器为例，其构造如图 10-29 所示，它由锁环 5 和 9、滑块 6、弹簧圈 8、花键毂 3 及接合套 7 等组成。

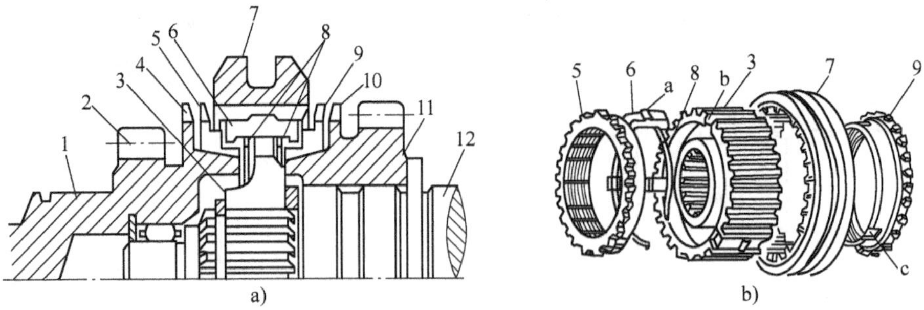

图 10-29　锁环式惯性同步器

a）装配图　b）分解图

1—第一轴　2—第一轴齿轮　3—花键毂　4、10—接合齿圈　5、9—锁环（同步环）　6—滑块　7—接合套　8—弹簧圈　11—三档齿轮　12—第二轴　a—滑块凸起　b—滑块槽　c—缺口

以三档挂入四档（直接档）来说明其工作过程。当接合套刚从三档退出到空档位置时，接合套7与锁环5在惯性作用下，继续沿原方向转动。锁环5在轴向是自由的，所以其内锥面与接合齿圈4的外锥面并不接触。

若要挂入四档，驾驶人通过操纵机构拨动接合套，并带动滑块一同向左移动。当滑块左端面与锁环5缺口的内端面接触时，便推动锁环移向接合齿圈4，使具有转速差的两锥面一经接触便产生摩擦作用。接合齿圈4便通过摩擦作用带动锁环相对于接合套超前一个角度，到锁环缺口的另一个侧面与滑块接触时，锁环便与接合套同步转动。由于滑块已紧靠锁环缺口的一侧，较位于缺口中央时，使接合套花键齿相对于锁环花键齿错开了约半个齿厚，使接合套的齿端倒角与锁环相应的齿端倒角正好互相抵触而不能进入接合。

2. 手动变速器操纵机构

变速器操纵机构的主要作用是操纵变速齿轮换档，保证准确可靠地使变速器挂入所需要的档位，并可随时退到空档。

（1）变速器操纵机构的结构及工作原理　根据变速器操纵杆与变速器的相互位置的不同，可分为直接操纵式和远距离操纵式两种类型。下面以直接操纵式为例进行说明，它的变速杆及所有换档操纵装置都设置在变速器壳上，驾驶人可直接操纵变速杆来拨动变速器壳内的换档操纵装置，以实现换档。

如图10-30所示为四档变速器操纵机构，三根拨叉轴的两端位于变速器盖的相应孔中，可以轴向滑动。一、二档拨叉4和三、四档拨叉5均以螺钉直接固定在相应的拨叉轴上，拨叉的顶部具有凹槽。倒档拨叉2的中部空套于固定的导向杆3上，上端借螺钉与倒档拨叉轴固定，该拨叉轴上另装一个顶部有凹槽的拨块。

变速器处于空档时，拨叉4和拨叉5以及倒档拨块三者顶部的凹槽在横向平面内对齐，变速杆1下端的球头即伸入这些凹槽中。

选档时可使变速杆绕其中部支点横向摆动，以其下端球头对准与所选档位相应的拨叉向前或向后移动，即可实现挂档。例如，横向扳动变速杆使其下端球头伸入拨叉4顶部凹槽中，再向纵向拨动变速杆，拨叉4连同其轴即沿纵向向前移动一定距离，便挂入二档；若向后移动一定距离，则挂入一档。

（2）变速器安全装置　变速器操纵机构除了保证变速器在任何情况下都能准确、安全、可靠地工作外，还应满足下列要求：

1）防止变速器自行挂档或挂档后自行脱档，并能保持传动齿轮全齿长啮合。

2）防止同时挂入两个档。

3）防止误挂入倒档。

为了达到上述要求，在变速器操纵机构中设置了自锁装置、互锁装置和倒档锁装置。

1）自锁与互锁装置。如图10-31所示为某车型的变速器自锁和互锁装置。钢球1在弹簧2的作用下压靠在拨叉轴的凹槽内，拨叉轴的轴向位置即被固定，不能自行脱出，形成自锁。拨叉轴上相邻凹槽之间的互锁则是靠互锁钢球4和互锁销5来实现的。

2）倒档锁装置。汽车在前进行驶中，换档时由于疏忽而误挂入倒档，将会使轮齿间产生极大的冲击。此外，若汽车起步时误挂倒档则容易发生事故。为防止误挂倒档，操纵机构中应设有倒档锁。它有弹簧锁销式、锁片式、扭簧式、锁簧式等多种形式，应用最多的是弹簧锁销式。

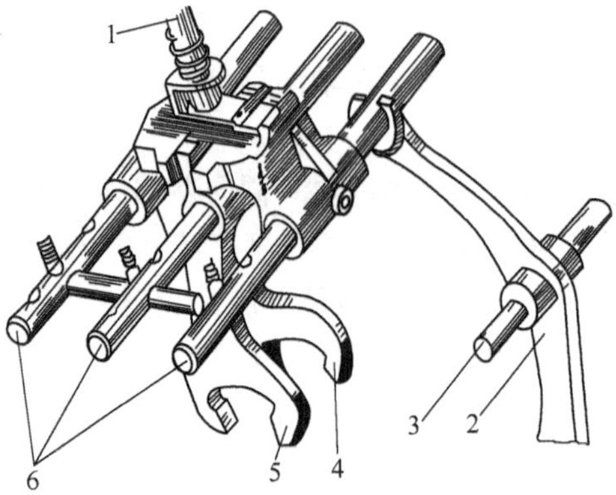

图 10-30　四档变速器操纵机构

1—变速杆　2—倒档拨叉

3—倒档拨叉导向杆　4— 一、二档拨叉

5—三、四档拨叉　6—拨叉轴

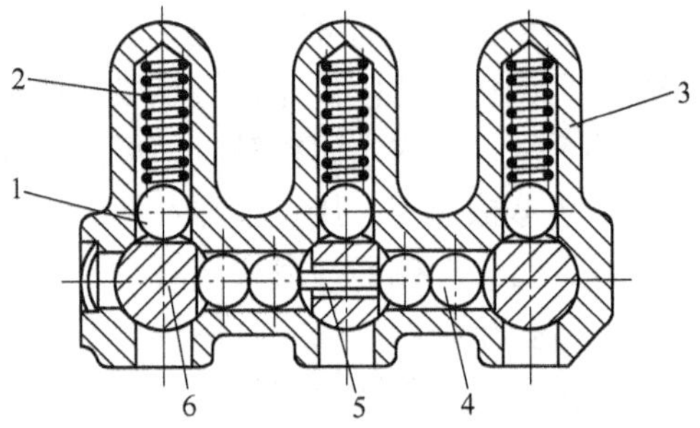

图 10-31　自锁和互锁装置

1—自锁钢球　2—自锁弹簧

3—变速器盖（前端）　4—互锁钢球

5—互锁销　6—拨叉轴

如图 10-32 所示为某车型的五档变速器的倒档锁装置。当驾驶人要挂一档或倒档时，必须用较大的力使变速杆 4 下端压缩弹簧 2，将锁销 1 推入锁销孔内，才能使变速杆下端进入拨块 3 的凹槽内，以拨动一、倒档拨叉轴而挂入一档或倒档。

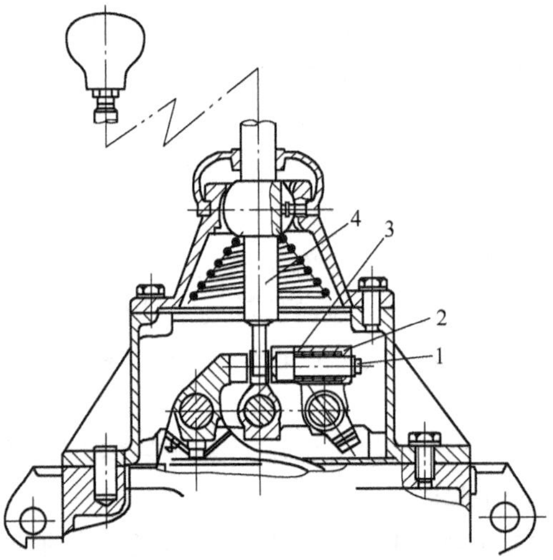

图 10-32　倒档锁装置

1—倒档锁销　2—倒档锁弹簧　3—倒档拨块　4—变速杆

拓展与提高

一、汽车齿轮油

汽车齿轮油用于汽车变速器、转向器、驱动桥等齿轮传动机构中，它的分类、牌号及选用如表 10-2 所示。

表 10-2　齿轮油分类、牌号及选用

牌　号	分　类	适 用 范 围	备　　注
80w/90 85w/90 90	普通车用齿轮油（L-CLC）	适用于中等速度和负荷比较苛刻的齿轮变速器和弧齿锥齿轮驱动桥	80w/90 等齿轮油为多黏度等级齿轮油，带“w”为冬季低温用油，无“w”为夏季用油 冬季气温不低于 -10℃地区，可全年选用 90 号齿轮油；气温不低于 -12℃地区还可全年使用 85w/90 号齿轮油；气温不低于 -26℃的地区可全年选用 80w/90 油；冬季气温低于 -26℃以下的严寒地区冬季应选用 75w 齿轮油
75w 80w/90 85w/90 90 85w/140	中负荷车用齿轮油（L-CLD）	适用于低速高转矩和高速低转矩的各种齿轮变速器、弧齿锥齿轮，使用条件不太苛刻的准双曲面齿轮驱动桥	
75w 80w/90 85w/90 90 85w/140	重负荷车用齿轮油（L-CLE）	适用高速冲击载荷、高速低转矩和低速高转矩的各种齿轮，工作条件苛刻的准双曲面齿轮传动	

二、变速器维护

1）每天出车前检查变速器系统不得漏油，油面高度应正常。

2）按使用说明书要求，定期检查变速器油颜色、味，不得有结块、混浊、臭味或其他杂质，否则应予以更换。

3）变速器各档挂档应顺畅、平滑、无异响。

检测评价

通过以上学习，根据任务实施过程，将完成任务情况填入表 10-3 中，完成检测评价。

表 10-3　手动变速器拆装任务评价表

班级		姓名		日期	
序号	评价内容	配分	评分标准	自评	互评
1	正确使用工具、仪器	10	工具使用不当每次扣 2 分		
2	变速器的拆装	10	操作错误每项扣 2 分		
3	输入轴的拆装、检查与调整	20	错误每项扣 3 分		
4	输出轴的拆卸、检查与调整	25	错误每项扣 2 分		
5	变速器操纵机构的拆装与调整	20	错误每项扣 2 分		
6	操作规范、有序、不超时、实施 5S 理念	15	操作不规范或超时每项扣 2 分		
7	安全用电、防火、无人身、设备事故		因违反操作安全发生重大人身和设备事故按 0 分计		
8	分数统计	100			
教师评语					

课后测评

一、选择题

1. 变速器的功用有（　　）。

A. 改变传动比　　B. 实现倒车、中断动力

C. 改变发动机输出功率　　D. 以上都不是

2. 在手动变速器中，根据主要轴的不同，常见的变速器有（　　）。

A. 一轴式　　B. 二轴式　　C. 三轴式　　D. 四轴式

3. 现代汽车手动变速器均采用同步器换档，同步器的功用就是使（　　）部件迅速同步，实现无冲击换档，缩短换档时间。

A. 接合套与接合齿圈　　B. 接合套与花键毂

C. 花键毂与接合齿圈　　D. 花键毂与倒档中间齿轮

4. 在手动变速器中为防止同时挂入两个档，变速器采用的装置是（　　）。

A. 自锁装置　　B. 互锁装置

C. 倒档锁装置　　D. 同步器

二、问答题

1. 汽车变速器同步器作用是什么？简述其结构与原理。
2. 汽车变速器操纵机构有哪些安全保护转置，各起什么作用，结构与工作原理如何？

三、实操题

1. 正确拆装与检查变速器输入轴。
2. 正确拆装与检查变速器输出轴。

任务三　自动变速器的拆装与结构认识

任务目标

1. 掌握自动变速器的基本组成。
2. 熟悉自动变速器的结构与工作原理。
3. 学会自动变速器的拆装。
4. 学会自动变速器的常规检查与调整。
5. 培养爱岗敬业、勤奋细心、认真负责、团结互助的职业道德和精神。

知识准备

一、自动变速器的作用

自动变速器（Automatic Transmission 简称 AT）是指汽车行驶时，其操纵和换档操纵全

部或部分实行自动化的变速器。

与手动变速器相比，自动变速器具有操作简单省力、行车安全性好、生产率高、舒适性好、机件的使用寿命长、动力性、排放性能好等优点；但也存在结构复杂、精度高、成本高、传动效率低、维修困难等缺点。

二、自动变速器的总体组成与工作原理

以电控液力自动变速器（图 10-33）为例讲解，它主要由液力变矩器、变速齿轮机构、供油系统、电子控制控制系统和换档操纵机构等五大部分。

工作时，传感器和开关监测汽车和发动机的运行状态、接收驾驶人的指令，并将所获得的信息转换成电信号输入到电控单元。电控单元根据这些信号，通过电磁阀控制液压控制装置的换档阀，使其打开或关闭通往换档离合器和制动器的油路，从而控制换档时刻和档位的变换，以实现自动变速，其工作原理如图 10-34 所示。

图 10-33 01N 型自动变速器

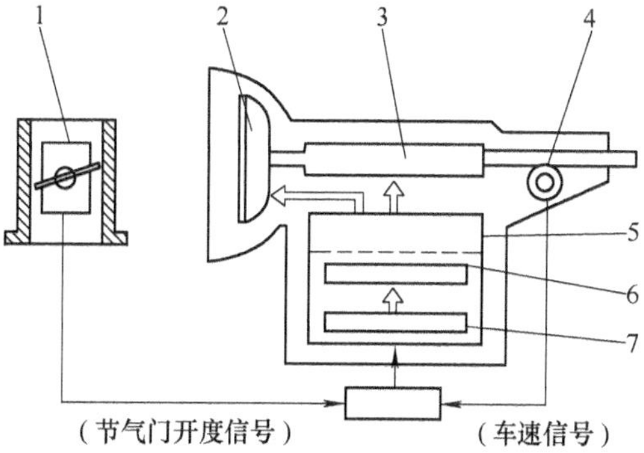

图 10-34 电控液力自动变速器的工作过程示意图
1—节气门位置传感器 2—液力变矩器
3—行星齿轮变速器 4—车速传感器
5—液压控制装置 6—换档阀 7—电磁阀

任务准备

1. 器材准备

1）桑塔纳 01N 型汽车自动变速器 1 台/组。

2）常用拆装工具 1 套/组，凡士林、ATF、放置小零件的容器 3 个/组。

3）一体化教室 1 间。

4）相关的教具、录像片及教学挂图 1 套。

2. 任务安排

1）实训课时：8 学时。

2）实训组织：每 5 ~ 6 人一组，由老师指导，观看自动变速器拆装视频后，学生自己动手拆装。

任务实施

一、自动变速器油（ATF）油量检查

1）起动发动机，怠速运行，使 ATF 温度在 35～45℃，发动机停止运转。

2）举升汽车，并保持车辆水平，把废油盘放在变速器下面。

3）拆下变速器上的 ATF 油位检查螺钉，如 ATF 缓慢流出，则液位达到标准；如 ATF 大量溢出，说明 ATF 太多，应将油从溢油管中放出；若内无 ATF 流出，则需要补充 ATF。

二、自动变速器的拆装

1）拆下自动变速器密封塞螺栓和 ATF 溢流管，排空 ATF，如图 10-35 所示。

2）拆下液力变矩器。

3）用螺栓 1 和螺栓 2 将自动变速器固定到安装架上，如图 10-36 所示。

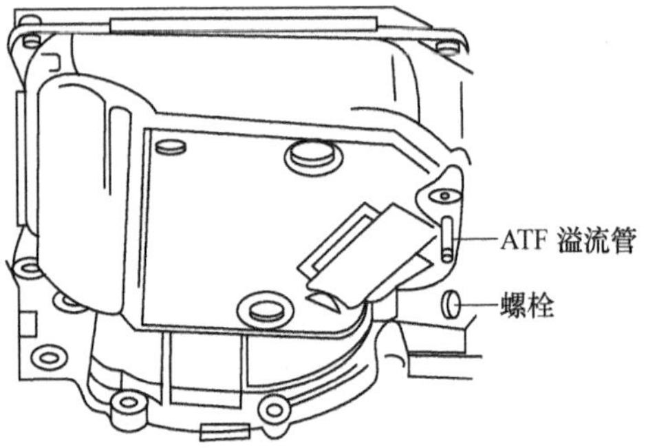

图 10-35　拆卸螺栓和 ATF 溢流管

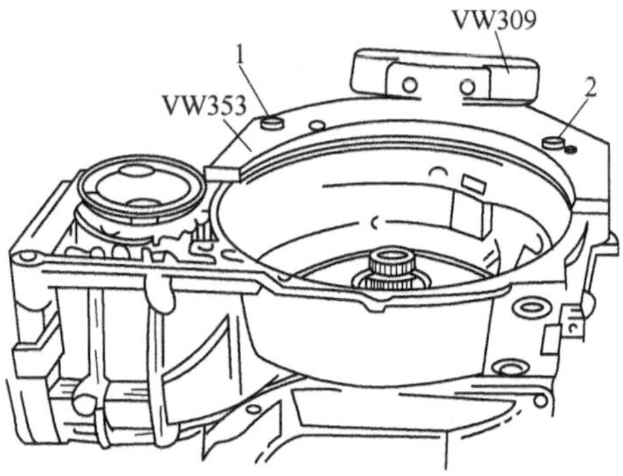

图 10-36　固定自动变速器

4）拆下变速器壳体上带密封垫圈的端盖。

5）拆下油底壳，然后拆下自动变速器油滤网，如图 10-37 所示。

6）拆下阀体上的传输线（扁状导线），如图 10-38 所示。

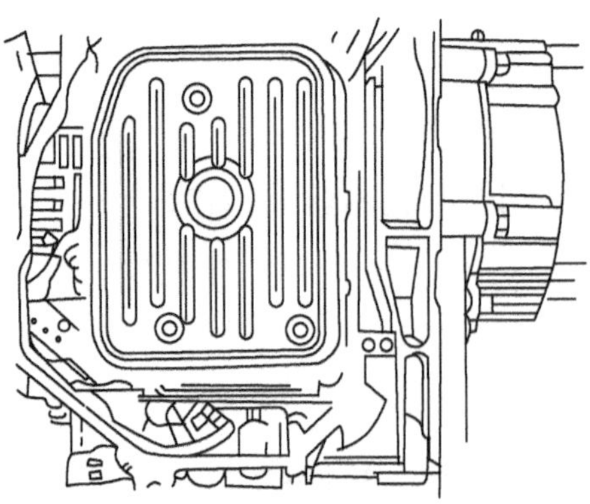

图 10-37　拆卸自动变速器油滤网

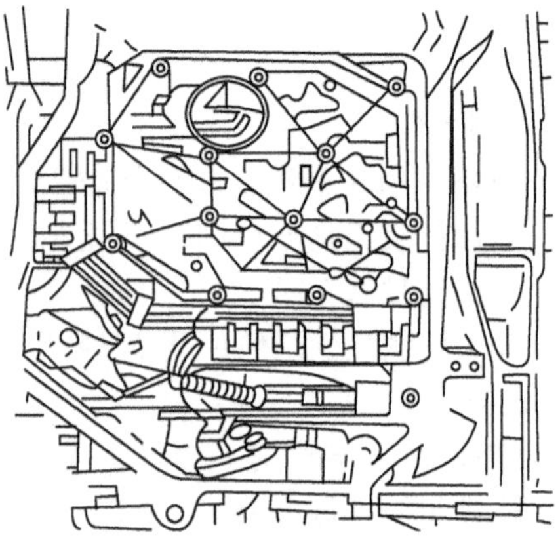

图 10-38　拆卸阀体上的传输线

7）拆卸阀体/脱钩操作杆，如图 10-39 所示。

注意：拆下阀体时，手动换档阀仍然保留在阀体中，拨手动换档阀，直至它与操作杆脱钩，固定手动换档阀，使它不脱落。

8）拆下 B1 的密封圈，如图 10-40 所示。

注意：拆装单向离合器前，应从变速器壳体上拔下密封塞，否则会损坏密封塞和 O 形密封圈。

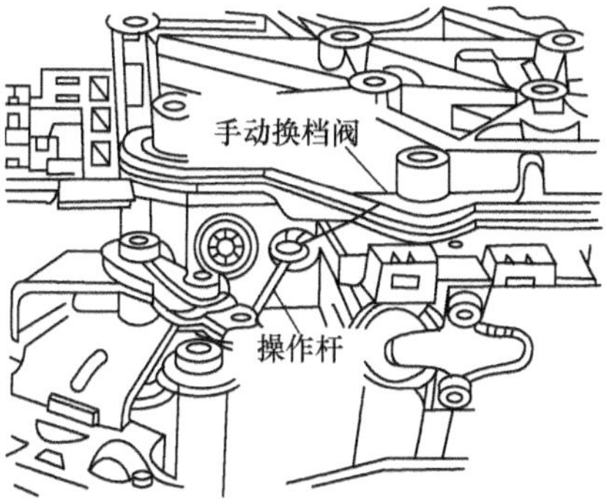

图 10-39 拆卸阀体/脱钩操作杆

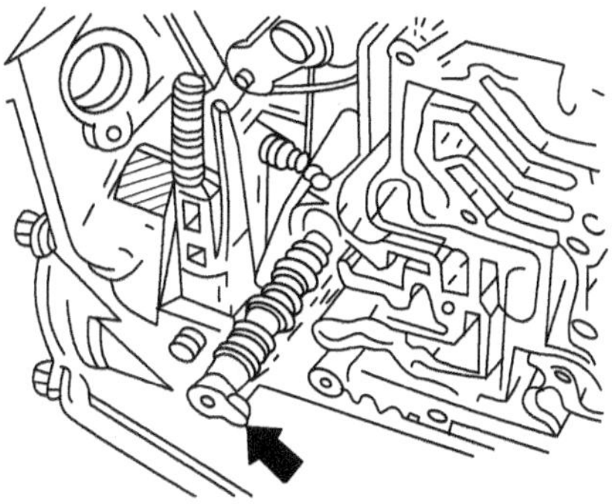

图 10-40 拆卸 B1 的密封圈

9）拆下自动变速器油泵螺栓，如图 10-41 所示。

10）将螺栓 A（M8）均匀拧入自动变速器油泵螺栓孔内，将自动变速器油泵从变速器壳体中压出，如图 10-42 所示。

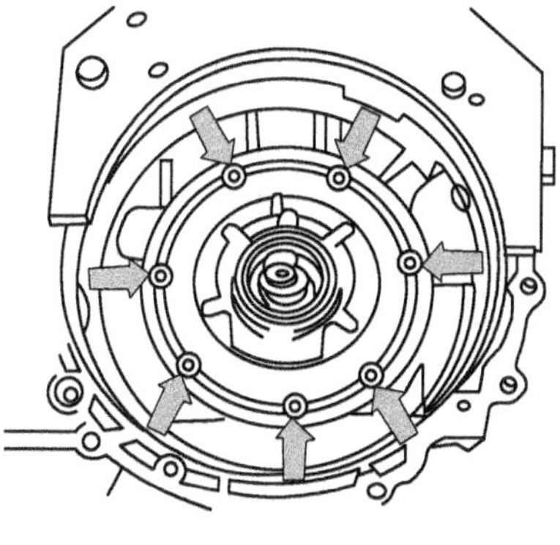

图 10-41 拆卸自动变速器油泵螺栓

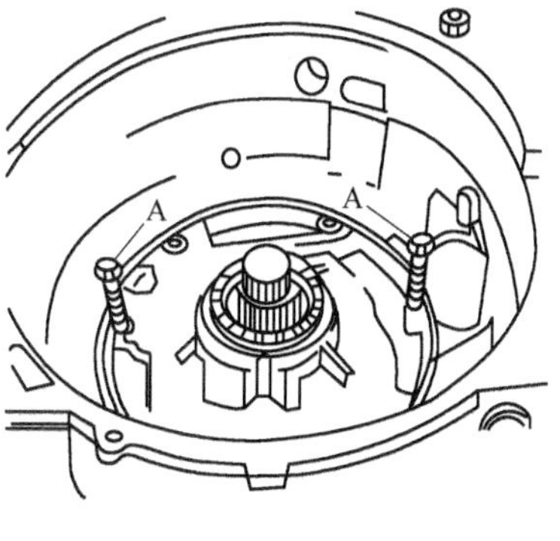

图 10-42 从变速器壳体中压出油泵

11）将带有隔离管、B2 制动片、弹簧和弹簧盖的所有离合器一起取出，如图 10-43 所示。

12）啮合驻车锁，将旋具插入大太阳轮的孔内，防止齿轮机构转动，以松开小输入轴螺栓，如图 10-44 所示。

13）拆下小输入轴上的螺栓和调整垫片，让行星齿轮支架的推力滚针轴承留在变速器/主动轴上，如图 10-45 所示。

图 10-43　拉出离合器总成

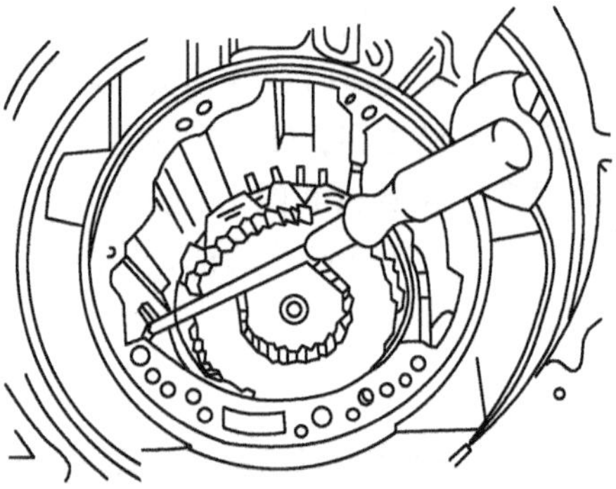

图 10-44　将旋具插入大太阳轮的孔内

14）拔下小输入轴、拔出大输入轴和大太阳轮。

15）拆卸单向离合器前，应先拆下变速器转速传感器。

16）拆下隔离管弹性挡圈，如图 10-46 所示。

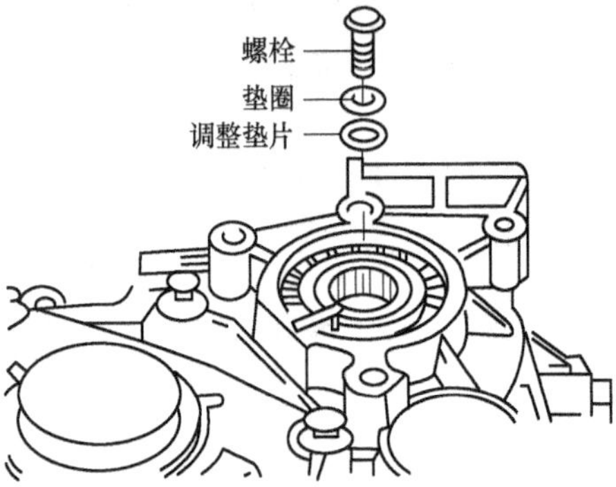

图 10-45　拆卸小输入轴上的螺栓和调整垫片

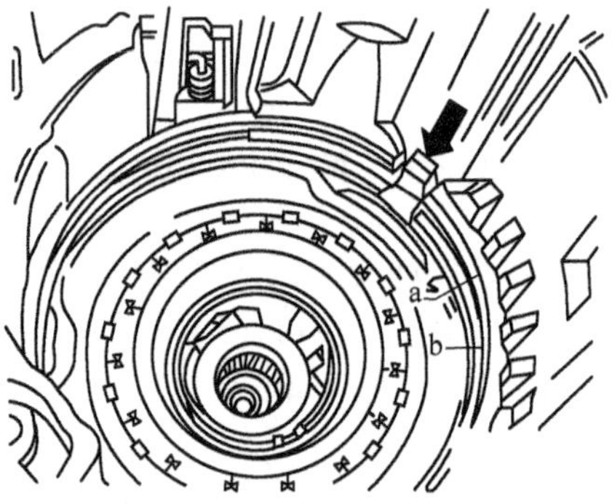

图 10-46　拆卸隔离管弹性挡圈

17）拔出导流块，拆下单向离合器弹性挡圈，如图 10-47 所示。

18）用钳子拔下单向离合器的定位销，该定位销位于变速器壳体油路板一侧。

19）把小太阳轮、垫圈以及推力滚针轴承从行星齿轮支架中抽出，如图 10-48 所示。

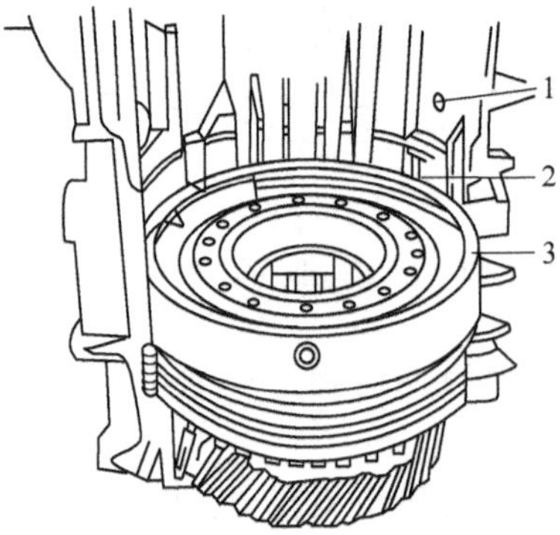

图 10-47　拔出导流块，拆下单向离合器弹性挡圈

1—ATF 通气孔　2—导流块　3—单向离合器

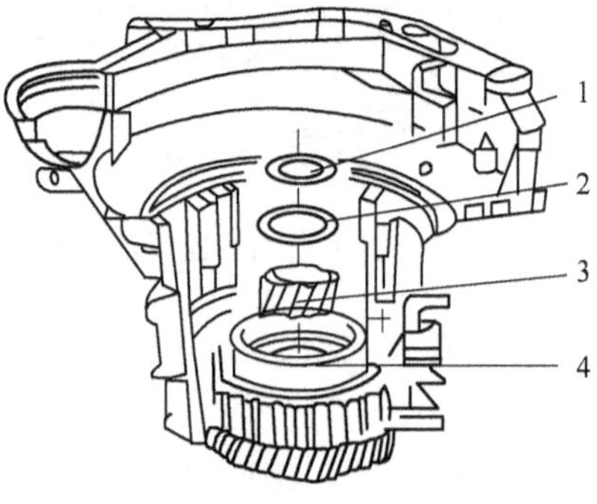

图 10-48　拆卸太阳轮、垫圈以及推力滚针轴承

1—推力滚针轴承　2—推力滚针轴承垫

3—小太阳轮　4—行星齿轮支架

20）拔下带蝶形弹簧的行星齿轮支架，如图 10-49 所示。

21）拆下倒档制动器 B1 的摩擦片，取出推力轴承和垫圈，需要说明的是分解行星齿轮系时无须拆下齿圈。

按拆卸时相反的顺序将自动变速器装配好。

操作注意事项：

1）安装径向轴用油封之前，应在密封唇缘之间的空腔中充润滑脂（凡士林）。

2）拆卸 O 形密封圈后，安装时应更换。

3）不要过度拉伸卡环，如有必要应更换，卡环必须正确地落在凹槽内。

4）必须交叉地松开和拧紧各盖板和壳体上的螺母和螺栓；由密封胶固定的螺栓要用钢丝刷清洁其螺纹，然后再涂上凡士林，并拧紧；拆卸自锁螺母后应更换。

5）装入滚针轴承时，要将印字的一面（较大的壁厚）朝向孔放置，安装前，用齿轮油润滑轴承。

三、自动变速器结构认识

1. 液力变矩器

（1）液力变矩器的作用　一是传递转速和转矩、二是使发动机和自动变速器之间的连接成非刚性的，以方便自动变速器自动换挡。

（2）液力变矩器的结构　液力变矩器主要由泵轮、导轮和涡轮组成，液力变矩器的结构如图 10-50 所示。

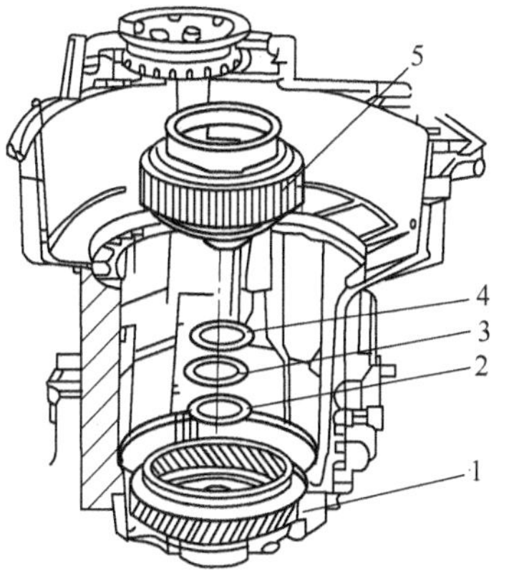

图 10-49　拆卸行星齿轮支架

1—主动齿轮（装在变速器壳体上）

2、4—推力滚针轴承垫圈

3—推力滚针轴承　5—行星齿轮支架

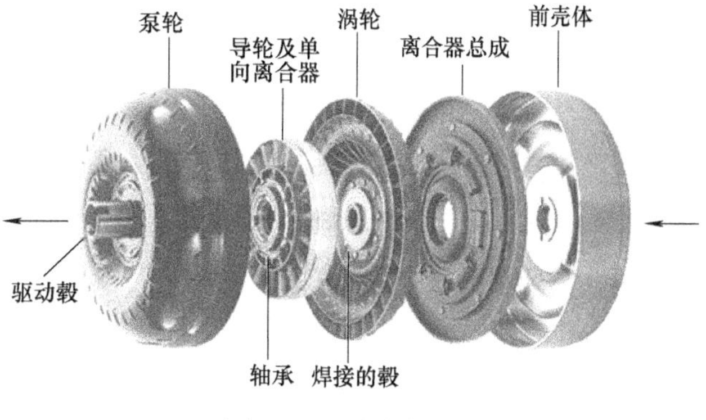

图 10-50　液力变矩器

（3）液力变矩器的工作原理　其基本原理类似于两台对置的电风扇，一台电风扇接通电源，另一台电风扇不接电源。接通电源的风扇产生的气流可吹动风扇接通的扇叶使其转动（图 10-51）。液力耦合器的泵轮相当于通电风扇，涡轮相当于不通电风扇，自动变速器油相当于空气。工作时,发动机的动力经输入轴传给泵轮,驱动泵轮以一定转速转动。由于泵轮叶片的作用,使内部的工作油液也随叶片一起绕轴线旋转。在离心力的作用下,油液沿叶片向外侧射出,高速冲向涡轮,产生驱动力使涡轮以相同的方向转动,由输出轴将动力输出给变速器。

2. 行星齿轮机构

(1) 行星齿轮机构的作用　将液力变矩器传递来的转矩、转速再扩大 2～4 倍，同时实现倒档和空档。

(2) 行星齿轮机构的组成　行星齿轮机构由一个太阳轮、一个齿圈、一个行星架及若干个行星齿轮组成，一般称为单排行星齿轮机构。太阳轮、齿圈和行星架是行星排的三个基本构件，并且它们具有公共的固定轴线。行星齿轮安装于行星架的行星齿轮轴上，与齿圈和太阳轮两者均啮合。行星齿轮既可绕行星齿轮轴自转，又可在齿圈内行走，绕太阳轮公转，如图 10-52 所示。固定行星齿轮机构中不同的构件，会得到不同的输出转速。

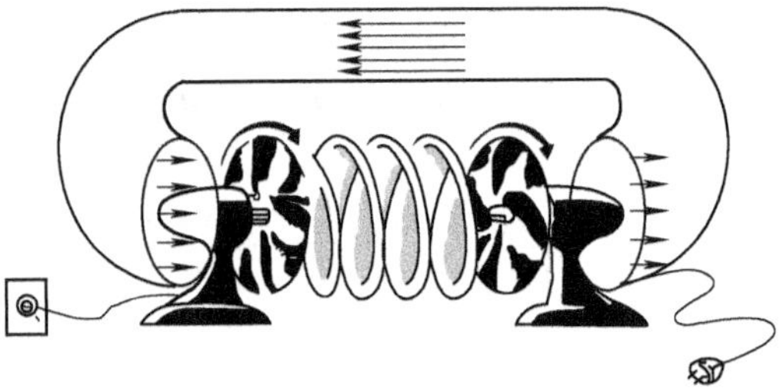

图 10-51　液力变矩器基本工作原理

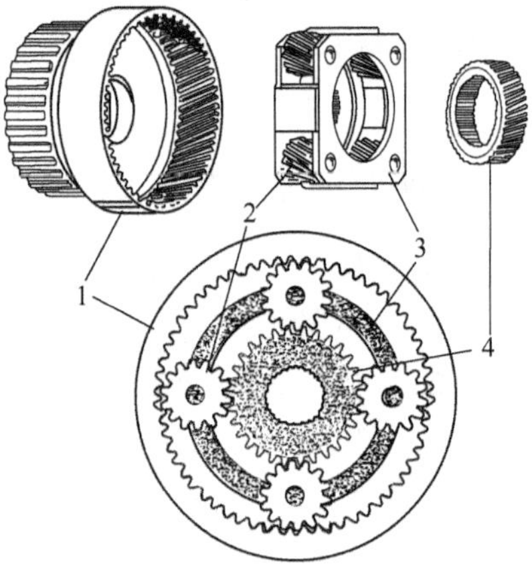

图 10-52　行星齿轮机构

1—齿圈　2—行星齿轮　3—行星架　4—太阳轮

(3) 换档执行机构　自动变速器换档执行机构与普通手动变速器换档执行机构不同，自动变速器用离合器、制动器、单向离合器代替了普通手动变速器中的同步器，而且完全由电液系统实现自动控制。

检测评价

通过以上学习，根据任务实施过程，将完成任务情况填入表 10-4 中，完成检测评价。

表 10-4　自动变速器拆装任务评价表

班级		姓名		日期	
序号	评价内容	配分	评分标准	自评	互评
1	正确使用工具、仪器	10	工具使用不当每次扣 2 分		
2	ATF 检查	10	操作错误每项扣 2 分		
3	自动变速器的拆装与检查	30	错误每项扣 3 分		
4	制动器的拆装与检查	15	错误每项扣 2 分		
5	离合器的拆装与检查	20	错误每项扣 2 分		

（续）

序号	评价内容	配分	评分标准	自评	互评
6	操作规范、有序、不超时、实施5S理念	15	操作不规范或超时每项扣2分		
7	安全用电、防火、无人身、设备事故		因违反操作安全发生重大人身和设备事故按0分计		
8	分数统计	100			
教师评语					

课后测评

一、选择题

1. 下列哪些部件属于汽车自动变速器液力变矩器组成部分（　　）。

A. 飞轮　　B. 导轮　　C. 涡轮　　D. 行星齿轮

2. 行星齿轮机构的主要组成部件是（　　）。

A. 导轮　　B. 行星齿轮　　C. 行星架　　D. 太阳轮

3. 行星齿轮机构中，如果太阳轮固定，齿圈输入，行星架输出，那输出轴的运动特点将是（　　）。

A. 减速　　B. 增速

C. 输出与输入同向　　D. 输出与输入反向

4. 在液力自动变速器中，下列属于换档执行机构主要元件的是（　　）。

A. 锁止离合器　　B. 制动器　　C. 单向离合器　　D. 变矩器

5. 除驾驶人选择档位外，自动变速器的换档时刻主要是由哪些信号决定的（　　）。

A. 发动机负荷　　B. 发动机转速　　C. 爆燃　　D. 车速

二、问答题

1. 变矩器在自动变速器中主要承担何种功能？工作原理如何？
2. 自动变速器变速杆上有P、R、N、D、D、2、1等档位，请说明每一档位的含义。

三、实操题

1. 正确检查与调整ATF。
2. 正确拆装自动变速器。

任务四　CVT变速器拆装与结构认识

任务目标

1. 熟悉CVT变速器的作用与基本组成。

2. 理解 CVT 变速器的工作原理。
3. 学会 CVT 变速器的拆装。
4. 培养爱岗敬业、勤奋细心、认真负责、团结互助的职业道德和精神。

知识准备

一、CVT 变速器特点

CVT 变速器即机械式无级自动变速器（Continuously Variable Transmission）的简称，它具有在恒定车速情况下发动机转速较低，能降低燃料消耗和排放，噪声、振动小，加速平稳，在山区道路上驾驶灵活等优点。

二、CVT 变速器基本结构

如图 10-53 所示为比亚迪 L3 汽车的 CVT 自动变速器，它主要由机械传动装置、控制系统和外部连接装置三大组件组成。

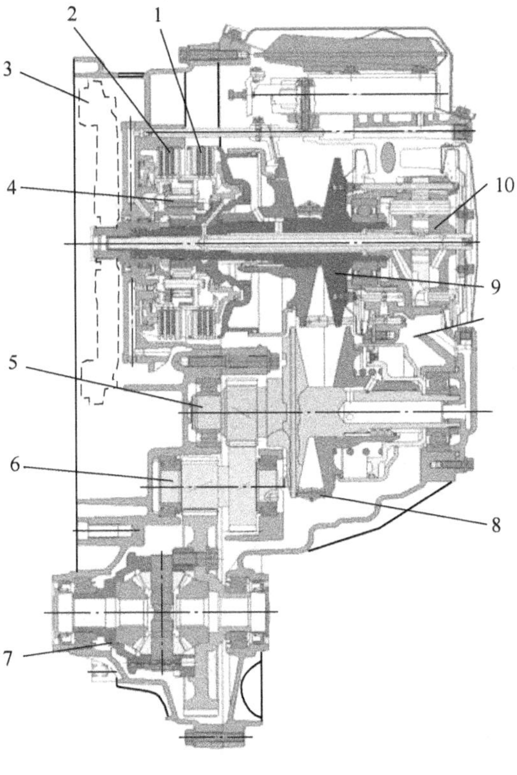

图 10-53　CVT 变速器结构
1—前进离合器　2—后退离合器　3—扭转减振器/飞轮　4—行星机构　5—从动锥轮　6—中间轴　7—差速器　8—钢带　9—主动锥轮　10—油泵

任务准备

1. 器材准备

1）解剖的 CVT 变速器 1 台。
2）CVT 变速器 1 台/组。
3）常用拆装工具 1 套/组。
4）一体化教室 1 间。
5）相关的教具、录像片及教学挂图 1 套。

2. 任务安排

1）实训课时：4 学时。
2）实训组织：每 5～6 人一组，由老师指导，观看 CVT 变速器拆装视频后，学生自己动手进行拆装。

任务实施

一、CVT 变速器的拆装

以比亚迪 L3 汽车 CVT 变速器为例，其零部件分解图如图 10-54 所示。

1. 差速器油封拆装

1）将变速器中的油排净，取下半轴。
2）用一个大的一字螺钉旋具将油封撬出（图 10-55），小心不要将一字螺钉旋具放得太深，以保护壳体。

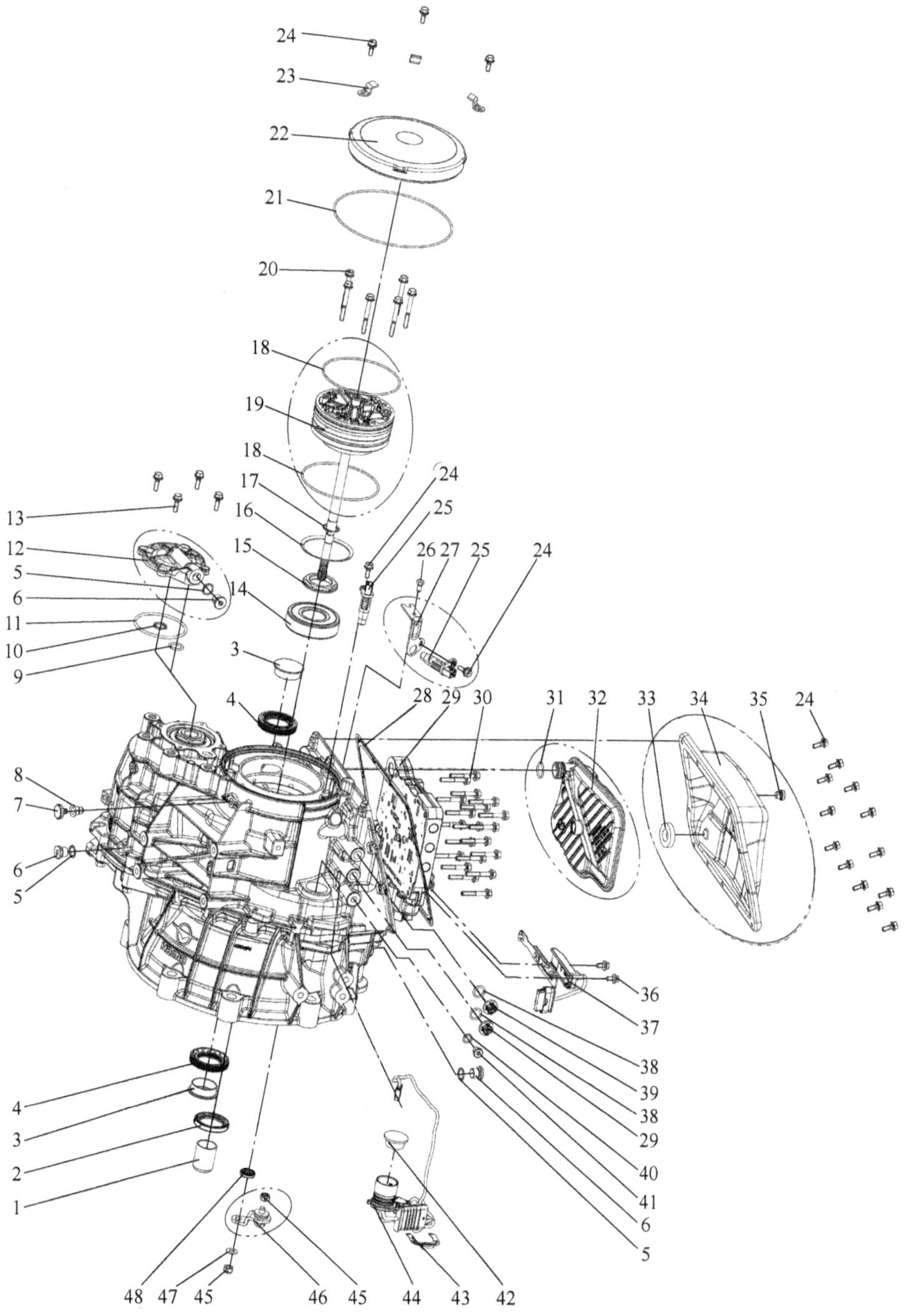

图 10-54　比亚迪 L3 汽车 CVT 变速器

1—橡胶保护套　2—输入轴油封　3—差速器油封盖　4—差速器油封　5—加油螺塞垫片　6—加油螺塞　7—呼吸器盖　8—壳体呼吸器　9—从动锥轮轴端盖 O 形圈（小）10—从动锥轮轴端盖密封圈　11—从动锥轮轴端盖 O 形圈（大）　12—从动锥轮轴端盖　13—从动锥轮轴端盖埋头螺钉　14—主动锥轮轴滚子轴承　15—主动锥轮轴螺母　16—圆锥形弹簧垫片　17—油泵密封圈　18—油泵 O 形圈　19—油泵　20—油泵螺栓　21—主动锥轮轴端盖 O 形圈　22—主动锥轮轴端盖　23—主动锥轮轴端盖卡扣　24—紧固螺钉　25—转速传感器　26—差速器处速度传感器支架固定螺钉　27—差速器处速度传感器支架　28—油底壳垫片　29—阀体总成　30—阀体螺栓　31—滤油器 O 形圈　32—油滤器总成　33—油底壳磁铁　34—油底壳总成　35—放油螺塞　36—驾驶模式传感器固定螺钉　37—驾驶模式传感器　38—油冷却器螺塞 O 形圈　39—油冷却器螺塞　40—油位螺塞垫片　41—油位螺塞　42—主接头封盖　43—主接头卡扣　44—主接头和内部线束　45—变速杆螺母　46—变速杆　47—变速杆螺母垫片　48—油封（选档轴）

3）扔掉拆下来的油封，取一个新的油封将其放在壳体上（图 10-56），将专用工具放在油封上，并用橡胶锤将其敲进壳体中，要确保安装到位。

4）安装半轴。根据说明书给变速器重新加油。

图 10-55　油封拆卸

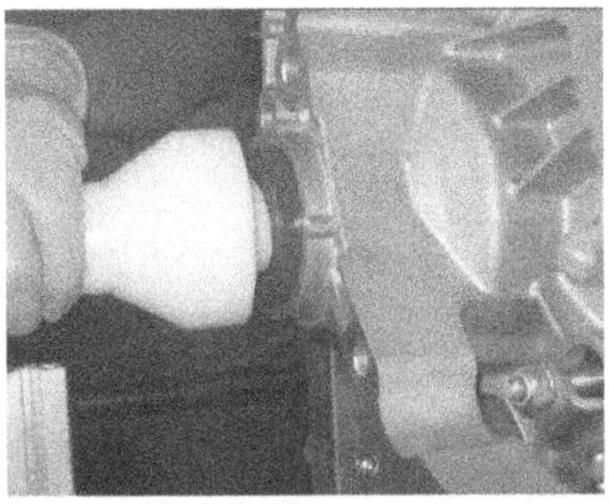

图 10-56　油封安装

2. 输入轴油封拆装

1）将变速器油排净，将变速器从车中取下。

2）用一个大一字螺钉旋具将油封从壳体中取出（图 10-57）。沿油封的中空处往外撬，一定要非常小心，否则会损坏变速器输入轴。

3）将此油封拿出。将油封定位衬套放在输入轴上（图 10-58），取一个新的油封放在此定位衬套上；将专用工具放在输入轴上（图 10-59），用橡胶锤敲击专用工具，并注意安装到位。

4）将专用工具取下，并将变速器装回车中。

图 10-57　拆卸输入轴油封

图 10-58　安装输入轴油封 1

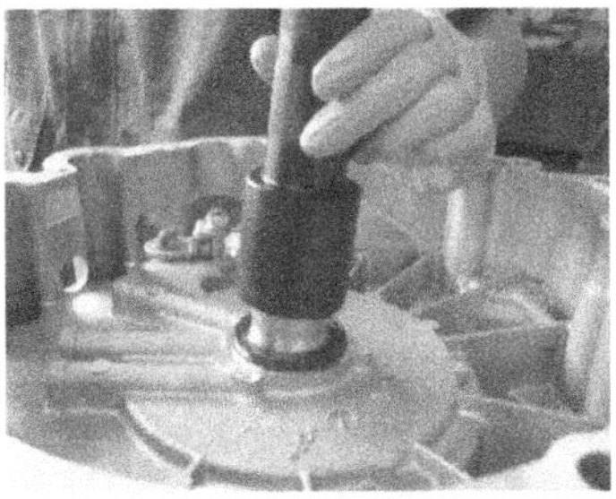

图 10-59　安装输入轴油封 2

3. 选档轴油封拆装

1）将变速器油排净，将变速器从车中拆下。

2）将变速杆拆下，将专用工具放在选档轴上（图 10-60）。

3）用扳手将专用工具旋进油封，压住扳手的顶端，使得专用工具旋进油封，用工具转动专用工具上的螺栓，将选档轴油封从壳体中拉出来（图 10-61）。

4）按照拆装相反顺序安装油封到选档轴上，用专用工具将油封安装到位。

4. 主动锥轮轴端盖拆装

1）从变速器中放出专用润滑油，拆下三个螺栓并将卡扣拿下。

2）用一个较大的一字螺钉旋具将轮轴端盖取下，用一块布垫在下面以防损坏变速器壳体（图 10-62）。

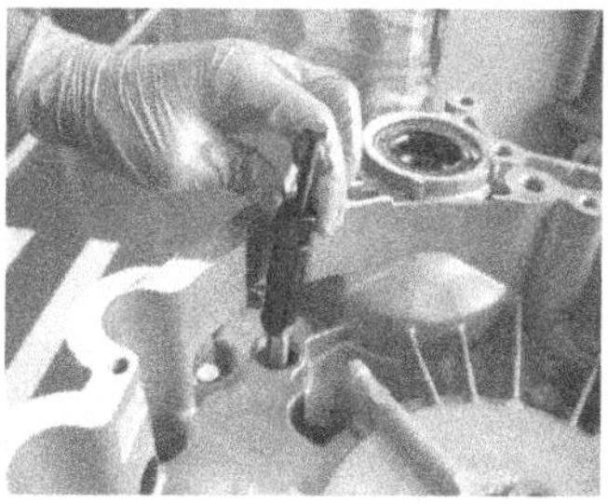

图 10-60 将专用工具放在选档轴上

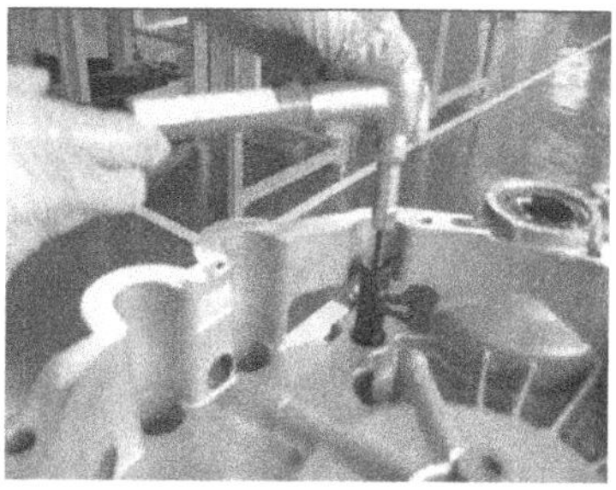

图 10-61 旋转小螺栓将油封拉出

3）按照拆装相反顺序安装 O 形圈和端盖。

5. 油泵拆装

1）将油泵上的 6 个螺栓取下，并将专用工具放到油泵轴上（图 10-63），用专用工具将油泵拉出（图 10-64）。

图 10-62 拆卸主动锥轮轴端盖

图 10-63 取下六个螺栓并安装专用工具

2）按照拆装相反顺序安装油泵。注意确认在油泵上放了两个 O 形圈，并注意不要将圆锥形复位弹簧拿出，还要确认复位弹簧直径较大的一端朝向油泵（图 10-65）。

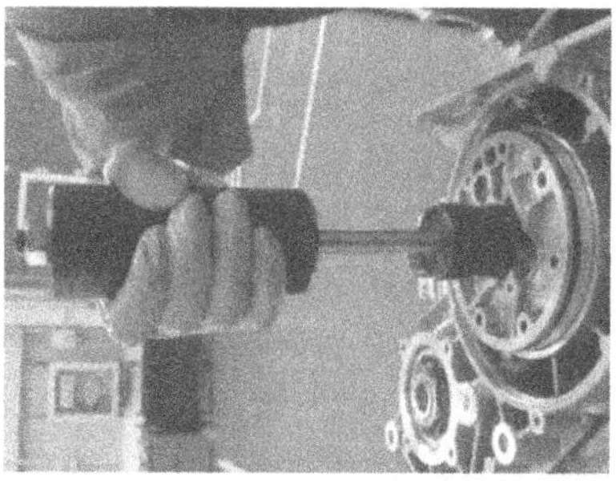

图 10-64 将油泵拉出

图 10-65 圆锥形弹簧垫片

6. 主动锥轮轴滚子轴承拆装

1）在轴和螺母上做上记号（图 10-66），将螺母取下。

2）用小的一字螺钉旋具将轴承上的防尘罩取下（图 10-67）。

图 10-66　在轴和螺母上做上记号

图 10-67　将主动锥轮轴承上的防尘罩取出

3）将专用的塞子放在轴上，安装轴承拆卸器，拉出轴承（图 10-68）。

4）按照拆装相反顺序安装轴承（图 10-69）。

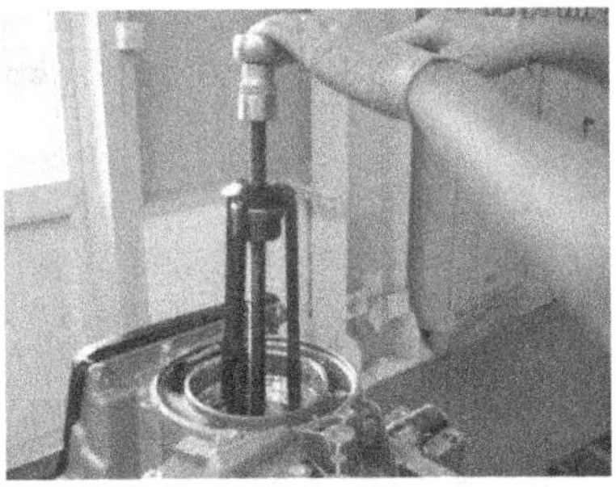

图 10-68　拉出轴承

图 10-69　安装轴承

7. 从动锥轮轴端盖拆装

1）将四个埋头螺钉拆下。

2）拆下端盖及其两个 O 形圈、一个密封圈。

3）按照拆装相反顺序安装端盖、O 形圈和密封圈。

8. 油底壳拆装

1）将放油螺塞拆下并将油排净。

2）将油底壳上的 13 颗螺栓全部拆下（图 10-70），取下油底壳。

3）按照拆装相反顺序安装油底壳等零部件。

二、CVT 变速器的结构认识

CVT 自动变速器主要由机械传动装置、控制系统和外部连接装置三大组件组成。

1. 机械传动装置

该装置的功能是提供机械传动和转矩传递，它包含行星齿轮机构、多盘离合器、锥轮和钢带等。

（1）行星齿轮机构　行星齿轮机构如图 10-71 所示，它为变速器能够提供前进、后退两个方向的驱动力矩。发动机提供的转矩通常通过行星架上的输入轴传递给变速器。接合前进方向的多片离合器可使行星架直接连接到太阳轮上，此时通过啮合，行星架和太阳轮成为一个旋转整体，发动机转矩直接传递到主动轮上，主动轮的旋转方向将与发动机的旋转方向一致，这就是前进模式。

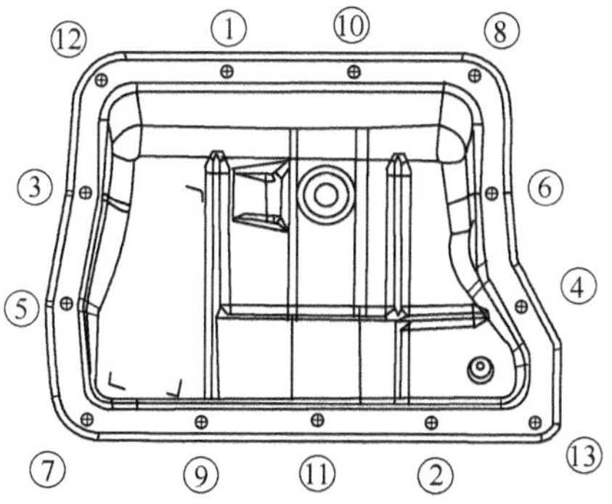

图 10-70　螺钉拆装顺序

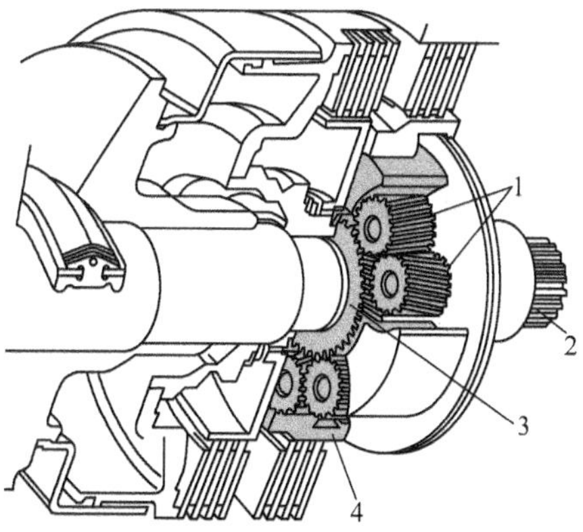

图 10-71　行星齿轮机构

1—行星轮　2—输入轴　3—太阳轮　4—齿圈

倒车模式中，接合倒车多片离合器可以使行星机构中的齿圈保持静止，行星架驱动三对行星轮组使得太阳轮反向旋转。

（2）多盘离合器　共有两组多片湿式离合器（图 10-72），一组用于前进，一组用于后退。每组离合器有三个摩擦盘共有 6 个摩擦面。液压系统控制离合器使车辆在任何节气门开度下都能平稳向前运动，驱动齿轮啮合时，控制离合器的接合量还可使车辆停车。冷却用油直接冷却离合器盘，防止摩擦表面过热。

（3）锥轮和钢带　CVT 的主要特征是一对 V 形锥轮，由一条钢传动带连接（图 10-73）。每个锥轮都分为两半，一半固定，一半沿轴向滑动。用喷嘴通过喷射油流的方式润滑并冷却钢带。

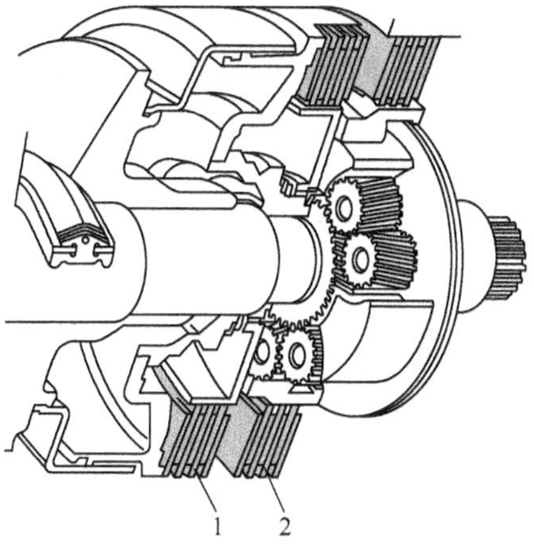

图 10-72　行星机构中的离合器

1—前进离合器组　2—后退离合器组

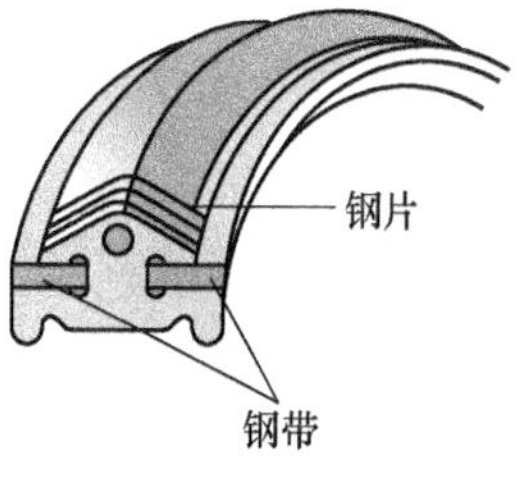

图 10-73　钢传动带

因为太阳轮由花键连接在主动锥轮上，所以行星齿轮组传送的转矩可直接作用于主锥动轮。钢传动带将动力从主动锥轮传送到从动锥轮，然后动力又从从动锥轮传送到中间齿轮轴。

钢带包括 450 片钢片和 24 根钢带固定到一起，每边有 12 根钢带。

（4）中间轴　中间轴（小齿轮轴）使从动锥轮和差速器间的两个啮合在一起的弧齿锥

齿轮组减速（图 10-74）。中间轴由位于离合器壳内和独立轴承座内的两个圆锥滚子轴承固定。

（5）差速器　与手动变速器一样（图 10-75），冠状轮上转矩通过差速器传送到车轮。圆锥滚子轴承用来固定差速器。

图 10-74　齿圈和中间齿轮

1—主动锥轮轴传动齿轮　2—差速器冠状齿轮　3—传动小齿轮　4—变速中间齿轮　5—从动锥轮轴齿轮

图 10-75　差速器总成

1—差速器轴承　2—差速器壳体　3—差速器一字轴　4—差速器行星轮　5—差速器冠状齿轮

2. 控制系统

控制系统的功能是根据载荷条件和驱动要求，保证钢带的夹紧力与发动机的转矩相适应，防止钢带打滑；驾驶时控制前进离合器和后退离合器；为行车提供最佳传动比，并且为变速器提供必需的润滑用油和冷却用油。

3. 外部连接装置

（1）油冷却器接口　如图 10-76 所示，变速器壳前面有两个油冷却器的管接头。一个油冷器进口安装在发动机散热器的旁边，使专用润滑油的温度保持在 120℃以下。

变速器中的油从右边的口流出，这个口应该与油冷却器下面的接口相连。油冷却器的油从变速器左边的口进入变速器，所以变速器左边的接口应该与油冷却器的上面接口相连。

（2）变速杆　变速器的换档位包括停车档（P）、倒档（R）、空档（N）、前进档（D）和运动模式（S）或低速档（L），这些档位都整齐地排列在变速换档装置上。

（3）主插接器　主插接器位于变速器壳上，包括 16 个针脚（图 10-77）。线束通过圆形插接器连接。

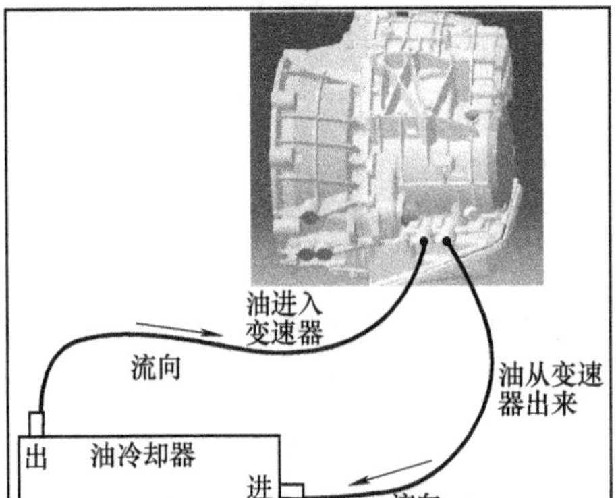

图 10-76　油冷却器管接头

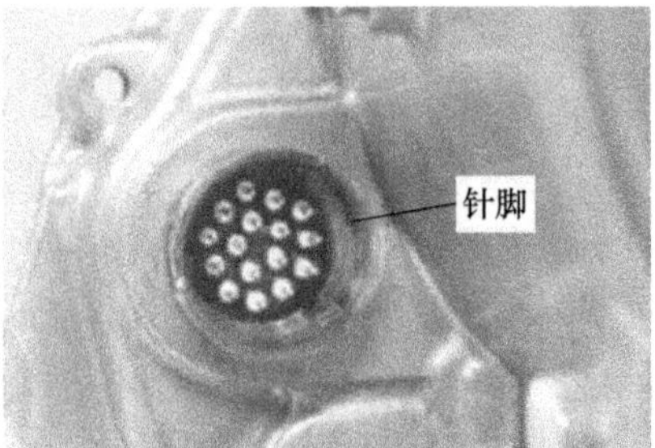

图 10-77　变速器上的线束

检测评价

通过以上学习，根据任务实施过程，将完成任务情况记入表 10-5 中，完成检测评价。

表 10-5 CVT 变速器拆装与结构认识任务评价表

班级		姓名		日期	
序号	评价内容	配分	评分标准	自评	互评
1	正确使用工具、仪器	10	工具使用不当每次扣 2 分		
2	CVT 变速器的拆卸解体	20	操作错误每项扣 3 分		
3	CVT 变速器的装配	20	操作错误每项扣 3 分		
4	CVT 变速器的结构	20	叙述错误每项扣 2 分		
5	CVT 变速器的工作原理	20	叙述错误每项扣 2 分		
6	操作规范、有序、不超时、实施 5S 理念	10	操作不规范或超时每项扣 2 分		
7	安全用电、防火、无人身、设备事故		因违反操作安全发生重大人身和设备事故按 0 分计		
8	分数统计	100			
教师评语					

课后测评

一、问答题

1. 与手动变速器和自动变速器相比，CVT 变速器的特点是什么？
2. CVT 变速器由几大组件构成？其无级变速的基本原理是什么？

二、实操题

正确拆装 CVT 变速器。

任务五 万向传动装置的拆装与结构认识

任务目标

1. 熟悉汽车万向传动装置的基本组成。
2. 学会万向传动装置的正确拆装与调整。
3. 理解万向传动装置的结构与工作原理。
4. 培养爱岗敬业、不辞辛劳、认真负责、团结互助的职业道德和精神。

知识准备

一、万向传动装置在汽车上的应用

万向传动装置的功用是在轴线相交且相对位置经常发生变化的两轴间传递动力，一般由万向节和传动轴组成，其在汽车上的应用如下所述。

1. 连接变速器与驱动桥

对发动机前置后轮驱动的汽车，变速器常与发动机、离合器组合成一体支承在车架前部，而驱动桥则通过悬架弹性地与车架后部连接（图 10-78）。变速器输出轴与驱动桥的输入轴不在同一轴线上，且在汽车行驶过程中，由于路面不平等原因，会造成车轮及驱动桥上下跳动，致使两轴线的相对位置经常发生变化。因此，必须在两轴之间设置万向传动装置，以适应动力传递的需要。

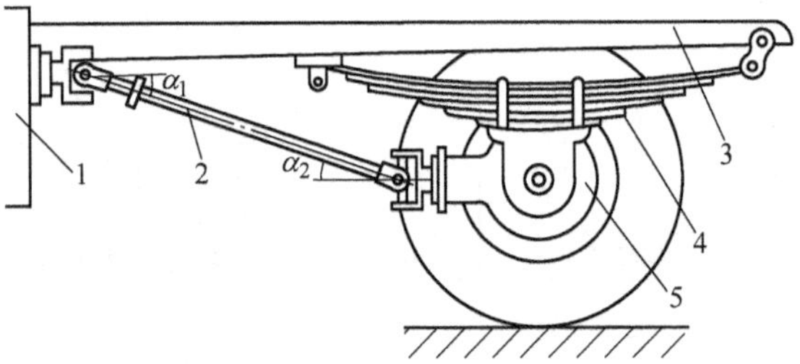

图 10-78　变速器与驱动桥之间的万向传动装置

1—变速器　2—万向传动装置　3—车架　4—后悬架　5—驱动桥

对于轴距较大的汽车，由于变速器与驱动桥距离较远，还需将传动轴分成两段或三段（图 10-79a），即中间传动轴 2 和传动轴 4，且在中间传动轴后端设置中间支承 3。

同理，越野汽车的分动器与各驱动桥之间也应设置万向传动装置（图 10-79b）。

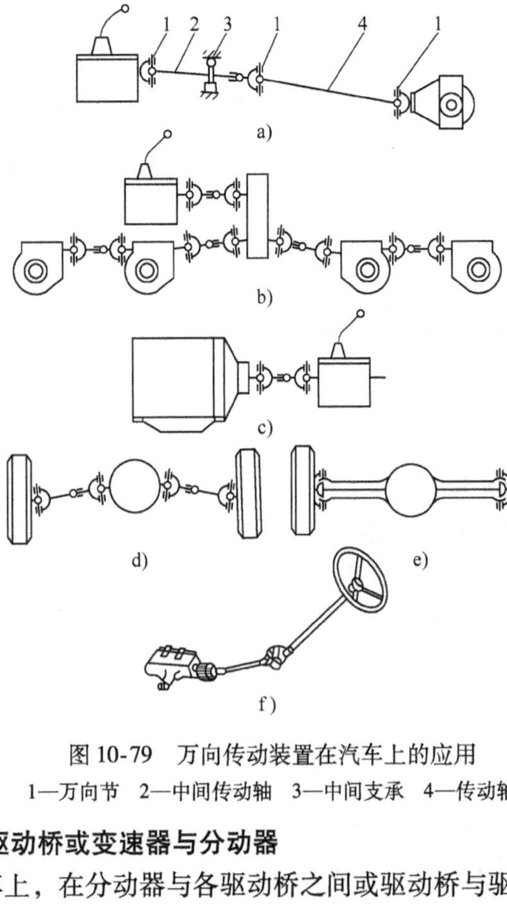

图 10-79　万向传动装置在汽车上的应用

1—万向节　2—中间传动轴　3—中间支承　4—传动轴

2. 连接离合器与驱动桥或变速器与分动器

在多轴传动的汽车上，在分动器与各驱动桥之间或驱动桥与驱动桥之间也需用万向传动装置传递动力。若离合器与变速器分开或变速器与分动器分开布置时，虽然都支承在车架上，且轴线也可以设计成重合，但为了消除制造、装配误差以及车架变形对传动的影响，在其间也常设置万向传动装置（图 10-79b、c）。

3. 连接转向驱动桥或断开式驱动桥

在与独立悬架配合使用的断开式驱动桥中，由于左右驱动轮存在相对跳动，则在差速器与车轮之间装有万向传动装置（图 10-79d）。在转向驱动桥中，前轮在偏转的过程中均需传递动力。因此，对非独立悬架的转向驱动桥，往往将一侧的半轴再分为内、外两段，用万向节连接（图 10-79e）。

4. 连接转向操纵机构

有些汽车的转向操纵机构，由于受整体布置的限制，转向盘轴线与转向器输入轴轴线不能重合，也需要设置万向传动装置（图 10-79f）。

二、万向传动装置基本组成

万向传动装置一般由万向节和传动轴组成。东风 EQ1108G 汽车万向传动装置布置如图 10-80 所示，其具体结构组成如图 10-81 和图 10-82 所示。

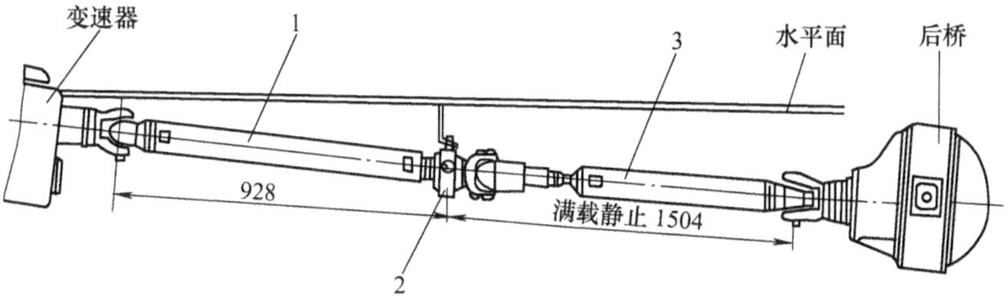

图 10-80　东风 EQ1108G 汽车万向传动装置布置简图

1—中间传动轴　2—中间支承　3—传动轴（带滑动叉）

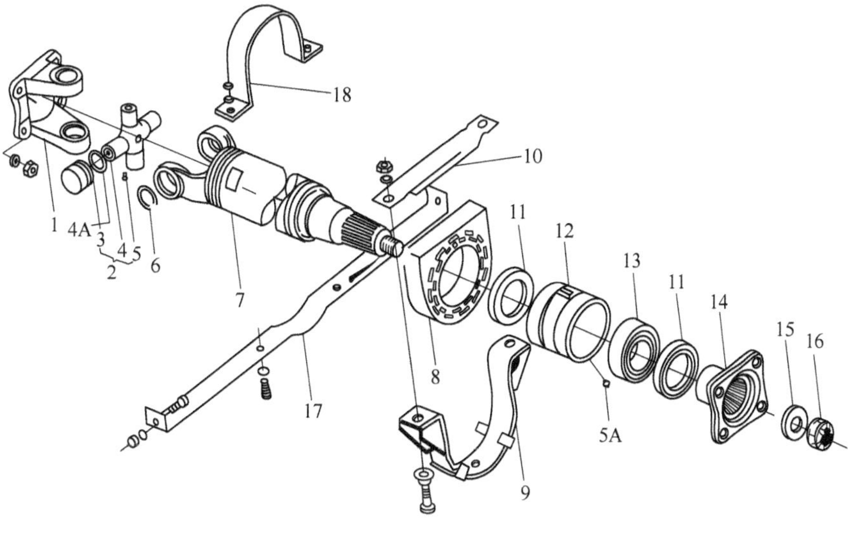

图 10-81　中间传动轴和支承总成（前段）

1—凸缘叉　2—十字轴及滚针轴承总成　3—滚针轴承总成　4—十字轴　4A—防尘罩　5—弯颈式滑脂嘴　5A—直通滑脂嘴　6—孔用弹性挡圈　7—中间传动轴总成　8—中间支承橡胶垫环　9—支架　10—上盖板　11—油封　12—轴承座　13—中间支承轴承　14—凸缘　15—垫圈　16—槽形螺母　17—托架　18—中间支架

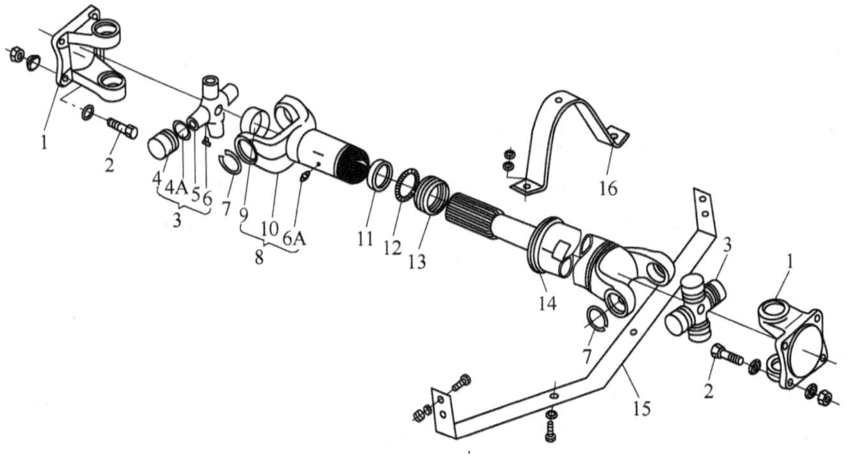

图 10-82　传动轴和滑动叉总成（后段）

1—凸缘叉　2—螺栓　3—十字轴及滚针轴承总成　4—滚针轴承　5—十字轴　6—弯颈式滑脂嘴　7—孔用弹性挡圈　8—滑动叉总成　9—堵盖　10—滑动叉　11—滑动叉油封　12—油封垫片　13—油封盖　14—传动轴总成　15—托架　16—托架盖板

任务准备

1. 器材准备

1）汽车整车或汽车底盘 1 台/组。

2）汽车万向传动装置 1 套/组。

3）常用拆装工具、零部件盆 1 套/组。

4）一体化教室 1 间。

5）相关的教具、录像片及教学挂图 1 套。

2. 任务安排

1）实训课时：2 学时。

2）实训组织：每 5～6 人一组，由老师指导，观看完传动装置拆装视频后，学生自己动手进行拆装。

任务实施

一、万向传动装置的拆装

以东风 EQ1108G 汽车万向传动装置为例。

1. 万向传动装置的拆卸与检查

（1）总成拆卸

1）将车辆停放在平坦的地面，变速器挂空档，用止动块塞住前后车轮，或用举升机将汽车举起。

2）拧下与后桥相连的四个螺栓螺母，将后传动轴后端拆下。

3）拧下与中间轴相连的四个螺栓螺母，将后传动轴总成拆下。

4）松开中间支承支架与车架横梁的连接螺栓，将中间支承的一端拆下。

5）拆下与驻车制动鼓连接的四个螺栓螺母，将中间传动轴总成拆下。

（2）总成的分解与检查

1）检查传动轴总成上的装配标记是否齐全，如标记不全或不清，自制一个标记。

2）拧开滑动叉油封盖，把花键轴从滑动叉里拔出来，取下油封、垫片、盖。

3）用卡环钳取出每个万向节耳孔内的弹性挡圈，左手把传动轴的一端抬起，右手拿锤子轻敲万向节耳根部，将一个滚针轴承从耳孔中振出来，再将传动轴转动180°，用同样方法将凸缘叉上另一个滚针轴承振出，取下凸缘叉。

4）左手抓住十字轴，将传动轴一端抬起，右手拿锤子轻敲万向节叉耳根部，将一个滚针轴承从耳孔中振出来，再将传动轴转动180°，用同样方法将万向节叉上另一个滚针轴承振出，取下十字轴。

注意：滑脂嘴应朝向开档大的一侧，以免损坏滑脂嘴，严禁用锤子打击或用台钳夹住传动轴管。

5）拔出开口销，用套筒扳手拧下中间支承槽螺母，取出垫圈。用锤子轻敲凸缘背面边缘，松动后把凸缘从中间花键轴上拔出来。

6）在轴承座的前端放置一垫板，用锤子轻敲垫板，将中间支承总成从花键轴上敲出来。

7）把轴承座夹在台钳上，用铜棒、锤子把两边的油封打出来，再取出轴承。

8）检查十字轴表面、轴承、传动轴和滑动花键是否磨损、弯曲。

2. 万向传动装置的装配

按与拆卸相反的顺序进行装配，并注意以下问题。

1）万向节装配时要对准装配标记，把凸缘叉套在十字轴的另一对轴颈上，用同样方法装配另一端的万向节。

2）万向传动装置装配要注意以下两点：

①装配前应注意滑脂嘴的朝向，尽可能与前传动轴滑脂嘴的朝向一致，以便加注润滑脂。

②每个螺栓上都应装有两个弹簧垫圈：一个装在凸缘叉一侧的螺栓头下，另一个装在凸缘叉一侧的螺母下。

二、万向传动装置的结构认识

1. 万向节

万向节的功用是能够在相互位置及轴间夹角不断变化的两转轴之间传递动力。

按扭转方向上是否有明显的弹性，万向节可分为刚性万向节和挠性万向节。前者是靠零件的刚性铰链式连接传递动力；后者则是靠弹性元件传递动力，且具有缓冲减振作用。刚性万向节又分为不等速万向节、准等速万向节和等速万向节。

（1）不等速万向节　图10-83所示为十字轴式刚性不等速万向节，当主动轴转动

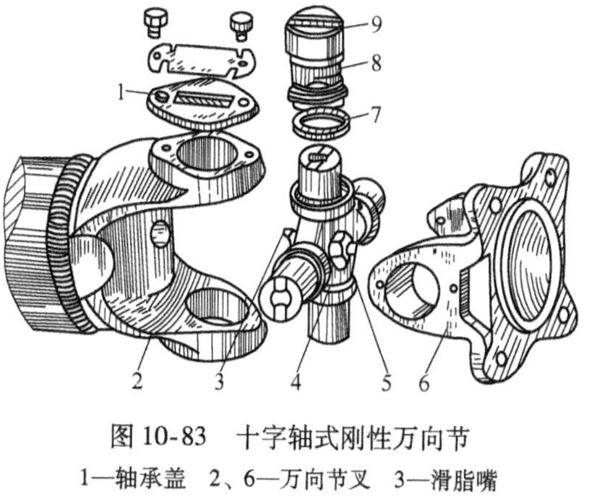

图10-83　十字轴式刚性万向节

1—轴承盖　2、6—万向节叉　3—滑脂嘴　4—十字轴　5—安全阀　7—油封　8—滚针　9—套筒

时，从动轴既可随之转动，又可绕十字轴中心在任意方向摆动。

为了润滑轴承，十字轴内钻有互相贯通的油道，并与滑脂嘴3、安全阀5及四个轴颈外端面相通。从滑脂嘴注入的润滑脂通过油道、轴颈端部凹槽进入轴承的工作面。为防止润滑脂从轴承内端溢出及外面尘垢进入轴承，在十字轴轴颈上套装有带金属壳的毛毡油封7。在十字轴中部装有安全阀5，当十字轴内腔的润滑脂压力超过允许值时，安全阀即被顶开使润滑脂外泄，避免因油压过高而损坏油封。

十字轴式刚性万向节结构简单，工作可靠，但主动轴与从动轴的瞬时角速度不相等，使从动轴及与其相连的传动部件产生扭转振动，加剧零件的损坏。

（2）准等速万向节　准等速万向节只能近似地实现等速传动，其常见的结构形式有双联式和三销轴式两种。

1）双联式万向节（图10-84）。双联叉3相当于两个在同一平面上的万向节叉。欲使轴1和轴2的角速度相等，必须保证 $\alpha_1=\alpha_2$。

双联式万向节允许有较大的轴间夹角，且具有结构简单、制造方便、工作可靠等优点，故在转向驱动桥中的应用逐渐增多。

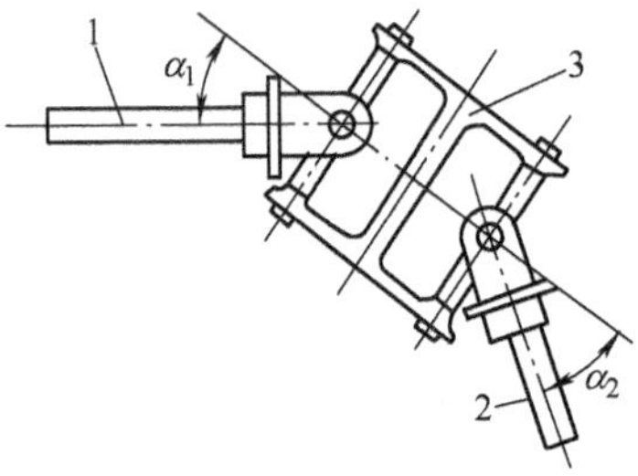

a)

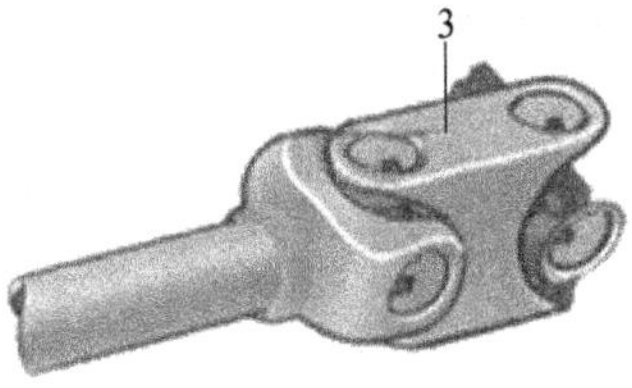

b)

图10-84　双联式万向节

a）结构图　b）实物图

1、2—轴　3—双联叉

2）三销轴式万向节（图10-85）。它主要由主、从动偏心轴叉1和3，两个三销轴2和4及六个轴承、密封件等组成。主、从动偏心轴叉分别与转向驱动桥的内、外半轴制成一体，其上的叉孔中心线与叉轴中心线垂直但不相交。主、从动叉由两个三销轴连接。

三销轴式万向节最大的特点是允许相邻两轴有较大的夹角，最大可达45°。在转向驱动桥中采用这种万向节可以获得较小的转弯半径以及较大的转向轮偏转角，提高了汽车的机动性，其缺点是结构尺寸大。

（3）等速万向节　等速万向节的基本原理是从结构上保证万向节在工作过程中，其传力点始终处于两轴交角的平分面上。这一原理可由图10-86所示的一对大小相同的锥齿轮传动来说明。两齿轮夹角为 α，两齿轮啮合点 A 位于夹角的平分面上，由 A 点到两轴的距离都等于 r。在 A 点处两齿轮的圆周速度相等，因此两个齿轮旋转的角速度也相等。

目前汽车上广泛采用的等速万向节有球叉式、球笼式和自由三枢轴式万向节三种。

1）球叉式万向节。球叉式万向节的构造如图10-87所示，其由主动叉5、从动叉1、四

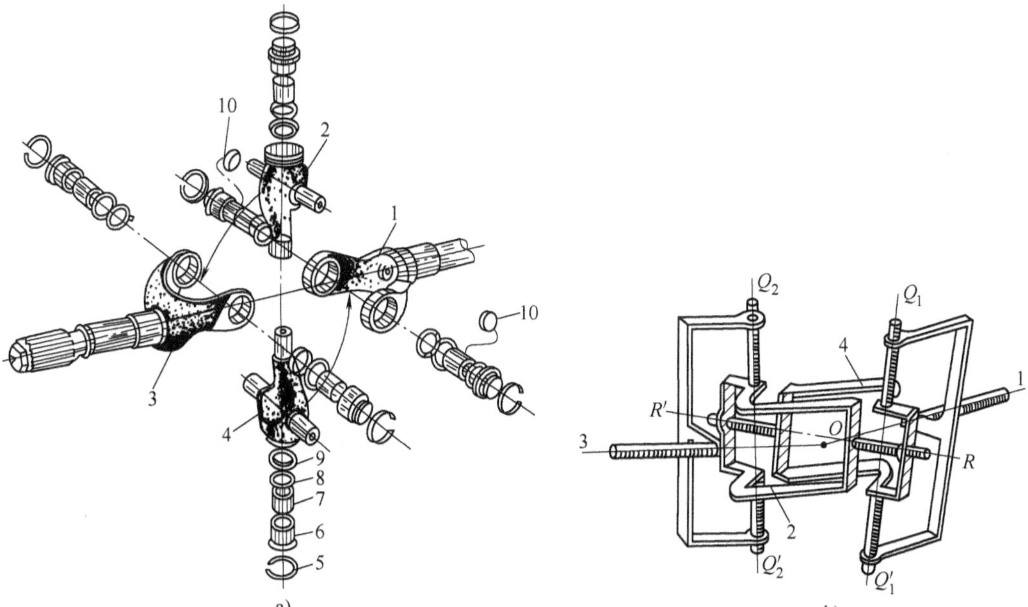

图 10-85　三销轴式准等速万向节

a）分解图　b）装配示意图

1—主动偏心轴叉　2、4—三销轴　3—从动偏心轴叉　5—卡环　6—轴承座

7—衬套　8—毛毡圈　9—密封罩　10—推力垫片

个传动钢球 4、定心钢球 6 组成。

球叉式万向节结构简单，允许轴间最大交角为 32°～33°。但由于工作时只有两个传动钢球传力，而另两个钢球则在反转时传力，因此钢球与滚道之间接触压力大，磨损快，影响其使用寿命。所以，球叉式万向节通常用于中小型越野汽车转向驱动桥上。

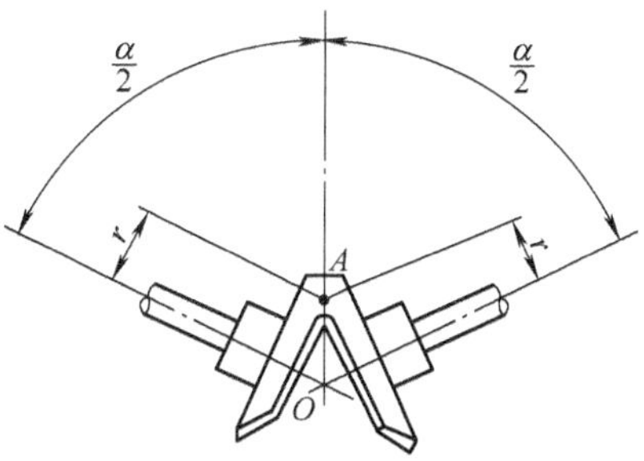

图 10-86　等速万向节传动原理

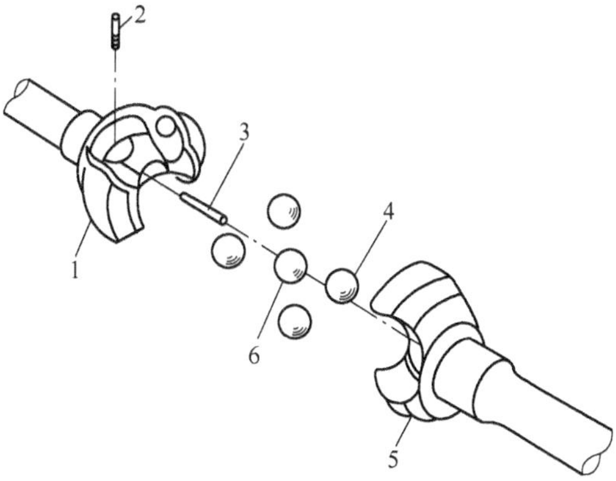

图 10-87　球叉式万向节

1—从动叉　2—锁止销　3—定位销

4—传动钢球　5—主动叉　6—定心钢球

2）球笼式万向节。球笼式万向节的构造如图 10-88 所示。星形套 7 的外表面由六条凹槽形成内滚道，并用内花键与主动轴 1 相连。球形壳 8 的内表面也有相应六条凹槽形成外滚

道。六个钢球6分别装于各条凹槽中，并用保持架4（即球笼）保持在一个平面内。这样，动力便由主动轴经钢球、球形壳输出。

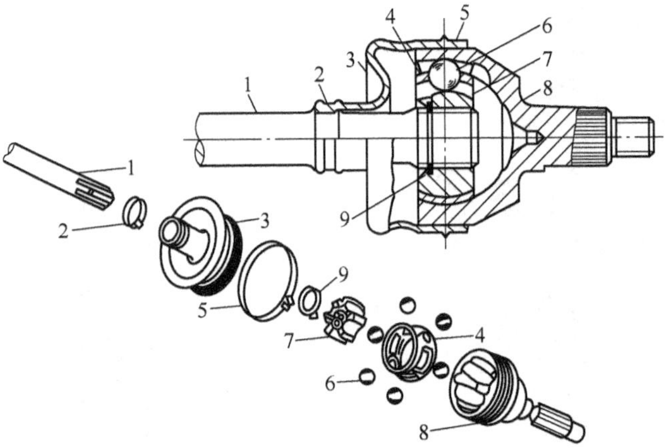

图10-88　球笼式万向节

1—主动轴　2、5—钢带箍　3—外罩　4—保持架（球笼）
6—钢球　7—星形套（内滚道）　8—球形壳（外滚道）　9—卡环

球笼式等角速万向节可以在两轴交角高达42°的情况下传递转矩。在工作时，无论传动方向如何，六个钢球全部参加传力，与球叉式万向节相比，改善了受力状况，减轻了磨损，且结构紧凑，拆装方便，因此应用越来越广泛。

3）自由三枢轴式万向节。自由三枢轴式万向节的结构如图10-89所示。三个枢轴11位于同一平面内成120°，它们的轴线垂直于传动轴，并且与传动轴轴线交于同一点。

当输出轴与输入轴交角为0°时，由于三枢轴的自动定心作用，能自动使两轴轴线重合；当输出轴与输入轴交角不为0°时，滚子轴承既可绕枢轴轴线转动，又可沿槽形轨道滑动，这样就保证了输入轴和输出轴之间始终可以传递力，并且自由三枢轴万向节是等速传动的。

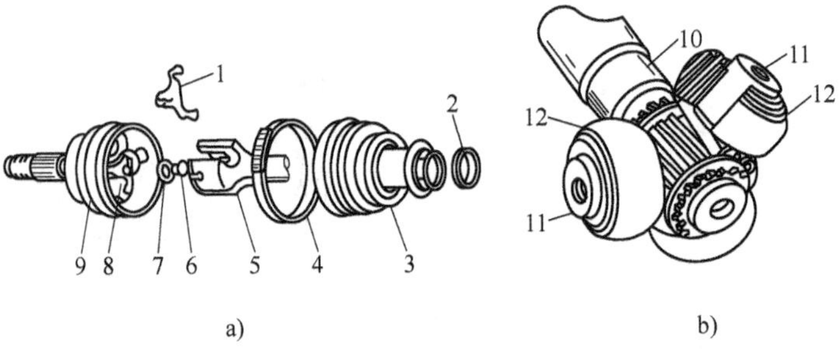

图10-89　自由三枢轴式万向节

a）分解图　b）自由三枢轴组件

1—锁定三角架　2—橡胶紧固件　3—防尘罩　4—防尘罩卡箍　5—漏斗形轴　6—止推块
7—垫圈　8—三枢轴组件　9—外座圈　10—传动轴　11—枢轴　12—滚子轴承

（4）挠性万向节　挠性万向节是依靠弹性元件的弹性变形以适应变交角两轴间的传动。由于弹性元件的弹性变形量有限，故挠性万向节一般用于两轴交角不大于3°～5°的万向传动中，常用以连接都安装在车架或车身上的两个部件，以消除安装误差和变形的影响。挠性万向节还具有缓冲、减振作用，结构简单，无须润滑。

LS400 轿车、部分皇冠轿车等转向操纵机构中采用了挠性万向节。

2. 传动轴和中间支承

（1）传动轴　传动轴（图 10-90）是万向传动装置中的主要传力部件，通常用来连接变速器和驱动桥，在转向驱动桥和断开式驱动桥中，则用来连接差速器和驱动轮。

由于变速器和驱动桥的相对位置经常发生变化，为了避免运动干涉，通常在传动轴上用滑动花键连接，以实现传动轴总长度的变化。

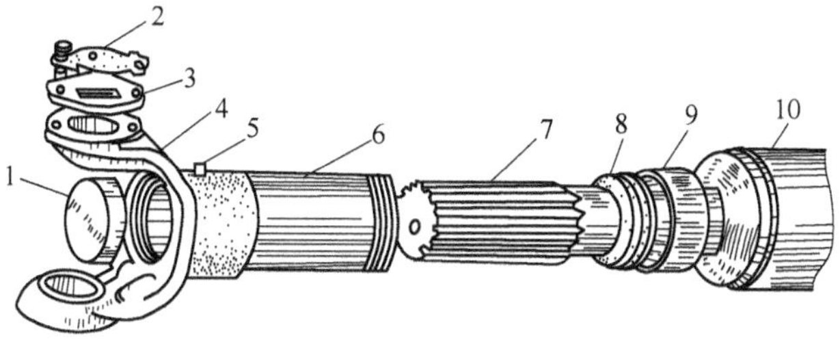

图 10-90　传动轴

1—盖　2—盖板　3—轴承盖　4—万向节叉　5—滑脂嘴　6—伸缩套
7—滑动花键　8—油封　9—油封盖　10—传动轴管

（2）中间支承　传动轴分段时需加设中间支承，中间支承通常安装在车架横梁上。

图 10-91 所示为蜂窝软垫式中间支承，轴承 3 可在轴承座 2 内轴向滑动，轴承座装在蜂窝形橡胶垫 5 内，通过 U 形支架 6 固定在车架横梁上。由于采用弹性支承，此类传动轴可在一定范围内向任意方向摆动，并能随轴承一起作适当的轴向移动，因此能有效地补偿安装误差及轴向位移。此外，这种支承还可以吸收振动、减少噪声传导。这种支承结构简单，效果良好，应用较广泛。

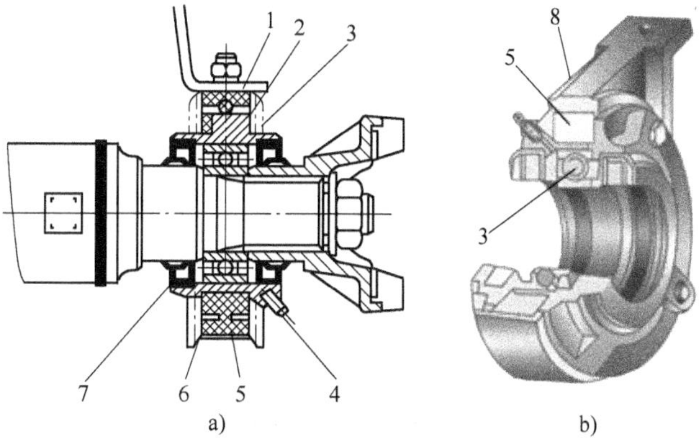

图 10-91　蜂窝软垫式汽车传动轴中间支承

a）剖视图　b）实物图

1—车架横梁　2—轴承座　3—轴承　4—滑脂嘴　5—橡胶垫　6—U 形支架　7—油封　8—支撑架

检测评价

通过以上学习，根据任务实施过程，将完成任务情况记入表 10-6 中，完成检测评价。

表 10-6　万向传动装置拆装与结构认识任务评价表

班级		姓名		日期	
序号	评价内容	配分	评分标准	自评	互评
1	正确使用工具、仪器	10	工具使用不当每次扣 2 分		
2	万向传动装置的拆装	20	操作错误每项扣 2 分		
3	万向传动装置的作用与组成	20	叙述错误每项扣 2 分		
4	万向节的分类与结构原理	25	叙述错误每项扣 2 分		
5	刚性万向节和挠性万向节的特点	10	叙述错误每项扣 2 分		
6	操作规范、有序、不超时、实施 5S 理念	15	操作不规范或超时每项扣 2 分		
7	安全用电、防火、无人身、设备事故		因违反操作安全发生重大人身和设备事故按 0 分计		
8	分数统计	100			
教师评语					

课后测评

一、选择题

1. 汽车万向传动装置的组成有（　　）

A. 半轴　　B. 万向节

C. 传动轴　　D. 半轴壳体

2. 刚性万向节按照传递速度分类可分为（　　）和等速万向节等。

A. 不等速万向节　　B. 准等速万向节

C. 十字叉式万向节　　D. 挠性万向节

3. 等角速万向节的基本原理是从结构上保证万向节在工作过程中，其传力点永远位于两轴交角的（　　）。

A. 平面上　　B. 垂直平面上

C. 平分面上　　D. 平行面上

二、问答题

1. 万向节用在汽车的哪些地方？简述其基本组成。
2. 汽车万向节分几类？简述其结构与原理。

三、实操题

1. 正确拆装万向传动装置。
2. 正确进行万向传动装置的润滑与调整。

任务六　驱动桥的拆装与结构认识

任务目标

1. 熟悉汽车驱动桥的基本组成。
2. 学会驱动桥的正确拆装与调整。
3. 理解驱动桥的结构与工作原理。
4. 培养爱岗敬业、勤奋细心、认真负责、团结互助的职业道德和精神。

知识准备

一、驱动桥的结构组成

驱动桥（图 10-92）由主减速器 2、差速器 3、半轴 4 和桥壳 1 等组成，其功用是：将变速器输出的转矩依次经主减速器、差速器、半轴等传到驱动轮；通过主减速器齿轮副实现减速增矩，需要时改变动力的传递方向；通过差速器来实现左右驱动轮以不同的转速旋转，即差速作用。

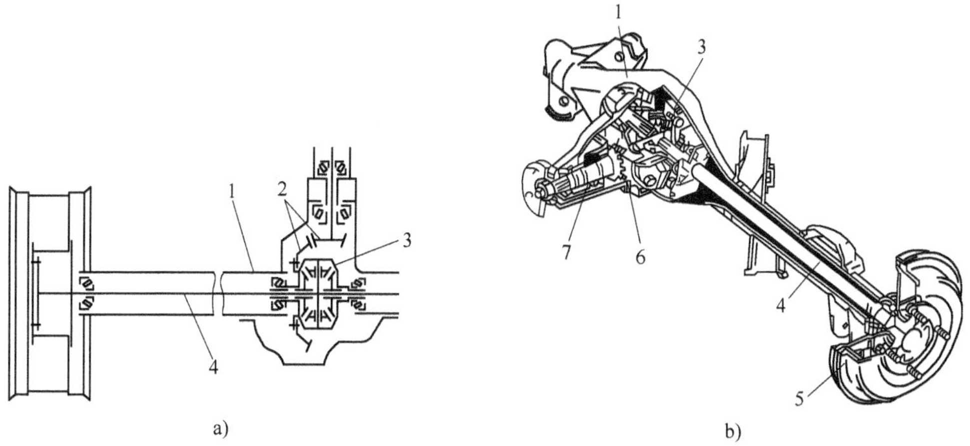

图 10-92　驱动桥（非断开式）

a）结构示意图　b）立体图

1—驱动桥壳　2—主减速器　3—差速器　4—半轴　5—轮毂　6—主减速器从动齿轮　7—主减速器主动齿轮

二、驱动桥类型

驱动桥按结构形式可分为非断开式和断开式两类。

1. 非断开式驱动桥

非断开式驱动桥又称整体式驱动桥。从变速器或分动器经万向传动装置输入驱动桥的转矩首先传到主减速器 2，在此增大转矩并相应降低转速后，经差速器 3 分配给左右两半轴 4，最后通过半轴外端的凸缘盘传至驱动车轮的轮毂 5。驱动桥壳 1 由主减速器壳和半轴套管组成，半轴 4 借助轴承支承在半轴套管内。

非断开式驱动桥与非独立悬架配合使用，其特点是：驱动桥两端通过弹性悬架与车架连接，而半轴套管和主减速器壳刚性地连成一体，即左、右半轴和驱动轮不存在相对运动。

2. 断开式驱动桥

图 10-93 为断开式驱动桥示意图，断开式驱动桥由驱动桥壳 1、半轴 2、主减速器 4 和差速器 5 等组成。但驱动桥壳 1 分为左、右两段，并用铰链连接。每根半轴分为内、外两段，用万向节 6 连接，主减速器 4 固定在车架上。

断开式驱动桥适用于独立悬架，其特点是：两侧的驱动轮分别用悬架弹性与车架相连，两轮可独立地相对于车架上下跳动。

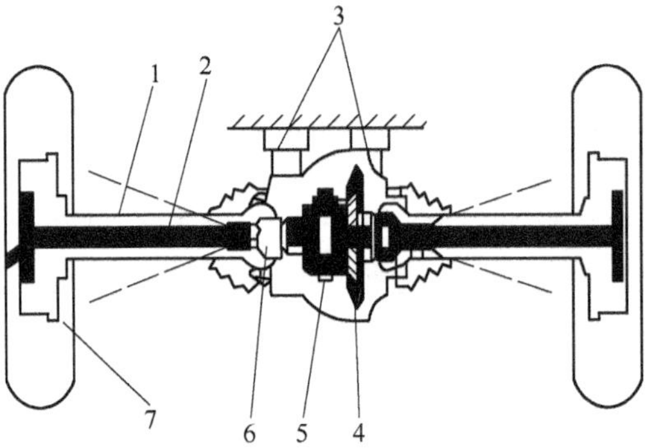

图 10-93 断开式驱动桥

1—桥壳 2—半轴 3—支架 4—主减速器 5—差速器 6—万向节 7—驱动轮

任务准备

1. 器材准备

1）汽车整车或汽车底盘 1 台/组。

2）汽车驱动桥 1 套/组。

3）常用拆装工具、零部件盆 1 套/组。

4）一体化教室 1 间。

5）相关的教具、录像片及教学挂图 1 套。

2. 任务安排

1）实训课时：4 学时。

2）实训组织：每 5 ~ 6 人一组，由老师指导，观看驱动桥的拆装视频后，学生自己动手进行拆装。

任务实施

一、驱动桥的拆装

1. 东风 EQ1108G 汽车驱动桥的拆卸与检查

（1）拆卸主减速器

1）用举升机将车举起，用止动块塞好前后车轮，放尽专用齿轮油。

2）从连接突缘叉上拆除传动轴。

3）拆除左右半轴。

4）使用水平滑车或主减速器千斤顶拆下主减器总成。

（2）分解、检查主减速器

1）测量主、从动锥齿轮的齿侧间隙。如图 10-94 所示，测量时，千分表的表头垂直于从动锥齿轮大端齿面，先用手向一个方向转动从动锥齿轮使之与主动锥齿轮接触，将表针对准零，然后再向另一方向转动从动锥齿轮，感觉到与主动锥齿轮接触时，读取表上读数，在沿圆周均布不少于 4 个齿上测量，测得的值与标准值相对照，若齿测间隙值超过了修理极限，检查齿轮的啮合印迹及轴承的磨损情况。

2）在减速轴承盖和减速器壳之间做上标记，因为减速轴承盖与减速器壳是合件加工的，左、右轴承盖不能互换。拧松轴承盖的固定螺栓，利用差速器扳手，拆下调整螺母（图 10-95），分解前以 390 ~ 540N · m 的力矩拧紧大螺母，再用力推拉凸缘，若感觉有轴向间隙，则说明圆锥滚子轴承已失去预紧负荷。

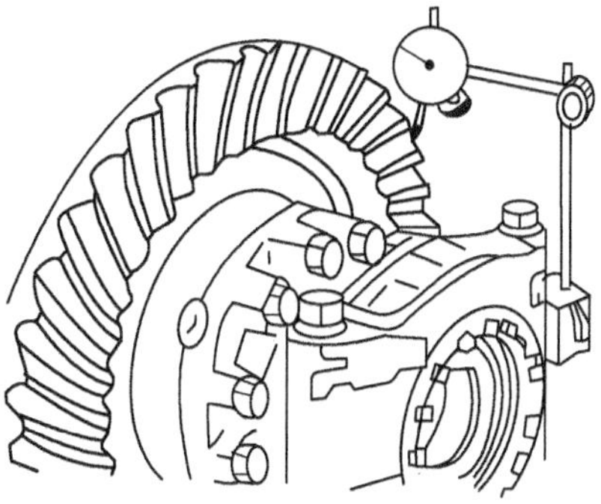

图 10-94　主、从动齿轮齿侧间隙的检查

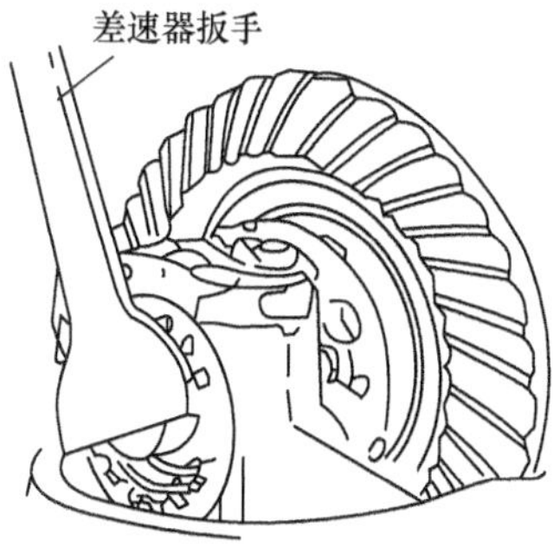

图 10-95　拆调整螺母

（3）清洗　清洗各部件

注意：橡胶件不可矿物油清洗，应用乙醇清洗。

2. 驱动桥的装配与调整

（1）装配主动锥齿轮

1）将主动锥齿轮前轴承总成的外圈压入轴承座，后排轴承内圈装于主动锥齿轮上，装上隔套和调整垫片。

2）将主动锥齿轮装入轴承座，并放入轴承总成的前排轴承内圈（图 10-96）。

3）装上主减速器壳上的后圆柱滚子轴承，然后装上弹性挡圈，装上主动齿轮凸缘和平垫圈，按照规定的力矩拧紧大螺母。

4）将轴承座固定住，用弹簧秤钩住凸缘上的孔（图 10-97），测量轴承的转动力。如果预紧负荷值超出了厂家给出的规定范围，拆下调整垫片，再测量其厚度。测量前，应用手反复转动凸缘，使轴承正确就位。

5）预紧负荷调整后，拆下螺母、垫片和凸缘，将油封装入轴承座中，图 10-98 所示，并在油封刃口涂上一层专用润滑油。

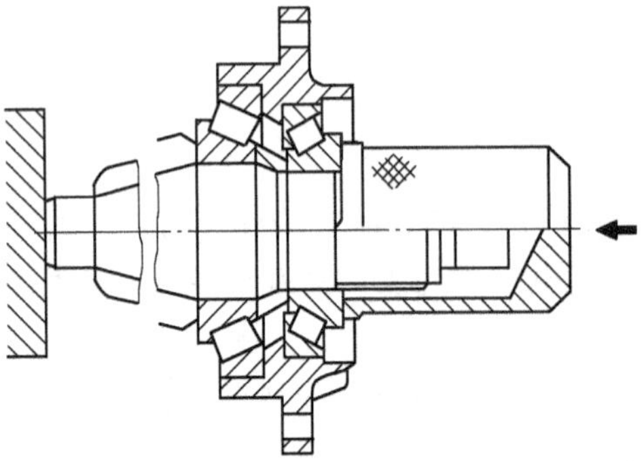

图 10-96　安装主动锥齿轮

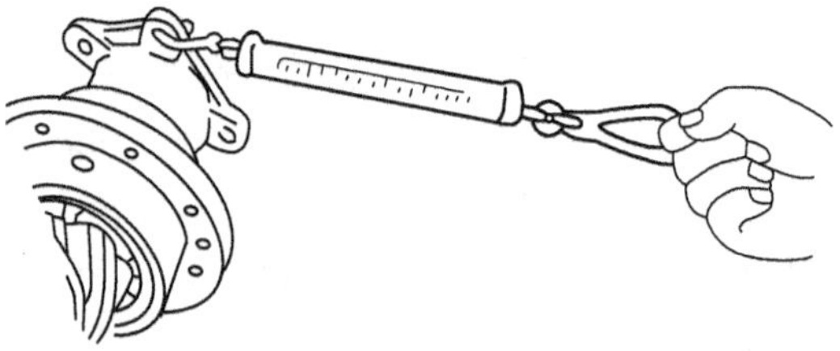

图 10-97　测量轴承起动力

注意：不能用铁锤敲打，要保证油封骨架的任何一处都不产生变形，如有变形，应更换油封。

6）装上凸缘、O 形垫圈和平垫圈，拧上槽形螺母，并按规定力矩拧紧。

7）穿上开口销锁住螺母。如果槽和孔没有对准，将螺母再稍稍拧紧到槽与最近的孔对准为止。

（2）装配差速器总成

1）将差速器轴承的内圈压入差速器左、右半壳。

2）将从动锥齿轮装在差速器左壳上，拧上螺栓，拧入前在螺纹表面涂上一层螺纹密封胶，然后按规定力矩拧紧螺栓。

3）将半轴齿轮和支承垫片装入差速器壳中，将行星齿轮及支承垫片装在十字轴上，然后将十字轴总成装入差速器壳中。

4）将半轴齿轮和支承垫片放在行星齿轮上，盖上差速器右壳。注意对准左、右半壳上标记（图 10-99）。

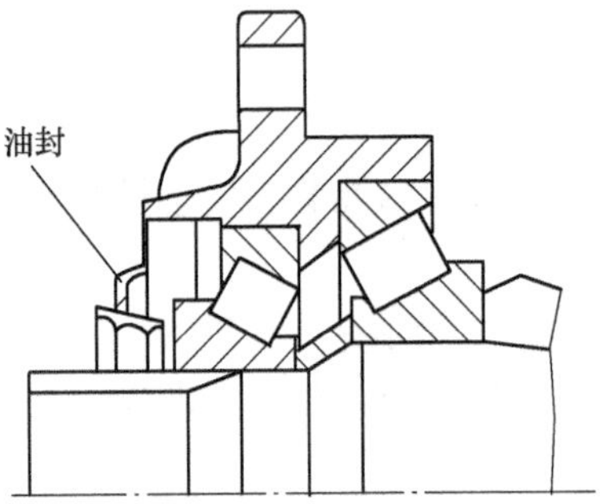

图 10-98　油封的安装

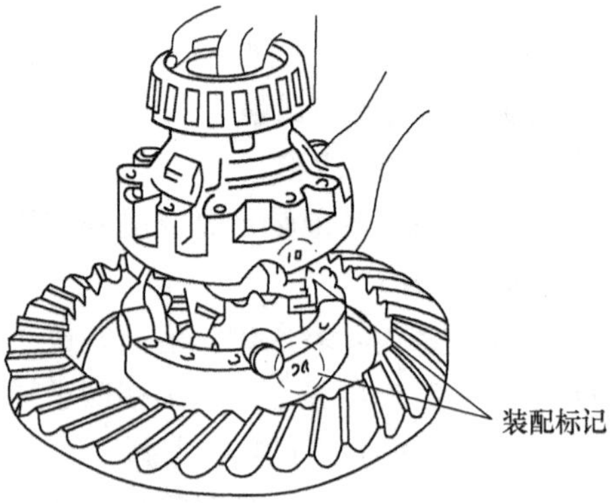

图 10-99　左右半壳的装配

5）拧上差速器壳螺栓，拧入前在螺纹表面涂上上层螺纹固定胶，然后按规定力矩拧紧螺栓。

二、驱动桥的结构认识

1. 主减速器

（1）主减速器的功用　主减速器是将万向传动装置传来的转矩增大，降低转速。对发动机纵置的汽车，它还可以改变转矩的传递方向。

（2）主减速器的基本结构　图 10-100 所示为上海桑塔纳轿车的单级减速器。

主动齿轮 4 通过轴承 6 和 8 支承在壳体 1 上，从动锥齿轮 9 连接在差速器壳 2 上，和差速器壳一起用两个圆锥滚子轴承支承在主减速器壳的座孔中。

主减速器壳内注入齿轮油，在从动锥齿轮的带动下甩到齿轮、轴和轴承上进行润滑。

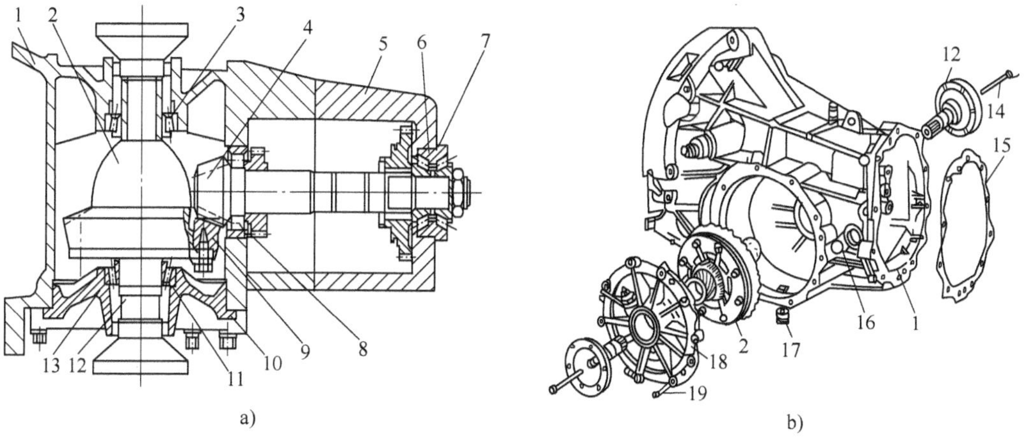

图 10-100　上海桑塔纳轿车单级主减速器

a）结构图　b）立体图

1—变速器前壳体　2—差速器　3、7、11—调整垫片　4—主动锥齿轮　5—变速器后壳体　6—双列圆锥滚子轴承　8—圆柱滚子轴承　9—从动锥齿轮　10—差速器盖　12—半轴　13—圆锥滚子轴承　14—半轴固定螺栓　15—密封垫　16—加油螺塞　17—放油螺塞　18—轴承盖　19—螺栓

2. 差速器

（1）差速器的作用　汽车转弯行驶时，内、外两侧车轮在同一时间内要移动不同的距离，外轮移动的距离比内轮大（图 10-101）。差速器的作用就是将主减速器传来的动力传给左、右两个半轴，并在汽车转弯行驶时允许左、右半轴以不同转速旋转（差速）。装在同一驱动桥左、右半轴之间的差速器，称为轮间差速器；装在多轴汽车各驱动桥之间的差速器称为轴间差速器。

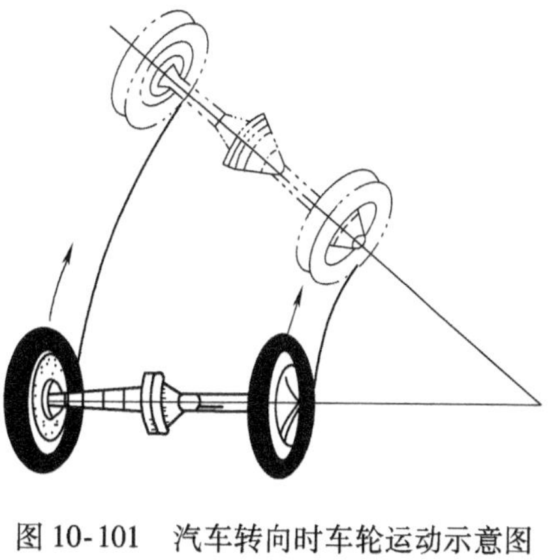

图 10-101　汽车转向时车轮运动示意图

差速器按其工作特性可分为普通齿轮式差速器和防滑差速器两类。

（2）普通齿轮式差速器结构原理　以对称式锥齿轮差速器为例，差速器由差速器壳、行星齿轮轴、半轴齿轮等组成，如图 10-102 所示。

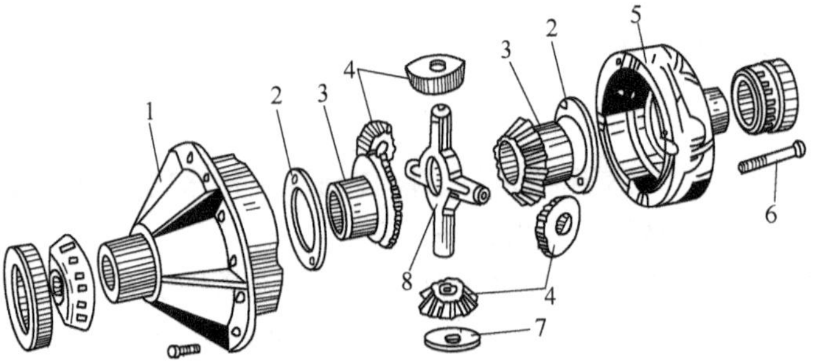

图 10-102　对称式锥齿轮差速器

1、5—差速器壳　2—半轴齿轮推力垫片　3—半轴齿轮　4—行星齿轮
6—螺栓　7—行星齿轮球面垫片　8—行星齿轮轴（十字轴）

当两侧车轮以相同转速转动时，行星齿轮绕半轴轴线转动——公转。若两侧车轮阻力不同，则行星齿轮在进行上述公转运动的同时，还绕自身轴线转动——自转，因而两半轴齿轮带动两侧车轮以不同转速转动。

3. 半轴

半轴是在差速器和驱动轮之间传递动力的实心轴（图 10-103），内端一般制有外花键与半轴齿轮连接，外端与驱动轮的轮毂相连。半轴的结构因驱动桥结构形式的不同而异，非断开式驱动桥中的半轴为一根整体刚性轴，而转向驱动桥和断开式驱动桥中的半轴则分段并用万向节连接。

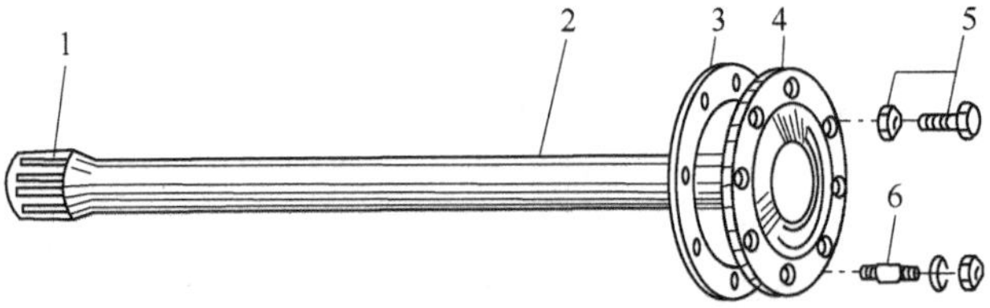

图 10-103　半轴

1—花键　2—轴　3—垫片　4—凸缘　5—半轴起拔螺栓　6—半轴紧固螺栓

4. 桥壳

桥壳除了安装并保护主减速器、差速器和半轴之外，其主要功用是通过悬架支承汽车，承受驱动轮传来的反力和力矩，并将在驱动轮的牵引力、制动力、侧向力通过悬架传给车架或车身。

拓展与提高

一、四轮驱动系统简介

四轮驱动系统用于将发动机动力传向四个车轮，以增加汽车在道路不好的情况下行驶的牵引力，同时改善汽车转弯时的操纵性能。四轮驱动系统分为可转换四轮驱动系统（4WD）和全时四轮驱动系统（AWD）。

1. 可转换四轮驱动系统

这种四轮驱动系统可进行二轮驱动和四轮驱动之间的转换，它主要由变速器、前后传动轴、前后驱动桥及分动器、轴间差速器等组成（图 10-104）。

为了将变速器输出的动力分配到各驱动桥，四轮驱动系统均装有分动器，它用于将变速器输出的动力分配到各驱动桥。

2. 全时四轮驱动系统

全时四轮驱动系统始终是四轮驱动，又称全轮驱动，它并非仅为越野行驶设计，而是设计成在不良附着力情况下（如在有冰或雪的道路上）可以增强汽车的附着性能，以产生最大的驱动力。

全轮驱动系统主要由轴间差速器、传动轴及前后驱动桥组成，如图 10-105 所示。

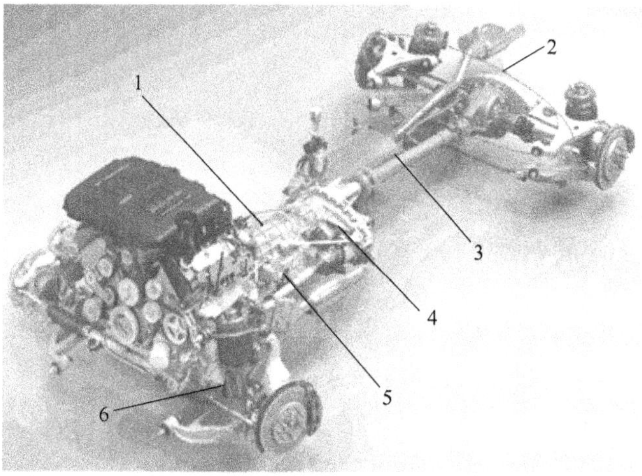

图 10-104　四轮驱动系统

1—变速器　2—后驱动桥　3—后驱动轴　4—分动器　5—前驱动轴　6—前驱动桥

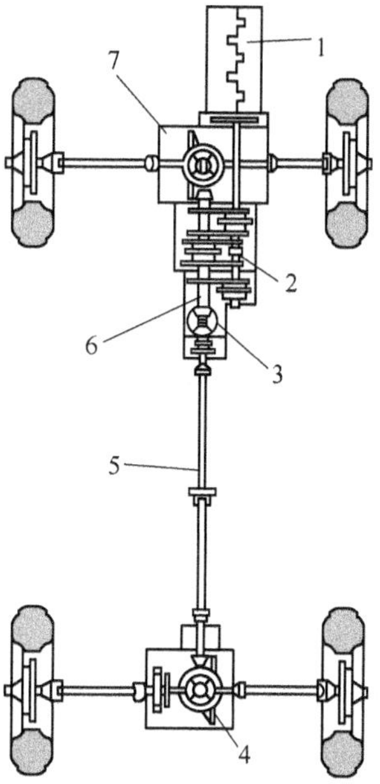

图 10-105　全轮驱动系统

1—发动机　2—手动变速器　3—轴间差速器　4—后桥总成　5—传动轴　6—变速器第二轴　7—前桥总成

大多数全时四轮驱动系统采用一个轴间差速器来分流前、后桥之间的动力。轴间差速器可自动锁定，或者由驾驶人用开关手动锁定。

检测评价

通过以上学习，根据任务实施过程，将完成任务情况记入表 10-7 中，完成检测评价。

表 10-7　驱动桥的拆装与结构认识任务评价表

班级		姓名		日期	
序号	评价内容	配分	评分标准	自评	互评
1	正确使用工具、仪器	10	工具使用不当每次扣 2 分		
2	驱动桥的结构组成与分类	10	错误每项扣 2 分		
3	驱动桥的拆装	30	操作错误每项扣 3 分		
4	差速器的结构原理	20	错误每项扣 2 分		

（续）

序号	评价内容	配分	评分标准	自评	互评
5	四轮驱动系统作用原理	20	错误每项扣2分		
6	操作规范、有序、不超时、实施5S理念	10	操作不规范或超时每项扣2分		
7	安全用电、防火、无人身、设备事故		因违反操作安全发生重大人身和设备事故按0分计		
8	分数统计	100			
教师评语					

课后测评

一、选择题

1. 汽车驱动桥主要由（　　）、半轴和驱动桥壳等组成。
A. 主减速器　　B. 差速器
C. 转向盘　　D. 转向器
2. 主减速器的功用有（　　）
A. 差速作用　　B. 将动力传给左右半轴
C. 减速增矩　　D. 改变转矩的旋转方向
3. 差速器的主要作用有（　　）。
A. 传递动力至左右两半轴　　B. 对左右两半轴进行差速
C. 减速增矩　　D. 改变动力传递方向
4. 四轮驱动系统的作用特点有（　　）。
A. 改善了汽车转弯时的操纵性能　　B. 增大了功率
C. 改善了差速性能　　D. 增加了在坏路面的牵引力

二、问答题

简述对称式锥齿轮差速器的结构与差速原理。

三、实操题

1. 正确进行桑塔纳轿车主减速器的拆装。
2. 正确进行后桥主减速器的装配与调整。

项目小结

1. 离合器的主要功用是保证汽车平稳起步、换档时工作平顺、防止传动系统过载。

2. 摩擦式离合器主要由主动部分、从动部分、压紧机构和操纵机构四部分组成。

3. 当离合器处于正常接合状态，在分离轴承和分离杠杆之间留有一定量的间隙，称为离合器分离间隙。为消除操纵机构中的机械、液压间隙和离合器分离间隙所对应的离合器踏板行程称为离合器踏板自由行程。

4. 变速器的功用有改变传动比、实现倒车、中断动力及实现动力输出等功能，有手动和自动两类。

5. 手动变速器主要由传动机构、同步器及操纵机构三部分组成，通过多组一对或一对以上不同齿数的齿轮啮合来实现传动比的变化。

6. 自动变速器操作简单省力、行车安全性好、生产率高、舒适性好、机件的使用寿命长、动力性、排放性能好；缺点是结构复杂、精度高、成本高、传动效率低、维修困难。

7. 机械式无级自动变速器（CVT）是根据车速和节气门开度来改变机械式 V 形传动带轮的作用半径，实现无级变速。目前，机械式无级自动变速器以金属带式为主，它主要由机械传动装置、控制系统和外部连接装置三大组件组成。

8. 万向传动装置的功用是在轴线相交且相对位置经常发生变化的两轴间传递动力。按扭转方向上是否有明显的弹性，万向节可分为刚性万向节和挠性万向节。刚性万向节又分为不等速万向节、准等速万向节和等速万向节。万向传动装置一般由万向节和传动轴组成。

9. 驱动桥由主减速器、差速器、半轴和桥壳等组成，其功用是将变速器输出的转矩传到驱动轮，实现增矩减速和差速作用。

10. 差速器的功用是将主减速器传来的动力传给左、右两半轴，并在汽车转向时允许左、右半轴以不同转速旋转。

项目十一 汽车行驶系统拆装与结构认识

项目描述

汽车行驶在道路上，尤其是行驶在崎岖的山路或无路地区，由于路面的不平，会造成汽车激烈颠簸，极大地影响汽车的行驶平顺性、操纵稳定性和安全性。为此，汽车通过行驶系统来缓解路面不平引起的冲击。

任务一　汽车行驶系统拆装

任务目标

1. 理解轮胎、悬架系统的结构及基本工作原理。
2. 学会车轮的拆装。
3. 学会悬架系统的拆装。
4. 学会轮胎的充气。
5. 培养爱岗敬业、勤奋细心、认真负责、团结互助的职业道德和精神。

知识准备

汽车行驶系统包括车轮、车架和悬架（图 11-1），其主要作用是承受汽车行驶时各个方向的作用力，缓和路面不平引起的冲击，提高汽车行驶的平顺性、操纵稳定性和安全性。

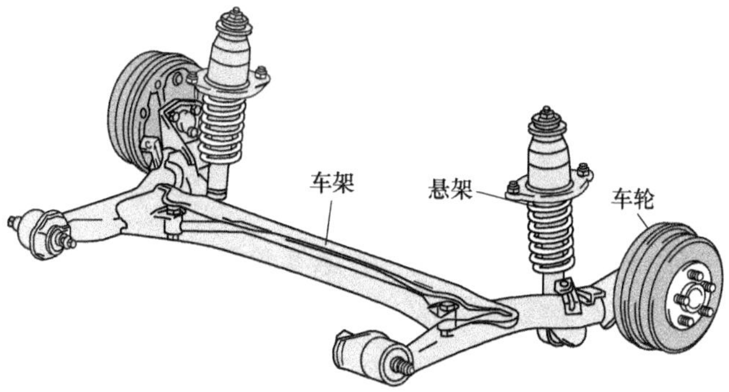

图 11-1　汽车行驶系统组成

任务准备

1. 器材准备

1）桑塔纳 2000 型汽车 1 台/组。

2）轮胎拆装机、空气压缩机、轮胎气压表 1 台/组（图 11-2）。

3）常用拆装工具、汽车车轮专用拆装工具 1 套/组。

4）零部件件存放盆、抹布等 1 套/组。

5）一体化教室 1 间。

6）相关的教具、录像片及教学挂图 1 套。

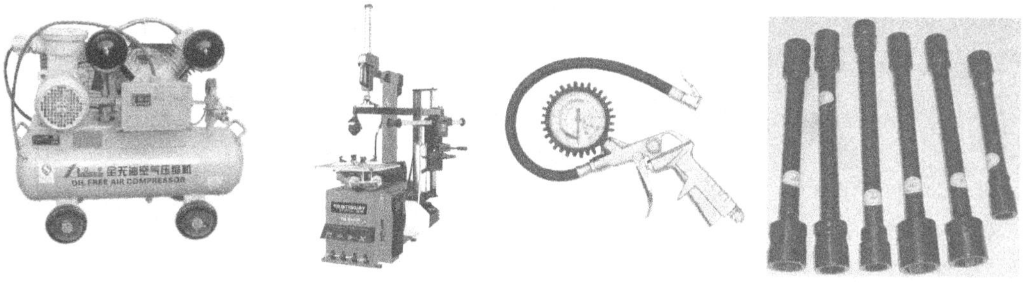

图 11-2　实训物品

2. 任务安排

1）实训课时：2 学时。

2）实训组织：每 5 ~ 6 人一组，由老师指导，观看汽车行驶系统的拆装视频后，学生自己动手进行拆装。

任务实施

一、车轮的拆装与维护

1. 车轮总成的拆装

（1）车轮总成的拆卸

1）拆下车轮饰板 2（图 11-3），用十字轮胎扳手或套筒扳手旋松车轮螺栓 10。

2）用举升机或千斤顶将汽车举起，旋出轮胎螺栓，卸下车轮总成。

（2）车轮总成的安装

1）将车轮套在轮毂上，对准螺孔，用手将车轮螺栓旋入轮辋4的锥形孔，并确保旋入螺孔。

2）放下举升机或千斤顶，使车轮完全着地。

3）用十字轮胎扳手或套筒扳手依次交叉拧紧车轮螺栓，按规定力矩（110N·m）依次交叉拧紧车轮螺栓，最后装上车轮饰板。

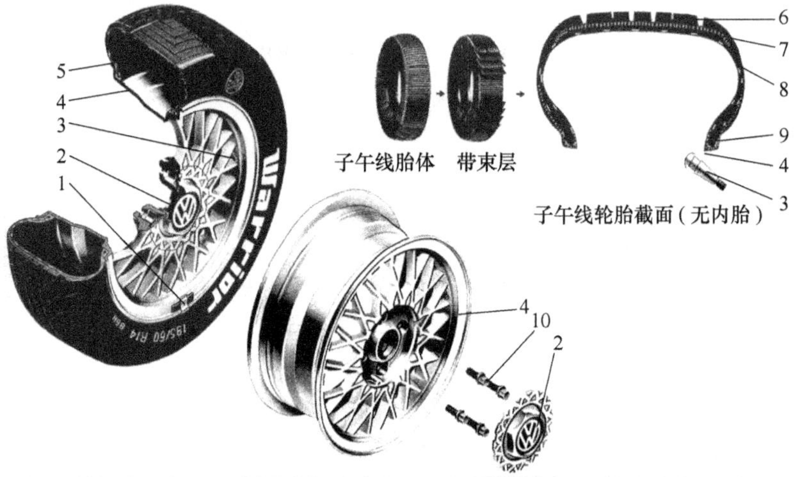

图 11-3　轮胎拆装机的结构

1—平衡块及夹子　2—车轮饰板　3—气门嘴　4—铝合金轮辋　5—子午线轮胎
6—胎面层　7—带束层　8—气密层　9—钢丝圈　10—车轮螺栓

2. 轮胎的拆装

（1）轮胎拆装

1）轮胎拆卸。

① 从车上拆下车轮，将轮胎内空气放尽，去掉车轮上的平衡块，以免发生危险。

② 把车轮竖起靠近轮胎拆装机支撑胶板，踩下大铲压胎踏板，压下轮胎。松开踏板，慢慢转动车轮，重复上述动作，直到把胎唇全部从轮辋边缘压开。

③ 扳动锁紧杆，松开垂直立杠，将轮胎锁紧在转盘上，锁紧方式有两种：一种是外夹，另一种是里夹。

外夹：将轮胎放于转盘上，踩踏开启踏板，使卡爪直至将轮胎锁紧。

里夹：先将卡爪外张开，将轮胎放置转盘上，踩踏锁紧踏板，卡爪锁紧轮辋外缘。对胎口较紧的轮胎推荐里夹。

④ 按下垂直立杆，使拆装头靠近轮胎边缘，并用锁紧杆锁紧垂直立杆。调整悬臂定位螺栓，使机头滚轮与钢圈外缘隔离间隙为5～7mm，上下提升3mm左右。

⑤ 用撬杆将胎缘撬在拆装头上，点踩转盘转动踏板，让转盘顺时针旋转，直到胎缘脱落为止。

⑥ 重复以上步骤，拆下另一胎缘。

2）轮胎安装。

① 用除锈机或钢丝刷除去轮辋、挡圈和锁圈上的锈迹。

② 将轮辋在转盘上锁定，先给胎唇涂上润滑膏或肥皂水，然后把轮胎套在钢圈上把拆装头固定到工作位置。

③ 将胎缘置于拆装头尾部上面机头下部，同时压低胎肚，顺时针旋转转盘让胎缘落入钢圈槽内。

④ 重复以上步骤，装上另一胎缘。

⑤ 调整轮胎位置，使轮胎平衡点位置与气门嘴成180°安装。

⑥ 松开钳住钢圈的卡爪，给轮胎充气。充气结束时，应迅速用气门扳手拧紧气门芯，并检查是否漏气。

3. 轮胎的维护

（1）轮胎使用维护项目及注意事项

1）按照车辆使用说明书要求，保持正常的轮胎气压。

2）注意剔除嵌在轮胎花纹内的异物。注意轮胎不可接触机油和燃油，避免长期曝晒，经常检查以保证车轮螺栓的紧固力矩为110N·m。

3）若轮胎上12mm宽、1.6mm深的磨损指示条已经磨去，应立即更换轮胎。轮胎更换时应成对更换，并且花纹深的轮胎应装在前轮；同一轴应使用同种规格和同种花纹的轮胎；装上新的无内胎轮胎时应同时装上新的橡胶气门嘴；新换的轮胎或修理过的轮胎必须进行动平衡试验。

4）应使轮胎磨损均匀。如果发现前轮比后轮磨损大，为了保证安全，应进行轮胎换位，并保持原来的滚动方向。

（2）轮胎气压检查与充气

1）在平地上停稳车辆，旋下气门嘴盖，用气门扳手检查并拧紧气门芯，将轮胎气压表与轮胎气门相连，读出轮胎气压（图11-4）。

2）若轮胎气压低于规定值，需要充气。将轮胎气压表与压缩气源相连，进行充气。

3）充气快结束时，应慢慢地压充气枪数次，确定压力计量器显示的压强不超过轮胎生产厂家所注明的范围。

4）取下充气工具，盖上气门嘴盖。

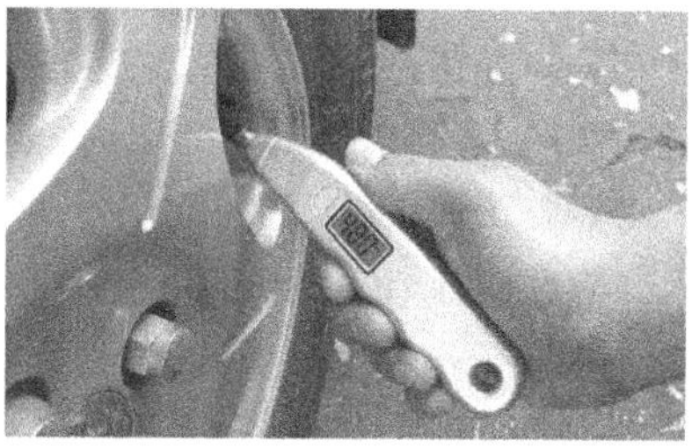

图11-4　轮胎气压检查

拓展与提高

一、桑塔纳2000前桥及前悬架的拆装

桑塔纳2000系列乘用车前桥及前悬架分解图如图11-5所示。

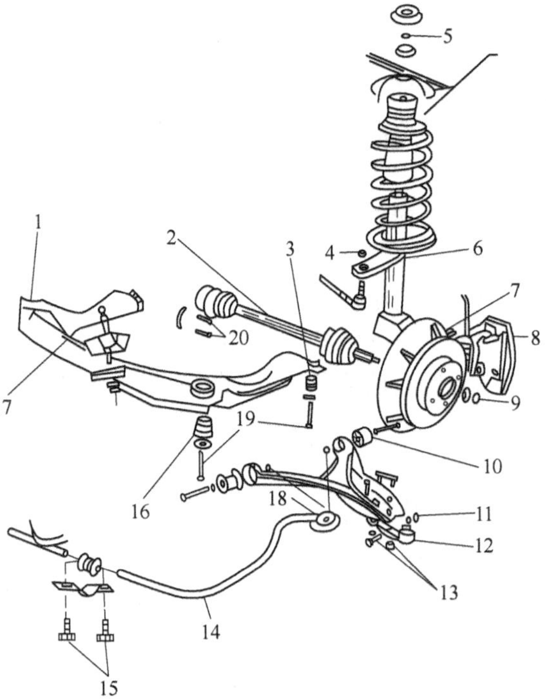

图 11-5　桑塔纳 2000 前桥及前悬架分解图

1—副车架　2—传动轴　3—副车架后橡胶支承　4—螺母（30N·m）　5—自锁螺母（60N·m）　6—减振器支柱　7—螺栓（70N·m）　8—制动钳　9—自锁螺母（230N·m）　10—下摇臂下支座　11—自锁螺母（50N·m）　12—球头销　13—自锁螺母（65N·m）　14—横向稳定杆　15—螺栓（25N·m）　16—副车架前橡胶支承　17、18—自锁螺母（40N·m）　19—螺栓（70N·m）　20—螺栓（45N·m）

（1）前悬架总成的拆装

1）车轮着地，取下车轮装饰罩，旋下轮毂与传动轴的紧固螺母 9，卸下垫圈，旋下车轮紧固螺母（110N·m），拆下车轮。

2）旋下制动钳紧固螺栓 7，取下制动盘。

3）取下制动软管支架，并用铁丝将制动钳固定在车身上。拆下球头销紧固螺栓。

注意：不要损坏制动软管。

4）压下转向横拉杆接头，取下螺母 4。拧下横向稳定杆的紧固螺栓 15，拆下传动轴（VL 节）与轮毂的固定螺母。

5）向下揿压前悬架下摇臂，从车轮轴承壳内拉出传动轴；或利用两个固定车轮凸缘上的螺孔，将压力装置 V. A. G1389 固定在轮毂上，用液压装置从轮毂中拉出传动轴（图 11-6）。拆下传动轴后，卸下压力装置。

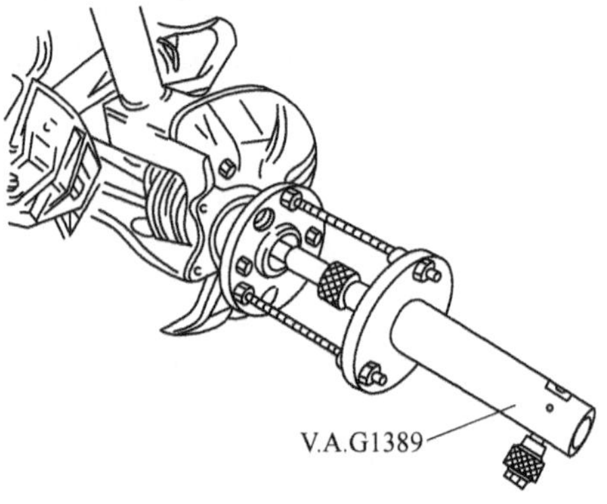

图 11-6　拉出传动轴

6）取减振器下盖子，支撑支柱下部或者沿反方向固定。用内六角扳手阻止活塞杆的转动，旋下活塞杆的螺母5，取下前悬架总成。

7）用专用工具压住前悬架弹簧座圈，压缩压紧弹簧（图11-7）。

8）用扳手A阻止活塞杆的转动，松开开槽螺母，放松弹簧，拆卸减振器（图11-8）。

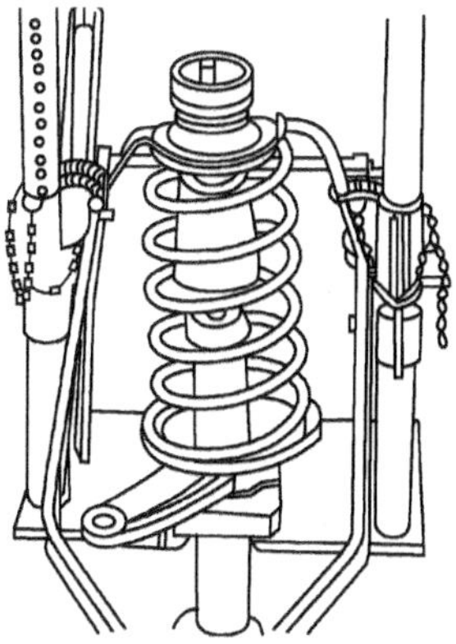

图11-7　用专用工具压缩弹簧

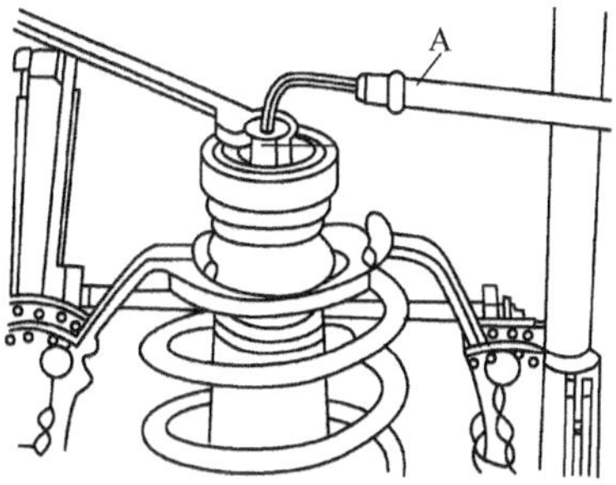

图11-8　松开开槽螺母

9）按与拆卸时相反的顺序安装前悬架总成。

注意：

1）不允许对前悬架总成进行焊接或整形处理，不合格的零部件总成应进行更换。

2）安装传动轴时，应擦净传动轴与花键齿面上的油污，去除防护剂的残留物。在外万向节（RF节）花键齿面上涂上一圈5mm宽的防护剂D6，然后进行传动轴装配。涂防护剂D6的传动轴安装后应停车60min，然后才可使用。

3）所有螺栓和螺母应按规定力矩拧紧。

4）所有自锁螺母，必须更换新件。

（2）副车架、下摇臂和横向稳定杆的拆装

1）拧下副车架与车身固定的前支承橡胶垫螺栓19，拆下副车架下摇臂与横向稳定杆组合件。

2）拧松下摇臂与副车架连接橡胶轴承的连接螺栓的紧固螺母18，拆卸下摇臂。

3）拧松横向稳定杆与下摇臂连接螺栓的紧固螺母，并且拆下固定在副车架上的支架螺栓15，拆下横向稳定杆。

4）用专用工具压出副车架前后4个橡胶支承。

5）用专用工具压出下摇臂两端的橡胶支承。

6）按与拆卸时相反的顺序安装副车架、下摇臂和横向稳定杆。

检测评价

通过以上学习，根据任务实施过程，将完成任务情况记入表11-1中，完成检测评价。

表 11-1　汽车行驶系统拆装任务评价表

班级		姓名		日期	
序号	评价内容	配分	评分标准	自评	互评
1	正确使用工具、仪器	15	工具使用不当每次扣 2 分		
2	正确拆装车轮和轮胎	30	操作错误每项扣 3 分		
3	轮胎的维护	15	错误每项扣 3 分		
4	前桥及前悬架的拆装	25	错误每项扣 2 分		
5	操作规范、有序、不超时、实施 5S 理念	15	操作不规范或超时每项扣 2 分		
6	安全用电、防火、无人身、设备事故		因违反操作安全发生重大人身和设备事故按 0 分计		
7	分数统计	100			
教师评语					

课后测评

实操题

1. 正确拆装车轮和轮胎。
2. 正确维护轮胎。
3. 正确拆装前桥及前悬架。

任务二　汽车行驶系统结构认识

任务目标

1. 掌握车轮组成、轮胎的结构与规格标志。
2. 理解轮胎压力监视系统 TPMS 和零气压轮胎。
3. 熟悉各类型车桥的结构。
4. 理解车轮定位参数。
5. 掌握独立和非独立悬架的结构原理。
6. 培养爱岗敬业、勤奋细心、认真负责、团结互助的职业道德和精神。

任务准备

1. 器材准备

1）桑塔纳 2000 型汽车 1 台/组。

2）汽车轮胎、悬架、车架 1 台/组。

3）常用拆装工具、汽车车轮专用拆装工具 1 套/组。

4）零部件存放盆、抹布等1套/组。

5）一体化教室1间。

6）相关的教具、录像片及教学挂图1套。

2. 任务安排

1）实训课时：6学时。

2）实训组织：每5~6人一组，由老师指导，学生自己动手进行拆装。

任务实施

一、车轮总成结构认识

车轮与轮胎组成车轮总成，习惯上简称为车轮，图11-9所示为奥迪100型乘用车的车轮总成。

1. 车轮

车轮是介于轮胎和车桥之间承受负荷的旋转组件，通常有轮辋和轮辐组成（图11-10）

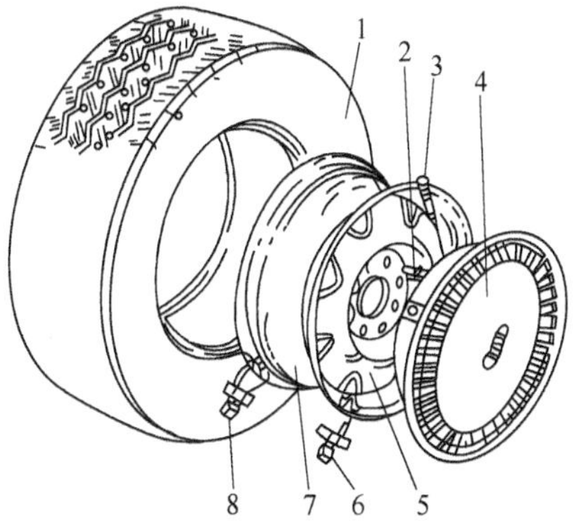

图11-9　奥迪100型轿车的车轮总成

1—轮胎　2—螺栓　3—气门嘴　4—饰罩

5—轮辐　6、8—平衡块　7—轮辋

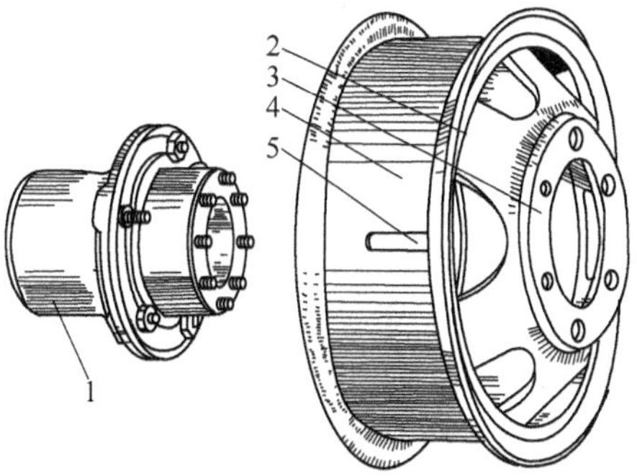

图11-10　车轮的结构

1—轮毂　2—挡圈　3—轮辐

4—轮辋　5—气门嘴出口

2. 轮胎

（1）轮胎的功用　轮胎安装在轮辋上，直接与路面接触，其功用是：支撑着汽车的全部质量，产生驱动力、制动力、侧向力、缓和路面冲击。

（2）轮胎的基本结构　现代汽车几乎都采用充气轮胎，轮胎按组件不同可分为有内胎和无内胎轮胎。

1）有内胎轮胎。有内胎轮胎由外胎4、内胎3和垫带2组成（图11-11）。

内胎根据气压高低，分有高压轮胎、低压轮胎和超低压轮胎。

内胎上装有充气、放气的气门嘴（图11-12）。当轮胎被充气时，阀门4被空气压力压下；充气完毕后，套在杆5上的弹簧6便将它紧密地压在阀座上。

垫带是一个环形的橡胶带，垫在内胎与轮辋之间，保证内胎不被轮辋和胎圈擦伤，还可以防止尘土及水汽侵入。在深式轮辋上使用的有内胎轮胎往往没有垫带。

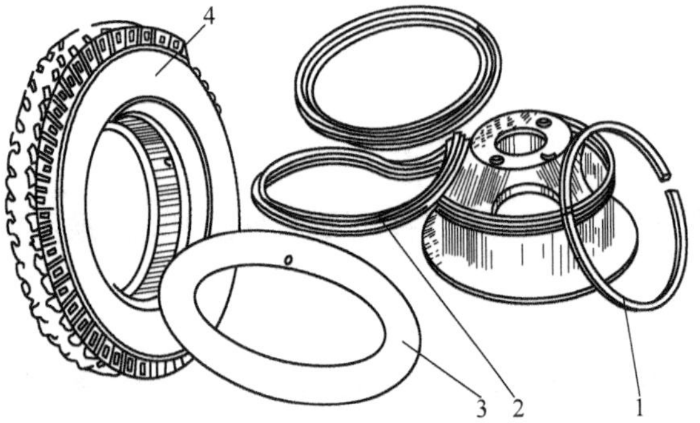

图 11-11　有内胎轮胎

1—挡圈　2—垫带　3—内胎　4—外胎

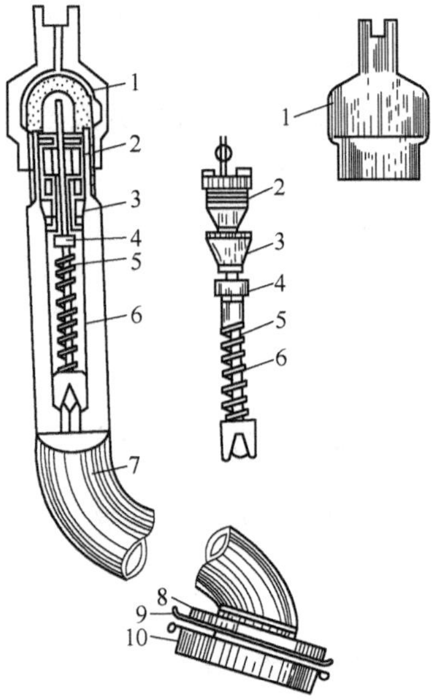

图 11-12　气门嘴

1—盖　2、8—螺母　3—衬套　4—阀门　5—杆　6—弹簧　7—座筒　9—垫片　10—凸缘

外胎是保护内胎的强度较高又有一定弹性的外壳，用耐磨橡胶等组成直接与地面接触。

2）无内胎轮胎。无内胎轮胎在外观上与有内胎轮胎近似，所不同的是没有内胎及垫带（图 11-13），空气直接充入外胎中，因此要求轮胎与轮辋之间有良好的密封性。

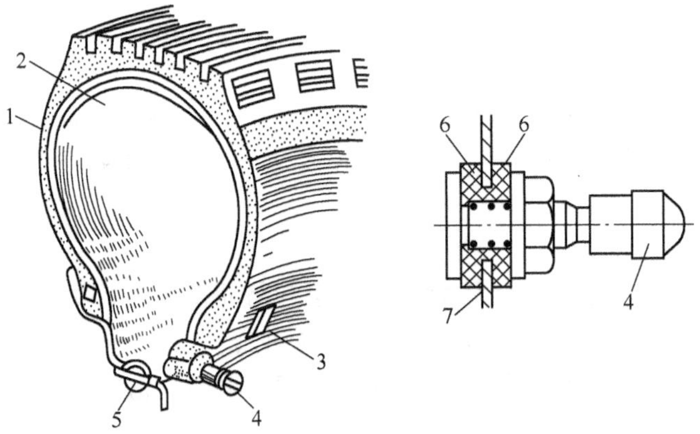

图 11-13　无内胎轮胎

1—橡胶密封层　2—自黏层　3—槽纹　4—气门嘴　5—铆钉　6—橡胶密封衬垫　7—轮辋

无内胎轮胎虽无充气内胎，但在轮胎内壁表面上附有一层 2～3mm 的橡胶密封层 1，称为气密封层。气密封衬层在轮缘部位留有若干道同心的环形槽纹 3，在轮胎内空气压力的作用下能使槽纹轮胎可靠地贴在轮辋边缘，以保证轮胎于轮辋自检的气密性。

无内胎轮胎的优点是轮胎穿孔时，压力不会急剧下降，能继续安全地行驶；不存在因内、外胎之间摩擦和卡住而引起的损坏；气密性较好，可以直接通过轮辋散热所以工作温度低，使用寿命长；结构简单、质量较小。近几年已经出现无内胎的子午线轮胎，俗称“原子胎”。

3）轮胎外胎结构。外胎直接与地面接触，其性能直接影响到轮胎寿命和汽车行驶性能。

外胎的基本结构如图 11-14 所示，主要由胎面、胎肩、胎侧、胎圈、缓冲层和帘布层组成。

① 胎面。根据汽车用途的不同塑造有各种形状的凹凸花纹（图 11-15），以使轮胎与地面保持良好的附着性能、排污性能，并能防止纵、横向滑移。

② 帘布层。又称胎体，是轮胎的骨架，其作用是承受负荷、保护轮胎的形状和外缘尺寸，通常由多层挂胶布（帘布）用橡胶黏合而成。

帘布层中的帘线都与轮胎的子午线面呈一定角度排列（称胎冠角），胎冠角对轮胎的性能有很大影响。按帘布层中帘线的排列角度（胎冠角）不同轮胎分有斜交轮胎和子午线轮胎。

斜交轮胎的帘布层和缓冲层各相邻层帘线交叉且与中心线呈小于 90°排列，一般胎冠角为 50°～60°。

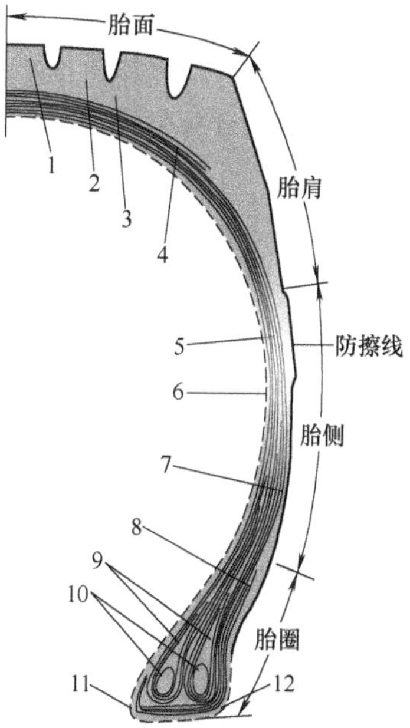

图 11-14　外胎的结构

1—花纹　2—胎面　3—胎面下层　4—带束（缓冲层）　5—帘布层　6—气密层　7—胎侧胶　8—胎圈包布　9—三角胶条　10—钢丝圈　11—胎趾　12—胎踵

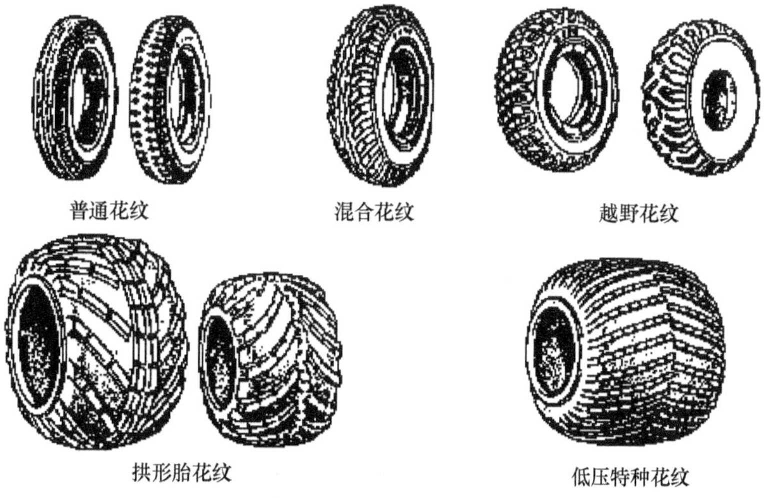

图 11-15　轮胎花纹

子午线轮胎由胎面、胎圈、带束层和帘布层组成（图 11-16）。

帘布层帘线排列方向与轮胎的子午断面一致。这样就使其强度得到充分利用。子午线轮胎的帘布层数可比普通斜交胎减小约 40%～50%，胎体较柔软。使用带束层以承受行驶时产生的圆周上的切向力。

与斜交轮胎相比较，子午线轮胎具有以下优点：接地面积大，附着性能好，对地面单位压力小，滚动阻力小，节省油耗；胎面较厚且有坚硬的带束层，刚性大，承载时触地面变形小，高速行驶时不容易发生驻波现象，不易被刺穿，使用寿命长；帘线横向排列，在承受横向力时，胎侧虽然有些变形，但触地面积变形小，操纵稳定性好；径向弹性大，缓冲能力好，负荷能力较大；帘布层数少，胎侧薄，所以散热性能好。其缺点是：因胎侧较薄、胎面较厚，在其渡过区胎肩部分容易产生裂口，制造难度大、成本高。

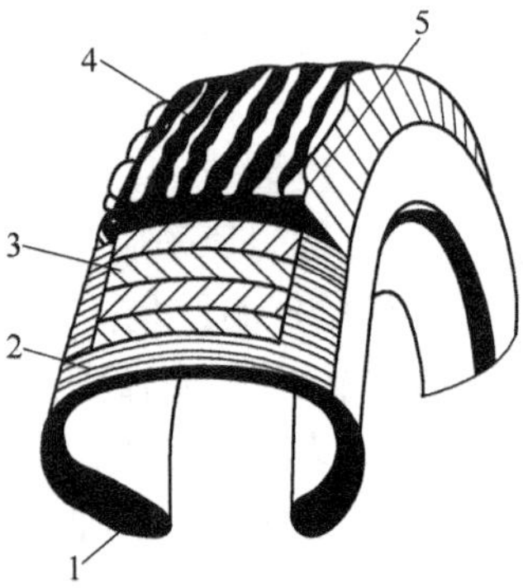

图 11-16　子午线轮胎
1—轮圈　2—帘布层
3—带束层　4—胎面　5—胎肩

子午线轮胎应用越来越广泛，而斜交轮胎除特殊专用车使用外，基本已被淘汰。

3. 轮胎的分类、规格及标志

（1）轮胎分类　轮胎的分类详见表 11-2。

表 11-2　轮胎分类

分类方法	类别		结构特点
按胎体结构分	实心轮胎		实心轮胎
	充气轮胎	有内胎	有充气内胎
		无内胎	无充气内胎
按胎体中帘线的排列方向分	普通斜线胎		相临帘布层帘线交错排列，且与胎中心线呈小于 90°排列
	子午线胎		帘线呈子午向排列
按轮胎气压分	超低压轮胎		轮胎气压低
	低压轮胎		轮胎气压较低
	高压轮胎		轮胎气压较高
按轮胎的断面形状分	普通胎		正常高宽比的断面轮胎
	宽面轮胎		轮胎断面较宽
	拱形轮胎		轮胎断面呈拱形
	椭圆形轮胎		轮胎断面呈椭圆形
按帘布层材料分	尼龙		帘布层材料为尼龙
	钢丝		帘布层材料为钢丝
	棉线		帘布层材料为棉线
	…		…

（2）轮胎规格与标记　汽车轮胎上的标记有 10 余种，正确识别这些标记对轮胎的选配、使用、保养具有十分重要的意义，对于保障行车安全和延长轮胎使用寿命也具有十分重大的意义。

轮胎基本规格常用一组数字标志在轮胎侧面（图 11-17）。轮胎规格的标记方法有米制和英制两种。我国英制、米制方法并存，并逐渐向米制过渡。

英制标记方法形式如图 11-18 所示。

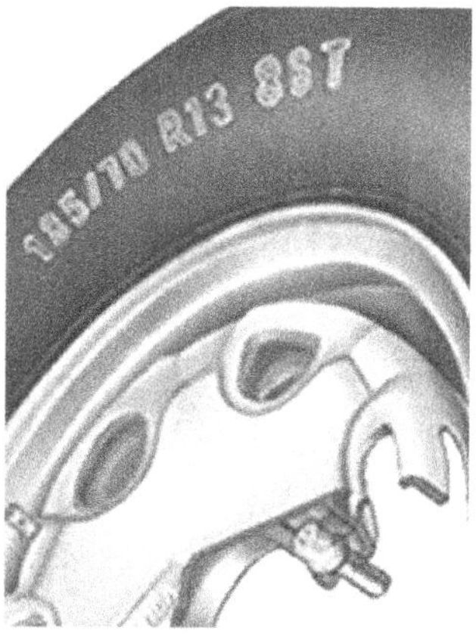

图 11-17　轮胎规格标志

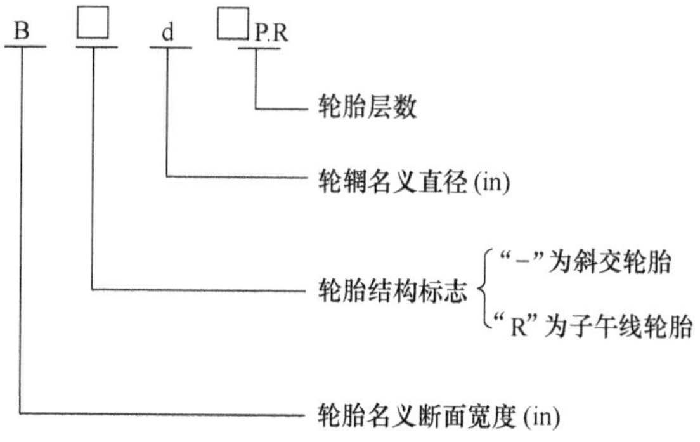

图 11-18　轮胎规格英制标记

轮胎层数：对于棉帘线轮胎即为帘线层数；对于其他帘线轮胎，为承载能力相当的棉帘线层数。例如：6.5R16 6P.R　表示为子午线轮胎，断面宽度为 6.5in，轮辋直径为 16in，轮胎层级为 6。

米制/英制混和标记方法形式如图 11-19 所示。

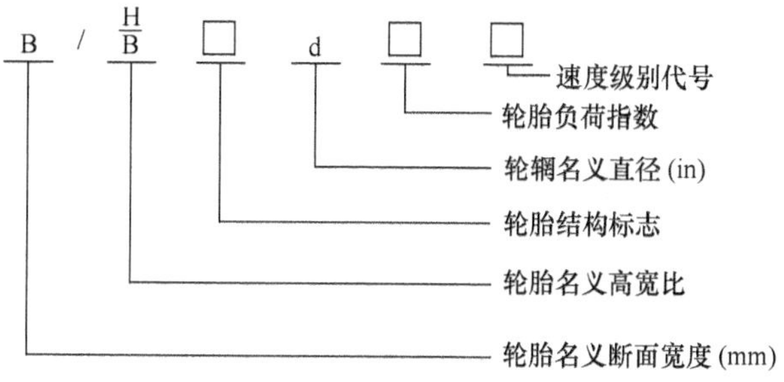

图 11-19　轮胎规格米制/英制混合标记

轮胎名义高宽比：又称扁平率，是轮胎断面高 H 与轮胎断面宽 B 之比——H/B × 100%。它对轮胎的滚动及操纵性能影响很大，采用扁平率小的宽轮胎是提高侧偏刚度的主要措施。早期轮胎的扁平率为 100%，现代轮胎的扁平率逐渐减小，目前不少乘用车已采用扁平率为 60% 或称 60 系列的宽轮胎。

轮胎结构标志：R 代表子午线轮胎，无 R 代表斜交胎。

轮胎负荷指数：即轮胎的负载能力，以数字代号表示，需查表检索具体负荷数值。

速度级别符号：表示该轮胎允许的最高行驶速度。不同的允许车速用不同的字母表示（表 11-3）。

表 11-3　轮胎的速度级别代号

符号	C	D	E	F	G	J	K	L	M	N	P	Q	R	S	T	U	H	V
允许车速/（km/h）	60	65	70	80	90	100	110	120	130	140	150	160	170	180	190	200	210	240

例如：广州雅阁 2.3i 的轮胎标志是 195/65R15 91V，表示轮胎的断面宽度是 195mm，高宽比 65%，R 代表子午轮胎，15 是轮胎的内径 15in，载重指标 91 表示最大承载重量 615kg，速度代号 V，代表速度极限为 240km/h。

根据国际的有关规定和方便使用者购置，外胎两侧除标注上述基本轮胎规格外，还应该标注帘线材料、平衡标志、滚动方向、磨损极限标志、生产批号、商标等其他标志。

二、汽车车桥结构认识

车轿用于连接和安装左右车轮的车轴或车梁等零部件，其功用是传递车架（或承载式车身）与车轮之间的各种作用力及其力矩。

根据车桥上车轮的作用，车桥可分为转向桥、驱动桥、转向驱动桥和支持桥四种类型。

1. 支持桥

支持桥仅用于连接与安装左右轮，既不产生驱动力，也不实现转向。前轮驱动汽车的后桥，多轴单桥驱动汽车的中桥或后桥，以及挂车上的车桥属于支持桥。支持桥由车轴和左右轮毂轴组成（图 11-20）。

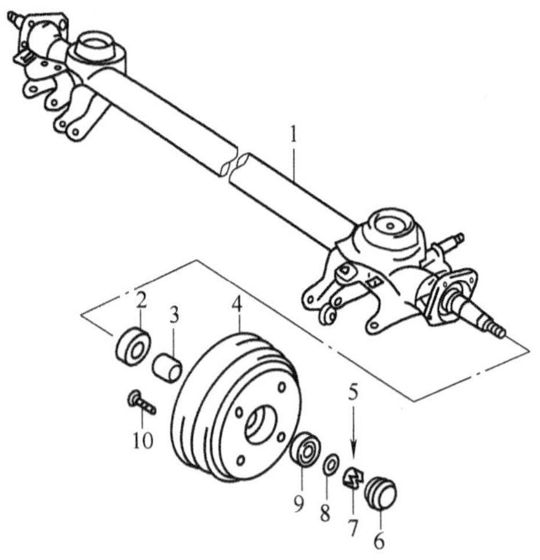

图 11-20　支持桥结构

1—后桥　2、9—轴承　3—隔套　4—后制动鼓　5—开口销　6—轴罩　7—螺母　8—垫圈　10—螺栓

2. 转向桥

转向桥的功用是使车轮偏转一定角度，以实现汽车的转向。一般汽车只有一个转向桥，位于汽车的前部，因此也常称为前桥。

转向桥主要由前轴（梁）14、转向节 8、主销 5 等组成（图 11-21）。为了减小磨损，在转向节销孔内压入了青铜衬套 7，通过装在转向节上的滑脂嘴 15，借助于衬套上的润滑脂槽可将润滑脂压入衬套表面，实现润滑。为使转向灵活，在转向节下耳与前轴拳形部分下端面之间装有推力轴承 18。在转向节上耳与拳形部分上端面之间还装有调整垫片 12，以调整转向节与前梁间的间隙。

为了防止转向时轮胎与转向直拉杆或翼子板相碰擦，在转向节上装有限位螺栓 20，它与前轴两端的限位凸块相配合，可以调整转向轮的最大转角。

主销的作用是铰接前轴与转向节，使转向节绕着主销摆动，以实现车轮的转向。

3. 转向驱动桥

转向驱动桥既能转向又能驱动的车桥，前轮驱动汽车和四驱汽车的前桥为转向驱动桥。

转向驱动桥的结构如图 11-22 所示，为满足转向轮绕主销转向的需要，半轴被分成内外两段（内半轴 4 和外半轴 8），为确保驱动的平稳无冲击，其间用等速万向节 6 连接，同时主销 12 也因而分制成上下两段。外半轴 8 穿过制成中空的转向节轴颈 7 与车轮相连。

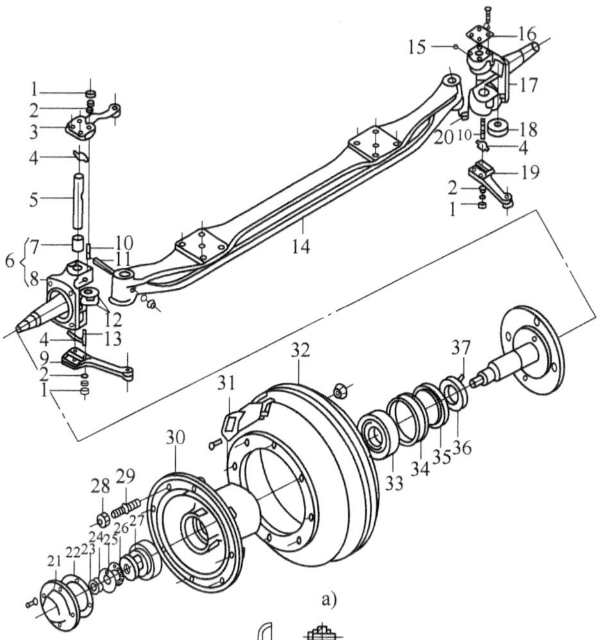

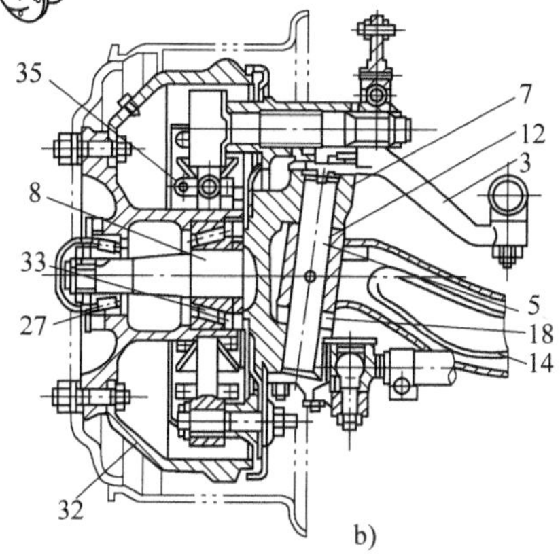

图 11-21　转向桥结构

a）零件分解图　b）装配图

1—紧固螺母　2—锥套　3—左转向节臂　4—密封垫　5—主销　6—左转向节总成　7—衬套　8—左转向节　9—左转向节臂　10、13—双头螺柱　11—楔形锁销　12—调整垫片　14—前轴　15—滑脂嘴　16—右转向节上盖　17—右转向节　18—推力轴承　19—右转向节臂　20—限位螺栓　21—轮毂端盖　22—衬套　23—锁紧螺母　24—止推垫片　25—锁紧垫圈　26—调整螺母　27—前轮毂外轴承　28—螺母　29—螺栓　30—车轮轮毂　31—检查孔堵塞　32—制动鼓　33—前轮毂内轴承　34—轮毂油封外圈　35—轮毂油封总成　36—轮毂油封内圈　37—定位销

三、车轮定位

车轮定位是指汽车的每个车轮（或通过转向节）和车桥、车架的安装应保持一定的相对位置。车轮定位对于增强汽车行驶的安全性和操纵稳定性以及减少轮胎磨损起着重要的作用。

传统车轮定位主要是指前轮定位，但越来越多的现代汽车同时对后轮定位，即四轮定位。前轮定位参数有主销后倾角、主销内倾角、前轮外倾角和前轮前束，后轮定位参数有后

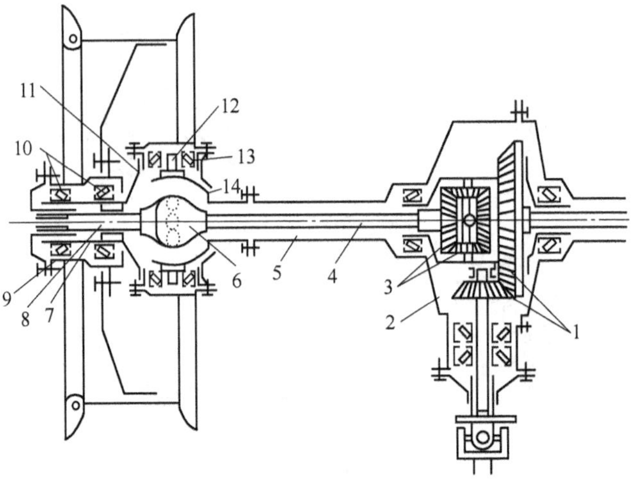

图 11-22 转向驱动桥结构

1—主减速器 2—主减速器壳 3—差速器 4—内半轴 5—半轴套管
6—万向节 7—转向节轴颈 8—外半轴 9—轮毂 10—轮毂轴承
11—转向节壳体 12—主销 13—主销轴承 14—球形支座

轮外倾角和后轮前束。汽车维修时，需要采用四轮定位仪对其进行检查。

1. 主销后倾角

在汽车的纵向平面内（汽车的侧面），主销上部向后方倾斜一个角度 γ（2°~3°），称为主销后倾角（图 11-23），正如自行车的前轮叉梁向后倾斜一样。主销后倾角可以保证汽车能稳定地直线行驶，故它产生的力矩称为回正稳定力矩。现代高速汽车可以减小到接近于零，有时甚至出现负值。

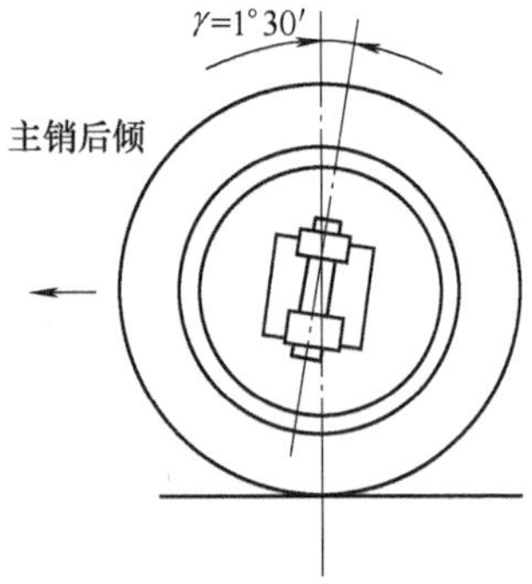

图 11-23 主销后倾

2. 主销内倾角

在汽车的横向平面内（汽车的前后方向），主销上部向内倾斜一个角度，主销轴线与垂线之间的夹角 β 称为主销内倾角（图 11-24）。

主销内倾角 β 也具有使车轮自动回正和减少车轮磨损的作用，另一个作用是使转向轻便。一般内倾角 β 不大于 8°，但在一些发动机前置、前轮驱动的乘用车上，为了使汽车具有良好的行驶稳定性，特别是制动稳定性，其主销内倾角较大，如奥迪 100 型乘用车为 14.2°。

3. 前轮外倾角

在汽车的横向平面内，前轮中心平面向外倾斜角一个角度 α（图 11-24），称为前轮外倾角。轮胎呈现“八”字形张开时称为负外倾，而呈现“V”字形张开时称正外倾。

前轮外倾角 α 具有与主销内倾一道减小转向盘作用力的作用，同时还能补偿因载荷增加引起车桥变形而带来的车轮内倾，减少轮胎的偏磨。现代汽车将外倾角一般设定为 1°左右，有的接近垂直，有的甚至为负值。

4. 前轮前束

俯视车轮，汽车的两上前轮并不完全平行，而是稍微带一些角度。在通过两前轮中心的水平面内，两前轮的前边缘距离 B 小于两前轮后边缘距离 A，$A-B$ 之差称为前轮前束（图11-25）。像内八字一样前端小后端大的称为前束，而像外八字一样后端小前端大的称为后束或负前束。

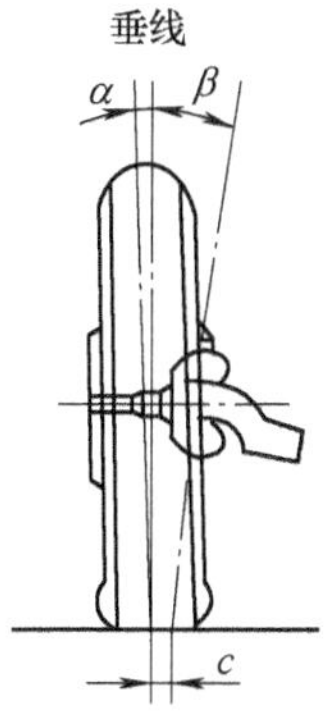

图 11-24　主销内倾和前轮外倾

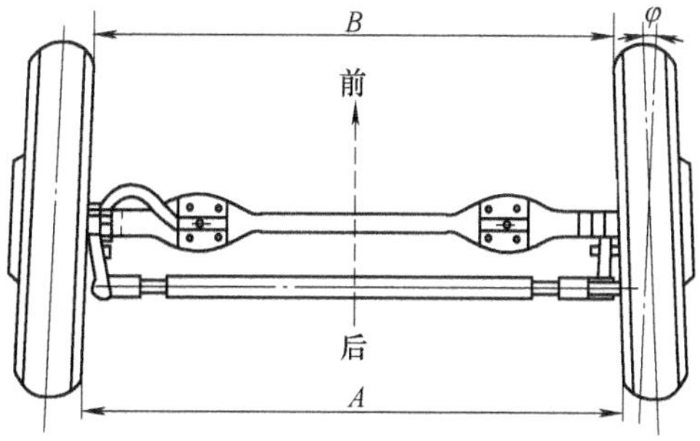

图 11-25　前轮前束

前轮前束的作用是为了消除由车轮外倾而引起的前轮“滚锥效应”。车轮有了外倾角后，在滚动时，就类似于圆锥滚动，从而导致两侧车轮向外滚开。由于转向横拉杆和车桥的约束使车轮不可能向外滚开，车轮将在地面上出现边滚边向内滑移的现象，从而增加了轮胎的磨损。为了消除车轮外倾带来的这种不良后果，在安装车轮时，使汽车两前轮的中心平面不平行，两轮前边缘距离 B 小于后边缘距离 A。这样可使车轮在每一瞬时滚动方向接近于向着正前方，从而在很大程度上减轻和消除了由于车轮外倾而产生的不良后果。

前轮前束可通过改变横拉杆的长度来调整。可根据各生产厂所规定的测量位置，使两轮前后距离差 $A-B$ 符合规定的前束值。测量位置除图示的位置外，还通常取两轮胎中心平面处的前后差值，也可以选取两车轮钢圈内侧面处的前后差值。一般前束值为 0 ~ 12mm，有的汽车为与负前轮外倾角相配合，其前束也取负值即负前束，例如上海桑塔纳乘用车前束为 -1 ~ -3mm。

5. 后轮定位

随着道路条件的改善，现代乘用车的行驶速度越来越高，现在有许多高档乘用车都需要设置四轮定位，即不仅要求前轮定位，还需要有后轮定位。因为对前轮驱动汽车和独立后悬架汽车，如果后轮定位不当，即使前轮定位良好，仍然会有不良的操纵性和轮胎早期磨损。

（1）后轮外倾角　像前轮外倾角一样，后轮外倾角对轮胎磨损和操纵性也有影响。

（2）后轮前束　其定义与前轮前束相似。如果后轮前束不当，后轮轮胎也会被擦伤，另外还会引起转向不稳定及降低制动效能。

四、汽车车架结构认识

除普通乘用车和部分大客车外，大多数汽车均含有起着骨架作用的车架，它除支承连接汽车的各零部件，还承受来自车内和车外的各种载荷。

汽车车架的结构形式有三种：边梁式车架、中梁式车架（或称脊骨式车架）和综合式车架。

1. 边梁式车架

边梁式车架一般是用铆接或焊接的方法，将两边的纵梁和若干根横梁牢固连接的桥式结构（图 11-26），目前被广泛应用。该车架前端装有起缓冲作用的横梁式保险杠 1，上装有挂钩 2 以便于车辆牵引。

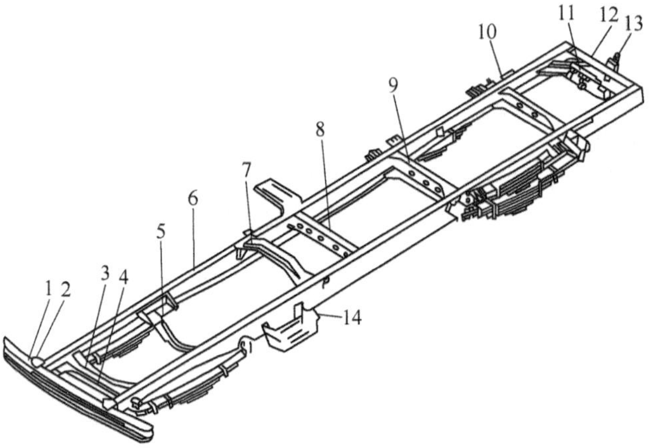

图 11-26　边梁式车架

1—保险杠　2—挂钩　3—前横梁　4—发动机前悬置横梁　5—发动机后悬置右（左）支架和横梁　6—纵梁　7—驾驶室后悬置横梁　8—第四横梁　9—后钢板弹簧前支架横梁　10—后钢板弹簧后支架横梁　11—角撑横梁组件　12—后横梁　13—拖钩部件　14—蓄电池托架

2. 中梁式车架

中梁式车架又称脊骨式车架，只有一根纵梁位于中央而贯穿汽车全长（图 11-27）。

与同等载质量的汽车相比，中梁式车架轻且质心比较低，故行驶稳定性好；车架的强度和刚度较大；脊梁还能起封闭传动轴的防尘罩作用。中梁式车架制造工艺复杂，精度要求高，总成安装困难，维护修理也不方便，故目前应用不多。

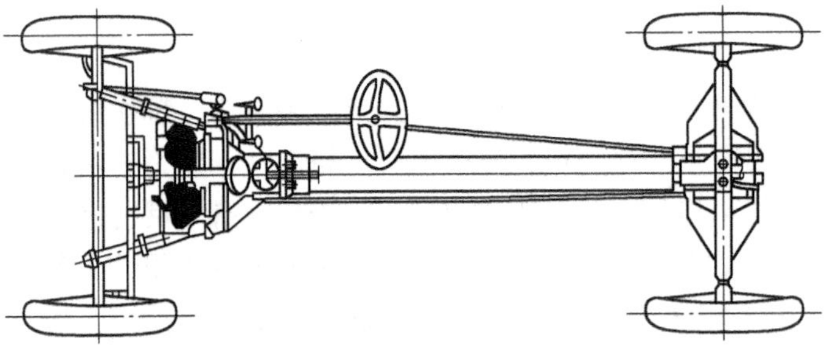

图 11-27　中梁式车架

3. 综合式车架

综合式车架是综合边梁式车架和中梁式车架的结构特点形成的（图 11-28），这种车架的前段或后段类似于边梁式结构，正好适合于安装发动机、后驱动桥和悬架装置。车架中部采用中梁式结构，传动轴从中梁管内通过。由于安装车门槛的位置附近没有边梁的影响，故可以使地板的外侧高度有所降低。缺点是中间梁的断面尺寸大，造成地板中部的凸起。另外，不规则的结构构件增加了车架的制造难度。

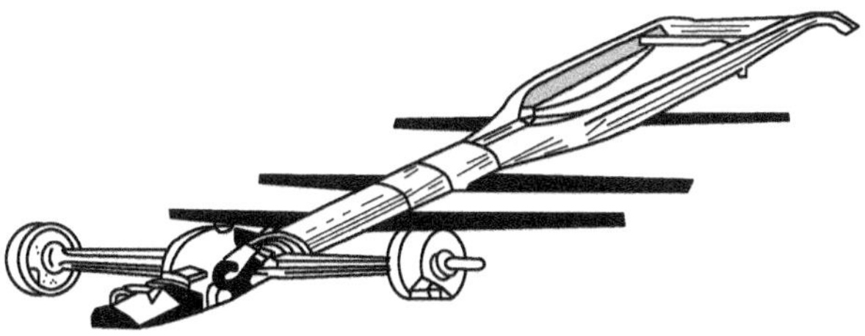

图 11-28　综合式车架

许多乘用车和公共汽车没有单独的车架，而是以车身代替车架，主要部件连接在车身上，这种车身称为承载式车身。

随着汽车制造业的发展，车架的结构形式呈现出日益多样化的趋势，以钢管组合焊接而成的立体桁架式车架结构能有效增加汽车（包括车身）整体的强度和刚度，目前已经应用在赛车、大客车和特种汽车上。

五、汽车悬架结构认识

1. 汽车悬架及其作用

汽车悬架就是车架与车桥（对具有承载式车身的乘用车或客车来说是车身与车轮）之间的一切传力连接装置的总称，其作用是：保证车轮与地面良好的附着；将作用于车轮上的各种反力以及这些反力所造成的转矩可靠地传递到车架（或车身）；衰减冲击振动，改善汽车的行驶平顺性；稳定汽车行驶过程中的车轮和车身的姿态，增强汽车的操纵性能。

2. 汽车悬架的基本组成

汽车悬架（图 11-29）一般由弹性元件 1、减振器 2 和导向机构（横向稳定杆 4、摆臂 3、7、纵向推力杆 5 等）三部分组成。

弹性元件的作用是使车架（或车身）与车桥（或车轮）之间成为弹性连接，与弹性的充气轮胎一起缓和不平路面对车辆的冲击，提高乘员的舒适性，避免货物损伤，延长汽车使用寿命。

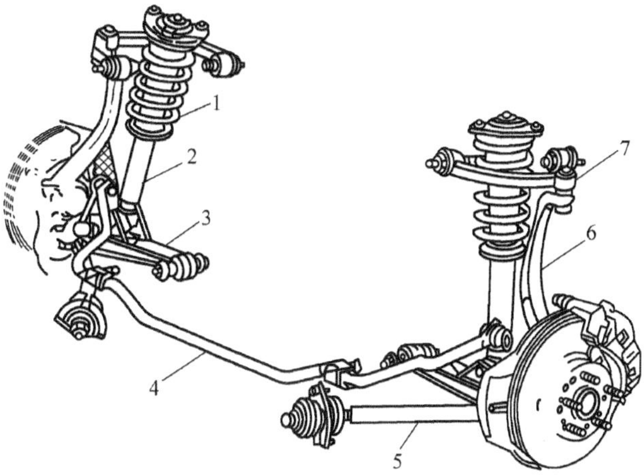

图 11-29　汽车悬架基本组成

1—弹性元件　2—减振器　3—下摆臂　4—横向稳定杆　5—纵向推力杆　6—转向节　7—上摆臂

弹性的悬架系统受到冲击后会使车身产生垂直振动，持续的振动易使乘员感到不舒适或疲劳，为有效地降低振动强度，悬架还安装有减振器，使振动迅速衰减。导向机构也是传力机构，其作用一是传递各个方向的力和力矩，二是使车轮按一定轨迹相对于车架和车身跳动。横向稳定杆是为了增强汽车的横向刚度、防止车身在转弯等行驶情况下发生过大倾斜的辅助弹性元件。

3. 汽车悬架的种类

按汽车悬架导向机构的不同分为非独立悬架和独立悬架。非独立悬架（图11-30a）的结构特点是两侧的车轮由一根整体式车桥相连，车轮连同车桥一起通过弹性悬架与车架（或车身）连接。当一侧车轮因道路不平而发生跳动时，必然引起另一侧车轮在汽车横向平面内发生摆动。

独立悬架（图11-30b）的结构特点是车桥制成断开式的，每一侧的车轮可以单独地通过弹性悬架与车架（或车身）连接。

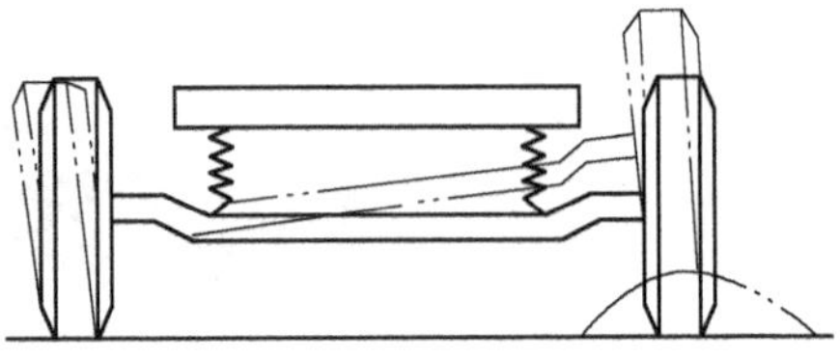

图11-30　非独立悬架与独立悬架示意图

a）非独立悬架　b）独立悬架

4. 非独立悬架结构原理

非独立悬架因其结构简单，工作可靠，被广泛应用于货车的前、后悬架。现代乘用车中，很少采用非独立悬架，即使采用也仅是后悬架采用。

（1）钢板弹簧式非独立悬架　图11-31为钢板弹簧式前悬架。

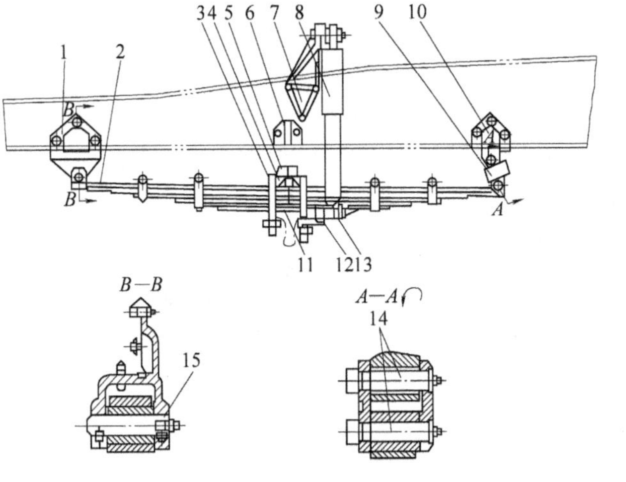

图11-31　钢板弹簧式悬架

1—钢板弹簧前支架　2—前钢板弹簧　3—U形螺栓　4—前板簧盖板　5—缓冲块　6—限位块　7—减振器上支架　8—减振器　9—吊耳　10—吊耳支架　11—中心螺栓　12—减振器下支架　13—减振器连接销　14—前板簧吊耳销　15—钢板弹簧销

钢板弹簧在载荷作用下变形时，各片之间有相对滑动而产生摩擦，可以促使车架振动的衰减。为减少弹簧片的磨损，在装配钢板弹簧时，各片间必须涂上较稠的润滑剂（石墨润滑脂），并定期进行保养。为了在使用期间长期储存润滑脂和防止污染，有时将钢板弹簧装在护套内。

减振器8的上下两吊环通过橡胶衬套和减振器连接销15，分别与固定在车架和车桥上的上、下支架7、12相连接，以衰减振动，改善驾驶人的乘坐舒适性。在前板簧盖板4上装有橡胶缓冲块5，以限制弹簧的最大变形并防止弹簧直接撞击车架。

汽车减振器有液力式、充气式和阻力可调式几种。

1）液力式减振器。目前，汽车广泛采用筒式液力式减振器，它能在压缩和伸张两个行程内均能起减振作用，故称为双向作用式减振器（图 11-32）。筒式液力式减振器一般具有四个阀：压缩阀 6、伸张阀 4、流通阀 8 和补偿阀 7。流通阀和补偿阀是一般的单向阀，其弹簧很弱，当阀上的油压作用力与弹簧力同向时，阀处于关闭状态；而当油压作用力与弹簧力反向时，只要有很小的油压，阀便能开启。压缩阀和伸张阀是卸载阀，其弹簧较强，预紧力较大，只有当油压升高到一定程度时，阀才能开启。

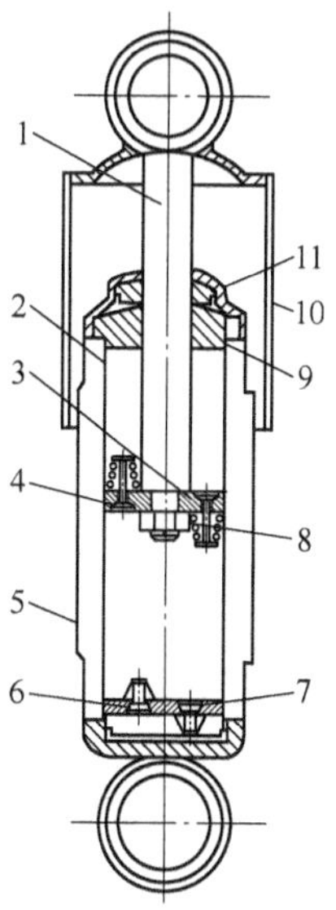

图 11-32　双向作用筒式减振器
1—活塞杆　2—工作缸　3—活塞　4—伸张阀　5—储油缸　6—压缩阀　7—补偿阀　8—流通阀　9—导向座　10—防尘罩　11—油封

双向作用筒式减振器的工作原理如下。

压缩行程：当汽车车轮滚上凸起路面和滚出凹坑时，车轮移近车架（车身），减振器受压缩，减振器活塞 3 下移。活塞下面的腔室（下腔）容积减小，油压升高，油液经流通阀 8 流到活塞上面的腔室（上腔）。由于上腔被活塞杆占去一部分空间，上腔内增加的容积小于下腔减小的容积，故还有一部分油液推开压缩阀 6，流回储油缸 5。这些阀对油液的节流便造成对悬架压缩运动的阻尼力。

伸张行程：当车轮滚进凹坑或滚离凸起路面时，车轮相对车身移开，减振器受拉伸。此时减振器活塞向上移动，活塞上腔油压升高，流通阀 8 关闭，上腔内的油液便推开伸张阀 4 流入下腔。同样，由于活塞杆的存在，自上腔流来的油液还不足以充满下腔所增加的容积，下腔内产生一定的真空度，这时储油缸中的油液便推开补偿阀 7 流入下腔进行补充。这些阀的节流作用造成对悬架伸张运动的阻尼力。

2）充气式减振器。充气式减振器的结构（图 11-33）特点是在缸筒的下部装有一个浮动活塞 2，与缸筒一端形成的密闭气室 3 中，充有高压 2～3MPa 的氮气，在浮动活塞的上面是减振器油液。工作活塞 1 上装有随其运动速度大小而改变通道截面积的压缩阀和伸张阀。

当车轮上下跳动时，减振器的工作活塞在油液中进行往复运动，使工作活塞的上腔和下腔之间产生油压差，压力油便推开压缩阀或伸张阀而来回流动。由于阀对压力油产生较大的阻尼力，使振动衰减。

由于活塞杆的进出而引起的缸筒容积的变化，则由浮动活塞的上下运动来补偿。因此，这种减振器不需储油缸，所以亦称单筒式减振器。

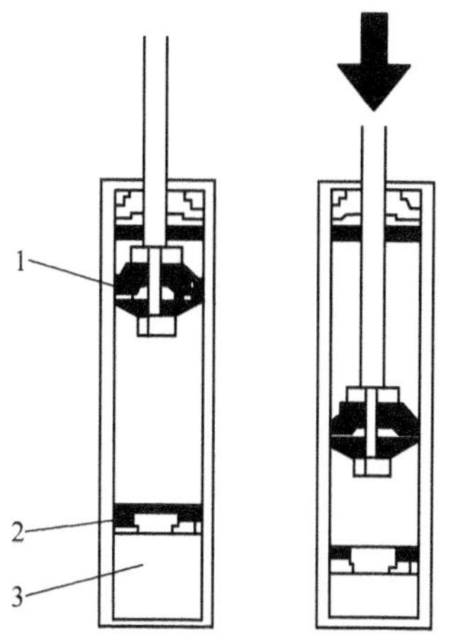

图 11-33　充气式减振器
1—工作活塞　2—浮动活塞　3—压缩气体

3）阻尼可调式减振器。阻尼可调式减振器能随着使用因素（如道路条件、载荷）的变化，减振器的阻力也应随之改变，从而保证悬架系统获得最佳的振动特性。

如图 11-34 所示为某些高级乘用车上采用的阻力可调式减振器示意图，系统采用了刚度可变的空气弹簧。其工作原理是：当汽车的载荷增加时，空气囊的气压升高，则气室 2 内的气压也随之升高，膜片向下移动与弹簧 3 产生的压力相平衡。与此同时，膜片带动与它相连的柱塞杆 4 和柱塞 5 下移，因而使得柱塞相对空心连杆 1 上的节流孔 6 的位置发生变化，结果减小了节流孔的通道截面积，也就是减少了节流孔的流量，从而增加了油液流动阻力。反之，当汽车载荷减小时，柱塞上移，增大了节流孔的通道截面积，从而减小了油液的流动阻力。

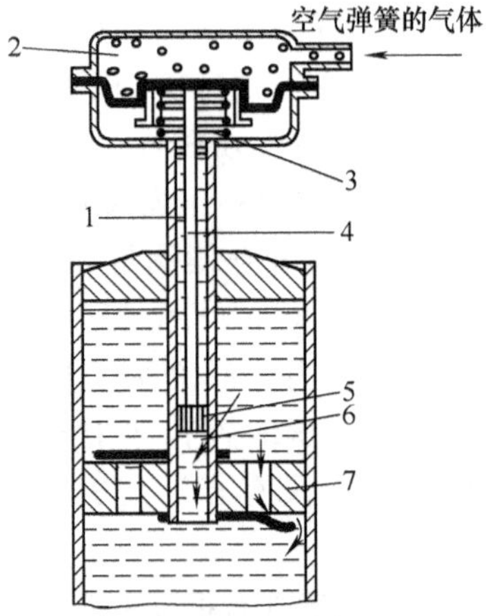

图 11-34　阻力可调式减振器
1—空心连杆　2—气室　3—弹簧
4—柱塞杆　5—柱塞　6—节流孔　7—活塞

（2）螺旋弹簧非独立悬架　螺旋弹簧非独立悬架一般只用在乘用车的后悬架上（图 11-35），其弹性元件广泛采用螺旋弹簧，它可制成等螺距或变螺距，前者刚度不变，后者刚度是可变的。

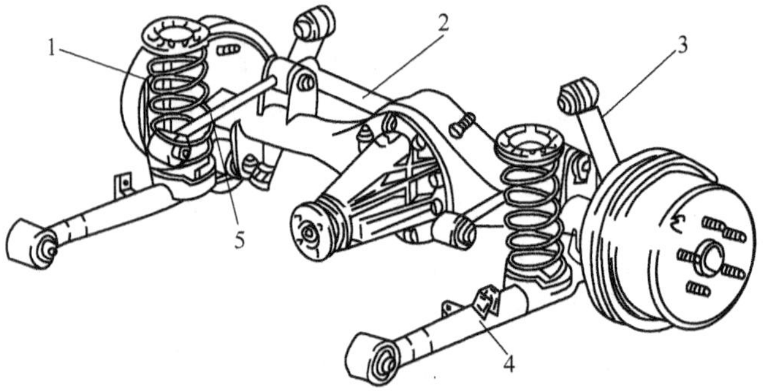

图 11-35　螺旋弹簧非独立悬架
1—螺旋弹簧　2—横支杆　3—减振器　4—下控制臂　5—上控制臂

和钢板弹簧比较，螺旋弹簧具有以下优点：无须润滑，不怕污泥；安置它所需的纵向空间不大；弹簧本身质量小。但螺旋弹簧只能承受轴向载荷，本身没有阻尼，即不能产生衰减振动的作用。因此，以它作为弹性元件的悬架必须安装相应的减振器和导向机构。

（3）空气弹簧非独立悬架　图 11-36 所示为空气弹簧非独立悬架示意图。囊式空气弹簧 5 的上下端分别固定在车架和车桥（或与车桥相连的支架）上，从压气机 1 产生的压缩空气经油水分离器 10 和压力调节器 9 进入储气筒 8，压力调节器可使储气筒中的压缩空气保持一定的压力。储气器罐 6 通过管路与两个（或几个）空气弹簧相通，储气罐和空气弹簧中的空气压力由车身高度调节阀 3 控制。空气弹簧和螺旋弹簧一样只能传递垂直力，其纵向力和横

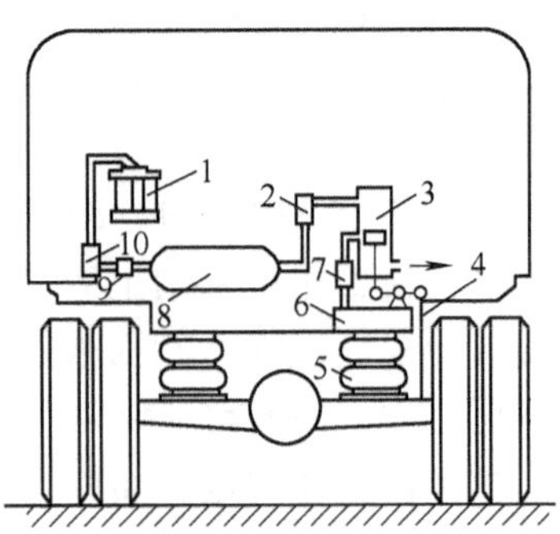

图 11-36　空气弹簧非独立悬架
1—压缩机　2、7—空气滤清器　3—车身高度控制阀　4—控制杆　5—空气弹簧　6—储气罐　8—储气筒　9—压力调节器　10—油水分离器

向力及其力矩也是由纵向推力杆和横向推力杆来传递。

车身高度调节阀3固定在车架上，通过控制杆4与车桥相连。阀体内有两个阀：通气源的通气阀和通大气的放气阀，这两个阀均由控制杆操纵。当汽车载荷增加、车桥移近车架时，控制杆上升，通过摇臂机构打开充气阀，压缩空气便进入空气弹簧，使车架和车身升高，直到恢复车身与车桥的原定距离为止；而当载荷减小、车桥远离车架时，控制杆下移，打开放气阀，则空气弹簧内的空气排入大气，车身和车架随即降低至原定数值。

气体弹簧是在一个密封的容器中充入压缩气体（气压为0.5～1MPa），利用气体的可压缩性实现其弹簧的作用。其弹簧的刚度是可变的，随着作用在弹簧上的载荷增加时，容器内的定量气体受压缩，气压升高，则弹簧的刚度增大；反之，当载荷减小时，弹簧内的气压下降，刚度减小，故它具有比较理想的变刚度特性。

5. 独立悬架结构原理

随着汽车速度的不断提高，非独立悬架已不能满足行驶平顺性和操纵稳定性等方面的要求。因此，独立悬架获得了很大的发展和广泛地应用，尤其是乘用车的转向轮普遍采用了独立悬架。

按车轮运动形式独立悬架可以分成四种类型：

1）横臂式独立悬架（图11-37a）。车轮可以在汽车横向平面内摆动的悬架。

2）纵臂式独立悬架（图11-37b）。车轮可以在汽车纵向平面内摆动的悬架。

3）车轮沿主销移动的悬架。含烛式悬架（图11-37c）和麦弗逊式悬架（图11-37d）。

4）多杆式悬架。车轮可以在由摆臂、推力杆等多杆件共同决定的斜向平面摆动的悬架。

（1）横臂式独立悬架　横臂式独立悬架目前主要采用双横臂，其两个摆臂长度可以相等，也可以不等。等长双横臂式独立悬架中（图11-38a），当车轮上下跳动时，车轮平面没有倾斜，但轮距却发生了较大的变化，这将增加车轮侧向滑移的可能性。不等长双横臂式独立悬架中（图11-38b），如两臂长度选择适当，可以使车轮和主销的角度以及轮距的变化都不太大，不大的轮距变化在轮胎较软时可以由轮胎变形来适应。目前，不等长的双横臂式独立悬架在乘用车前轮上的应用较为广泛。

（2）纵臂式独立悬架　纵臂式独立悬架有单纵臂和双纵臂两种（图11-39）。

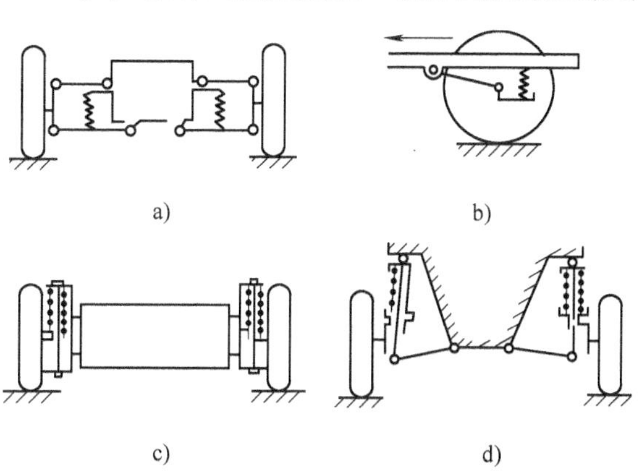

图11-37　不同形式独立悬架示意图

a）横臂式　b）纵臂式　c）烛式　d）麦弗逊式

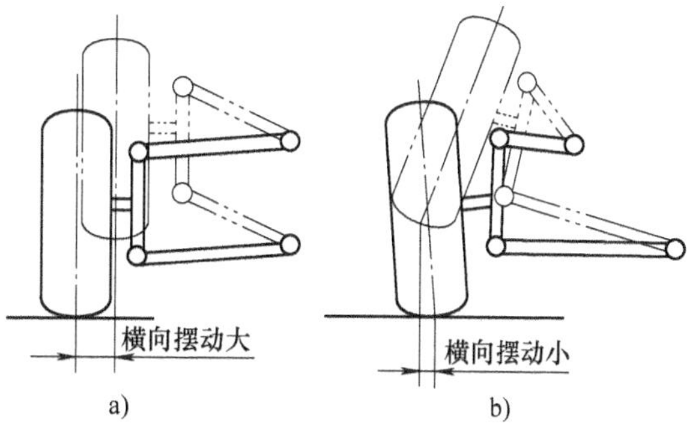

图11-38　双横臂式独立悬架示意图

a）两摆臂等长的悬架　b）两摆臂不等长的悬架

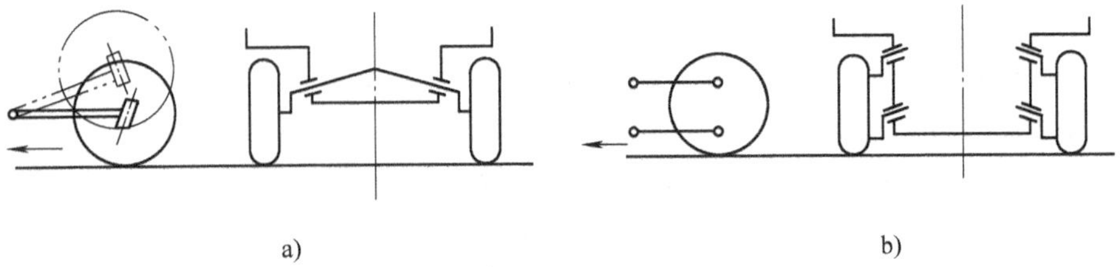

图 11-39 纵臂式独立悬架示意图

a）单纵臂式 b）双纵臂式

单纵臂式独立悬架中的车轮上下跳动将使主销的后倾角产生很大变化，故多用在不转向的后轮上。

双纵臂式独立悬架的两个纵臂长度一般制成相等的，形成平行四连杆机构。这样，在车轮上下跳动时，主销的后倾角保持不变，故这种形式的悬架适用于转向轮。

（3）车轮沿主销移动的悬架 车轮沿主销移动的悬架目前大致分为两种类型，一种是车轮沿固定不动的主销轴线移动的烛式悬架，另一种是车轮沿摆动的主销轴线移动的麦弗逊式悬架。

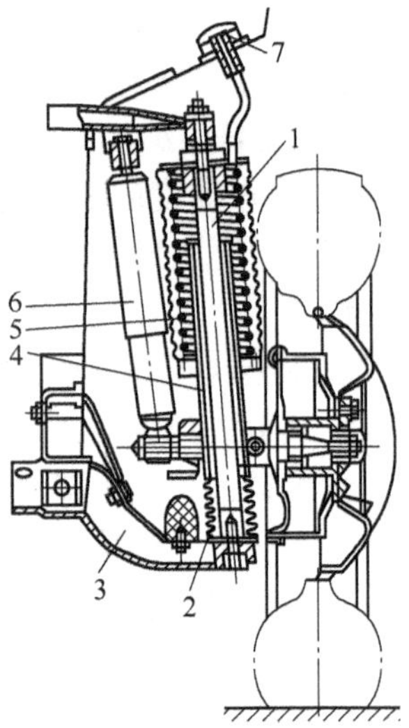

图 11-40 烛式悬架

1—主销 2、5—防尘罩 3—车架 4—套管 6—减振器 7—通风管

1）烛式悬架（图 11-40）。其主销刚性地固定在悬架上，转向节与套筒 4 连接在一起。当车轮跳动时，转向节与套筒一起沿主销轴线移动。这种悬架对于转向轮来说，在悬架变形时，主销的定位角不会发生变化，仅轮距、轴距稍有改变，因此有利于汽车的转向操纵和行驶稳定性。但是，侧向力全部由套在主销 1 上的长套筒 4 和主销承受，则套筒与主销之间的摩擦阻力大，磨损严重。

2）麦弗逊式悬架。图 11-41 所示，筒式减振器 2 的上端用螺栓和橡胶垫圈与车身连接，减振器下端固定在转向节 3 上，而转向节通过球铰链与下摆臂 6 连接。车轮所受的侧向力通过转向节大部分由下摆臂承受，其余部分由减振器承受。因此，这种结构形式与烛式悬架相比，在一定程度上减少了滑动磨损。

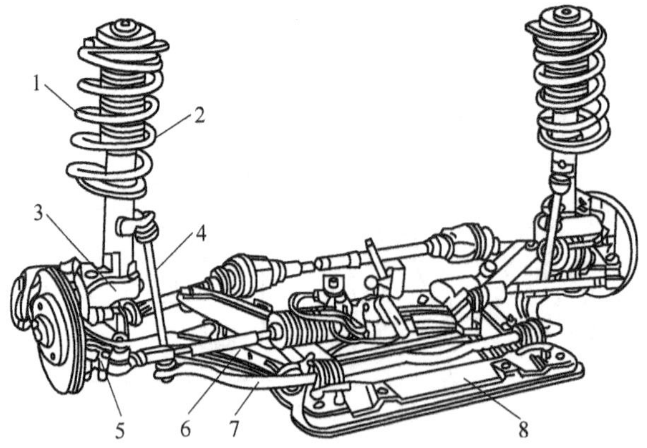

图 11-41 麦弗逊式悬架

1—螺旋弹簧 2—筒式减振器 3—转向节 4—连接杆 5—球头销 6—下摆臂 7—横向稳定杆 8—前托架

螺旋弹簧1套在筒式减振器的外面，主销的轴线为上下铰链中心的连线。当车轮上下跳动时，因减振器的下支点随下摆臂摆动，故主销轴线的角度是变化的，这说明车轮是沿着摆动的主销轴线而运动的。因此，这种悬架在变形时，使得主销的定位角和轮距都有些变化。然而，如果适当调整杆系的位置，可使车轮的这些定位参数变化极小。该悬架突出的优点是增大了两前轮内侧的空间，便于发动机和其他一些部件的布置，因此多用在前置、前驱动的乘用车和微型汽车上。

（4）多杆式独立悬架　一些乘用车上为减轻车重和简化结构，利用螺旋弹簧承受垂直载荷，采用多个不同方向的杆件来承受和传递侧向力及纵向力，并共同决定车轮的运动，组成多杆式悬架（图11-42）。多杆悬架系统具有良好的操纵稳定性，可有效地降低轮胎的磨损，延长其使用寿命。

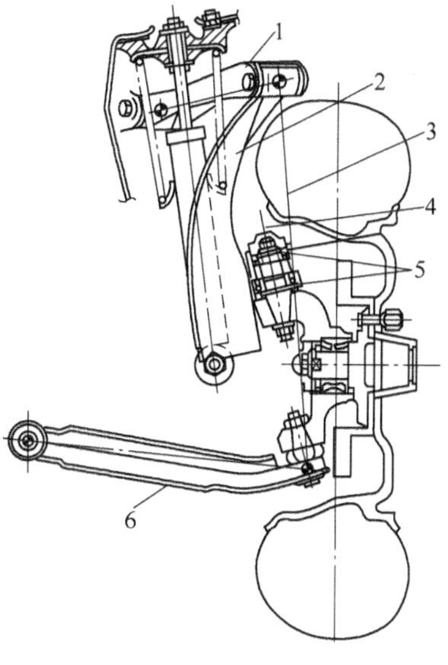

图11-42　多杆式独立悬架
1—上连杆　2—第三连杆　3—转向轴线
4—主销轴线　5—轴承　6—下连杆

拓展与提高

一、轮胎压力监视系统（TPMS）

1. TPMS简介

汽车轮胎压力监视系统（Tire Pressure Monitoring System）是一种汽车轮胎气压实时自动检测系统，对低胎压和高胎压进行预警，确保行车安全。

当汽车轮胎气压过低时，轮胎侧壁反复变形大，容易出现裂口，轮胎温度升高，橡胶与其帘布层的结合力随之降低，使已有裂口更容易发生爆胎，缩短轮胎的使用寿命。

2. TPMS的分类及工作原理

目前，TPMS主要分为两种类型，一种是间接型轮胎气压监视系统（Wheel—Speed Based TPMS），另一种是直接型轮胎气压监视系统（Pressure—Sensor Based TPMS）。

（1）间接式TPMS　它是通过汽车ABS系统的轮速传感器来比较车轮之间的转速差别，以达到监视胎压的目的。当汽车行驶时，轮胎气压监视系统接收4个车轮转速传感器的车轮转速信号，进行综合分析。当某一个轮胎的气压太高或不足时，轮胎的直径就会变大或变小，车轮的转速也相应产生变化。监视系统将车轮转速的变化情况同预先储存的标准值比较，就可得知轮胎气压太高或不足，从而进行报警。

这种方法的成本非常低，但因存在诸多缺点，系统校准复杂，在某些情况下无法正常工作，如无法对两个以上的轮胎同时缺气的状况和速度超过100km/h的情况进行判断，所以没有成为技术发展的主流。

（2）直接型TPMS　它是通过测量轮胎的温度和压力来监测轮胎压力的车用嵌入式系统，其利用安装在每一个轮胎里的压力传感器，直接测量汽车轮胎里的气压，并通过无线调制信号发射到安装在驾驶台的监视器上。监视器上随时显示各个轮胎的气压相关数据，驾驶人可以直观地了解各个轮胎的气压状况，如果轮胎气压太低或者有渗漏时，系统就会自动报警。

直接测量系统能够在驻车和行驶时精确监测所有轮胎，当更换轮胎后，也只需很短时间的学习就能监测出漏气的轮胎。

二、零气压轮胎

1. 概述

零气压轮胎是指即便轮胎气压为零时，汽车仍可以继续行驶的轮胎。它与普通轮胎相比有如下优越性：

1）安全性：在轮胎完全泄气后，仍可以最高 80km/h 的车速行驶 200km，确保车辆正常驶离危险地带。

2）附着性：由于零气压轮胎的胎壁更短、更坚固，并且轮胎还内置有支撑环，所以具有更好的响应性能和抓地力。

3）经济性：零气压轮胎的胎壁更短，即消耗能量的弹性变形区更小，可以将轮胎滚动阻力降低 10% 左右。同时，可以取消传统的备胎，减轻了汽车的装备质量，与普通轮胎相比，可提高燃油经济性 3% 以上。另外，由于零气压轮胎内置了支撑环，其轮胎内部的空气明显少于普通轮胎，因此轮胎的滚动回声较小，即降低了轮胎的滚动噪声。

2. 零气压轮胎的基本结构与原理

普通轮胎主要由胎唇、胎壁和胎冠三部分组成，而零气压轮胎（PAX）系统则是一个集成式的单元设计，它由不可分割的四大部分组成：特制的轮胎、特制的车轮、支撑环和胎压监控系统。

与普通轮胎不同，零气压轮胎的轮胎不仅通过卡子锁定在轮胎上，同时，轮胎的内部还有弹性支撑环。所以，当轮胎被扎破的时候，轮胎将溃瘪贴压在支撑环上，不仅不会被压瘪，而且也不会从轮胎上脱落下来，可以继续安全行驶。

另外，零气压轮胎装备的胎压监控系统能够实时探测胎压泄漏状况，进而及时以声光报警的形式通知驾驶人，使得驾驶人可以相应调整驾驶方式，并及早进行专业维修。

应该注意的是，虽然零气压轮胎可进行无胎压行驶，但应视为是一种临时特殊处理方式，仍应及时处理出现泄漏的故障。同时，零气压轮胎的四大组成部件是不可分割的一个整体，拆卸和安装需要专用设备，必须到有授权的特约维修站进行检修。

检测评价

通过以上学习，根据任务实施过程，将完成任务情况记入表 11-4 中，完成检测评价。

表 11-4　汽车行驶系统结构认识任务评价表

班级		姓名		日期	
序号	评价内容	配分	评分标准	自评	互评
1	叙述车轮与轮胎的结构	10	叙述错误每项扣 2 分		
2	正确识别轮胎标记	10	叙述错误每项扣 2 分		
3	叙述轮胎压力监视系统的结构与原理	10	叙述错误每项扣 2 分		

（续）

序号	评价内容	配分	评分标准	自评	互评
4	叙述零气压轮胎的结构与原理	10	叙述错误每项扣2分		
5	叙述车桥、车架的作用与分类	15	叙述错误每项扣2分		
6	四轮定位的参数与作用	15	叙述错误每项扣2分		
7	汽车悬架的作用、分类、结构与原理	20	叙述错误每项扣2分		
8	操作规范、有序、不超时、实施5S理念	10	操作不规范或超时每项扣2分		
9	安全用电、防火、无人身、设备事故		因违反操作安全发生重大人身和设备事故按0分计		
10	分数统计	100			
教师评语					

课后测评

一、选择题

1. 现代汽车几乎都采用充气轮胎，轮胎按胎体结构不同可分为（　　）。

A. 有内胎轮胎　　B. 无内胎轮胎

C. 斜交轮胎　　D. 子午线轮胎

2. 按胎内的空气压力大小，充气轮胎可分为高压胎、低压胎和超低压胎三种，气压在0.15～0.45MPa的轮胎称为（　　）。

A. 超高压胎　　B. 高压胎

C. 低压胎　　D. 超低压胎

3. 50-18轮胎的名义宽度和名义直径分别是（　　）。

A. 7.50mm和18in　　B. 7.50in和18in

C. 18mm和7.50in　　D. 7.50mm和18mm

4. 当一辆汽车采用非独立式悬架时，车桥中部是刚性的实心梁或空心梁，这种车桥即为（　　）。

A. 断开式车桥　　B. 独立式车桥

C. 非独立式车桥　　D. 整体式车桥

5. 传统的车轮定位主要是指前轮定位，但越来越多的现代汽车同时对后轮定位，即四轮定位，其中后轮定位参数有（　　）。

A. 主销后倾　　B. 后轮外倾

C. 后轮前束　　D. 后轮内倾

6. 车轮定位中，（　　）可通过改变横拉杆的长度来调整。

A. 主销后倾　　B. 主销内倾

C. 前轮外倾　　D. 前轮前束

7. 汽车悬架按其控制方式不同可分为（　　）两种。

A. 独立悬架　　B. 非独立悬架

C. 被动控制　　D. 主动控制

8. 按所采用的弹性元件不同，非独立悬架分（　　）和空气弹簧式等几种。

A. 钢板弹簧式　　B. 螺旋弹簧式

C. 扭杆弹簧式　　D. 充气弹簧式

9. 汽车减振器采用最广泛的是（　　）减振器。

A. 筒式液力式　　B. 充气式减振器

C. 阻力可调式减振器　　D. 电子减振器

二、问答题

1. 车轮有哪些部分组成？有哪些类型？
2. 什么是子午线轮胎？与斜交轮胎相比，子午线轮胎有哪些优缺点？
3. 车轮定位的主要参数有哪些？各起什么作用？
4. 简述汽车悬架的基本组成及其各组成的作用。

项目小结

1. 车轮是介于轮胎和车桥之间承受负荷的旋转组件，通常由轮辋、轮辐组成。

2. 轮胎的结构、形状、材料、气压等直接影响到汽车的附着性能和滚动阻力，按其组件不同可分为有内胎轮胎和无内胎轮胎；按胎体结构不同可分为斜交轮胎子午线轮胎。子午线轮胎由胎面、胎圈、带束层和帘布层组成，性能优越，应用广泛。

3. 汽车轮胎压力监视系统（TPMS）是一种汽车轮胎气压实时自动检测系统，对低胎压和高胎压进行预警，确保行车安全。零气压轮胎是指即便轮胎气压为零时，汽车仍可以继续行驶的轮胎。

4. 车桥是传递车架（或承载式车身）与车轮之间各方向的作用力及其力矩的部件，车桥有支持桥、转向桥、驱动桥、转向驱动桥等类型。

5. 车轮定位包括前轮定位（主销后倾角、主销内倾角、前轮外倾角和前轮前束）和后轮定位（后轮外倾角、后轮前束），合理的车轮定位参数可增强汽车行驶的安全性和操纵稳定性以及减少轮胎磨损。

6. 车架一般分为边梁式、中梁式、综合式和承载车身，轿车和一些特殊用途的汽车较多使用承载车身和综合式车架。

7. 汽车悬架是车架与车桥间的传力连接装置，其作用是把路面作用于车轮上的垂直反力、纵向牵引力和制动力、侧向反力，以及这些反力所造成的力矩传递到车架上，以保证汽车的正常行驶。汽车悬架一般由弹性元件、减振器和导向机构（纵、横向推力杆）三部分组成。

8. 汽车悬架分非独立悬架和独立悬架，独立悬架能较好地满足汽车行驶平顺性和操作稳定性，它多采用螺旋弹簧和扭杆弹簧作为弹性元件。

项目十二

汽车转向系统拆装与结构认识

项目描述

汽车在行驶过程中，需按驾驶人的意愿和实际需要改变其行驶方向，实现汽车转向的方法是驾驶人通过一套专设的机构，使汽车转向桥上的车轮相对于汽车纵轴线偏转一定角度，从而达到转向的目的。汽车转向系统包括机械转向系统和动力转向系统。本项目主要介绍汽车转向系统的作用、结构、工作原理以及拆装的相关知识。

任务一　汽车机械转向系统拆装与结构认识

任务目标

1. 熟悉汽车机械转向系统的基本组成。
2. 学会转向器、转向操纵机构等主要部件的拆装与检查。
3. 学会转向盘自由行程的检查与调整。
4. 培养爱岗敬业、勤奋细心、认真负责、团结互助的职业道德和精神。

知识准备

一、转向系统的作用和类型

汽车转向系统的功用是根据行驶需要改变和保持汽车的行驶方向。转向系统按转向能源的不同，分为机械转向系统和动力转向系统两大类。

二、机械转向系统的组成与工作原理

1. 组成

机械转向系统以驾驶人的体力作为转向能源，主要由转向操纵机构、转向器和转向传动

机构三大部分组成，如图 12-1 所示。

2. 工作原理

汽车转向时，驾驶人转动转向盘，通过转向轴、转向节和转向传动轴，将转向力矩输入转向器，传到转向摇臂，再通过转向直拉杆、转向节臂等最终带动车轮转动而完成转向。

三、转向时车轮运动规律

汽车转向时，内侧车轮和外侧车轮滚过的距离是不相等的。出于满足汽车通过性和安全性的考虑，就要求转向系统能保证在汽车转向时，所有车轮均进行纯滚动。显然，这只有在转向时，所有车轮的轴线都交于一点方能实现，此交点 O 称为汽车的转向中心（图 12-2）。

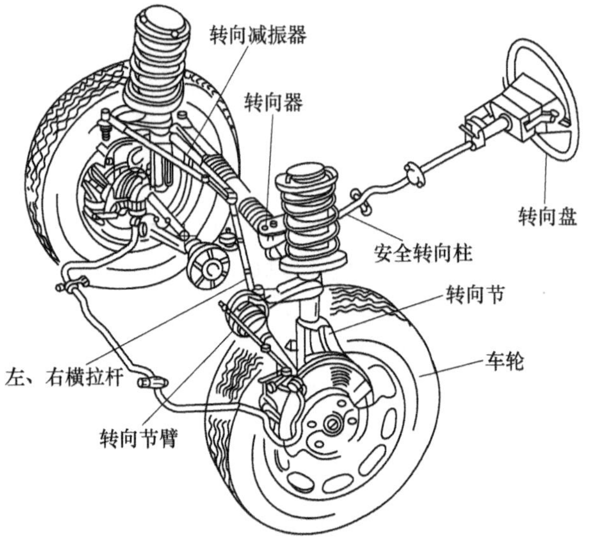

图 12-1　机械转向系统示意图

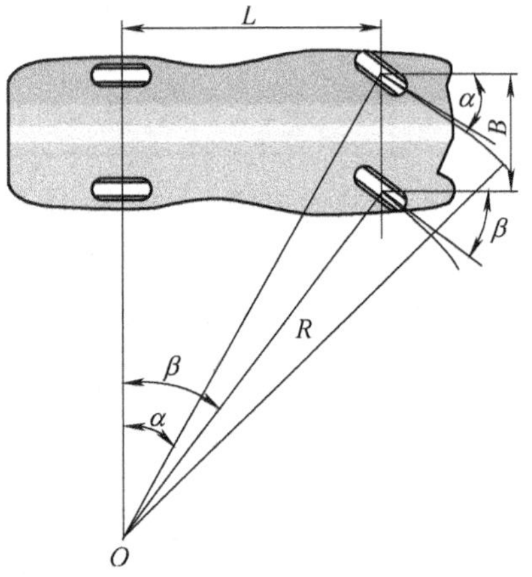

图 12-2　汽车转向原理

从转向中心 O 到外侧转向轮与地面接触点的距离 R 称为汽车转弯半径。转弯半径 R 越小，则汽车转向所需场地就越小，汽车的机动性也越好。汽车内侧转向轮的最大偏转角一般为 35° ~42°，载货车的最小转弯半径一般约为 7 ~13m。

任务准备

1. 器材准备

1）桑塔纳 2000GSi 型汽车转向实验台或整车 1 台/组。

2）齿轮齿条式、蜗杆曲柄指销式、循环球式转向器 1 套/组。

3）常用拆装工具 1 套/组。

4）润滑脂、手套、抹布等 1 套/组。

5）一体化教室 1 间。

6）相关的教具、视频及教学挂图 1 套。

2. 任务安排

1）教学课时：4 学时（其中实训 2 学时）。

2）教学组织：教师利用转向系统拆装视频现场讲解，学生分组（5~6人一组）现场学习讨论；实训时每5~6人一组，由老师指导，学生自己动手进行拆装。

任务实施

一、机械转向系统的拆装与调整

1. 转向操纵机构的拆装（图12-3）

1）断开蓄电池电源线，转向指示灯开关放在中间位置，并将车轮置于直线行驶的位置上。

2）向下按橡胶盖边缘，撬出转向盘盖板，取下喇叭盖，拆卸喇叭按钮及相关接线。

3）拆下转向盘紧固螺母，用拉拔器将转向盘取下。

4）拆下组合开关上的三个平口螺栓，取下开关。

5）拆下阻风门控制把手手柄上的销子，然后旋下手柄、环形螺母，取下开关。

6）拆下转向柱套管的两个螺钉，拆下套管。

7）将转向柱上段往下压，使上段端部法兰上的两个驱动销脱离转向柱下端，取出转向柱上段。

8）取下转向柱橡胶圈，松开夹紧箍的紧固螺栓，拆下转向柱下端。

9）用水泵钳旋转卸下弹簧垫圈，卸下左边的内六角螺栓，旋出右边的开口螺栓，拆下转向盘锁套。

10）按照相反顺序安装转向柱各零部件，并注意检查转向柱有无弯曲、安全联轴器有无磨损或损坏、弹簧弹性是否失效，如有则应修理或更换新件。

操作注意事项：

1）转向柱与凸缘管应一起安装，并用水泵钳连接起来。

2）转向柱管的断开螺栓装配时，应将螺栓拧紧至螺栓头断开为止，然后拧紧圆柱螺栓。

3）车轮应处于直线行驶位置，转向灯开关应处在中间位置，才可装转向盘，否则在安装转向盘时，当分离爪齿通过接触环上的簧片时，有可能造成损坏。

4）应更换所有的自锁螺母和螺栓，转向支柱如有损坏，不能焊接修理。

2. 齿轮齿条式机械转向器装配与调整

1）拆下仪表板罩板和阻风门控制手柄，取下阻风门操纵杆。

2）拆下仪表板的下饰板。

3）将转向器柱管密封衬套从前围穿线板中向驾驶室方向抽出。

4）从发动机罩中松开夹箍，取出螺栓，然后松开转向器上减振支板。

5）拆下齿条上的转向横拉杆支架，然后拆下转向器。

6）按照相反顺序进行齿轮齿条式转向器的安装。在装配密封衬套时，先在衬套内外涂上肥皂液，然后用力将衬套推至驾驶室前穿线板中。

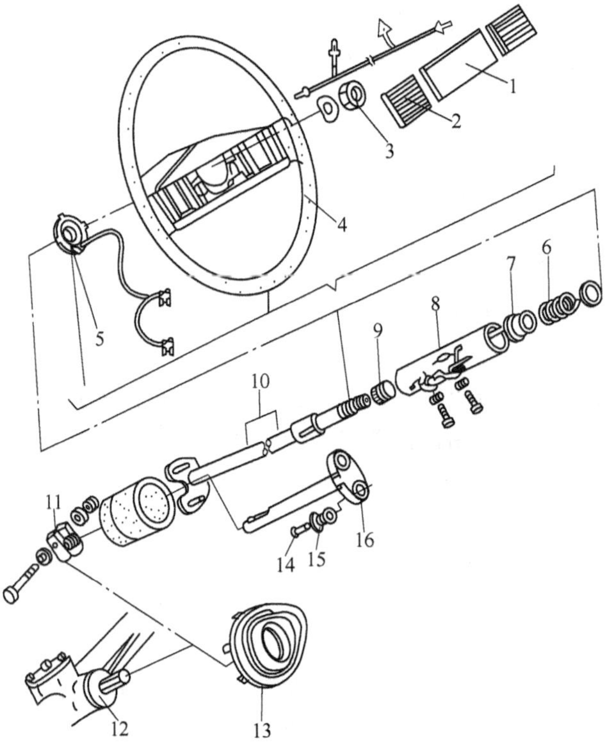

图 12-3　转向操纵机构分解图

1—转向盘盖板　2—喇叭按钮盖板　3—转向盘与转向柱紧固螺母　4—转向盘　5—接触环　6—压缩弹簧　7—连接圈　8—转向柱套管　9—轴承　10—转向柱上段　11—夹紧箍　12—转向器　13—转向柱管橡胶圈　14—转向减振尼龙销　15—转向减振橡胶圈　16—转向柱下段

操作注意事项：

1）检查转向器外壳有无破裂及磨损，如严重，应予以更换。

2）检查波形管是否完好，如有破损应更换。

3）各密封圈和自锁螺母及螺栓一经拆卸，安装时必须更换。

4）为保证转向器安全可靠，不允许对转向器零件进行焊接和整形。

5）转向器装配后必须检查调整齿轮齿条间隙，并紧固横拉杆，以防止齿条受压太紧。

二、机械转向系统结构认识

1. 转向器

（1）功用　转向器是转向系统中的减速增力传动装置，其功用是增大由转向盘传到转向节的力，并改变力的传递方向。

（2）结构及原理　转向器的种类较多，一般是按转向器中啮合传动副的结构形式分类。目前，应用较广泛的有蜗杆曲柄指销式、循环球式和齿轮齿条式等几种。

1）齿轮齿条式转向器。如图 12-4 所示为上海桑塔纳轿车上的齿轮齿条式转向器，它主要由转向器壳体、转向齿轮和转向齿条等组成，转向器通过转向器壳体的两端用螺栓固定在车身（车架）上。

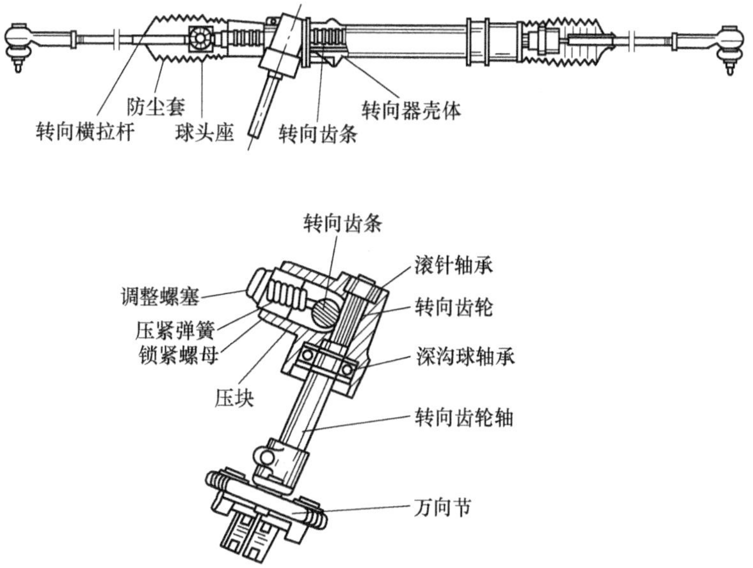

图 12-4　齿轮齿条式转向器

调整螺塞可用来调整压簧的预紧力，使齿轮结合更紧密。转向盘与转向齿轮位于同一根轴上，当转向齿轮转动，与之相啮合的转向齿条沿轴向移动，从而使左、右转向横拉杆带动转向节转动，使转向轮偏转，实现汽车转向。齿轮齿条式转向器在前轮为独立悬架的中级以下轿车和轻型、微型货车上得以广泛应用。

2）蜗杆曲柄指销式转向器。如图 12-5 所示为蜗杆曲柄双销式转向器，它主要由转向器壳体、转向蜗杆、转向摇臂和指销等组成。

汽车转向时，驾驶人通过转向盘带动转向蜗杆（主动件）转动，与其相啮合的指销（从动件）一边自转，一边以曲柄为半径绕摇臂轴轴线在蜗杆的螺纹槽内做圆弧运动，从而带动曲柄、进而带动转向摇臂摆动，实现汽车转向。

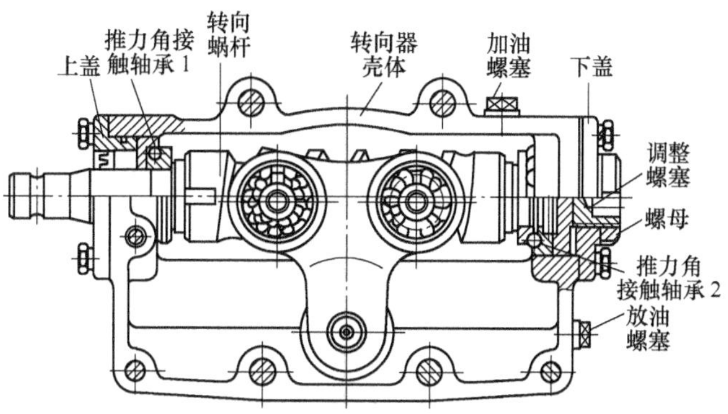

图 12-5　蜗杆曲柄双销式转向器

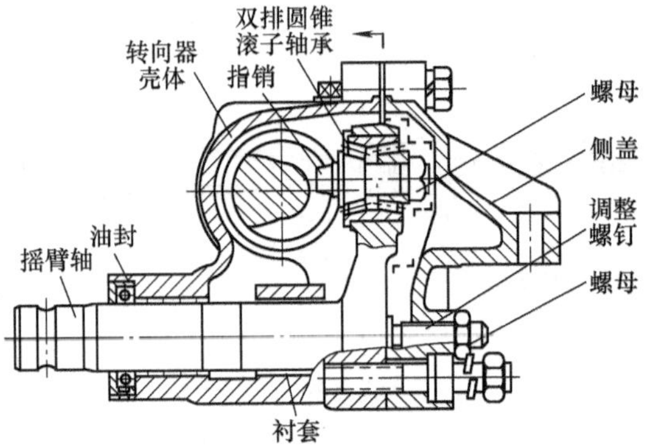

图 12-5　蜗杆曲柄双销式转向器（续）

3）循环球式转向器。循环球式转向器是目前国内外汽车应用最广泛的一种转向器，与其他形式的转向器相比，循环球式转向器在结构上的主要特点是有两级传动副。

如图 12-6 所示为循环球—齿条齿扇式转向器。第一级传动副是转向螺杆—转向螺母；螺母的下平面加工成齿条，与齿扇轴内侧的齿扇相啮合，构成齿条—齿扇第二级传动副。显然，转向螺母既是第一级传动副的从动件，也是第二级传动副的主动件。通过转向盘转动转向螺杆时，转向螺母不能随之转动，而只能沿杆轴向移动，并驱使齿扇轴（即摇臂轴）转动。

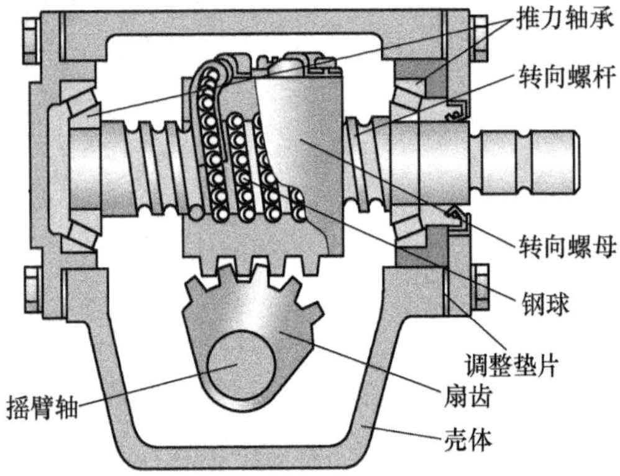

图 12-6　循环球—齿条齿扇式转向器

当转动转向螺杆时，通过钢球将力传给转向螺母，使螺母沿杆轴向移动。同时，由于摩擦力的作用，所有钢球便在螺杆和螺母之间的螺旋通道内滚动。钢球在螺旋通道内绕行两周后，流出螺母而进入导管的一端，再由导管的另一端流回螺母内。故在转向器工作时，两列钢球只在各自的封闭流道内循环流动，而不会脱出。

2. 转向系统操作机构

（1）功用　转向操纵机构的功用是产生转动转向器所必需的操纵力，并具有一定的调节和安全性能。

（2）结构　转向操纵机构（参见图 12-3），主要由转向盘 4、转向柱（上段 10、下段 16）、转向柱套管 8 等组成。

（3）转向盘

1）结构。转向盘主要由轮圈 1、轮辐 2 和轮毂 3 组成，如图 12-7 所示。轮辐的形式有两根辐条式（图 12-8a）、三根辐条式（图 12-8b）和四根辐条式（图 12-8c）。轮辐和轮圈的心部有钢或铝合金等金属制骨架，外层以合成树脂或合成橡胶包覆，下侧形成波浪状以利于驾驶人把持。

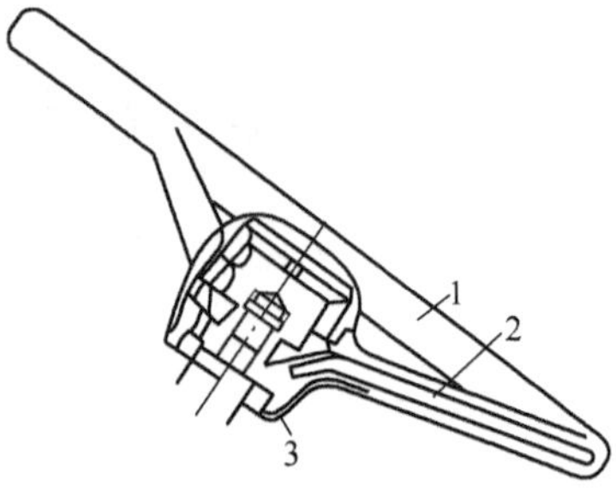

图 12-7　转向盘的结构
1—轮圈　2—轮毂　3—轮辐

转向盘与转向轴通常通过带锥度的细花键连接，端部通过螺母轴向压紧固定。

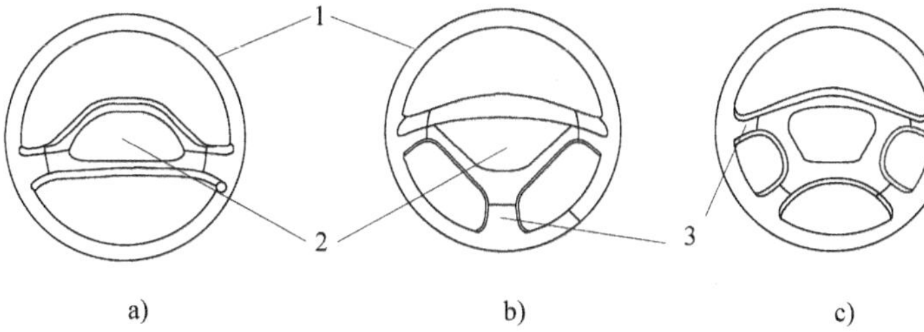

图 12-8　转向盘的轮辐形式

a）两轮辐条　b）三轮辐条　c）四轮辐条

1—轮圈　2—轮辐　3—轮毂

2）转向盘自由行程。由于转向系统各传动件之间都存在着装配间隙，而且这些间隙将随零件的磨损而增大，因此在一定的范围内转动转向盘时，转向节并不随即同步转动，而是在消除这些间隙并克服机件的弹性变形后，才进行相应转动，即转向盘有一个空转过程。转向盘为消除间隙、克服弹性变形所空转过的角度称为转向盘自由行程。转向盘自由行程对于缓和路面冲击及避免驾驶人过度紧张是有利的，但过大的自由行程会影响转向灵敏性。

一般规定转向盘从直行中间位置向任一方向的自由行程不超过 10° ~ 15°。当零件磨损到使转向盘的自由行程超过 25° ~ 30°时，则必须进行调整。通常是通过调整转向器传动副的啮合间隙来调整转向盘的自由行程。

（4）转向轴调整

如图 12-9 所示为转向轴倾斜角度调整机构，转向管柱 2 的上段和下段分别通过倾斜调整支架 7 和下托架 6 与车身相连，而且转向管柱由倾斜调整支架夹持并固定。当向下扳动手柄时，锁紧螺栓的螺纹放松，转向管柱即可以下托架上的枢轴 1 为中心，在装有螺栓的支架长孔范围内上下移动。确定了转向管柱的合适位置后，向上扳动调整手柄，从而将转向管柱定位。

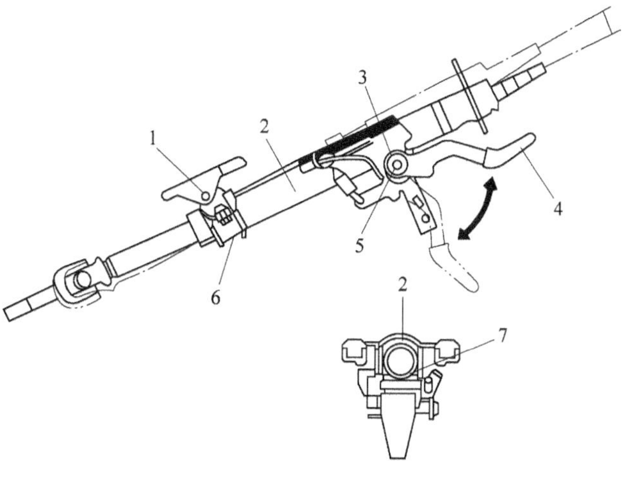

图 12-9　转向轴倾斜角度调整机构

1—枢轴　2—转向柱管　3—长孔　4—调整手柄

5—锁紧螺栓　6—下托架　7—倾斜调整支架

如图 12-10 所示的是一种转向轴伸缩机构，转向轴分为上下两段，二者通过花键连接。上转向轴 2 由调节螺栓 4 通过楔状限位块 5 夹紧定位，调节螺栓的一端拧有调节手柄 3。当需要调整转向轴的轴向位置时，先向下推调节手柄 3，使限位块松开，再轴向移动转向盘，调到合适的位置后，向上拉调节手柄，将上转向轴锁紧定位。

3. 转向系统传动机构

（1）功用　转向传动机构的作用是将转向器输出的力和运动传给转向轮，使两侧转向轮偏转以实现汽车转向。

（2）与非独立悬架配用的转向传动机构　与非独立悬架配用的转向传动机构如图12-11所示，它一般由转向摇臂、转向直拉杆、转向节臂、两个梯形臂和转向横拉杆等组成。各杆件之间都采用球形铰链连接，并设有防止松脱、缓冲吸振、自动消除磨损后的间隙等结构措施。

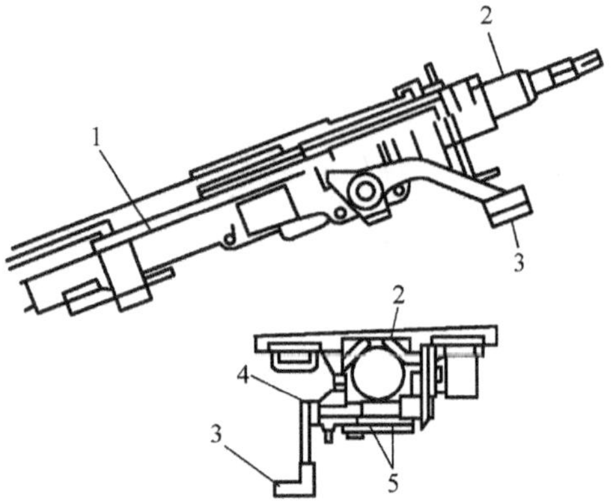

图12-10　转向轴伸缩机构
1—下转向轴　2—上转向轴　3—调节手柄
4—调节螺栓　5—楔状限位块

当前桥仅为转向桥时，由左、右梯形臂和转向横拉杆组成的转向梯形一般布置在前桥之后（图12-11a），称为后置式。当发动机位置较低或前桥为转向驱动桥时，往往将转向梯形布置在前桥之前（图12-11b），称为前置式。若转向摇臂不是在汽车纵向平面内前后摆动，而是在与路面平行的平面内左右摆动，则可将转向直拉杆横向布置，并借球头销直接带动转向横拉杆，从而使左右梯形臂转动（图12-11c）。

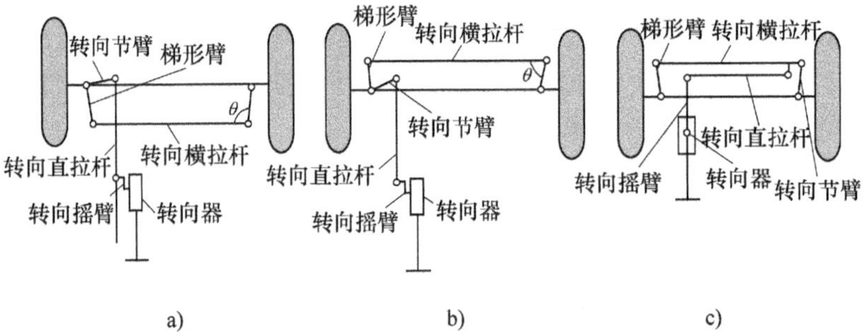

图12-11　与非独立悬架配用的转向传动机构
a）后置式　b）前置式　c）转向直拉杆横向布置

1）转向摇臂。如图12-12所示为常见转向摇臂的结构形式。转向摇臂安装后从中间位置向两边摆动的角度应大致相等，为此，常在摇臂大孔外端面上和摇臂轴的外端面上各刻有短线，或是在二者的花键部分上都少铣一个齿，作为装配标记，装配时应将标记对齐。

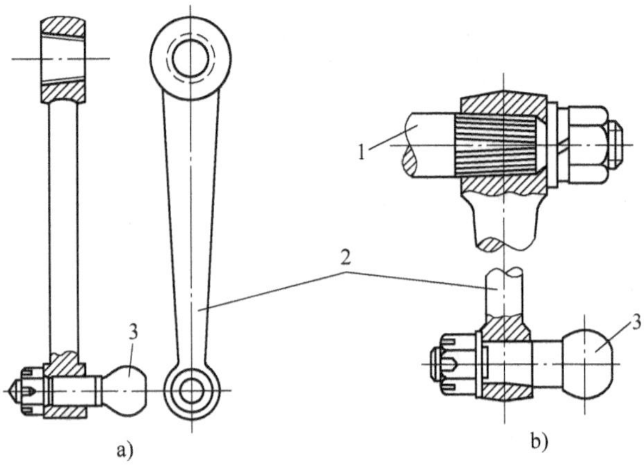

图12-12　转向摇臂
1—转向摇臂轴　2—转向摇臂　3—球头销

2）转向直拉杆。如图12-13所示为东风雪铁龙汽车的转向直拉杆，直拉杆体里装有由球头销、球头座、弹簧座、压缩弹簧和螺塞等组成的球铰链。为保证球头与座的润滑，可从滑脂嘴注入润滑脂。

压缩弹簧能自动消除因球头与座磨损而产生的间隙，并可缓和由转向轮经转向节臂球头销传来的向前（图中为向左）的冲击。

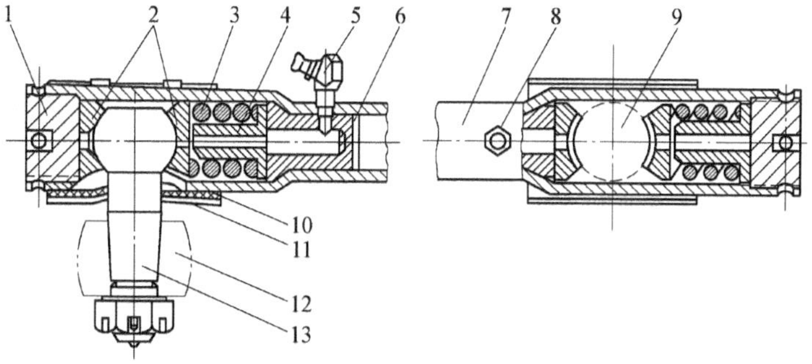

图 12-13　雪铁龙爱丽舍汽车转向直拉杆

1—端部螺塞　2—球头座　3—压缩弹簧　4—弹簧座　5、8—滑脂嘴　6—座塞
7—直拉杆体　9—转向节臂球头销　10—油封垫　11—油封垫护套　12—转向摇臂　13—球头销

3）转向横拉杆。如图 12-14a 所示为雪铁龙爱丽舍车转向横拉杆。由于横拉杆体两端是正反螺纹，在旋松夹紧螺栓以后，转动横拉杆体，即可改变转向横拉杆的总长度，从而调整转向轮前束。

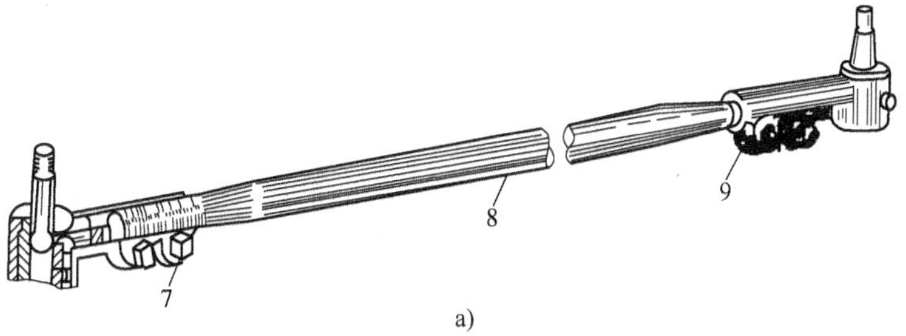

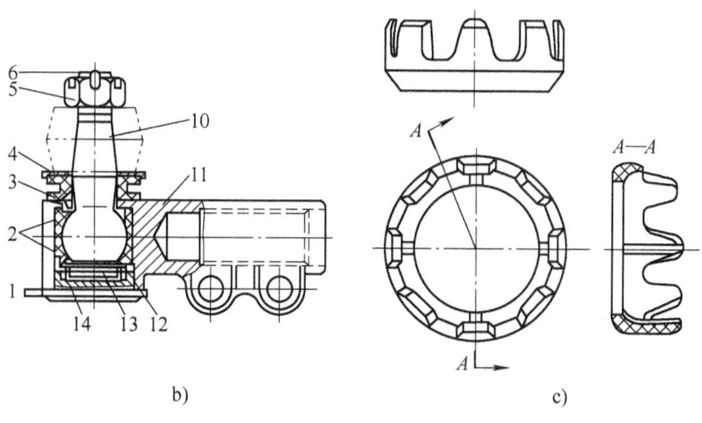

图 12-14　雪铁龙爱丽舍汽车转向横拉杆

a）外形图　b）调整装置　c）螺母

1—限位销　2—球头座　3—防尘罩　4—防尘垫　5—螺母　6—开口销　7—夹紧螺栓
8—横拉杆体　9、11—横拉杆接头　10—球头销　12—弹簧座　13—弹簧　14—螺塞

4）转向节臂和梯形臂。转向节臂和梯形臂如图 12-15 中所示。转向直拉杆通过转向节臂与转向节相连，转向横拉杆两端经左、右梯形臂与转向节相连。

（3）与独立悬架配用的转向传动机构　当转向轮采用独立悬架时，由于每个转向轮都需要相对于车架（或车身）进行独立运动，所以，转向桥必须是断开式的。与此相应，转向传动机构中的转向梯形也必须分成两段（图 12-16a）或三段（图 12-16b），转向摇臂 1 在平行于路面的平面中左右摆动，传递力和运动。

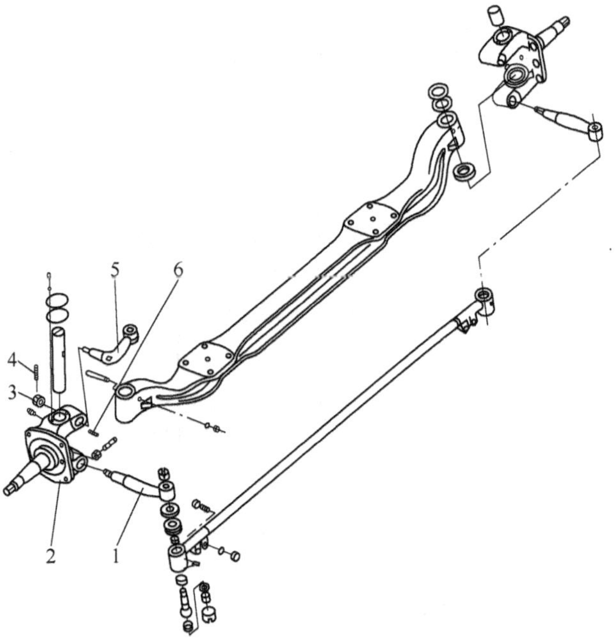

图 12-15　转向节臂和梯形臂

1—左转向梯形臂　2—转向节　3—锁紧螺母　4—开口销　5—转向节臂　6—键

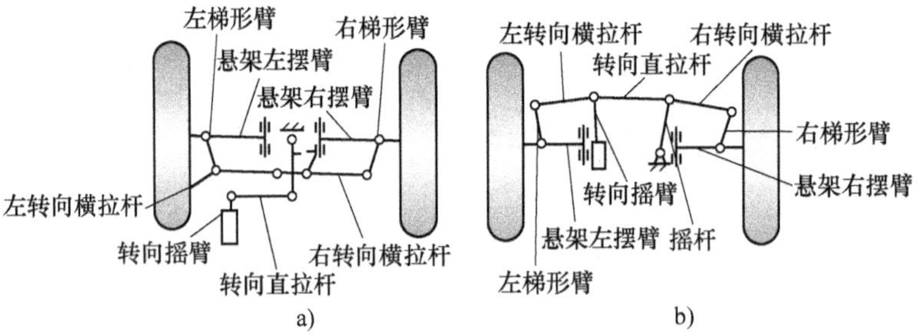

图 12-16　与独立悬架配用的转向传动机构示意图

a）两段式　b）三段式

拓展与提高

一、转向盘的检查及调整

1. 转向盘自由行程的检查

使汽车处于直线行驶位置，用手轻轻推动转向盘，在转向盘外周上测量手感变重时，即轮胎开始转动时的自由值，标准值为 15～20mm。测量值大于标准值，说明转向盘自由行程过大，可能是由于齿轮齿条啮合间隙过大，或各连接处松旷所致。此时，可通过调整补偿弹簧的压力，使齿条微量变形，实现齿轮齿条无间隙或较小间隙啮合传动。

2. 转向盘松旷量检查

用双手把握住转向盘，在轴向和前后、左右方向上用力摇动，观察此时转向盘是否有移位，由此了解转向盘与转向柱轴的装配情况、主轴承的松旷量及转向柱支架的连接情况。

二、四轮转向系统

在汽车前轮设置转向装置的基础上，后轮也设置有转向装置，称为四轮转向系统（4WS）。4WS 具有缩短转向动作过程、提高转向时的稳定性、提高转向操作随动性和正确性、变换车道容易和缩短最小转弯半径的优点。四轮转向系统分为机械式和动力式两种。

检测评价

通过以上学习，根据任务实施过程，将完成任务情况记入表 12-1 中，完成检测评价。

表 12-1 汽车机械转向系统拆装调整与结构认识任务评价表

班级		姓名		日期	
序号	评价内容	配分	评分标准	自评	互评
1	汽车机械转向系统的作用、总体组成与工作原理	15	叙述错误每项扣 2 分		
2	汽车机械转向系统的分类	10	叙述错误每项扣 2 分		
3	转向操纵机构的组成与结构原理	10	叙述错误每项扣 2 分		
4	曲柄指销式转向器的作用与结构原理	10	叙述错误每项扣 2 分		
5	齿轮齿条式转向器的作用与结构原理	15	叙述错误每项扣 2 分		
6	循环球式转向器的作用与结构原理	15	叙述错误每项扣 2 分		
7	转向传动机构的组成与结构原理	15	叙述错误每项扣 2 分		
8	操作规范、有序、不超时、实施 5S 理念	10	操作不规范或超时每项扣 2 分		
9	安全用电、防火、无人身、设备事故		因违反操作安全发生重大人身和设备事故按 0 分计		
10	分数统计	100			
教师评语					

课后测评

一、选择题

1. 汽车转向时，而只有当四个车轮轴线交于一点时，才能保证各车轮（　　）。

A. 纯滚动　　B. 纯滑动

C. 即滚动也滑动　　D. 不滚动也不滑动

2. 汽车的机械转向系统一般由转向操纵机构和下列的（　　）部分组成。

A. 转向盘　　B. 机械转向器

C. 转向传动机构　　D. 转向轴

3. (　　) 转向操纵机构对汽车撞车时的两次冲击都具有吸收能量、减轻驾驶人受伤程度的作用。

A. 缓冲吸能式　　B. 转向锁止机构

C. 转向轴伸缩机构　　D. 可分离式安全转向操纵机构

4. 目前应用广泛，技术成熟的机械转向器有齿轮齿条式、(　　) 转向器等几种形式。

A. 循环球式　　B. 滑阀式　　C. 蜗杆曲柄销式　　D. 转阀式

5. 转向盘自由行程一般不超过 (　　)。

A. 10°~15°　　B. 25°~30°　　C. 35°~40°　　D. 5°~10°

二、问答题

1. 简述齿轮齿条式转向器的结构与工作原理。
2. 什么叫转向盘自由行程？对转向有何影响？如何检查和调整？

三、实操题

1. 正确拆装、调整转向操纵机构。
2. 正确拆装、调整齿轮齿条式转向器。

任务二　汽车动力转向系统拆装与结构认识

任务目标

1. 熟悉汽车动力转向系统的基本组成。
2. 学会转向油液的排放与加注。
3. 学会转向泵、动力转向器、转向控制阀等主要部件的拆装与检查。
4. 学会转向系统油压的检查与调整。
5. 培养爱岗敬业、勤奋细心、认真负责、团结互助的职业道德和精神。

任务准备

1. 器材准备

1) 桑塔纳2000GSi型汽车转向实验台或整车1台/组。

2) 常用拆装工具1套/组。

3) 废油回收机、手套、抹布等1套/组。

4) 一体化教室1间。

5) 相关的教具、视频及教学挂图1套。

2. 任务安排

1) 教学课时：4学时（其中实训2学时）。

2) 教学组织：教师结合动力转向系统工作视频进行现场讲解，学生分组（5~6人一组）后进行现场学习与讨论；实训时每5~6人一组，由老师指导，学生自己动手进行拆装。

任务实施

一、动力转向系统的拆装与调整

1. 动力转向器的拆装

1）吊起车辆，排放转向液压油（ATF）。

2）拆下固定横拉杆的螺母，如图 12-17 所示。

3）拆卸左前轮罩处的转向器固定螺塞，如图 12-18 所示。

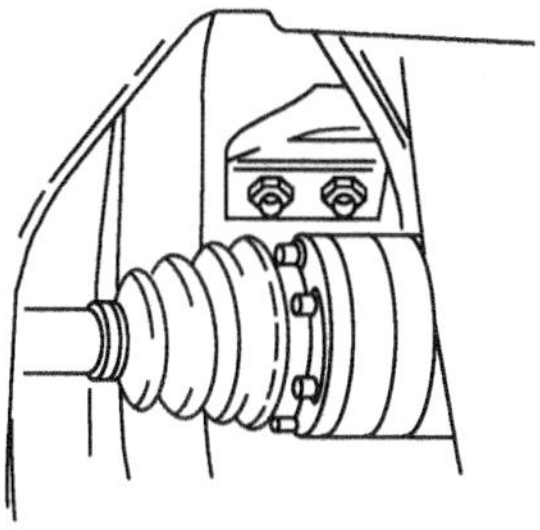

图 12-17 动力转向器拆卸（1）

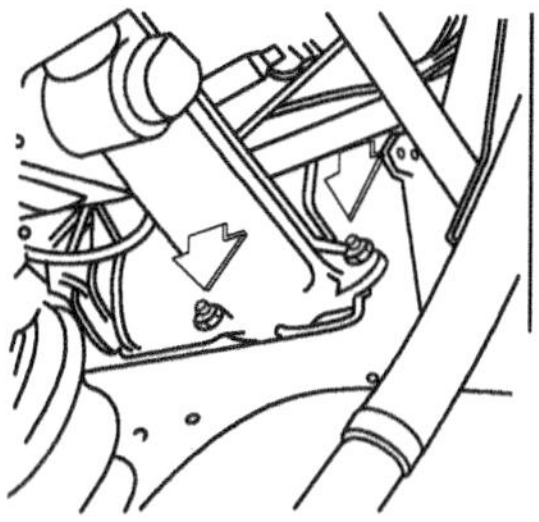

图 12-18 动力转向器拆卸（2）

4）松开在转向控制阀外壳上的高压油管，如图 12-19 所示。

5）拆卸后横板上固定转向器的左侧自锁螺母，如图 12-20 所示。

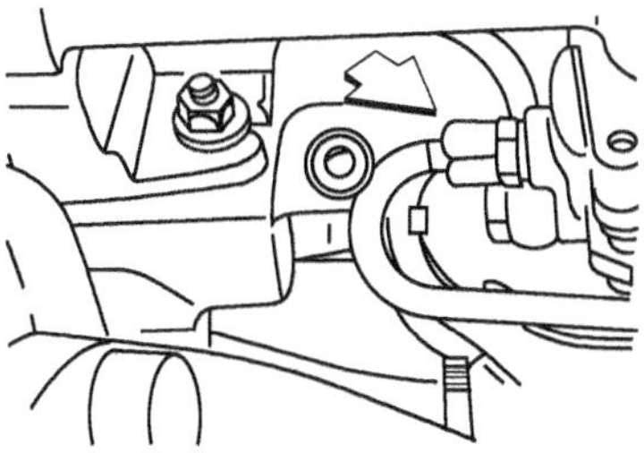

图 12-19 动力转向器拆卸（3）

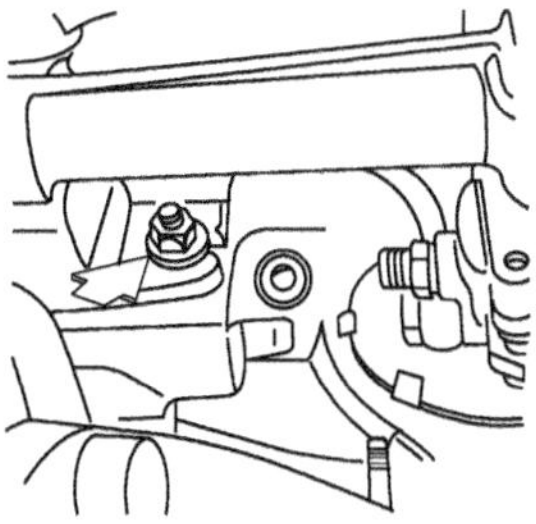

图 12-20 动力转向器拆卸（4）

6）把车辆放下，拆卸紧固齿条与转向横拉杆的螺栓，如图 12-21 所示。

7）拆卸仪表板侧边下盖、通风管和踏板盖。

8）拆卸紧固转向小齿轮与下轴的螺栓（图 12-22），并使各轴分开。

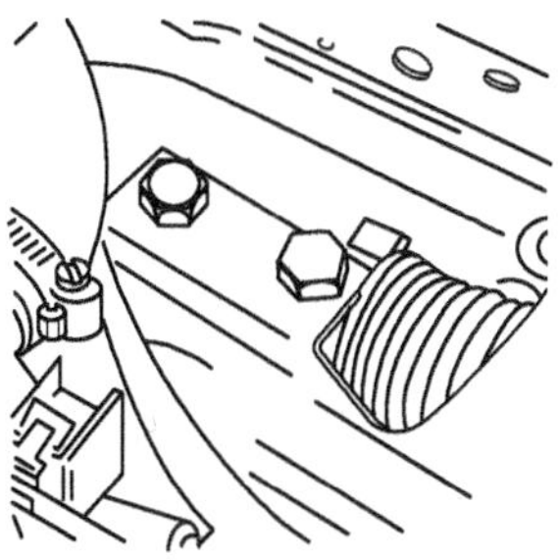

图 12-21 动力转向器拆卸（5）

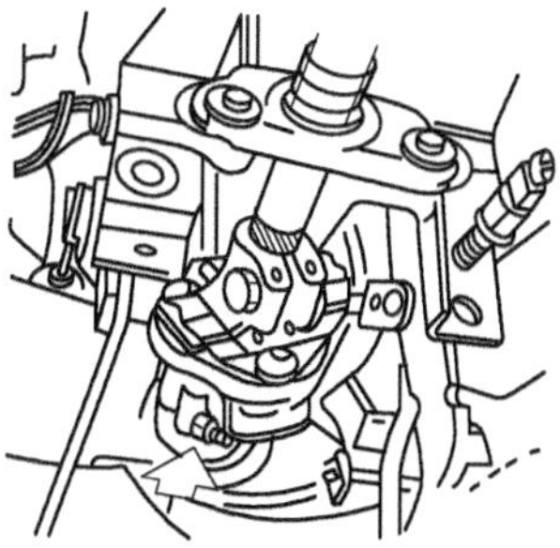

图 12-22 动力转向器拆卸（6）

9）拆卸防尘套。从汽车内部，拆卸固定转向控制阀外壳上回油软管的放油螺塞，如图12-23所示。

10）拆卸后横板上转向器的固定自锁螺母，如图12-24所示。

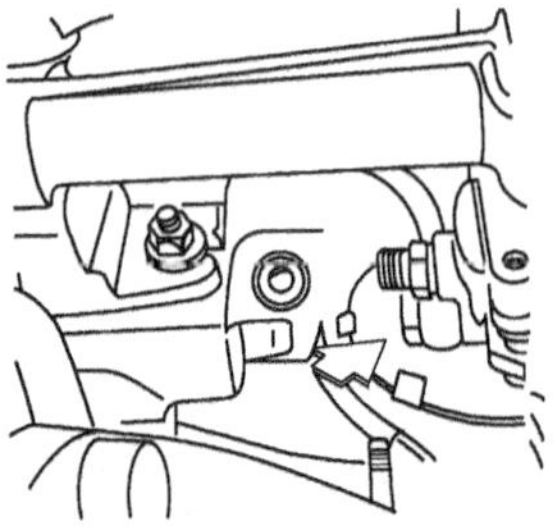

图12-23 动力转向器拆卸（7）

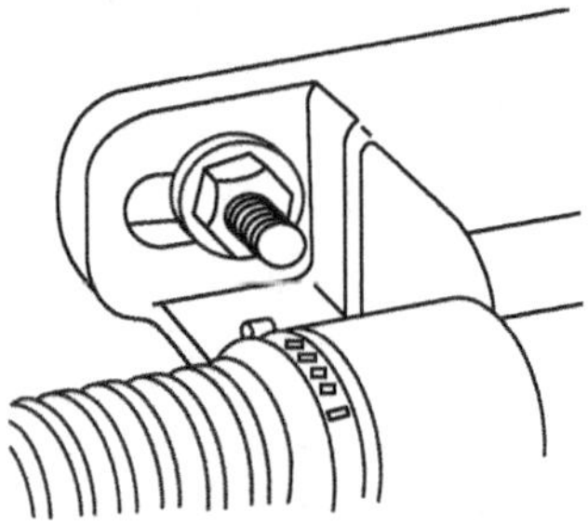

图12-24 动力转向器拆卸（8）

11）拆下转向器。

12）按拆装相反顺序安装动力转向器。

13）向储油罐内注入ATF，直到达到标有“Max”处。

14）吊起车辆。在发动机停止的情况下转动转向盘数次，以便把系统中存在的空气排出，并补充ATF，使之达到标有“Max”处。

15）起动发动机，完全向左和右转动转向盘，观察油面高度，直到油面稳定在标有“Max”处为止。

2. 转向泵的拆装

1）吊起车辆，拆卸转向泵上回油软管的高压软管的放油螺栓，排放ATF。

2）拆卸转向泵前支架上的张紧螺栓和后支架上的固定螺栓，松开转向泵中心支架上的固定螺母和螺栓。

3）把转向泵固定在台虎钳上，拆卸滑轮和中间支架。

4）按照相反顺序进行转向泵安装。

3. 转向泵V带的调整

1）松开转向泵支架上的后固定螺栓，如图12-25所示。

2）松开专用螺栓的螺母，如图12-26所示。

3）通过张紧螺栓把V带张紧，如图12-27所示。当压在V带中间处，V带应有10mm挠度为合适。

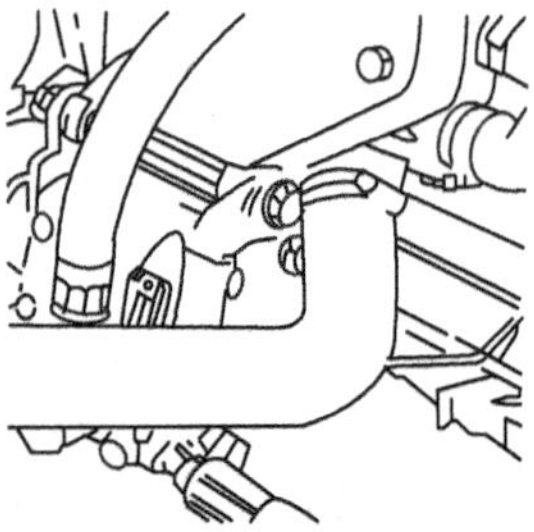

图12-25 转向泵V带的调整（1）

4）拧紧专用螺栓的螺母，拧紧转向泵支架上的固定螺栓。

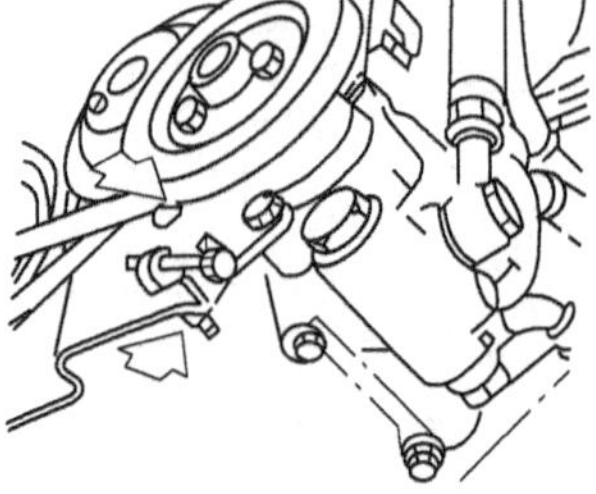

图12-26 转向泵V带的调整（2）

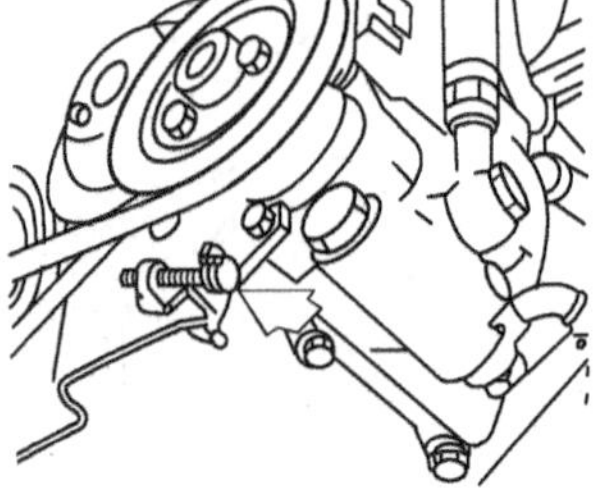

图12-27 转向泵V带的调整（3）

二、动力转向系统结构认识

采用动力转向的汽车转向时，所需的能量只有小部分是驾驶人提供的体能，而大部分是发动机驱动转向泵旋转，将发动机输出的部分机械能转化为压力能，并在驾驶人的控制下对转向传动装置或转向器传力，从而实现转向。

1. 动力转向装置的组成及类型

（1）组成　动力转向装置由机械转向器、转向控制阀、转向动力缸、转向泵（或空气压缩机）和储油罐等组成，如图12-28所示。

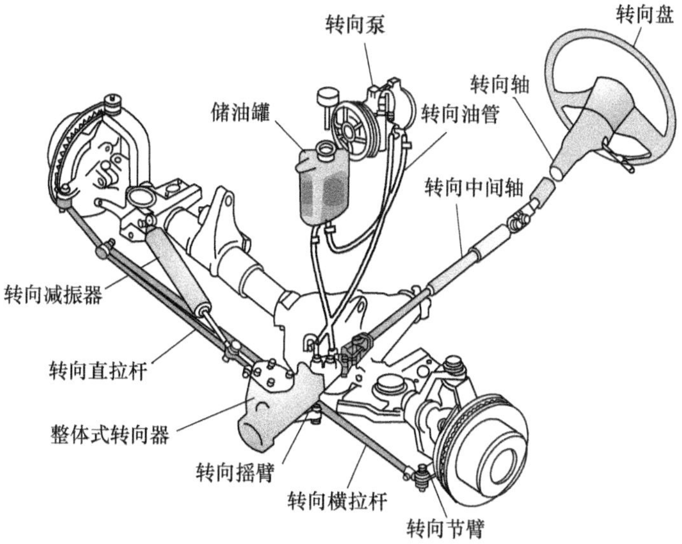

图12-28　动力转向装置组成

（2）类型　动力转向装置按传能介质的不同，可分为液压式和气压式两种。液压式动力转向装置按液流形式分为常流式和常压式两种，分别如图12-29和图12-30所示。

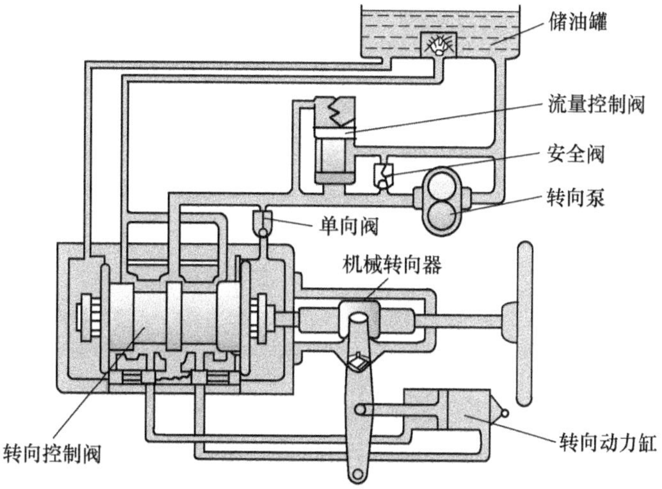

图12-29　常流式液压动力转向装置示意图

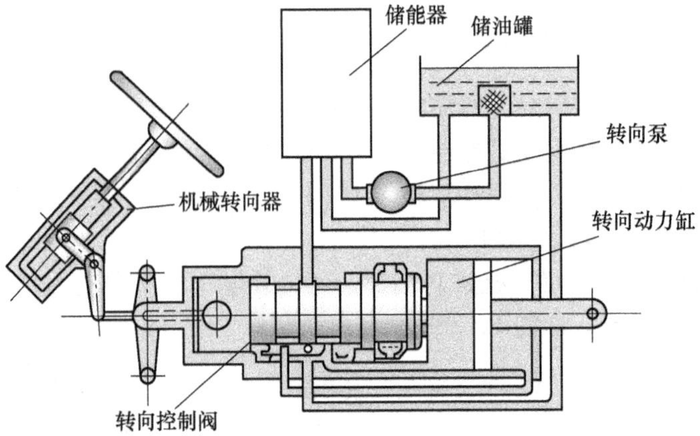

图 12-30　常压式液压动力转向装置示意图

液压式动力转向装置按其转向控制阀阀芯的运动方式可分为滑阀式和转阀式两种形式。

根据机械转向器、转向控制阀和转向动力缸三者的组合及相对位置，可分为整体式、半整体式、转向加力器三种类型。其中转阀式的整体动力转向器在国产轿车中得到了广泛的应用。

2. 转阀式的整体动力转向器

（1）整体式动力转向器　如图 12-31 所示为整体式液压动力转向器，其将转向控制阀 1、转向器齿条 2 和齿轮 3、转向动力缸设计成一体，该转向器的控制阀为转阀式结构。扭杆的一端通过花键与转向齿轮连接，扭杆的另一端与转阀的阀心用销子连接，阀心又与转向轴的末端固定在一起。转向轴的转动可以通过扭杆带动转向齿轮转动，转阀的阀心外圈与阀体相配合，阀心和阀体构成控制阀，置于转向器壳体内。转向器壳体上有油孔分别通向转向泵、储油罐以及转向动力缸的左右两个工作腔，转向齿条与转向动力缸内的活塞制成一体，活塞将转向动力缸分隔为左右两个工作腔，转向动力缸上有油管通向转向器壳体内的控制阀。

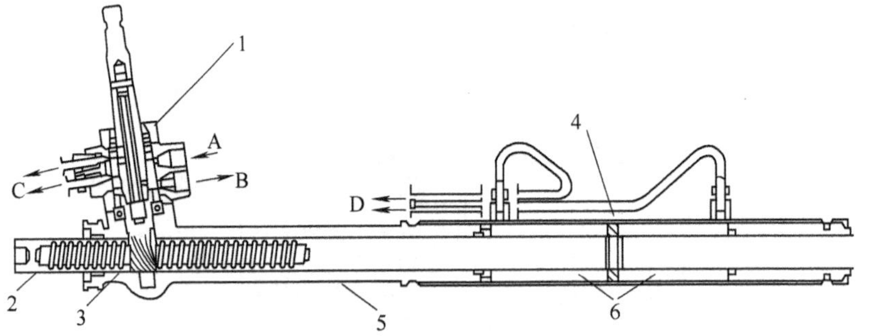

图 12-31　整体式液压动力转向器

1—转向控制阀　2—转向齿条　3—转向齿轮　4—转向动力缸活塞　5—转向器壳体　6—左右动力缸
A—接转向泵　B—接储油罐　C—接转向动力缸　D—接转向控制阀

转向控制阀组件如图 12-32 所示，主要由阀体 11、阀芯 7 及扭杆 9 组成。阀体 11 呈圆筒形，其表面上制有三道较宽且深的油环槽和四道较窄浅的密封环槽。各油环槽的底部开有与内壁相通的油孔，中间油环槽的油孔是进油通道，与转向泵相通；两侧油环槽的油孔，分别与转向动力缸的左腔、右腔相通。

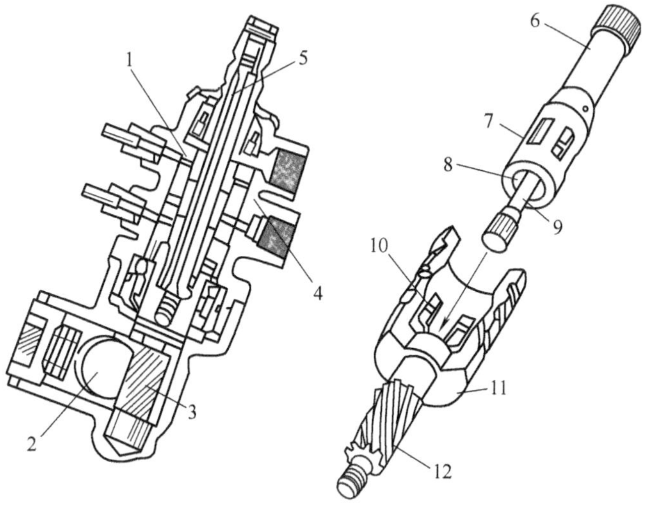

图 12-32　转向控制阀

1、4、11—阀体　2—转向齿条　3、12—转向齿轮　5、9—扭杆
6—转向齿轮轴　7—阀芯　8—与储油罐相通　10—阀门孔

(2) 动力转向器的工作原理　汽车直线行驶时，转阀处于中间位置（图 12-33），来自转向泵的工作油液从转向器壳体的进油口 C 流到阀体 3 的中间油环槽中，经过其槽底的三个通孔进入阀体 3 和阀芯 4 之间。此时，因阀芯处于中间位置，进入的油液分别通过阀体和阀芯纵槽形成的两边相等的间隙，再通过阀芯的纵槽和阀体的纵槽以及阀体的径向孔流向阀体外的上、下油环槽，然后通过壳体中的两条油道分别流到动力缸的左腔（A 腔）、右腔（B 腔）中。同时，通过阀芯纵槽的径向油孔流到阀芯内腔与扭杆组件之间的空隙（回油道 2）中，经油管回到储油罐中去，形成了常流式油液循环。此时，A 腔、B 腔油压相等且很小，齿条—活塞既没有受到转向齿轮的轴向推力，也没有受到 A 腔、B 腔因压力差造成的轴向推力。所以，齿条—活塞处于中间位置，不产生助力作用。

汽车右转弯时（图 12-34），转动转向盘使转向轴顺时针转动，并带动阀芯同步转动。受到转向节臂传来的路面转向阻力作用，动力缸活塞和转向齿条暂时不能运动，所以转向齿轮暂时也不能随转向轴向右转动。这样扭杆受转矩作用，前、后端产生扭转变形，转向阀芯和阀体之间转过一个角度。动力缸左腔（A 腔）进入高压油，右腔（B 腔）泄压，动力缸产生向右转向助力。

齿条在液压力作用下向右运动的同时，转向齿轮本身也开始与转向轴同向转动。只要转向盘继续转动，扭杆的扭转变形便一直保持不变，转向控制阀所处的右转向位置不变。

一旦转向盘停止转动，动力缸暂时还继续工作，导致转向轮继续转动，使扭杆的扭转变形减少，转向助力减少。当转向助力刚好与车轮的回正力矩相平衡时，齿条齿轮停止运动。此时，转向阀即停驻在某一位置不动，转向轮转角保持不变。

转向过程中，若转向盘转动的速度快，阀体与阀芯的相对角位移量也大，动力缸两腔压力差增大，转向助力也随之增大，车轮偏转的速度也快；若转向盘转动速度慢，助力就小，车轮偏转的速度慢；转向盘不动，转向轮转到某一相应的位置也不动，这称之为转向控制阀的“渐进随动原理”。

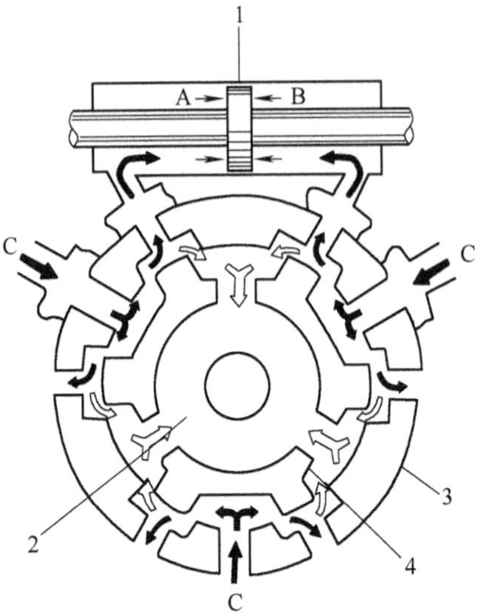

图 12-33 转阀式转向控制阀工作原理图（汽车直线行驶时）

1—活塞 2—回油道 3—阀体 4—阀芯

A、B—动力缸工作腔 C—来自转向泵油液

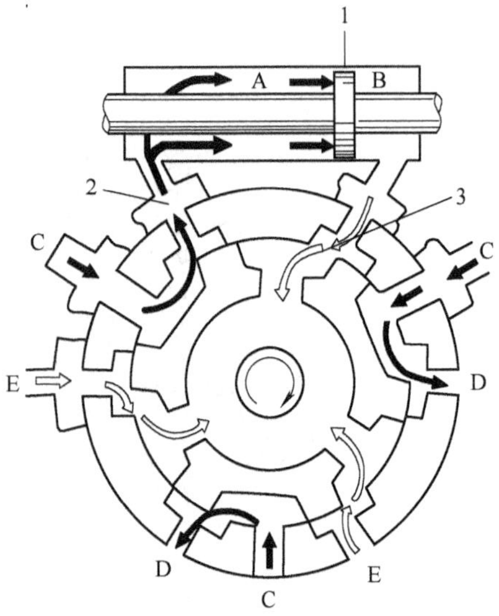

图 12-34 转阀式转向控制阀工作原理（汽车右转弯时）

1—活塞 2、D—进入转向动力缸 A 腔油液

3、E—从动力缸 B 腔流出工作油液

A、B—转向动力缸工作腔 C—来自转向泵工作油液

转向后回正时，若驾驶人放松转向盘，阀芯回到中间位置，失去助力作用。此时，车轮在回正力矩的作用下回位。若驾驶人同时逆时针回转转向盘，转向动力缸可反向助力，帮助车轮回正。

若汽车行驶遇外界阻力使车轮发生偏转，则阻力矩通过转向传动机构、转向齿条齿轮作用在阀体上，使阀体、阀芯产生相对角位移，转向动力缸产生与车轮偏转方向相反的助力作用。在此力的作用下，车轮迅速回正，保证了汽车直线行驶的稳定性。

一旦液压助力装置失效，转向动力缸不起作用，驾驶人需转动转向盘以较大的角度，使扭杆产生大的变形，传递更大的力矩，以驱动转向齿轮旋转。此时，该动力转向器变成机械转向器，驾驶人需施加很大的力，转向盘的自由行程增大。

3. 滑阀式的整体动力转向器

滑阀式的整体动力转向器和转阀式的整体动力转向器仅仅是控制阀结构不同，其他部分都相同，其结构如图 12-35 所示。控制滑阀有两个阀芯，右阀芯 D、左阀芯 G 与扭力杆 A 相互垂直，扭力杆 A 端头与转向柱 B 以销钉连接，下部端头与阀体 E 以销钉连接，阀体与小齿轮 F 加工成一体，阀芯 D 及 G 由拨叉 C 拨动，拨叉 C 与转向柱 B 相连接。

叶片泵 9 从储油罐 1 中吸进工作油液，工作油液经过压力与流量限制阀 7，由限制阀调节压力与流量后进入滑阀式控制阀，由控制阀控制工作油液流向，使压力油压入活塞左缸或右缸而起着转向助力的作用。

4. 叶片式转向泵

转向泵是液压式动力转向装置的能源，一般由发动机驱动，其作用是将输入的机械能转换为液压能输出。转向泵有齿轮式、叶片式、转子式和柱塞式等几种形式。叶片式转向油泵

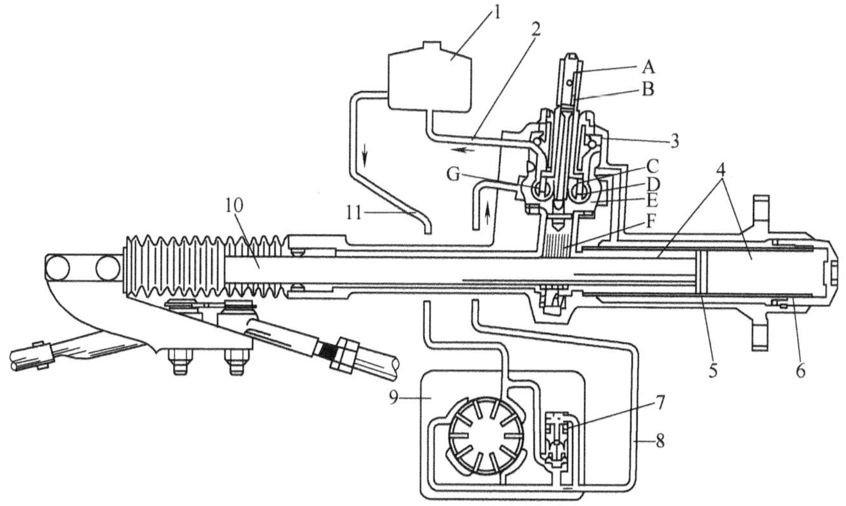

图 12-35　滑阀式的整体动力转向器

1—储油罐　2—回油管　3—控制阀　4—活塞缸　5—活塞　6—活塞缸缸壁
7—压力与流量限制阀　8—进油管　9—叶片泵　10—齿条　11—吸油管
A—扭力杆　B—转向柱　C—拨叉　D—右阀芯　E—阀体　F—小齿轮　G—左阀芯

具有结构紧凑、输油压力脉动小、输油量均匀、运转平稳、性能稳定、使用寿命长等优点，现代汽车采用较多。

叶片式转向泵按其转子叶片每转一周的供油次数和转子轴的受力情况可以分为单作用非卸荷式和双作用卸荷式两种。

（1）单作用非卸荷式叶片泵　单作用非卸荷式叶片泵主要由端盖、驱动轴、转子、定子、叶片及壳体组成，如图 12-36 所示。

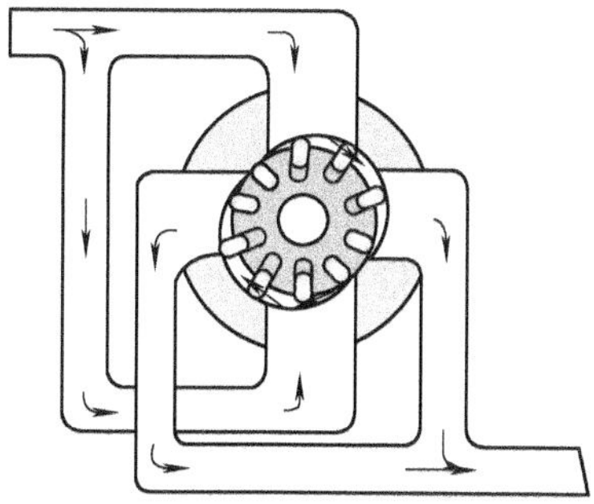

图 12-36　单作用叶片工作原理图

当转子按图 12-36 所示逆时针方向转动时，右半转子上各叶片均沿切槽向外滑动而伸出，相邻两叶片之间油腔的工作容积均增大，因而具有吸油作用；而左半转子上各叶片则均沿切槽向内滑动而被压回，相邻两叶片之间油腔的工作容积均减小，因而具有压油作用。转子每转一周，叶片在切槽内进行往复伸、缩运动各一次，完成吸油、压油各一次，故称为单作用叶片泵。由于右边吸油区的油压低，左边压油区的油压高，左、右两油区的压力差作用在转子上，使转子轴的轴承上承受较大的载荷，故称其为非卸荷式叶片泵。

（2）双作用卸荷式叶片泵　双作用卸荷式叶片泵也由转子、定子、叶片和端盖等组成，如图 12-37 所示。与单作用叶片泵的不同之处在于：双作用叶片泵的转子与定子的中心相重合；定子的内表面不是圆形而是一个近似的椭圆形。当转子旋转，叶片由短半径 r 向长半径 R 处运动时，两叶片间油腔的工作容积逐渐增大，形成局部真空而吸油；而叶片由长半径 R 向短半径 r 处运动时，两叶片间油腔的工作容积逐渐减小而压油。转子每转一周，叶片在转子切槽内往复运动两次，完成两次吸油和两次压油，故称为双作用叶片泵。由于两个吸油区和两个压油区各自的中心夹角对称，所以作用在转子上的油压作用力相互平衡，故又称为卸荷式叶片泵。

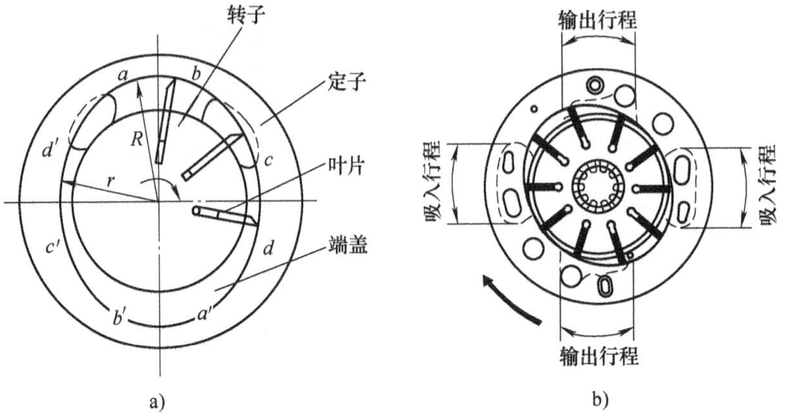

图 12-37　双作用叶片泵工作原理图

5. 流量—安全组合阀

转向泵工作时要解决两个问题：一是转子的转速随发动机转速升高时，转向泵的流量将增大，流量过大时会导致转向泵消耗功率过多和油温过高。因此，必须设置用以限制转向泵最大流量的流量控制阀。二是当转向动力缸的负载过大，使得转向泵的输出压力过高，动力缸和转向泵均超载，会导致零件损坏。因此，液压系统中还必须设置用以限制系统最高压力的安全阀。在转向泵内将两阀组合形成流量—安全组合阀，限制液压动力转向系统的最高工作压力和最大流量。

流量—安全组合阀如图 12-38 所示，流量阀由柱塞 6 和弹簧 2 组成；在流量阀体内腔中由钢球 3、阀杆 4 和弹簧 5 组成安全阀。其工作原理为：流量阀柱塞 6 右侧一端承受来自油泵出油腔 A 室油力，左侧一端承受来自转向泵出油口 B 室油压和弹簧的压力，当流量不大时，流量阀柱塞处在靠右侧位置，A 室与储油罐不通；当流量大到一定值时，由于通往 B 室的节流孔的作用，B 室油压低于右侧一端，且流量越大，节流作用越大，压差越大，当流量阀柱塞两侧的压差足以克服弹簧 2 的压力时，柱塞向左运动，转向泵出油腔 A 室和储油罐导通，起到限制流量的作用（图 12-39a）。当出油口压力大到一定值时，克服安全阀弹簧 5 的压力，推开单向阀钢球 3，使出油口与储油罐相通，限制液压动力转向系统的最大工作压力（图 12-39b）。

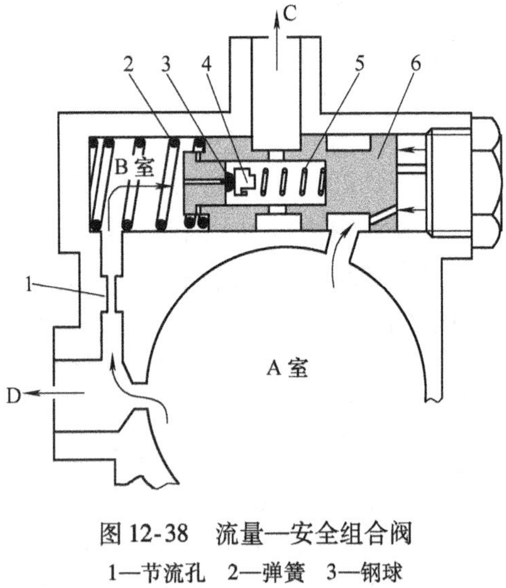

图 12-38　流量—安全组合阀

1—节流孔　2—弹簧　3—钢球

4—阀杆　5—弹簧　6—流量阀柱塞

C—流向储油罐　D—流向转向控制

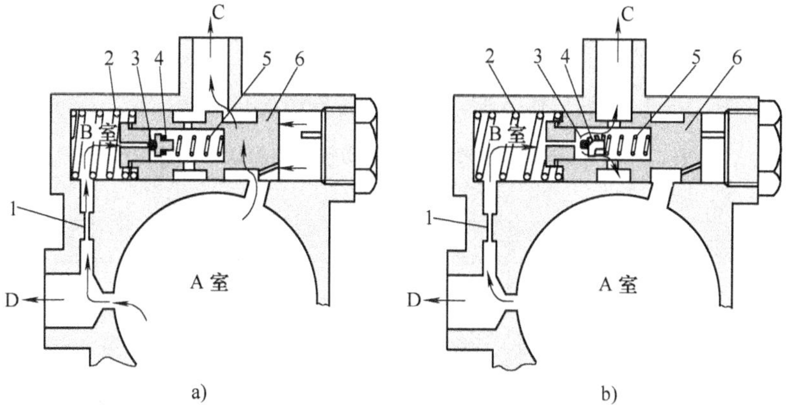

图 12-39 流量—安全组合阀工作原理

a）阀关闭 b）阀打开

1—节流孔 2—弹簧 3—钢球 4—阀杆 5—弹簧 6—柱塞

C—流向储油罐 D—流向转向控制阀

拓展与提高

一、液压式电子控制动力转向系统

液压式电子控制动力转向系统（EHPS）是在传统的液压动力转向系统的基础上，增设控制油液流量的电磁阀、车速传感器和电子控制单元等。电子控制单元根据检测到的车速信号，控制电磁阀，使转向动力放大倍率实现连续可调，从而满足高、低车速时的转向助力要求。根据控制方式不同，将 EHPS 分为流量控制式、反力控制式和阀灵敏度控制式三类。

二、电动式电子控制动力转向系统

电动式电子控制动力转向系统（ECPS）是在传统的机械式转向系统的基础上，利用直流电动机作为动力源，电子控制单元根据转向参数和车速等信号，控制电动机转矩的方向和大小。电动机的转矩由电磁离合器通过减速机构减速增矩后，加在汽车的转向机构上，使之得到一个与工况相适应的转向作用力。按照转向助力机构位置的不同，将 EPS 分为转向轴助力式，转向齿轮助力式和齿条助力式三类。

EPS 是利用电动机作为助力源，电子控制单元根据转向操纵力、车速等参数，计算得到最佳的转向助力转矩，并向电动式助力机构输出控制信号，实现最佳的转向助力控制。EPS 的工作原理为当操纵转向盘时，装在转向轴上的转矩传感器不断地测出转向轴上的转矩信号，该信号与车速信号同时输入到电子控制单元。电控单元根据这些输入信号，确定助力转矩的大小和方向，即选定电动机的电流大小和方向，调整转向辅助动力的大小。电动机的转矩由电磁离合器通过减速机构减速增矩后，加在汽车的转向机构上，使之得到一个与汽车工况相适应的转向作用力。当各传感器出现异常时，一般情况下电源会被切断，助力停止，转向系统进入手动机械式转向状态。

检测评价

通过以上学习，根据任务实施过程，将完成任务情况记入表 12-2 中，完成检测评价。

表 12-2　汽车动力转向系统拆装调整与结构认识任务评价表

班级		姓名		日期	
序号	评价内容	配分	评分标准	自评	互评
1	汽车动力转向系统的作用、总体组成与工作原理	25	叙述错误每项扣 2 分		
2	汽车动力转向系统的分类	10	叙述错误每项扣 2 分		
3	液压式动力转向器的作用与结构原理	5	叙述错误每项扣 2 分		
4	转阀式动力转向器的作用与结构原理	10	叙述错误每项扣 2 分		
5	转向泵的作用与结构原理	10	叙述错误每项扣 2 分		
6	流量—安全组合阀的作用与结构原理	10	叙述错误每项扣 2 分		
7	桑塔纳汽车转向沉重的原因分析	20	分析错误每项扣 2 分		
8	操作规范、有序、不超时、实施 5S 理念	10	操作不规范或超时每项扣 2 分		
9	安全用电、防火、无人身、设备事故		因违反操作安全发生重大人身和设备事故按 0 分计		
10	分数统计	100			
教师评语					

课后测评

一、选择题

1. 液压式转向助力装置按系统内部的压力状态可分为（　　）。

A. 常开式和常闭式　　B. 常压式和常闭式

C. 常流式和常压式　　D. 常压式和常开式

2. 动力转向的动力来自于（　　）。

A. 发动机　　B. 变速器

C. 分动器　　D. 正时齿轮

3. 液压动力转向系统中，将机械转向器、转向控制阀与转向动力缸组合成一体称为（　　）。

A. 分离式液压动力转向系统　　B. 转向加力器

C. 半整体式转向器　　　　D. 整体式转向器

二、问答题

转阀式的整体动力转向器由什么组成？其特点是什么？

三、实操题

正确进行桑塔纳 2000GSi 型汽车动力转向系统的拆装与调整。

项目小结

1. 汽车转向系统分为机械转向系统和动力转向系统两大类。机械转向系统以驾驶人的体力作为转向能源，传力件都是机械的。动力转向系统以发动机或电动机的动力作为主要转向能源。

2. 汽车机械转向系统由转向操纵机构、机械转向器和转向传动机构部分组成。

3. 汽车转向操纵机构包括转向盘、转向轴、转向管柱等，其作用是将驾驶人的操纵力传给转向器。现代汽车转向操纵机构还带有各种调整机构及安全保护装置。

4. 转向器是转向系统中的减速增矩装置，并改变转向力矩的传动方向。目前，应用广泛的转向器有齿轮齿条式转向器、循环球式转向器和蜗杆曲柄指销式转向器等几种。

5. 转向传动机构的功用是将转向器输出的力和运动传给转向桥两侧的转向节，使两侧转向轮偏转，并使两轮向轮偏转角按一定关系变化。

6. 动力转向系统有液压式和气压式两种，液压动力转向系统的转向加力装置由转向泵、转向动力缸、转向阀、储油罐等组成。

7. 汽车四轮转向是对后轮也进行转向操纵的系统。

项目十三

汽车制动系统拆装与结构认识

项目描述

汽车行驶在道路上，由于道路上情况复杂，随时都有可能发生突发事件，因此驾驶人需要按照实际情况进行减速或者停车等。汽车制动系统就是实现汽车减速、停车、稳定驻车和稳定车速的安全装置。本项目重点介绍汽车制动系统的拆装、基本类型、结构组成和工作原理。

任务一　液压制动系统拆装与调整

任务目标

1. 熟悉汽车液压制动系统、驻车制动系统的组成与工作原理。
2. 学会汽车液压制动系统各零件的正确拆装。
3. 学会踏板自由行程、液压制动系统的检查与调整。
4. 培养爱岗敬业、勤奋细心、认真负责、团结互助的职业道德和精神。

知识准备

一、制动系统的作用

使行驶中的汽车减速或停车，或使已经停下来的汽车保持不动，都称为汽车制动。实现汽车制动功能的一系列专门装置称为汽车制动系统。汽车行驶的安全性，在很大程度上取决于汽车制动装置工作的可靠性。

二、制动系统的分类

汽车制动系统的分类详见表13-1。

表 13-1　汽车制动系统的分类

分类方法	类　型	特　点
按功能分	行车制动系统	使行驶中的汽车减速或停车
	驻车制动系统	使汽车停在各种路面驻留原地不动
	应急制动系统	在行车制动系统失效后使用的制动系统
	辅助制动系统	增设的制动装置，以适应山区行驶及特殊用途汽车的需要
按制动能源分	人力制动系统	以人力为唯一能源
	动力制动系统	以发动机动力转化为液压或气压制动
	伺服制动系统	兼用人力和发动机动力制动
按制动能量传输方式分	机械系	以机械传输制动能量
	液压系	以液压传输制动能量
	气压系	以气压传输制动能量
	电磁系	以电磁力传输制动能量
	组合系	多种传输制动能量综合
按制动回路分	单回路	全车制动用一条制动回路
	双回路	全车制动用两条制动回路

三、液压制动系统基本组成与结构原理

液压制动系统主要由车轮制动器和液压传动机构组成（图 13-1）。

车轮制动器由制动鼓 8、制动蹄 10 和制动底板 11 等组成。液压传动机构主要由制动踏板 1、推杆 2、制动主缸 4、制动轮缸 6 和油管 5 等组成。

制动系统不工作时，制动鼓的内圆面与制动蹄摩擦片的外圆面之间保留有一定的间隙，使制动鼓可以随车轮自由旋转。

制动时，驾驶人踩下制动踏板，推杆 2 便推动主缸活塞 3，使主缸 4 中的油液以一定压力流入制动轮缸 6，通过轮缸活塞 7 使两制动蹄 10 的上端向外张开，从而使摩擦片压紧在制动鼓的内圆面上。这样，不旋转的制动蹄就对旋转着的制动鼓产生一个摩擦力矩，迫使车轮停止转动。

当松开制动踏板时，制动蹄复位弹簧 13 将制动蹄拉回原位，制动作用即行解除。

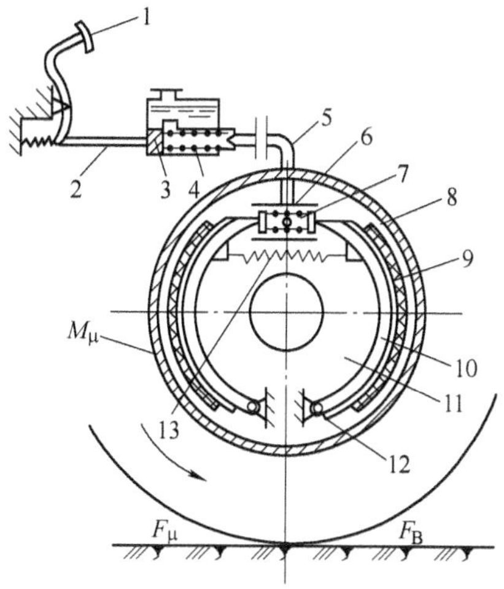

图 13-1　制动系统工作原理示意图

1—制动踏板　2—推杆　3—主缸活塞　4—制动主缸　5—油管　6—制动轮缸　7—轮缸活塞　8—制动鼓　9—摩擦片　10—制动蹄　11—制动底板　12—支承销　13—制动蹄复位弹簧

任务准备

1. 器材准备

1）桑塔纳 2000GSi 汽车 1 辆/组（前盘式、后鼓式制动器）。

2）液压制动系统零件总成 1 套/组。

3）常用拆装工具 1 套/组。

4）一体化教室 1 间。

5）相关的教具、录像片及教学挂图 1 套。

2. 任务安排

1）实训课时：4 学时。

2）实训组织：每 5 ~ 6 人一组，由老师指导，观看液压制动系统的拆装视频后，学生自己动手进行拆装。

任务实施

一、液压制动系统的拆装

以桑塔纳 2000GSi 型轿车为例。

1. 真空助力和制动主缸的拆装与检测

（1）真空助力和制动主缸的拆卸

1）真空助力器真空管路的拆卸。如图 13-2 所示，从进气支管 6 上松开夹箍 7，取下真空管接头 1 和真空管 2，再从真空助力器 4 上取下单向阀 3 和真空管 2。

2）前制动器油管的拆卸。如图 13-3 所示，放出制动液后，从主缸 9 上拆下左前制动油管 3 和右前制动油管 4，再从左右前制动油管 3、4 和制动钳上拆下制动软管 1。

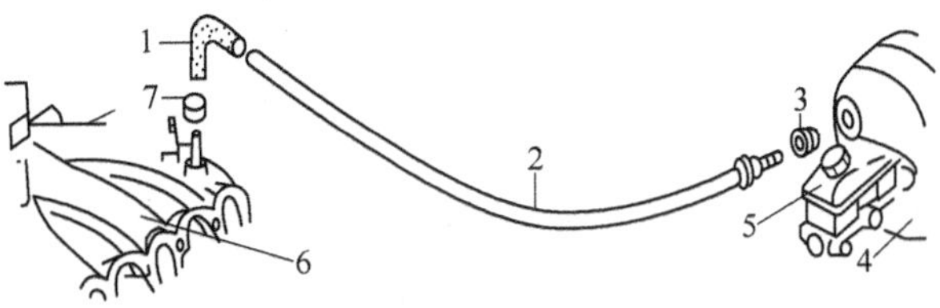

图 13-2 真空助力器真空管路的拆卸

1—真空管接头 2—真空管 3—单向阀
4—真空助力器 5—主缸 6—进气支管 7—夹箍

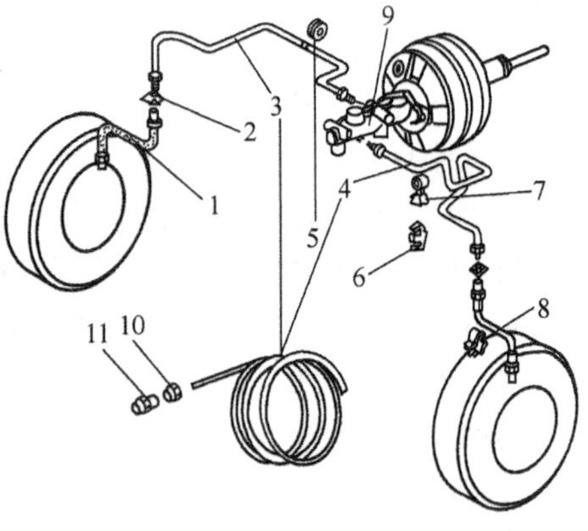

图 13-3 前制动器油管的拆卸

1—制动软管 2—软硬管连接件 3—左前制动油管
4—右前制动油管 5—橡胶圈 6、7、8—油管卡子
9—主缸 10—接口 11—接口座

3）后制动器油管的拆卸。如图 13-4 所示，先拆下右后制动油管 6 和左后制动油管 7，再拆下制动软管 2，从主缸 5 上拆下连接油管 3 和 4（注意油管 3 通向右轮缸，油管 4 通向

左轮缸）。

（2）真空助力器与制动主缸的分解和装配

1）主缸和真空助力器的拆卸。如图 13-5 所示，拆下弹簧卡子 13 取出销钉 3，旋下螺母 17，从制动踏板支架 19 上取下真空助力器 7、法兰 15、密封环 16、支架 18。旋下螺母 10，从真空助力器 7 上取下主缸 9、密封环 8。摘下挡圈 21，取出制动踏板轴 6、支承座 4 和复位弹簧 5，取下制动踏板 2。撬下密封堵头 11，从主缸 9 上取下储液罐 12。

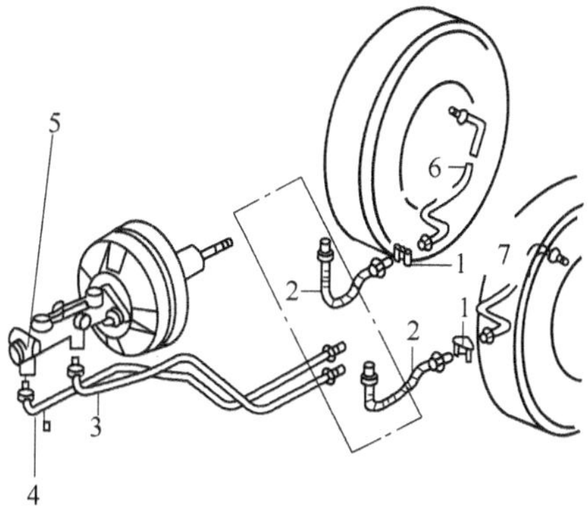

图 13-4　后制动器油管的拆卸

1—硬软管连接件　2—制动软管　3、4—连接管　5—主缸　6—右后制动管　7—左后制动管

2）主缸的分解。如图 13-6 所示，先摘下防尘套 2，用专用工具 33 和 34 撬下挡圈 31，取出第一活塞组件 11。再旋下限位螺钉 6，用压缩空气吹出第二活塞组件 12。然后旋下螺栓 23，分解第一活塞组件 11，并从第一活塞 17 上，取下密封圈 14、15、19，从第二活塞 26 上，取下密封圈 24、25、28。

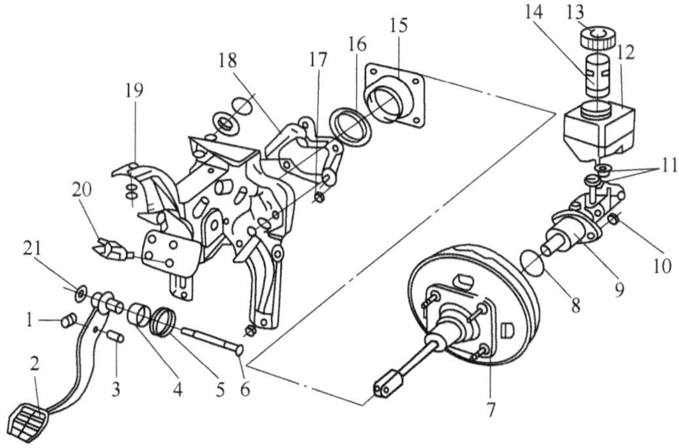

图 13-5　主缸和真空助力器的拆卸

1—弹簧卡子　2—制动踏板　3—销钉　4—支承座　5—复位弹簧　6—制动踏板轴　7—真空助力器　8—密封环　9—主缸　10—螺母　11—密封堵头　12—储液罐　13、14—滤网　15—法兰　16—密封环　17—螺母　18—支架　19—制动踏板支架　20—制动灯开关　21—挡圈

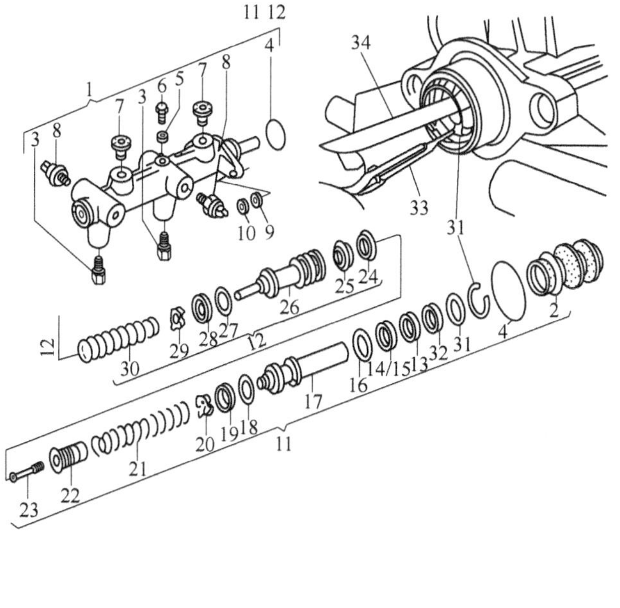

图 13-6　主缸的分解

1—主缸　2—防尘套　3—油管接头座　4—密封环　5—垫圈　6—限位螺钉　7—密封环　8—放气螺栓　9—弹垫　10—螺母　11—第一活塞组件　12—第二活塞组件　13—导向套　14、15、19、24、25、28—密封圈　16、18、27—止推垫圈　17—第一活塞　20—弹簧下座　21、30—弹簧　22—弹簧上座　23—螺栓　26—第二活塞　29—弹簧座　31—挡圈　32—垫圈　33、34—专用工具

3）真空助力器的分解。如图 13-7 所示，先在真空助力器前壳 1 和后壳 2 上做好装配标记，然后装到专用拆卸工具 3 之下，并顺时针转动专用工具 3 上的螺杆 4，使前壳 1 与后壳 2 分开。

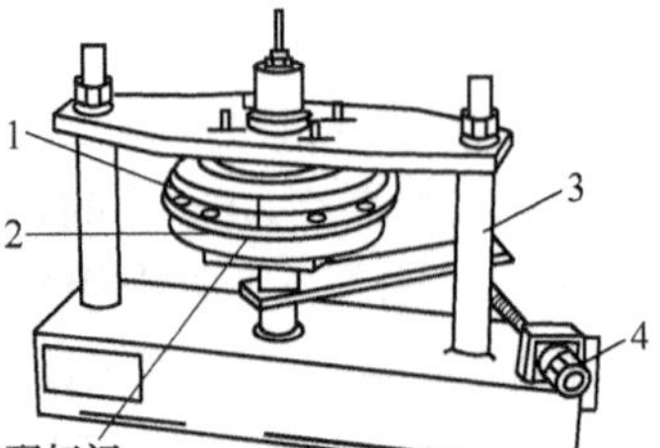

图 13-7 真空助力器壳的分解

1—真空助力器前壳 2—真空助力器后壳
3—专用拆卸工具 4—工具上的螺杆

如图 13-8 所示，从真空助力器前壳 2 上摘下齿环 5（固定环），然后取下反作用板 8、反作用橡胶块 7、反作用环 6、主缸推杆 4 和弹簧 3；再从真空助力器后壳 22 上取下膜片座 9 和膜片 10；接着旋松锁紧螺母 12，旋下推杆叉 11，拆下挡圈 13，依次取下防尘罩 14、垫圈 15、空气滤芯 16、弹簧座 17、空气阀弹簧 18、真空控制阀弹簧 19、阀座 20 和真空控制阀 21，并从真空助力器后壳 22 的前端取出带空气阀的踏板推杆 16，摘下挡圈 27。

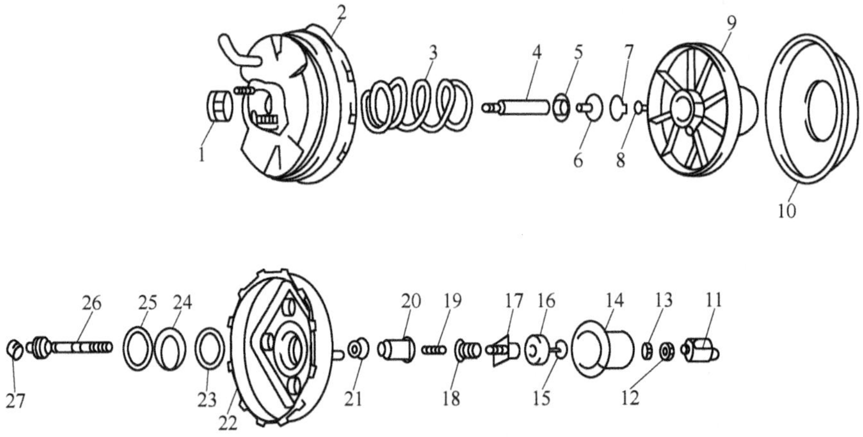

图 13-8 真空助力器的分解

1—气封 2—真空助力器前壳 3—弹簧 4—主缸推杆 5、25—齿环（固定齿环）
6—反作用环 7—反作用橡胶块 8—反作用板 9—膜片座 10—膜片 11—推杆叉
12—锁紧螺母 13、27—挡圈 14—防尘罩 15—垫圈 16—空气滤芯 17—弹簧座
18—空气阀弹簧 19—真空控制弹簧 20—阀座 21—真空控制阀 22—真空助力器后壳
23—气封 24—衬垫 26—带空气阀的踏板推杆

4）真空助力器和制动主缸的装配。

① 主缸的组装。如图 13-9 所示，首先在主缸缸体 1 内孔和第二活塞 8、密封圈 2 上涂上制动液，然后装入第二活塞 8。此时，弹簧 9 的小端要朝向第二活塞 8，各密封圈 2 的刃口方向按图 13-9 中所示，然后旋入限位螺钉 11（拧紧力矩 10N·m）。装入第一活塞组件 7 时，密封圈 6 的刃口方向按图 13-9 中所示，最后装上止推垫圈 3、挡圈 5 和防尘罩 4。

② 真空助力器的组装。按前面拆卸相反的顺序组装真空助力器，在相互运动件上涂上润滑脂，其中齿环（固定环）5、25（图 13-8）必须使用新件。

将真空助力器的前壳 1 上的标记与后壳 2 上的标记对正，再逆时针转动工具上的螺杆，使前壳 1 与后壳 2 卡在一起，如图 13-10 所示。

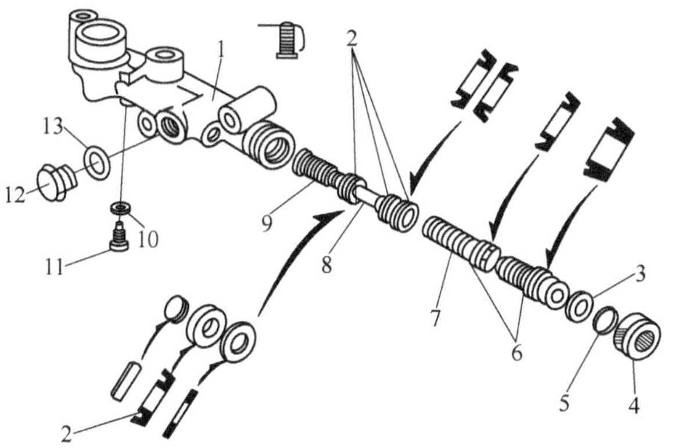

图 13-9　主缸的组装

1—主缸缸体　2—第二活塞密封圈　3—止推垫圈　4—防尘罩　5—挡圈　6—第一活塞密封圈　7—第一活塞密封组件　8—第二活塞　9—弹簧　10、13—垫圈　11—限位螺钉　12—螺塞

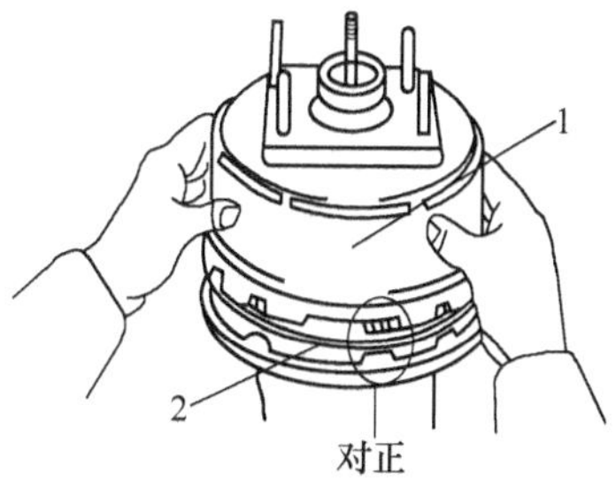

图 13-10　真空助力器的组装前后壳体的安装

1—真空助力器前壳体
2—真空助力器后壳体

③ 主缸与真空助力器的安装。如图 13-5 所示，将主缸 9 和密封环 8 装到真空助力器 7 上，旋上螺母 10（拧紧力矩 20N・m）；将组装好的主缸真空助力器 7、法兰 15、密封环 16、支架 18 一起装到制动踏板支架 19 上，旋上螺母 17（力矩 20N・m）；在制动踏板轴 6 上涂上润滑脂与制动踏板 2、支承座 4、复位弹簧 5 一起装到支架 19 上，再装上挡圈 21；将真空助力器 7 的推杆用销钉 3 装在制动踏板 2 上，用弹簧卡子 1 固定；将制动灯开关 20 从支架 19 上的安装口装入，并向右转 90°固定住；最后，用制动液涂抹密封堵头 11 后在主缸 9 上压入储液罐 12。

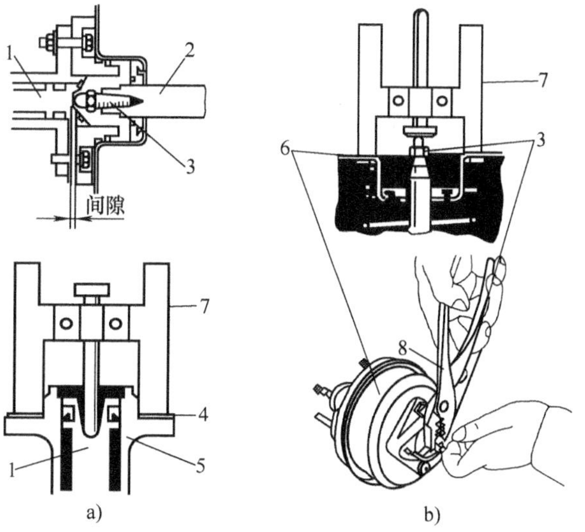

图 13-11　主缸与真空助力器的组装与试验

a）间隙的测量　b）间隙的调整

1—主缸第一活塞　2—真空助力器推杆　3—调整螺钉　4—垫圈　5—主缸　6—真空助力器　7—工具　8—钳子

（3）主缸与真空助力器的检查（图 13-11）　主缸与真空助力器的组装要求：在主缸第一活塞 1 与真空助力器推杆 2 之间应保持一定间隙，在没有真空时应为 0.6 ~ 0.65mm，在发动机怠速时应为 0.1 ~0.5mm。

为达到此目的需要进行调整，先按图 13-11a 所示，用工具 7 测出主缸 5 的第一活塞 1 的深度（测时要装上垫圈 4）；再按图 13-11b 所示，用工具 7 的另一端调整真空助力器 6 的推杆 2 的长度（可用钳子 8 转动推杆 2 上的调整螺钉 3），再用锁紧螺母锁紧。

1）真空助力器的试验装置。如图 13-12 所示，在真空助力器 1 和主缸 2 上接上压力表 3，在制动踏板 4 上安上测力计 5，并接上发动机进气歧管的真空管路。

2）真空助力器的密封试验。如图 13-13 所示，在储液罐中注满制动液，起动发动机，运转 2min，使真空助力器进入真空状态。然后停机，踩几下踏板，若每一次踩下的高度逐渐升高，表示真空助力器密封良好；若踩下高度没有变化，则表示真空助力器密封不好。

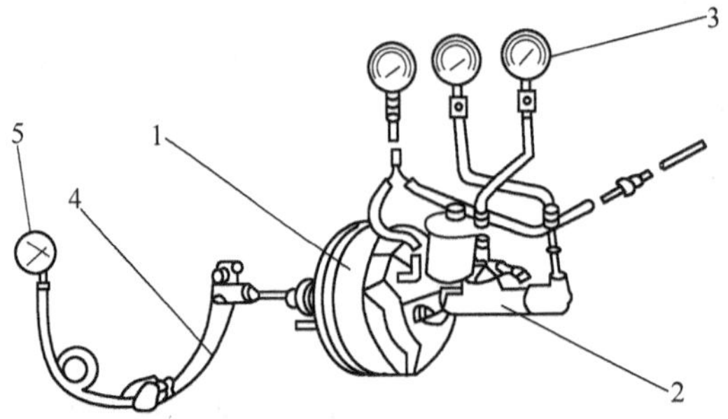

图 13-12　真空助力器的试验装置

1—真空助力器　2—主缸　3—压力表　4—制动踏板　5—测力计

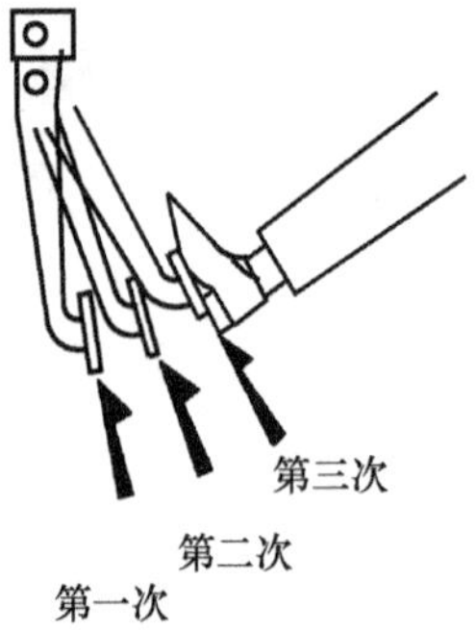

图 13-13　真空助力器的密封试验

3）真空助力器的功能检查。如图 13-14 所示，在发动机不运转的情况下，踩几下制动踏板，确认踏板高度无变化时，踏住踏板。起动发动机，此时若踏板稍有下降，则表示真空助力器功能良好。

4）真空助力器在有制动负荷时的密封试验。起动发动机并运转 1 ~2min，在不停机的条件下踩下制动踏板 2。在保持踏板力不变的情况下，关闭发动机，在 30s 内踏板 2 的高度若无变化，表示真空助力器密封性好，若踏板 2 升高则为密封性不好。

（4）主缸与真空助力器的安装

1）用制动液清洗主缸的各连接口，清除各连接孔及座的油污。

2）把主缸和助力器固定在车架上。

3）把各连接管安装到相应的接口上。

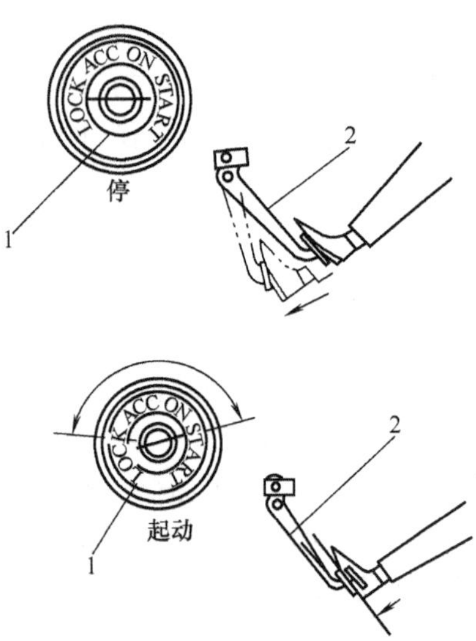

图 13-14　真空助力器的功能检查

1—点火开关　2—制动踏板

2. 前轮制动器的拆装

（1）前轮制动器的拆卸

1）松开车轮固定螺母（拧紧力矩 110N · m），拆下车轮。

2）拆去制动摩擦块上、下定位弹簧。

3）用内六角扳手拧松并拆卸上、下固定螺栓。

4）取下制动钳壳体。

5）从支架上拆下制动摩擦块。

6）把制动钳活塞压回到制动钳壳体内，在压回活塞之前，应先从制动液储液罐抽出一部分制动液，以免活塞压回时，引起制动液外溢，损坏油漆。制动液具有毒性和较强的腐蚀性，因此排放时，必须用专门的塑料瓶或其他容器存放。

（2）前轮制动器的分解

1）前制动钳的拆卸。如图 13-15 所示，首先旋下上、下导销螺栓 1，从下向上摆动部件取下制动钳壳体11，再取下外侧和内侧制动摩擦块7，再从制动钳壳体11上取下内外塑料套3和上下橡胶套衬套2。

2）制动衬片弹簧卡箍与制动盘的拆卸。如图13-16所示，在前轮不离地的情况下，旋下钢圈螺栓1，然后支起车辆前部，使前轮离地后拆下车轮，并从前轮轮毂6上取下制动盘7，旋下螺栓2，从转向节4上取下护板3，再取下制动衬片弹簧卡箍5。

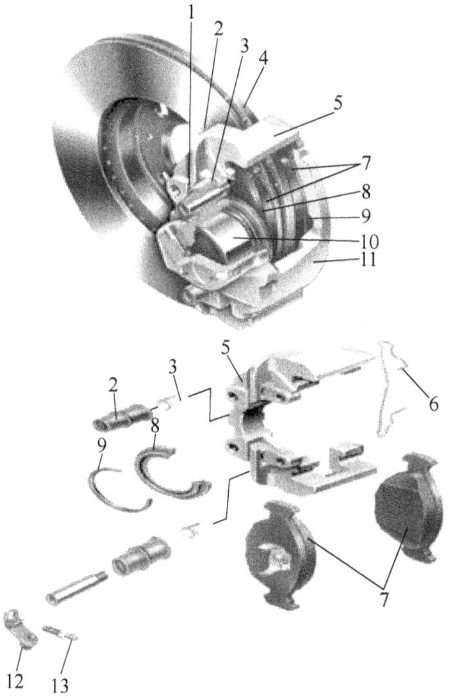

图13-15　前制动钳的拆卸

1—螺栓　2—橡胶衬套　3—塑料套　4—制动盘　5—制动钳支架　6—保持弹簧　7—摩擦块　8—活塞防尘罩　9—油封　10—活塞　11—制动钳壳体　12—防尘帽　13—排气螺钉

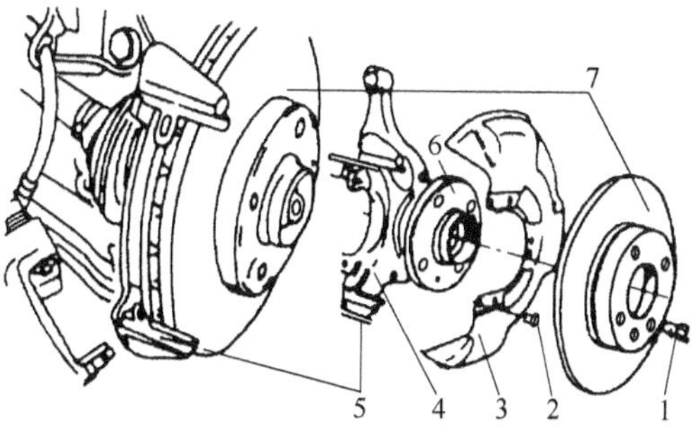

图13-16　制动衬片弹簧卡箍与制动盘的拆卸

1—钢圈螺栓　2—螺栓　3—护板　4—转向节　5—制动垫片弹簧卡箍　6—前轮轮毂　7—制动盘

3）制动钳活塞的拆卸。如图13-17所示，取下防护帽4，用木块1顶住活塞2（以防止损坏活塞2），从制动钳壳体3上油孔处用压缩空气从制动钳壳体3里吹出活塞2。

4）制动钳密封圈的拆卸。如图13-18所示，用螺钉旋具3从制动钳体1的凹槽中拆下密封圈2。

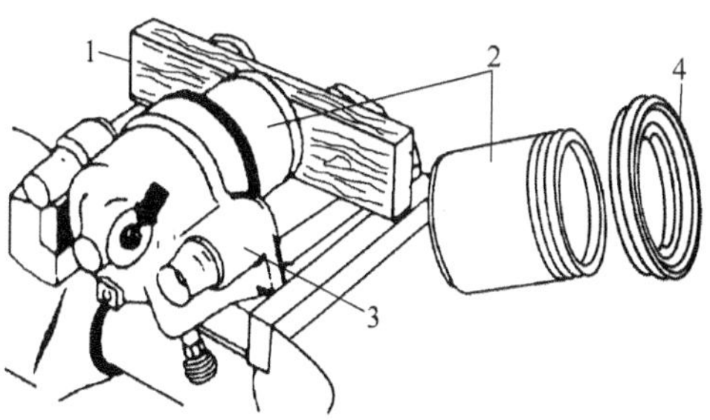

图13-17　制动钳活塞的拆卸

1—木块　2—活塞　3—制动钳体　4—防护帽

（3）前轮制动器的装配

1）将活塞装入制动钳缸筒内。安装密封圈和防尘套时，带外密封唇边的防尘套应先用旋具将内密封唇边掀入制动钳壳体的槽口内，然后再用专用工具将活塞压入缸筒内。

2）装入新的摩擦块。

3）安装制动钳壳体，用70N·m的力矩拧紧固定螺栓。

4）安装摩擦块上、下定位弹簧。安装后，应进行制动系放气，并使摩擦块正确就位。

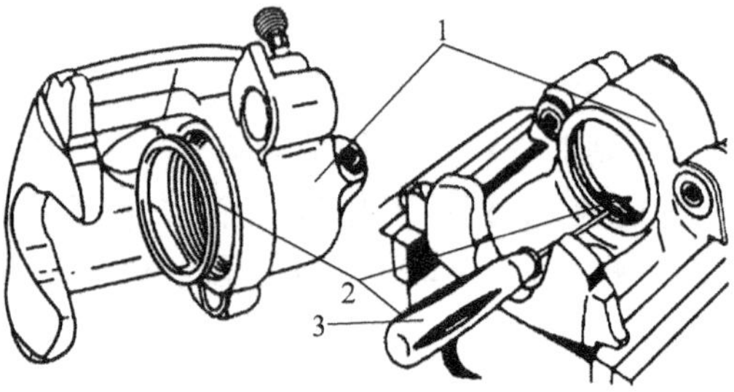

图13-18　制动钳密封圈的拆卸

1—制动钳体　2—密封圈　3—螺钉旋具

（4）前轮制动器的检查

1）制动盘不应有裂纹或凸凹不平现象，端面圆跳动量不应超过0.06mm。如圆跳动量超过标准或有凸凹不平的现象，可进行磨削加工，但加工后的厚度不应小于17.8mm（制动盘的正常厚度为20mm）。如制动盘的磨损量超过标准，应更换制动盘。另外，更换制动盘时，同一轴上两个制动盘必须同时更换，以确保左、右两轮的制动力相等。

2）当汽车行驶25000km或者摩擦块的厚度（包括底板）小于7mm时，说明摩擦块已磨损到极限，必须更换新的摩擦块。

3）检查活塞和缸筒间隙。如果间隙大于0.15mm时或缸筒壁有较深划痕时，应更换制动钳总成。

（5）前轮制动器的安装　安装可按拆卸时相反的顺序进行。

3. 后轮制动器的拆装

（1）后轮制动器的拆卸

1）拧松车轮固定螺母（拧紧力矩110N·m），用千斤顶支撑起后轮，拆下车轮。

2）用专用工具拆下轮毂盖。

3）取下开口销2和开槽垫圈（图13-19），旋下后车轮轴承上的六角螺母，取出止推垫圈4。

4）用旋具通过制动鼓螺孔向上拨动楔形调节板9，使制动蹄10与制动鼓7放松，拉出制动鼓。

5）然后旋下螺栓13，从后桥体上取下制动底板总成14和短轴11。

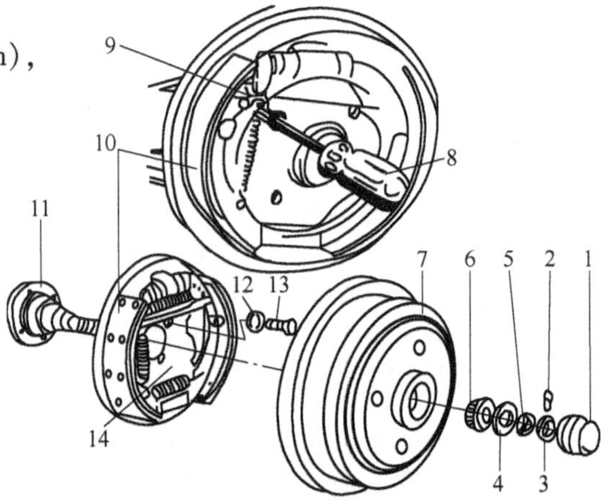

图13-19　后鼓式制动器的拆卸

1—润滑脂盖　2—开口销　3—锁止环　4—止推垫圈　5—螺母　6—外圆锥滚子轴承内圈　7—制动毂　8—螺钉旋具　9—楔形调节板　10—制动蹄　11—短轴　12—弹簧垫圈　13—螺栓　14—制动底板总成

（2）后轮制动器的分解与装配　操作可参见图13-20。

1）分解

① 用尖嘴钳拆下制动蹄保持弹簧及弹簧座圈。

② 借助螺钉旋具、撬杆或用手从下面的支架上提起制动蹄，取出下复位弹簧。

③ 用钳子拆下制动杆上的驻车制动拉索，卸下制动蹄。

④ 把带压力杆的制动蹄卡紧在台虎钳上，拆下定位弹簧，取下制动蹄。

⑤ 分解后制动轮缸。如图13-21所示，先从后制动轮缸泵体5上取下防护罩1、活塞2、

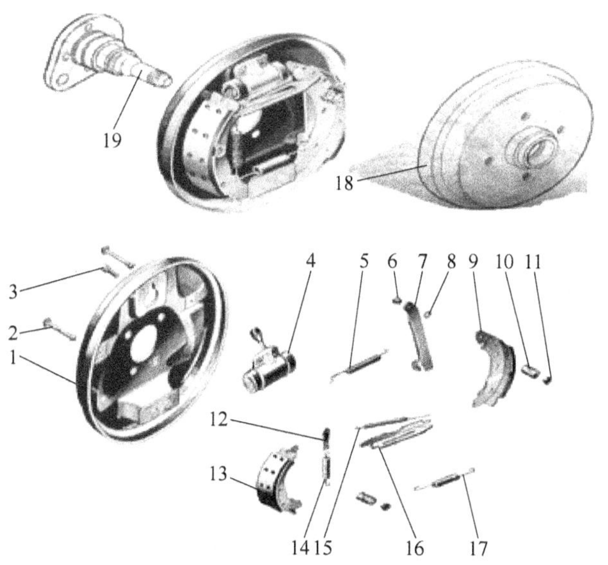

图 13-20　后鼓式制动器的分解

1—制动底板　2—调整板　3—内六角螺钉　4—后制动轮缸　5—拉力弹簧　6—支承销　7—制动杆　8—弹性垫片　9—制动蹄　10—压缩弹簧　11—弹簧座　12—下拉力弹簧　13—压杆　14—上拉力弹簧　15—拉力弹簧　16—带楔形支座的制动蹄　17—楔形块　18—制动鼓　19—后轮轴

弹簧4，再从活塞2上拆下密封圈3。

2）安装　按拆卸相反的顺序安装。装配时还应注意：

① 装配制动轮缸时，应在活塞和密封圈上涂上润滑剂，皮碗不得有磨损及膨胀现象，装配后应检查其密封性。

② 各螺钉应按规定力矩紧固。

③ 注意检查调整后轮轴承间隙。

④ 装配完成后用力踩制动踏板，使后轮制动蹄能正确就位。

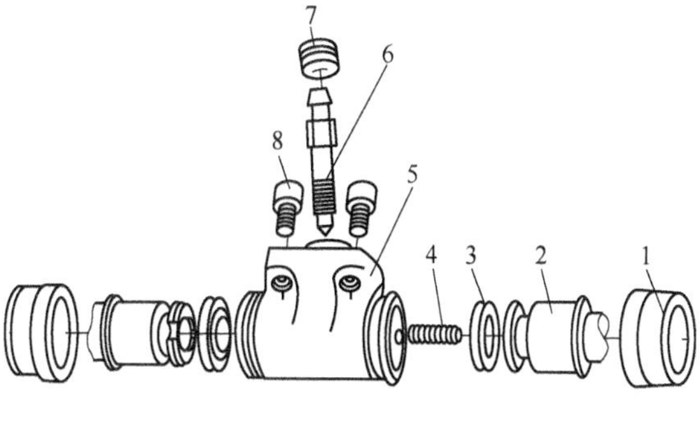

图 13-21　后制动轮缸的分解

1—防护罩　2—活塞　3—密封圈　4—弹簧　5—后制动轮缸泵体　6—放气阀　7—防尘帽　8—螺栓

（3）后轮制动器的检查

1）制动蹄检查。检查制动蹄的磨损是否超限（标准为5.0mm，极限为2.5mm，均不包括底板）、有无被制动液或油脂污损，如有应更换新件。

2）制动鼓检查。更换新摩擦片时，应用游标卡尺检查后制动鼓尺寸，制动鼓内径为200mm，磨损极限值为201mm。摩擦表面径向圆跳动量为0.20mm，如果超过规定标准时，应更换新制动鼓。

3）制动轮缸检查。查橡胶皮碗是否完好，轮缸有无泄漏；如果制动轮缸出现划痕或锈蚀，则应调换整个制动轮缸。

（4）后轮制动器的安装　安装可按拆卸相反的顺序进行，注意在相对运动部位涂上润滑脂。

拓展与提高

一、制动液的正确选用

我国制动液分为 JG0 ~ JG5 六个质量等级，每个等级又分若干牌号，其适用范围见表 13-2。

表 13-2　制动液质量等级与应用范围

质量等级	沸点	抗气阻	制动液代号	推荐应用范围
JG0	低 ↓ 高	低 ↓ 高	2SM-41、8011B、YRG-115、SRJ-803-1	严寒冬季（低于 -20℃）用
JG1			719、4603、8601、8013B、YRC200、SRJ-803-2、SH-3、201	气温不低于 -30℃ 地区的重型货车用
JG2			2SM-2073、8015、SRJ-803-3　4603-4	我国广大地区均可用
JG3			4604、2SM-207、BPE8017	我国广大地区的轿车、微型车用
JG4			BPE8019	我国广大地区的 ABS 车用
JG5				特殊车辆用

二、液压制动系统的放气

制动系统检修、更换制动液之后，或者制动踏板无弹力时，需要对制动系统进行放气。放气时可以使用专用的制动液充放机，也可以人工进行放气。下面以人工放气为例进行介绍。

制动系统放气顺序为：右后车轮制动轮缸→左后车轮制动轮缸→右前车轮制动钳→左前车轮制动钳。人工放气方法如下：

1）将一根软管一端接到放气螺钉上，一头插入容器中，如图 13-22 所示。

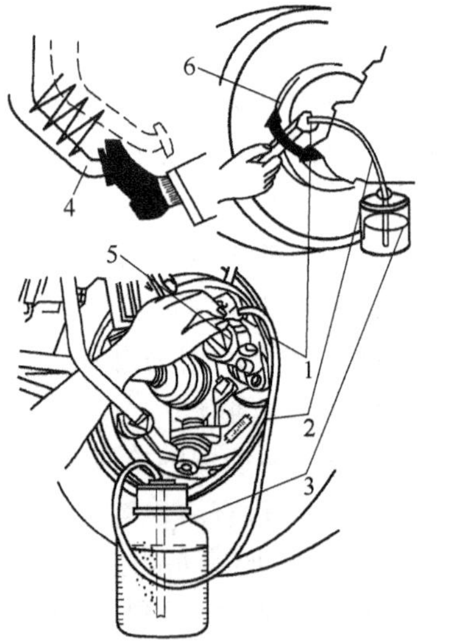

图 13-22　制动系统的放气

1—放气螺栓　2—软管　3—储液瓶
4—制动踏板　5—前制动钳　6—后制动轮缸

2）一人用力迅速踩下并缓慢放松制动踏板，如此反复数次后，踩下制动踏板，并保持一定高度使之不动；另一人拧松放气螺钉，管路中空气随制动液顺着橡胶管排出制动系统，排出空气后再将放气螺钉拧紧。

3）重复上述步骤多次，直至容器中制动液里无气泡为止。

4）取下橡胶管，套上防尘罩。

5）观察储液罐制动液面高度，必要时添加制动液。

三、踏板自由行程的调整

检查制动踏板自由行程时，用手轻轻压下踏板，直到手感明显变重时，测出这段行程量，其值应不大于45mm。如果不符合规定，可松开制动主缸助力器上推力杆上的螺母，通过旋动叉头来调整推力杆长度，从而调整制动踏板自由行程，且保证踏板有效行程135mm，总行程不小于180mm（图13-23）。

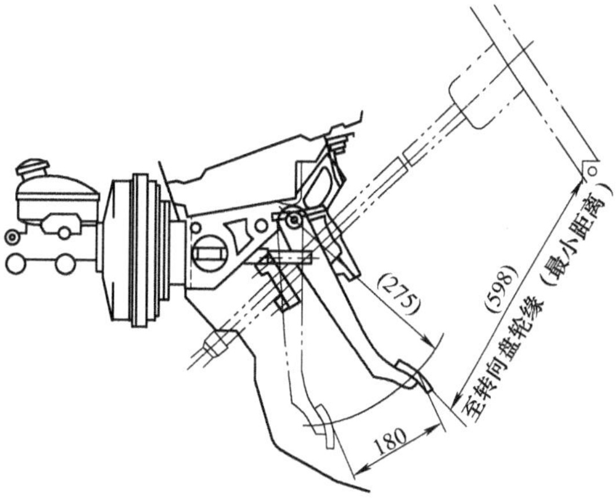

图13-23　制动踏板与底板的距离的调整

检测评价

通过以上学习，根据任务实施过程，将完成任务情况记入表13-3中，完成检测评价。

表13-3　液压制动系统的拆装与调整任务评价表

班级		姓名		日期	
序号	评价内容	配分	评分标准	自评	互评
1	正确使用工具、设备	10	工具或设备使用错误每次扣2分		
2	制动主缸及真空助力器的拆装	20	拆装错误每项扣2分		
3	前轮制动器的拆装	10	拆装错误每项扣2分		
4	后轮制动器的拆装	20	拆装错误每项扣2分		
5	制动踏板自由行程的调整	10	调整错误每项扣2分		
6	制动系统的排空	20	检查与排空错误每项扣5分		
7	操作规范、有序、不超时	10	操作欠规范或超时每项扣2分		
8	安全用电、防火、无人身、设备事故		因违反操作安全发生重大人身和设备事故按0分计		
9	分数统计	100			
教师评语					

课后测评

实操题

1. 正确拆装前后轮制动器、制动主缸、真空助力器和驻车制动器。
2. 正确调整制动踏板自由行程，排除制动系统中的空气。

任务二　液压制动系统结构认识

任务目标

1. 熟悉汽车制动系统的分类、结构及工作原理。
2. 掌握鼓式制动器的结构及工作原理。
3. 掌握盘式制动器的结构及工作原理。
4. 熟悉液压制动传动装置的组成及工作原理。
5. 培养爱岗敬业、勤奋细心、认真负责、团结互助的职业道德和精神。

任务准备

1. 器材准备

1）桑塔纳2000GSi型汽车液压制动实验台1台/组（图13-24）。

2）汽车液压制动系统教具1套/组。

3）常用拆装工具1套/组。

4）一体化教室1间。

5）相关的教具、录像片及教学挂图1套。

2. 任务安排

1）实训课时：4学时。

2）实训组织：每5~6人一组，由老师指导，学生自己动手进行拆装。

图13-24　实训物品

任务实施

目前，各类汽车上均采用摩擦式制动器，它是利用固定元件与旋转元件工作表面的摩擦作用产生制动力的制动器。根据制动器中旋转元件的不同，车轮制动器可分为鼓式和盘式两大类。

一、鼓式制动器

如图13-1所示的制动器就是鼓式制动器，它是利用制动蹄片挤压制动鼓来获得制动力的。

二、盘式制动器

盘式制动器摩擦副中的旋转元件是以端面工作的金属圆盘，称为制动盘，摩擦元件从两侧夹紧制动盘，即可产生制动力。固定元件则有多种结构形式，主要分为钳盘式制动器和全盘式制动器，钳盘式制动器又可分为定钳盘式和浮钳盘式两种。

全盘式制动器制动盘的全部工作面可同时与摩擦片接触，主要用于重型汽车。钳盘式制动器多用于轿车，有定钳盘式和浮钳盘式两种形式。

1. 定钳盘式制动器

定钳盘式制动器的结构如图13-25所示：制动盘4固定在轮毂3上，与车轮一起旋转；制动钳6固定在车桥上，既不能旋转也不能沿制动盘轴线方向移动；制动钳内装有两个制动轮缸活塞2，分别压住制动盘两侧的制动块1。当驾驶人踩下制动踏板使汽车制动时，制动轮缸的液压上升，活塞被微量顶出，制动块夹紧制动盘产生制动。

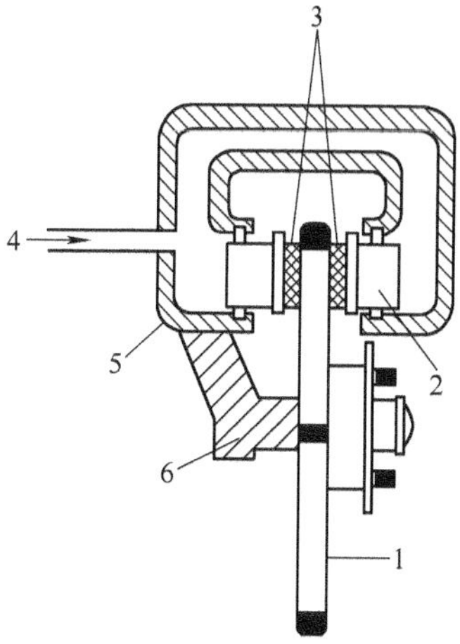

图13-25 定钳盘式制动器
1—制动盘 2—活塞 3—制动块
4—进油口 5—制动钳 6—车桥

2. 浮钳盘式制动器

浮钳盘式制动器的结构如图13-26所示：制动钳6可以相对于制动盘9轴向移动；在制动盘的内侧设有液压缸5，外侧的制动块1附着在钳体上。制动时，在液压力P_1作用下，推动活塞及制动块2向左移动，并压到制动盘上，于是制动盘给活塞一个向右的反作用力P_2，使活塞连同制动钳体整体沿导向销7向右移动，直到制动盘左侧的制动块1也压到制动盘上。这时，两侧制动块都压在制动盘上，夹住制动盘产生制动作用。

目前，盘式制动器已广泛应用于轿车，除一些高性能轿车外，大都只在前轮制动器上使用，与后轮的鼓式制动器配合，可使汽车在较高车速下保持制动时的方向稳定性。在货车上，盘式制动器目前也采用得不少。

三、制动器间隙调整装置

制动器在不工作时，其摩擦片与制动鼓或制动盘之间应保持合适的间隙，称为制动间隙，其值由汽车制造厂规定，如鼓式制动器一般在0.25~0.5mm之间。制动间隙如果过小，就不易保证彻底解除制动，造成摩擦副的拖磨；过大又将使制动踏板行程太长，以致驾驶人操作不便，同时也会推迟制动器开始起作用的时刻。但是，在制动器工作过程中，摩擦片的不断磨损必将导致制动器间隙逐渐增大。此情况严重时，即使将制动踏板踩到极限位置，也产生不了足够的制动力矩。因此，制动器都有检查、调整制动间隙的装置。制动间隙的调整有手动调整和自动调整两种。

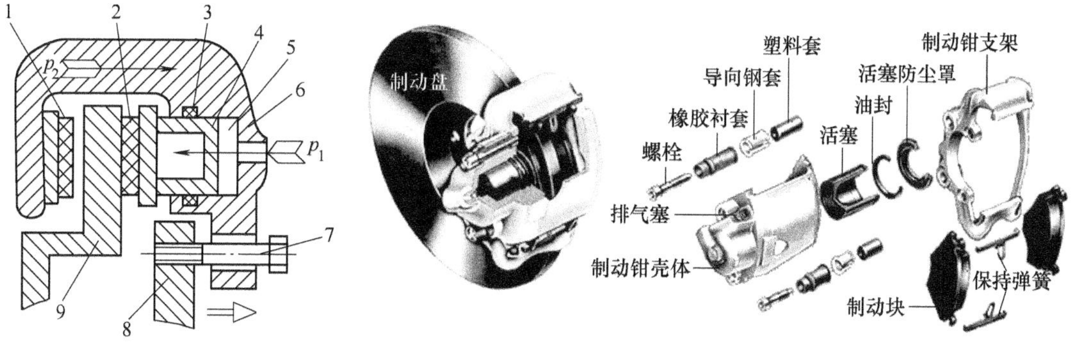

a) b)

图13-26 浮钳盘式制动器
a）结构示意图 b）实体图
1—固定制动块 2—活动制动块 3—活塞密封圈 4—活塞 5—液压缸
6—制动钳 7—导向销 8—制动钳支架 9—制动盘

1. 手动调整

（1）凸轮调整式　如图 13-27 所示，该装置的调整凸轮固定在制动底板上，支承销固定在制动蹄上，沿图 13-27 中箭头所示方向转动调整凸轮时，通过支承销将制动蹄向外顶，制动器间隙将减小。

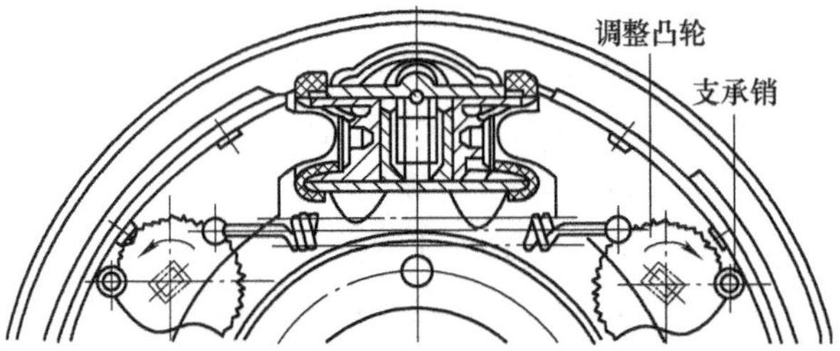

图 13-27　凸轮调整制动间隙

（2）螺母调整式　如图 13-28 所示，该装置用一字旋具拨动制动轮缸调整螺母的齿槽，带螺杆的可调支座便向内或向外进行轴向移动，使制动间隙减小或增大。间隙调整好以后，用锁片插入调整螺母的齿槽中，固定螺母位置。

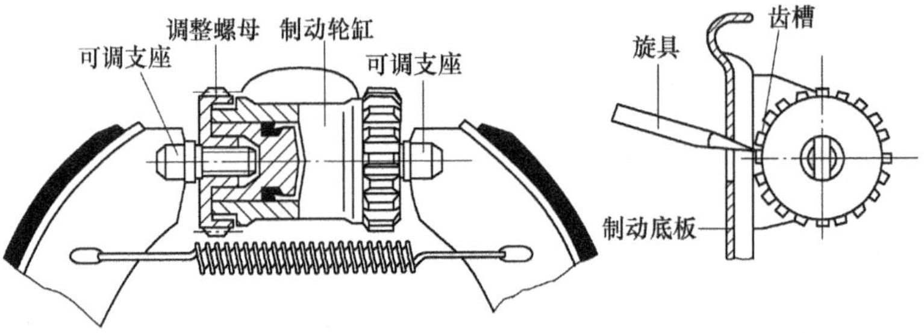

图 13-28　螺母调整制动间隙

（3）顶杆调整式　如图 13-29 所示，该装置由顶杆体、调整螺钉和顶杆套组成。拨动顶杆套带齿的凸缘，可使调整螺钉沿轴向移动，调整了制动器间隙。

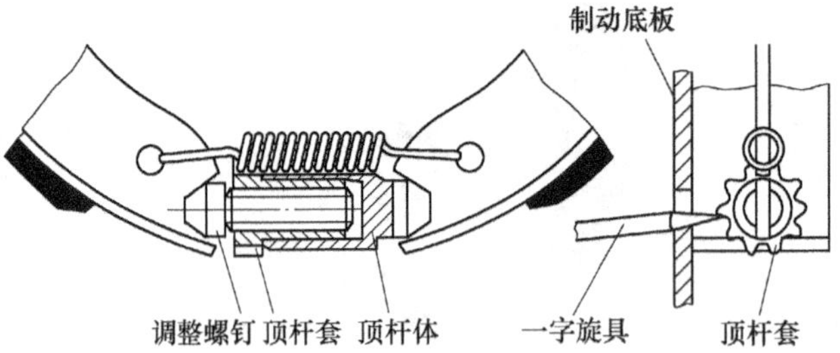

图 13-29　顶杆调整制动间隙

2. 自动调整

按工作过程的不同，自动调整可分为一次调准式和阶跃式两种。

（1）钳盘式制动器一次调准式制动间隙自动调整　最常见的钳盘式制动器的间隙自调装置就是图 13-30 所示的活塞密封圈，它能兼起活塞复位弹簧和一次调准式间隙自调装置的作用。制动钳体中的活塞 1 上都装有橡胶密封圈 3。在活塞移动过程中，橡胶密封圈的刃边在摩擦力的作用下随活塞移动，使密封圈产生弹性变形。相应地，其极限变形量⊿应等于制动器间隙为设定值时的完全制动所需的活塞行程（图13-30a）。解除制动时，活塞在密封圈的弹力作用下返回，直到密封圈变形完全消失为止（图13-30b）。若制动器存在过量间隙，则制动时活塞密封圈变形量达到极限值后，活塞仍可能在液压力作用下，克服密封圈的摩擦力而继续移动，直到实现完全制动为止。但解除制动后，活塞密封圈将活塞拉回的距离仍然是⊿，因此制动器间隙又恢复到设定值。

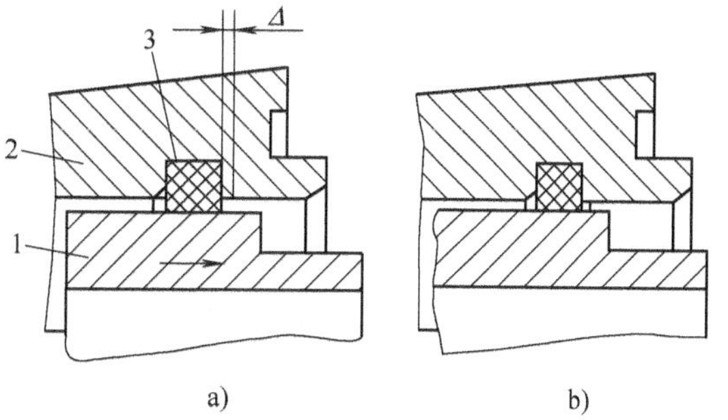

图13-30　活塞密封圈的工作情况

a）制动状态　b）不制动状态

1—活塞　2—制动钳体　3—密封圈

（2）蹄式制动器阶跃式制动间隙的自动调整（图13-31）　该装置钢索组件上端经连接环1固定于制动蹄支承销上，由钢索操纵的调整杠杆5以其中部的弯舌支承于制动蹄的腹板上，其另一弯舌嵌入调整螺钉7的星形轮的齿间。倒车制动时，调整杠杆5的支点随制动蹄下移，而其下臂的弯舌则沿星形轮齿的齿廓上升。当过量间隙值累积到一定值时，弯舌即嵌入星形轮的下一个齿间，并在解除制动过程中转动调整螺钉7，从而恢复设定间隙。这类结构多设计成只在倒车制动时才起调整作用，以尽量避免制动时热膨胀的影响。

阶跃式自动调整装置必须在制动蹄与制动鼓间隙达到一定值后才起调整作用，而不允许随时微调以补偿随时产生的微小的过量间隙。另外，在制动器装车后，必须经过多次制动方可自动调整到设定间隙。为此，上述调整螺钉头部的星形轮可用于事先进行粗略的人工调整。

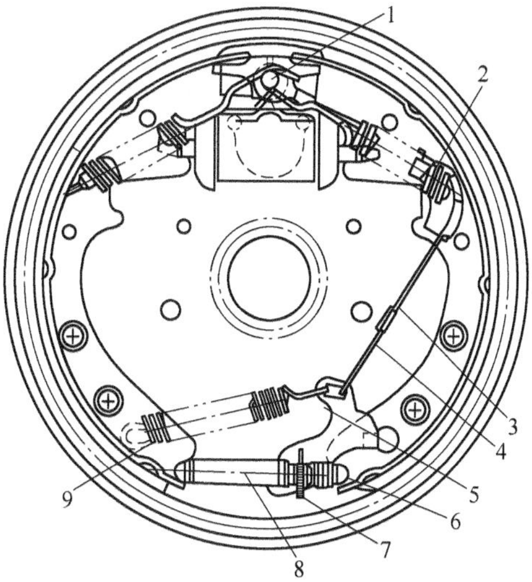

图13-31　双向增力式制动器阶跃式制动间隙的自动调整

1—钢索连接环　2—钢索导向板　3—钢索　4—钢索钩　5—调整杠杆　6—调整顶杆帽　7—调整螺钉　8—调整顶杆体　9—调整杠杆复位弹簧

四、液压制动传动装置

液压制动传动装置是利用制动液，将制动踏板力转换为液压力，通过管路传至车轮制动器，再将液压力转变为制动蹄张开的机械推力。双回路液压传动装置是利用相互独立的双腔制动主缸，通过两套独立管路，分别控制两桥或三桥的车轮制动器。液压制动传动装置的特点是若其中一套管路发生故障而失效时，另一套管路仍能继续起制动作用，从而提高了汽车制动的可靠性和行车安全性。

1. 双回路液压制动传动装置的布置形式

双回路液压制动传动装置由制动踏板、双腔式制动主缸、前后车轮制动器以及油管等组成。制动主缸的前后腔分别与前后轮制动轮缸之间通过油管连接，并充满制动液。

双回路液压制动传动装置在各类型汽车上的布置方案各不相同，可归纳为如下几种：

1）一轴对一轴（Ⅱ）形（图13-32a）。其特点是前轴制动器与后轴制动器各有一套管路，这种布置形式最为简单，缺点是当一套管路失效时，前后桥制动力分配的比值将被破坏。

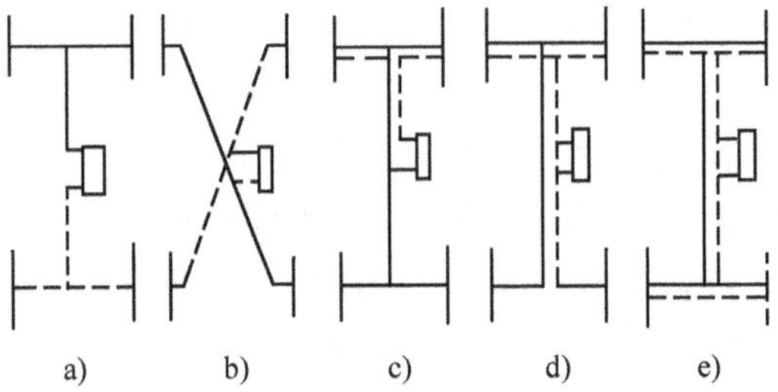

图13-32　双管路液压制动传动装置布置形式

a）一轴对一轴（Ⅱ）形　b）交叉（X）形　c）一半轴对半轴（HI）形　d）半轴一轮对半轴一轮（LL）形　e）双半轴对双半轴（HH）形

2）交叉（X）形（图13-32b）。其特点是一轴的一侧车轮制动器与另一轴对侧车轮制动器同属一个管路。在任一管路失效时，剩余总制动力都能保持正常值的50%，且前后桥制动力分配比值保持不变，有利于提高制动稳定性。

3）一轴半对半轴（HI）形（图13-32c）。其特点是每侧前轮制动器的半数轮缸和全部后轮制动器轮缸属于一套管路，其余的前轮轮缸属于另一套管路。

4）半轴一轮对半轴一轮（LL）形（图13-32d）。其特点是两套管路分别对两侧前轮制动器的半数轮缸和一个后轮制动器起作用。

5）双半轴对双半轴（HH）形（图13-32e）。其特点是每套管路均只对每个前、后轮制动器的半数轮缸起作用。

2. 双回路液压制动传动装置的构造

（1）总体构造　以上海桑塔纳轿车采用的交叉式双回路液压制动传动装置（图13-33）为例，其主要由制动踏板5、串联式双腔制动主缸2、轮缸和油管等组成。

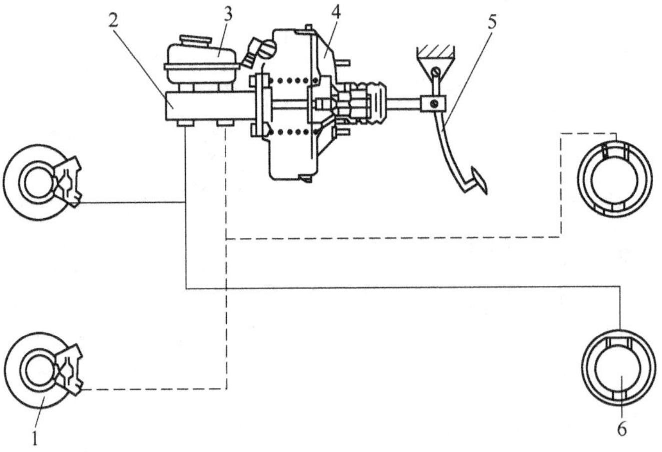

图13-33　上海桑塔纳轿车液压制动系统示意图

1—盘式制动器（前轮）　2—串联式双腔制动主缸　3—储液室　4—真空助力器　5—制动踏板　6—鼓式制动器（后轮，兼作驻车制动器）

制动时，驾驶人踩下制动踏板5，先使制动主缸2的后腔活塞工作，再使前腔活塞工作，将油液从主缸中压出，并经油管同时分别注入前后各车轮轮缸内，使轮缸活塞向外移动，从而将制动蹄压靠到制动鼓（盘）上，使汽车产生制动。

放开制动踏板，制动蹄和轮缸活塞在复位弹簧的作用下复位，将制动液压回制动主缸，制动作用即行解除。

管路液压和制动器产生的制动力矩与踏板力呈线性关系，若轮胎与路面间的附着力足够，汽车所受到的制动力也与踏板力呈线性关系，这种特性称为制动踏板感，俗称“路感”。由此，驾驶人可直接感觉到汽车的制动强度，以便及时进行必要的调节和控制。

（2）制动主缸　制动主缸的作用是将由踏板输入的机械能转换成液压能。

在双管路液压制动装置中，一般采用串联双腔式制动主缸，相当于两个单腔制动主缸串联在一起而构成。制动主缸结构如图 13-34 所示，主缸的壳体装有前缸活塞 7、后缸活塞 12 及前缸弹簧 21、后缸弹簧 18。前缸活塞用密封圈 19 密封，后缸活塞用后缸密封圈 16 密封，并用挡圈 13 定位。两个储液筒分别与前腔 B、后腔 A 相通，通过各自的出油阀 3 与前后制动轮缸相通，前缸活塞靠后缸活塞的液压力推动，而后缸活塞直接由推杆 15 推动。

主缸不工作时，前、后腔内的活塞头部与皮碗正好位于各自的旁通孔 10 和补偿孔 11 之间。前缸活塞复位弹簧的弹力大于后缸活塞复位弹簧的弹力，以保证两个活塞不工作时都处于正确的位置。

踩下制动踏板制动时，踏板力通过传动机构传到推杆 15，并推动后缸活塞 12 向前移动，皮碗盖住补偿孔后，后腔压力升高。在后腔液压和后缸弹簧力的作用下，推动前缸活塞 7 向前移动，前腔压力也随之提高。当继续下踩制动踏板时，前、后腔的液压继续提高，使前、后制动器产生制动。

放松制动踏板，在前、后活塞弹簧的作用下，主缸中的活塞和推杆回到初始位置，管路中的油液推开回油阀 22 流回到主缸，从而解除制动。

为了保证制动主缸活塞在解除制动后能退回到适当位置，在不工作时，推杆的头部与活塞背面之间应留有一定的间隙。为了消除这一间隙所需的制动踏板行程称为制动踏板自由行程，该行程过大将使制动失灵，过小则使制动解除不彻底。

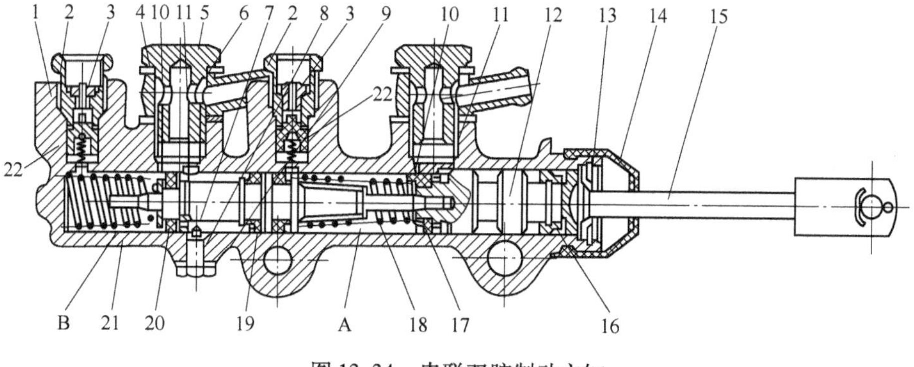

图 13-34　串联双腔制动主缸

1—主缸缸体　2—出油阀座　3—出油阀　4—进油管接头　5—空心螺栓　6—密封垫　7—前缸（第二）活塞　8—定位螺钉　9—密封垫　10—补偿孔　11—旁通孔　12—后缸（第一）活塞　13—挡圈　14—护罩　15—推杆　16—后缸密封圈　17—后活塞皮碗　18—后缸弹簧　19—前缸密封圈　20—前活塞皮碗　21—前缸弹簧　22—回油阀

A—后腔　B—前腔

（3）制动轮缸　制动轮缸的作用是将主缸传来的液压力转变为机械推力，以使制动蹄张开。对不同结构车轮制动器，轮缸的数目和结构形式也不同，通常分为双活塞式和单活塞式两类。

1）单活塞式制动轮缸。如图 13-35 所示为北京 BJ2020N 型汽车双领蹄式前制动器配用的单活塞制动轮缸，它借活塞端面凸台来保持进油间隙。为缩小轴向尺寸，液压腔采用装在活塞导向面上的皮圈进行密封。目前，这种制动轮缸趋于淘汰。

2）双活塞式制动轮缸。上海桑塔纳轿车采用的双活塞式制动轮缸结构如图 13-36 所示。缸体 1 用螺栓固定在制动底板上，缸内有两个活塞 2，两个皮碗 3。两个皮碗分别压靠在两活塞上，以保持两皮碗之间的进油孔畅通。活塞外端的凸台孔内压有顶块 5，与制动蹄的上端抵紧。防尘罩 6 用以防止尘土和水分进入，以免活塞与缸体锈蚀而卡死。缸体上方装有放气阀用以排放轮缸中的空气。

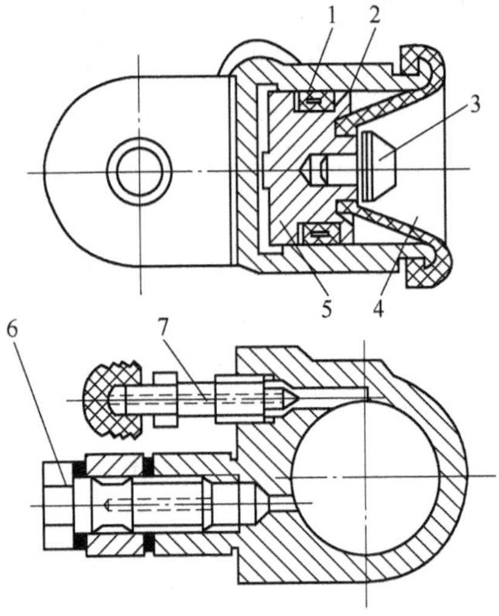

图 13-35　单活塞式制动轮缸

1—密封圈　2—缸体　3—顶块　4—防护罩

5—活塞　6—进油管接头　7—放气阀

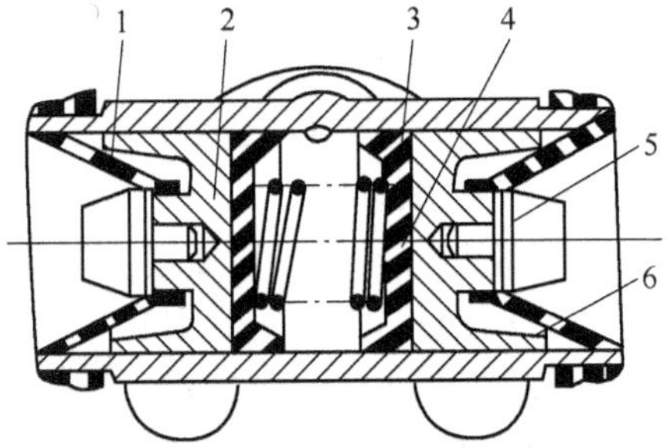

图 13-36　双活塞式制动轮缸

1—缸体　2—活塞　3—皮碗

4—弹簧　5—顶块　6—防护罩

五、真空液压制动传动装置

真空液压制动传动装置是以发动机工作时在进气管中产生的真空度（或利用真空泵）为力源的动力制动传动装置。在人力液压制动传动机构的基础上，加装一套真空加力装置便构成真空液压制动传动装置，有真空增压式和真空助力式两种。真空增压式装在制动主缸之后，利用真空度对制动主缸输出的油液进行增压；真空助力式装在踏板与制动主缸之间，利用真空度对制动踏板进行助力。

真空增压式液压制动传动装置的组成和工作原理如图 13-37 所示，它是在人力液压制动系统基础上，加装一套由发动机进气管（真空源）、真空单向阀、真空筒、控制阀、加力气室及辅助缸等组成的真空增压系统构成的。

发动机怠速时，进气管 1 内真空度很高，在此真空度的作用下，真空筒 3 的空气经真空单向阀 2 吸入到发动机，因而真空筒中也形成一定的真空度，构成制动时的加力力源（对柴油发动机，由于进气管的真空度不高，需另装真空泵作为动力源）。

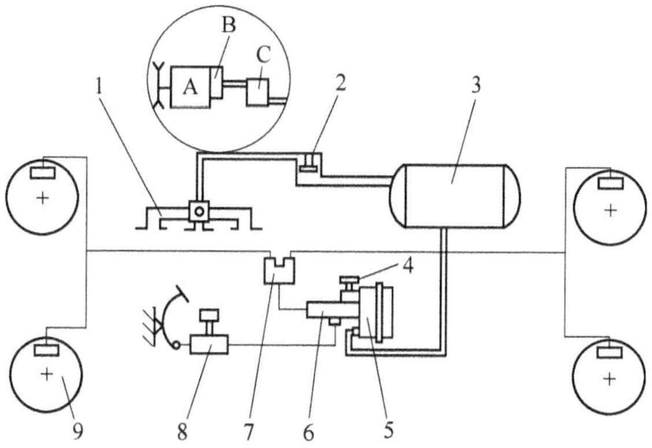

图 13-37　真空增压式制动传动装置

1—进气管　2—真空单向阀　3—真空筒　4—控制阀　5—伺服气室
6—辅助缸　7—双活塞安全缸 8—制动主缸　9—车轮制动器
A—发动机　B—真空泵　C—单向阀

当踩下制动踏板时，从制动主缸 8 中压出的制动液先进入辅助缸 6，液压力一面由此传入前、后制动轮缸，一面又作用于控制阀 4，使真空伺服气室 5 起作用，而对辅助缸进行增压，使由此输送至制动轮缸的液压远远高于制动主缸。这时，真空增压系统起增压作用。

拓展与提高

驻车制动器又称为手制动器，其主要作用是使汽车可靠停驻，便于在坡道上起步，在行车制动器失效后临时使用或配合行车制动器进行紧急制动。

按照安装位置的不同，驻车制动器可分为中央制动式和车轮制动式两种。中央制动式的制动器安装在变速器或分动器之后，制动力矩作用在传动轴上。车轮制动式与行车制动器共用一套制动器总成，传动机构相互独立。按结构形式的不同，驻车制动器主要有蹄盘式和鼓式，也有些汽车采用带鼓式。

1. 鼓式驻车制动器

鼓式驻车制动器基本结构与前面所述的车轮制动器相同，如图 13-38 所示为凸轮张开式驻车制动器结构示意图。制动鼓通过螺栓与变速器第二轴的凸缘盘紧固在一起，制动底板固定在变速器后端壳体上。

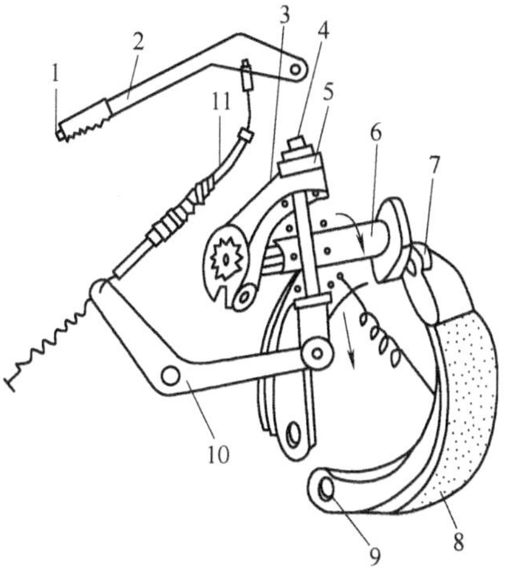

图 13-38　凸轮张开式驻车制动器

1—按钮　2—操纵杆　3—摆臂　4—拉杆
5—调整螺母　6—凸轮轴　7—滚轮　8—制动蹄
9—偏心支承销　10—摇臂　11—拉索软轴

制动时，拉动操纵杆 2，通过拉索软轴 11 使摇臂绕支承销顺时针转动，拉杆通过摆臂带动凸轮轴转动，使两制动蹄张开而产生制动，用棘爪和齿扇锁住操纵杆，保持制动状态。

解除制动时，按下棘爪按钮，将操纵杆推向前面的极限位置，两制动蹄片在复位弹簧作用下复位，解除制动。

制动蹄片与制动鼓的间隙通过可调拉杆上的调

整螺母进行调整，但若间隙过大，需调整摆臂与凸轮的相对位置。

2. 蹄盘式驻车制动器

图 13-39 所示为蹄盘式驻车制动器示意图。

不制动时，驻车制动杆 15 处于最前位置。在定位弹簧 8 及拉簧 6 的作用下，两制动蹄摩擦片与制动盘之间保持一定间隙，制动器无制动作用。

制动时，将制动杆 15 上端向后扳动，传动拉杆 12 前移，使拉杆臂 11 逆时针方向摆动，推动前制动蹄臂 10 后移压向制动盘。同时，通过蹄臂拉杆 9 拉动后制动蹄臂 7，压缩定位弹簧 8，使后制动蹄前移，两制动蹄即可夹紧制动盘，产生制动作用，并由棘爪 13 将驻车制动杆锁止在制动位置。

解除制动时，按下制动杆上端的拉杆按钮，使下端棘爪脱出，然后将制动杆扳向最前端位置，前、后两蹄在定位弹簧作用下复位到不制动位置。

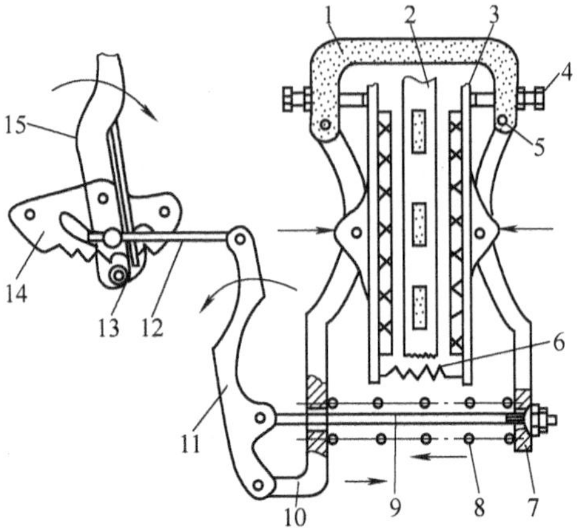

图 13-39 蹄盘式制动器及其传动机构示意图
1—支架 2—制动盘 3—制动蹄 4—调整螺钉 5—销 6—拉簧 7—后制动蹄臂 8—定位弹簧 9—蹄臂拉杆 10—前制动蹄臂 11—拉杆臂 12—传动拉杆 13—棘爪 14—齿扇 15—驻车制动杆

蹄盘式驻车制动器有散热性好、摩擦片更换方便、安全可靠、使用寿命长等优点。

检测评价

通过以上学习，根据任务实施过程，将完成任务情况记入表 13-4 中，完成检测评价。

表 13-4 液压制动系统的结构认识任务评价表

班级		姓名		日期	
序号	评价内容	配分	评分标准	自评	互评
1	叙述鼓式制动器的结构与原理	15	叙述错误每项扣 2 分		
2	叙述盘式制动器的结构与原理	15	叙述错误每项扣 2 分		
3	叙述液压制动传动装置的组成与结构原理	20	叙述错误每项扣 3 分		
4	叙述真空液压制动传动装置的组成与结构原理	20	叙述错误每项扣 3 分		
5	叙述盘式驻车制动器结构原理	15	错误每项扣 2 分		
6	操作规范、有序、不超时、实施 5S 理念	15	操作不规范或超时每项扣 2 分		
7	安全用电、防火、无人身、设备事故		因违反操作安全发生重大人身和设备事故按 0 分计		
8	分数统计	100			
教师评语					

课后测评

一、选择题

1. 任何制动系统都由供能装置、控制装置、传动装置和制动器四个基本组成部分组成，其中制动主缸和制动轮缸属于（　　）。

A. 供能装置　　B. 控制装置
C. 传动装置　　D. 制动器

2. 制动器的旋转元件固装在传动轴上，制动力矩需经过驱动桥再分配到两侧车轮上的制动器称为（　　）。

A. 盘式制动器　　B. 鼓式制动器
C. 领从蹄式制动器　　D. 中央制动器

3. 盘式制动器根据固定元件的结构形式不同，可分为（　　）等类型。

A. 定钳盘式制动器　　B. 钳盘式制动器
C. 全盘式制动器　　D. 浮钳盘式制动器

4. 学生 a 说，汽车的制动间隙过大会引起汽车制动跑偏；学生 b 说，汽车的制动间隙过小会引起汽车制动跑偏。他们说法正确的是（　　）。

A. 只有学生 a 正确　　B. 只有学生 b 正确
C. 学生 a 和 b 都正确　　D. 学生 a 和 b 都不正确

5. 为了提高汽车制动的可靠性和行车安全性，汽车上广泛采用的是（　　）制动传动装置。

A. 单回路　　B. 双回路　　C. 三回路　　D. 四回路

二、问答题

1. 简述液压制动传动装置的组成与工作原理。
2. 简述鼓式制动器的基本结构与工作原理。
3. 简述盘式制动器的基本结构与工作原理。

任务三　汽车 ABS 系统拆装与结构认识

任务目标

1. 熟悉 ABS 的作用、基本组成及工作原理。
2. 学会 ABS 的拆装。
3. 培养爱岗敬业、勤奋细心、认真负责、团结互助的职业道德和精神。

知识准备

一、ABS 的作用

试验研究表明，汽车制动不是在车轮抱死时制动效果最好，而是滑转率在 17% ~20%

时最佳。

当汽车直线行驶时，车轮抱死后，侧向附着系数基本为零，保持方向稳定性的车轮侧向力也接近于零。此时，由路面不均匀、侧向风、左右轮地面制动力不相等时引起的、即使很小的偏转力矩，汽车都会产生不规则运动而处于危险状态。在不规则旋转的过程中将制动释放，汽车又会沿着瞬时行驶方向急速驶出，这也是很危险的（图 13-40）。

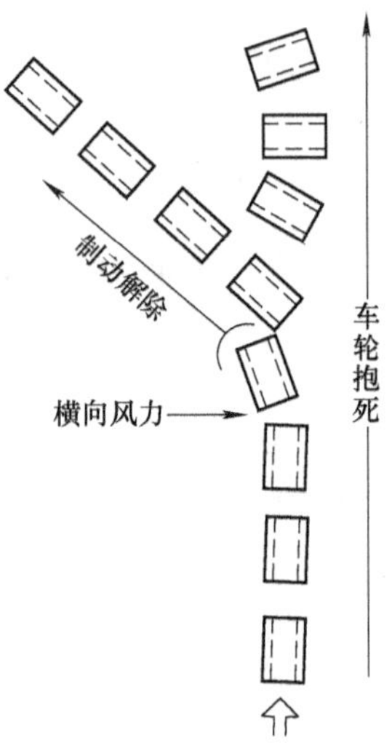

图 13-40　直线行驶时车轮抱死的汽车运动情况

当汽车曲线行驶时，若只有前轮抱死时，由于前轮的转弯力基本为零，无法进行正常的转向操作，驾驶人无法控制汽车的运动方向，这时汽车沿行驶曲线的切线方向滑行（图 13-41a）。

当只有后轮抱死时，后轮的侧向力接近于零，由于离心力和前轮转向力的作用，汽车不能保持原来的行驶方向，汽车将一面旋转一面沿曲线行驶，即发生甩尾现象（图 13-41b）。

所有的车轮全部抱死时，转弯力、侧向力均接近于零。汽车完全失去操纵性和方向稳定性，兼有前、后轮单独抱死时的两种运动（图 13-41c），即一面出现与驾驶无关的不规则运动，一面沿曲线的切线方向滑行。

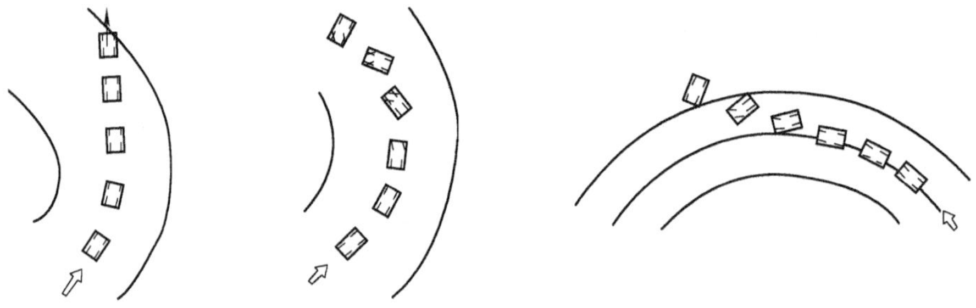

a)　　b)　　c)

图 13-41　曲线行驶时车轮抱死后的汽车运动情况

a）前轮抱死　b）后轮抱死　c）所有车轮抱死

防抱死制动系统（简称 ABS，Anti-lock Braking System），就是防止汽车制动时车轮抱死，并把车轮的滑移率保持在一定范围内，以保证车轮与地面有良好的纵向、横向附着力，有效防止制动时汽车侧滑、甩尾、失去转向等现象发生，提高了制动稳定性；同时，将制动力保持在最佳的范围内，缩短了制动距离。这样也减弱了轮胎与地面的剧烈摩擦，减少了轮胎的磨损。

二、ABS 系统组成及控制原理

ABS 系统包括普通制动系统和电子控制系统两大部分（图 13-42），其普通制动系统的组成与工作原理与常规制动完全相同，用来实现汽车的常规制动。ABS 电子控制系统由传感器、电子控制器和制动压力调节器组成。

在 ABS 制动压力调节系统中，传感器承担感受系统控制所需的汽车行驶状态参数，将运动物理量转换成为电信号的任务。控制器即电子控制装置（ECU）根据传感器信号及其

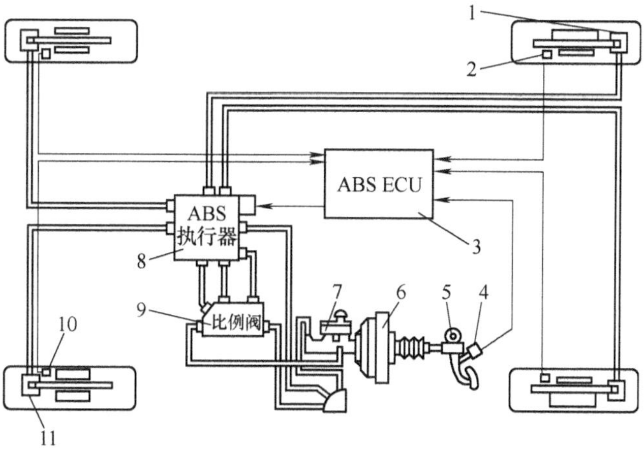

图 13-42　ABS 组成及控制原理示意图

1—后轮制动轮缸　2—后轮速度传感器　3—控制器　4—制动灯开关
5—制动踏板　6—真空助力器　7—制动主缸　8—制动压力调节器
9—比例阀　10—前轮速度传感器　11—前轮制动轮缸

内部存储信号，经过计算、比较和判断后，向执行器发出控制指令，同时监控制动系统的工作状况。执行器（制动压力调节器）则根据 ECU 的指令，依靠由电磁阀及相应的液压控制阀组成的液压调节系统对制动系统实施增压、保压或减压的操作，让车轮始终处于理想的运动状态。

在制动过程中，ABS 系统只在车速超过一定值时才起作用。ABS 系统具有自诊断功能，并能确保系统出现故障时，常规制动系统仍能正常工作。

任务准备

1. 器材准备

1）桑塔纳 2000GSi 型 ABS 实验台 1 台/组（图 13-43）。

2）常用拆装工具 1 套/组。

3）一体化教室 1 间。

4）相关的教具、录像片及教学挂图 1 套。

2. 任务安排

1）实训课时：4 学时。

2）实训组织：每 5 ~6 人一组，由老师指导，观看完 ABS 组件拆装视频后，学生自己动手进行拆装。

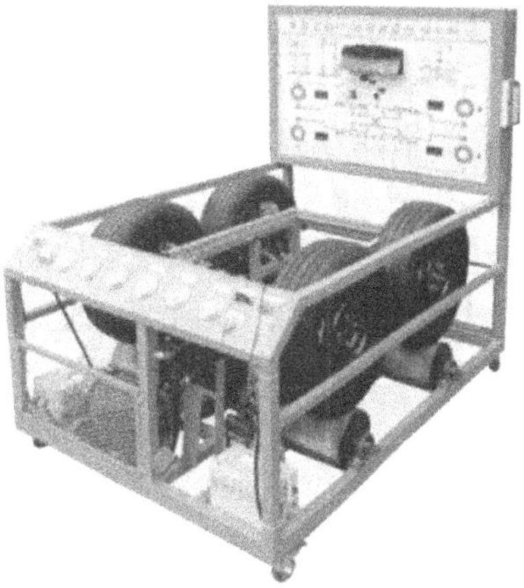

图 13-43　汽车 ABS 实验台

任务实施

一、桑塔纳 2000GSi 型轿车 ABS 组件的拆装

ABS 的机械部分拆装与传统制动系统基本相同，在此主要讲述 ABS 控制器的拆装步骤与注意事项。

ABS 控制器及其附件分解如图 13-44 所示。

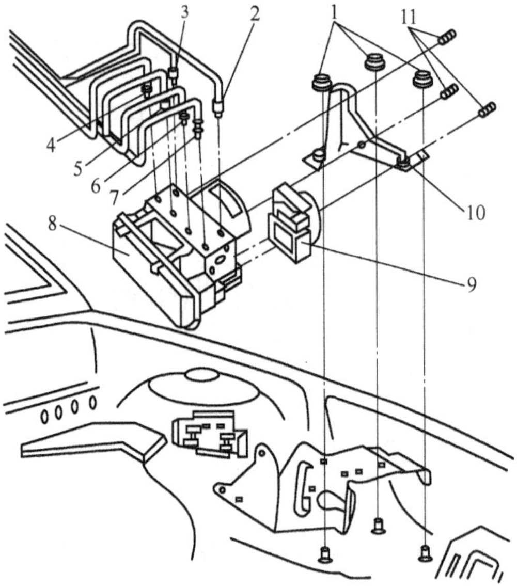

图 13-44　ABS 控制器及其附件分解图

1—ABS 控制器支架紧固螺母（20N·m）　2—制动主缸前活塞与 HCU 制动管接头（15N·m）
3—制动主缸后活塞与 HCU 的制动管接头（15N·m）　4—HCU 与右前制动轮缸的抽动管接头（15N·m）
5—HCU 与左后制动轮缸的制动管接头（15N·m）　6—HCU 与右后制动轮缸的制动管接头（15N·m）
7—HCU 与左前制动轮缸的制动管接头（15N·m）　8—ABS 控制器　9—ABS 控制器线束插头（25 针插头）
10—ABS 控制器支架　11—ABS 控制器安装螺栓（10N·m）

1. ABS 控制器的拆装

（1）ABS 控制器的拆卸

1）关闭点火开关，拆下蓄电池和蓄电池支架。

2）从 ABS ECU 上拔下 25 针插头。

3）踩下踏板，并用踏板架固定。

4）在 ABS 控制器下垫一块抹布，用来吸干拆卸时流出的制动液。拆下制动主缸到到 HCU 的制动油管 A 和 B（图 13-45），做好记号，立即用密封塞将开口部塞住。用软铅丝把制动油管 A 和 B 扎在一起，挂到高处，使开口处高于制动储液罐的油面。

5）拆下 HCU 通到各轮的制动油管，并做上记号，立即塞住（图 13-46）。注意不要使制动液渗入到 ABS ECU 壳体中去，以免腐蚀、损坏系统。

6）把 ABS 控制器从支架上拆下来。

（2）ABS 控制器的安装　安装步骤与拆卸相反。

2. ABS 控制器的分解与装配

（1）ABS 控制器的分解

1）压下接头侧的锁止扣，拔下 ABS ECU 上 ABS 泵电线插头。

2）用专用套筒扳手拆下连接 ABS ECU 与 HCU 的 4 个连接螺栓（图 13-47），将 ABS ECU 与 HCU 分离。拆下 HCU 时要直拉，别碰坏阀体。

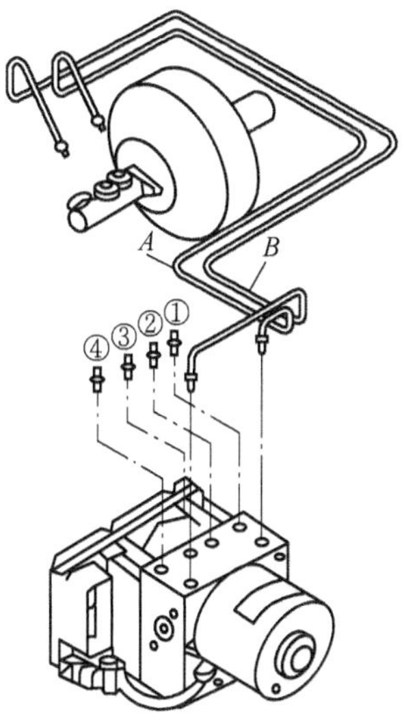

图 13-45 拆下制动油管 A 和 B

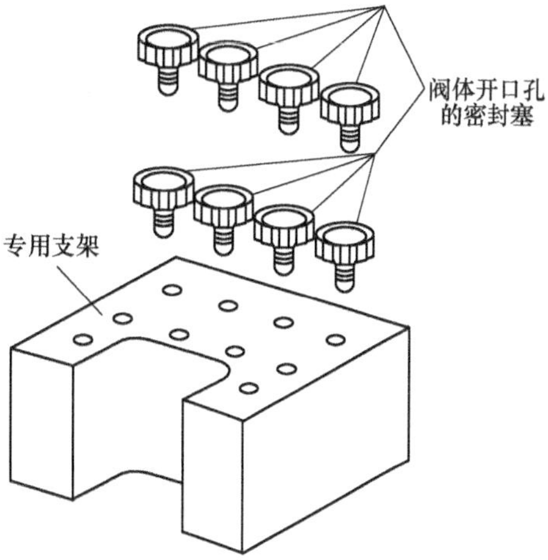

图 13-46 制动油管密封塞

3）在 ABS ECU 的电磁阀上盖一块不起毛的布，将 ABS HCU 和 ABS 泵安放在专用支架上，以免在搬运时碰坏阀体。

（2）ABS 控制器装配 按 ABS 控制器分解相反的顺序装配 ABS 控制器。

把 ABS ECU 和 HCU 组装在一起时，拧紧力矩不得超过 4N · m，线束插头必须锁扣到位。

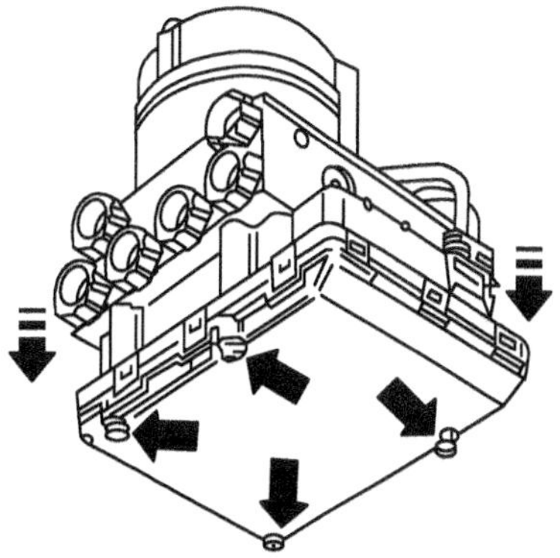

图 13-47 拆下 ABS ECU 与 HCU 连接螺栓

二、ABS 组件的结构与原理

这里只介绍 ABS 制动压力调节器机械部分基本结构与原理，其控制电磁阀等内容，将在后续的电控系统课程中学习。

ABS 系统控制车轮滑移率的执行机构是制动压力调节器，压力调节器的布置方式可分为两类：一类是独立于制动主缸、助力器的分离式布置形式（图 13-48），具有布置灵活、成本低，但管路复杂的特点；另一类压力调节器与主缸、助力器制成一体，为整体式布置方式，其结构紧凑、管路少、安全可靠程度高。

不同厂家的制动压力调节器结构不同，但主要都由供能装置（ABS 泵、储能器等）、电磁阀和调压缸等组成。

1. ABS 泵

ABS 系统中所采用的 ABS 泵一般为柱塞泵（图 13-49），通过电动机带动偏心轮 1 来驱动，泵内设有两个单向阀，下阀为进油阀，上阀为出油阀。柱塞 2 上行时，轮缸及储能器的压力油推开下进油阀，进入泵体内；而当柱塞下行时，泵体内的压力油首先封闭进油阀，随后推开出油阀，将制动液压回制动主缸。

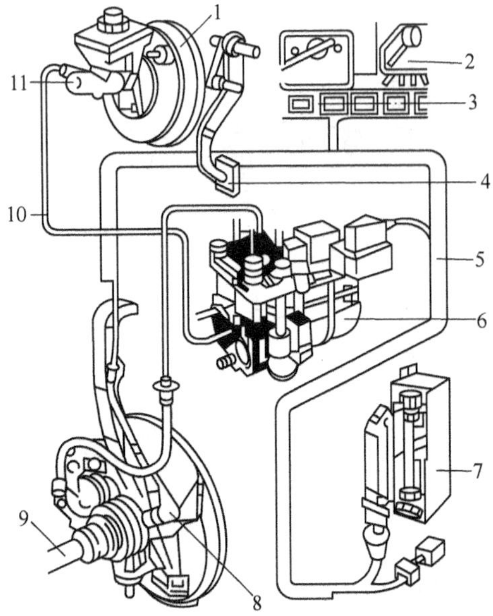

图 13-48　分离式制动压力调节器

1—真空助力器　2—仪表板　3—ABS 指示灯　4—制动踏板　5—ABS 线路　6—压力调节器　7—电子控制器　8—车速传感器　9—车轴　10—制动油管　11—制动主缸

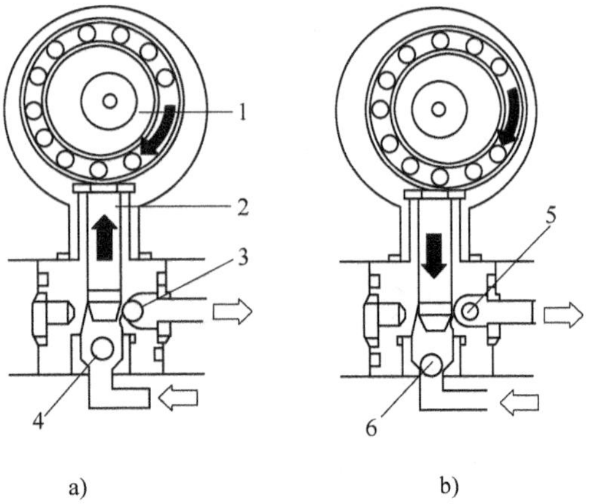

图 13-49　ABS 泵

a）吸油　b）泵油

1—偏心轮　2—柱塞　3、6—球阀（关闭）　4、5—球阀（打开）

2. 储能器

工作方式不同，ABS 系统的储能器不同，有低压储能器和高压储能器两种。

低压储能器一般是一个内部置有活塞和弹簧的液压缸，当轮缸的压力油进入储能器，并作用在活塞上时，压缩弹簧，使油道容积增大，以暂时储存制动液。

高压储能器采用气囊式的结构（图 13-50），在储能器中有膜片将容器分隔成两部分，下部气囊 6 中充满高压氮气，上腔充满高压制动液，并与回油泵和电磁阀回油口相连。储能

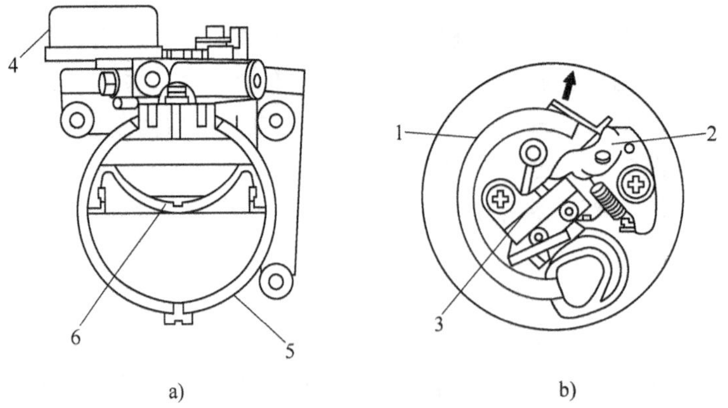

图 13-50　气囊式高压储能器

a）储能器　b）压力开关

1—波登管　2—感应杆　3—微动开关　4—压力开关　5—储能器　6—气囊

器上的压力开关4可根据储能器内部的压力高低，向ECU发出信号，以便控制电动机和回油泵的工作，即当储能器内油压达到一定值以后，波登管1在该压力作用下向外伸展，感应杆2在弹簧拉力作用下将微动开关3闭合，向ECU输入控制信号。

检测评价

通过以上学习，根据任务实施过程，将完成任务情况记入表13-5中，完成检测评价。

表13-5 汽车ABS系统的拆装与结构认识任务评价表

班级		姓名		日期	
序号	评价内容	配分	评分标准	自评	互评
1	正确使用工具、仪器	10	工具使用不当每次扣2分		
2	ABS各个组成及元件识别	20	错误每项扣2分		
3	ABS部件的拆装	30	操作错误每项扣3分		
4	叙述ABS制动压力调节器的基本组成和工作原理	25	叙述错误每项扣2分		
5	操作规范、有序、不超时、实施5S理念	15	操作不规范或超时每项扣2分		
6	安全用电、防火、无人身、设备事故		因违反操作安全发生重大人身和设备事故按0分计		
7	分数统计	100			
教师评语					

课后测评

一、选择题

1. 在汽车制动过程中，当车轮抱死滑移时，路面对车轮的侧向力（　　）。

A. 大于0　　B. 小于0　　C. 等于0　　D. 不一定

2. 在汽车制动过程中，如果只是前轮制动到抱死滑移而后轮还在滚动，则汽车可能（　　）。

A. 失去转向性能　　B. 甩尾　　C. 正常转向　　D. 调头

3. 在汽车制动过程中，如果只是后轮制动到抱死滑移而前轮还在滚动，则汽车可能（　　）。

A. 失去转向性能　　B. 甩尾　　C. 正常转向　　D. 调头

二、问答题

1. 叙述ABS的基本作用。
2. 简述ABS的基本结构与工作原理。

三、实操题

1. 正确识别桑塔纳 2000GSi ABS 各个组成及元件的位置。
2. 正确拆装 ABS 控制器。

项目小结

1. 制动系统用来使汽车减速或停车，按功用不同分为行车制动系统、驻车制动系统、应急制动系统和辅助制动系统等；按照制动能量的传输方式不同，制动系统可分为机械式、液压式、气压式和电磁式等。

2. 制动系统一般由供能装置、控制装置、传动装置和制动器四个部分组成，较为完善的制动系统还具有制动力调节装置、报警装置和压力保护装置等附加装置。

3. 目前，各类汽车上均采用摩擦式制动器，它是利用固定元件与旋转元件工作表面的摩擦作用产生制动力矩的制动器。根据制动器中旋转元件的不同，车轮制动器又可分为鼓式和盘式两大类。

4. 制动器在不工作时，其摩擦片与制动鼓或制动盘之间的间隙称制动间隙，它对汽车的制动性能影响重大，应定期检查调整。

5. 防抱死制动系统（ABS）可以防止汽车制动时车轮抱死，以保证车轮与地面有良好的纵向、横向附着力，有效防止制动时汽车侧滑、甩尾、失去转向等现象发生，提高了制动稳定性，同时缩短了制动距离，减少了轮胎的磨损。

6. ABS 由普通制动系统和电子控制系统两大部分组成。控制车轮滑移率的执行机构是制动压力调节器，主要都由供能装置（ABS 泵、储能器等）、电磁阀和调压缸等组成。

项目十四 汽车车身及附属装置拆装与结构认识

项目描述

汽车车身为乘员提供安全、舒适的乘坐环境，同时也是一件精致的艺术品，给人以美的享受。但随着使用时间的延长，车身不可避免会出现橡胶、皮革、油漆等材料的老化、变质，甚至损坏，从而导致渗水、制冷不良、隔音不良、油漆层刮伤与脱落等。所以，在汽车维修过程中，车身修复是一项最常见的维修项目，约占汽车修理量的70%。无论是汽车车身修复，还是电路维修，都免不了要对汽车车身进行拆装，因此必须对车身有一定的了解。本项目主要介绍车身的拆装、结构与原理。

任务一 车身主要零部件拆装

任务目标

1. 熟悉车身的基本组成与结构。
2. 学会车门、车锁、玻璃升降器的正确拆装。
3. 学会座椅和安全带的正确拆装。
4. 学会电动刮水器的正确拆装。
5. 培养爱岗敬业、勤奋细心、认真负责、团结互助的职业道德和精神。

知识准备

以桑塔纳2000型乘用车为例（图14-1），车身主要由车身本体、开启件（各种门、窗、行李箱和车顶盖等）、附件（各种座椅、内外饰、仪表电器、刮水器、洗涤器、风窗除霜装置等）和安全保护装置（保险杠、安全带、安全气囊等）组成。

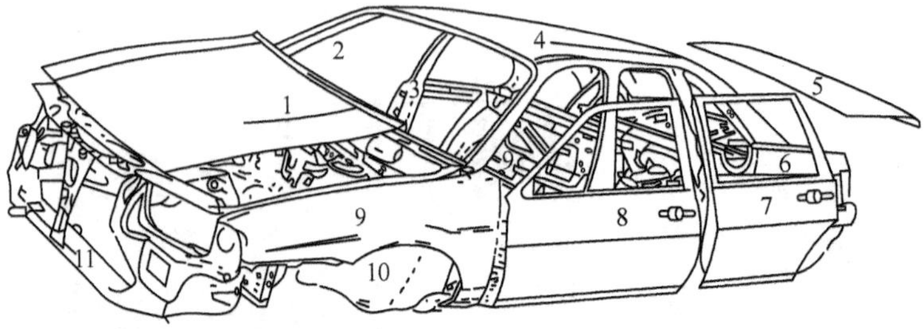

图 14-1　桑塔纳 2000 型乘用车的车身

1—发动机罩　2—前柱　3—中柱　4—顶盖　5—行李箱盖　6—后翼子板　7—后车门　8—前车门　9—前翼子板　10—挡泥板　11—前围

任务准备

1. 器材准备

1）桑塔纳 2000GSi 型汽车 1 台/组。

2）常用拆装工具 1 套/组。

3）抹布等 1 套/组。

4）一体化教室 1 间。

5）相关的教具、录像片及教学挂图 1 套。

2. 任务安排

1）实训课时：4 学时。

2）实训组织：每 5 ~ 6 人一组，由老师指导，学生自己动手拆装。

任务实施

一、车门组件的拆装

1. 后视镜拆装

1）如图 14-2 所示，撬开饰板。

2）松开螺钉（图 14-3），拆下后视镜。

3）按照拆卸相反顺序安装后视镜。

图 14-2　撬开饰板

图 14-3　拆下后视镜

2. 拆卸内饰板

1）撬开门内拉手（图 14-4 位置 1），找到六角螺钉（图 14-4 位置 2）松开。

2）撬开内拉手支座（图 14-4 位置 3），找到六角螺钉（图 14-4 位置 4）并松开，拔出线束。

3）撬开胶垫（图 14-4 位置 5），并松开螺钉。

4）从门饰板下端找到裂缝较大的位置，用力松开饰板的卡扣。

5）松开饰板后，拔出电线束。

6）按照拆卸相反顺序安装内饰板。

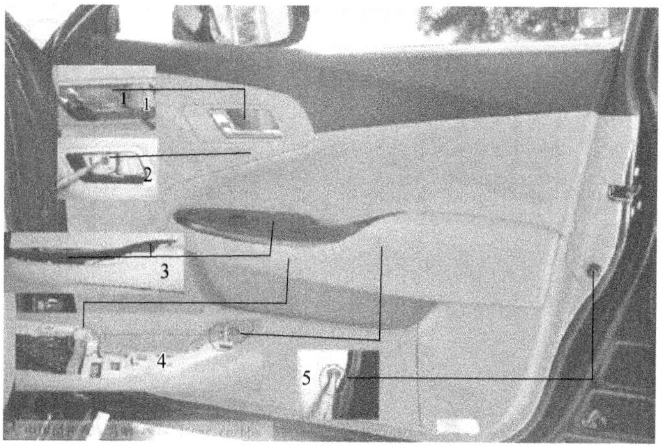

图 14-4　拆卸内饰板

3. 车门锁的拆装

1）拧出车门锁芯的 3 个固定螺钉，取下锁芯以及车门外拉手，取下车门外把手密封垫。

2）拧出中央门锁电动机总成的固定螺钉。

3）断开中央门锁电动机总成的线束插头，取出中央锁电动机总成。

4）按照拆卸时相反顺序进行安装。

4. 玻璃升降器的拆装

1）拧下门窗玻璃开关的紧固螺钉，取出门窗玻璃开关总成，并断开其线束插头。

2）拧开车门内拉手的固定螺钉，取下车门护板总成，取下车门保护垫。

3）将玻璃升降开关与线束重新连接好，然后将门窗玻璃升到 1/3 位置。

4）拧下门窗玻璃升降器与车门的紧固螺钉，取出门窗玻璃。

5）断开门窗玻璃升降器的线束插头，取出门窗玻璃升降器。

6）按照拆卸时相反顺序进行安装。

二、发动机舱盖的拆装

发动机舱盖的拆装如图 14-5 所示。

1）断开发动机舱照明线路，拆下固定电线的胶带。

2）拆下风窗玻璃洗涤器喷嘴和水管。

3）拆下固定发动机罩的后螺母，取下发动机舱盖。

4）按照拆卸时相反顺序进行安装。

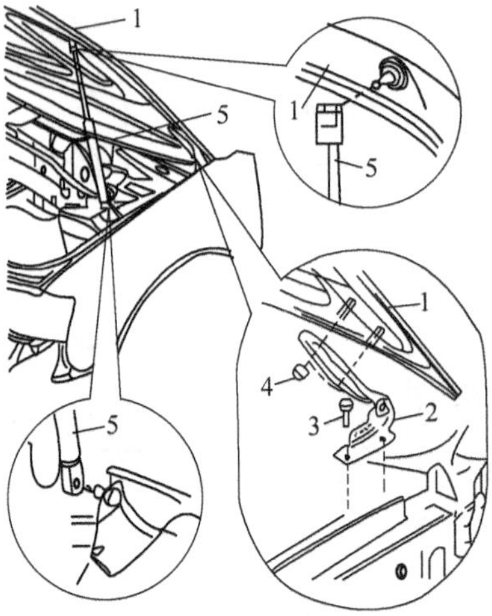

图 14-5　发动机舱盖的拆装

1—发动机舱盖　2—发动机舱盖铰链　3—螺栓　4—六角螺母　5—舱盖撑杆

拓展与提高

一、前后座椅的拆装

（1）后座椅的拆装

1）从后行李箱拉下后椅背锁拉索，折叠椅背，再拧下椅背下方两处螺栓，取出椅背。

2）向上提起后排乘客坐垫，拉出位于坐垫前方左右两处的挂钩。

3）取出后椅坐垫并移出乘客舱。

4）安装时，安装顺序与拆卸时相反。

（2）前座椅拆装

1）将前乘客座椅向后滑动，然后拆下滑轨固定螺栓。

2）再向前滑动前乘客座椅，拆下滑轨后固定螺栓。

3）将前乘客座椅线束插头断开，然后将其移出乘客舱。

4）用拆卸前乘客座椅的方法，将驾驶座椅拆卸。

5）安装时，安装顺序与拆卸时相反。

二、电动刮水器的拆装

1）拆下左刮水器臂固定螺母的护盖，拧下左刮水器臂固定螺母，取下左刮水器臂总成。

2）以相同步骤，拆下右刮水器臂。

3）拆下橡胶保护条。

4）拧出前风窗下装饰板的固定螺钉，然后取下前风窗下装饰板。

5）断开刮水器电动机的线束插头。

6）拧出刮水器联动机构的固定螺栓。

7）最后取出刮水器联动机构的总成。

8）安装时，各安装顺序与拆卸时相反。

注意：装好刮水器臂后，应将其调整到合适的位置以保证刮水作业时刮拭动作不超出规定范围。

检测评价

通过以上学习，根据任务实施过程，将完成任务情况记入表14-1中，完成检测评价。

表14-1　车身主要零部件拆装任务评价表

班级		姓名		日期	
序号	评价内容	配分	评分标准	自评	互评
1	正确使用工具	10	工具使用不当每次扣2分		
2	正确说出车身各组件的名称	10	叙述错误每项扣2分		
3	正确拆装车门	25	操作错误每项扣3分		
4	正确拆装发动机舱盖	10	操作错误每项扣2分		
5	正确拆装前后座椅	15	操作错误每项扣2分		
6	正确拆装电动刮水器	15	操作错误每项扣2分		
7	操作规范、有序、不超时、实施5S理念	15	操作不规范或超时每项扣2分		
8	安全用电、防火、无人身、设备事故		因违反操作安全发生重大人身和设备事故按0分计		
9	分数统计	100			
教师评语					

课后测评

实操题

1. 正确拆装车门、车锁及玻璃升降器。
2. 正确拆装发动机舱盖和座椅。
3. 正确拆装电动刮水器。

任务二　车身主要零部件结构认识

任务目标

1. 掌握车身类型及总体组成。

2. 熟悉车门组件的构造及其工作原理。
3. 熟悉电动刮水器、风窗洗涤器的基本结构与工作原理。
4. 理解安全气囊和三点式安全带的基本结构与工作原理。
5. 培养爱岗敬业、勤奋细心、认真负责、团结互助的职业道德和精神。

任务准备

1. 器材准备

1）桑塔纳 2000GSi 汽车 1 台/组。
2）常用拆装工具 1 套/组。
3）一体化教室 1 间。
4）录像片及教学挂图 1 套。

2. 任务安排

1）教学课时：2 学时。
2）教学组织：教师结合多媒体现场讲解，学生分组（5～6 人一组）进行现场学习与讨论。

知识准备

一、车身的作用

汽车车身的作用主要是保护驾驶人以及构成良好的空气动力学环境。好的车身不仅能带来更佳的性能，也能体现出车主的个性，给人以美的享受。

二、车身的类型

汽车车身按照车身壳体承载情况可分为非承载式、半承载式和承载式三种，其结构特点见表 14-2。

表 14-2 汽车车身类型

类型	定义	结构特点	性能特点	应用
非承载式	悬置于车架上的车身结构形式	车身与车架之间通过弹簧或橡胶垫做柔体连接，不承担车架载荷	平顺性、舒适性、安全性、互换性好。但汽车制造成本高，燃油消耗大，汽车质心高，操纵稳定性下降	货车、敞篷车及少数高级轿车采用
半承载式	车身与车架刚性连接，车身部分承载的结构形式	车身用螺栓连接、铆接或焊接等方式与车架做刚性连接，分担车架的部分载荷	简化了车架结构，但防振隔音效果不如非承载式车身	部分轿车和客车采用
承载式	无独立车架的整体车身结构形式	取消车架，车身兼作车架的作用，作为安装汽车各总成和承受各种载荷的基体	整车质量小，车厢内空间利用率高，但振动、隔音效果差，维修困难	大多数轿车和部分客车采用

三、车身总体组成

车身主要由车身本体、开启件（各种门、窗、行李箱和车顶盖等）、附件（各种座椅、内外饰、仪表电器、刮水器、洗涤器、风窗除霜装置等）和安全保护装置（保险杠、安全带、安全气囊等）组成，货车及专用车辆还有货箱及专用设备。

任务准备

1. 器材准备

1）桑塔纳 2000GSi 汽车 1 台/组。

2）常用拆装工具 1 套/组。

3）一体化教室 1 间。

4）录像片及教学挂图 1 套。

2. 任务安排

1）教学课时：2 学时。

2）教学组织：教师结合多媒体现场讲解，学生分组（5～6 人一组）进行现场学习与讨论。

任务实施

一、车身本体与门窗结构认识

1. 车身本体结构认识

车身本体主要由车前结构、前围结构、地板结构、侧围结构、顶盖和车后结构等部分组成。

（1）车前结构　如图 14-6 所示，车前结构主要由发动机舱盖、左右前翼子板、左右前挡泥板、左右前轮罩、左右悬架支座、散热器支架、左右翼子板支架、前纵梁、前横梁和保险杠安装托架组成。

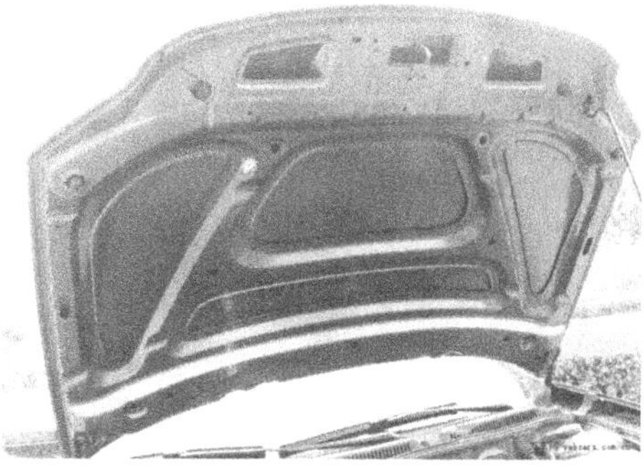

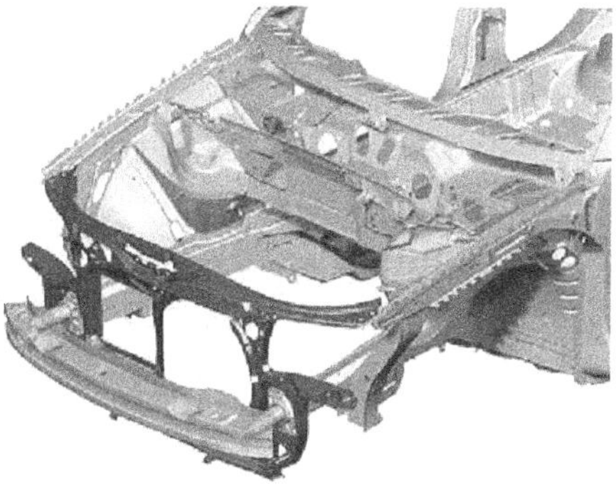

图 14-6　车前结构

发动机罩盖一般由外板和内板组成，中间夹以隔热材料。发动机舱盖开启时一般是向后翻转，也有少部分是向前翻转。在车辆行驶过程中，为防止发动机舱盖由于振动而自行开启，发动机舱盖前端要有保险锁钩锁止装置，锁止装置开关设置在车厢仪表板下面，当车门锁住时发动机舱盖也应同时锁住。

翼子板是遮盖车轮的车身外板，因旧式车身该部件形状及位置似鸟翼而得名。按照安装位置又分为前翼子板和后翼子板。

（2）前围结构　前围结构一般由前围上盖板、前围板、前围侧板和转向柱支架梁等构件组成（图 14-7）。

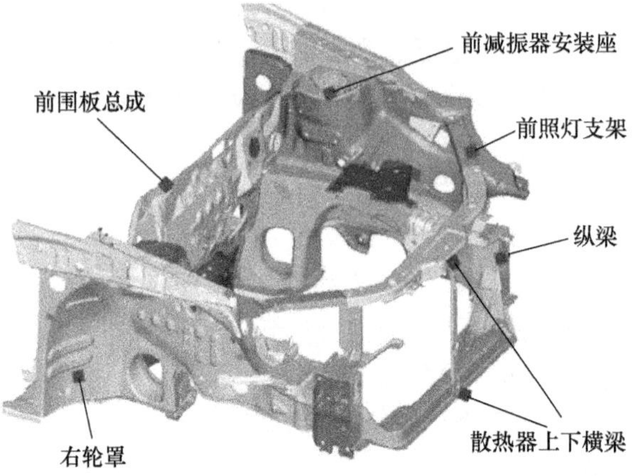

图 14-7　前围结构

前围结构的功能主要是分隔车前与座舱，对保证车身扭转刚度、改善座舱舒适环境和提高撞车时的安全性等起重要作用。

（3）地板结构图（图 14-8）　地板结构是车身的主要支承部分，它对防振、隔音、防水及防腐性能要求很高，同时对车内居住性也有相当的要求。地板结构的主要组成部分有地板、地板梁、支架、地板通道、门槛、连接板和座椅支架等构件。

地板一般分为前地板、中地板和后地板。在地板上焊接各种结构加强件、连接板等，为了符合室内居住性布置，并满足布置备胎、油箱等的需要而冲压成各种形状。

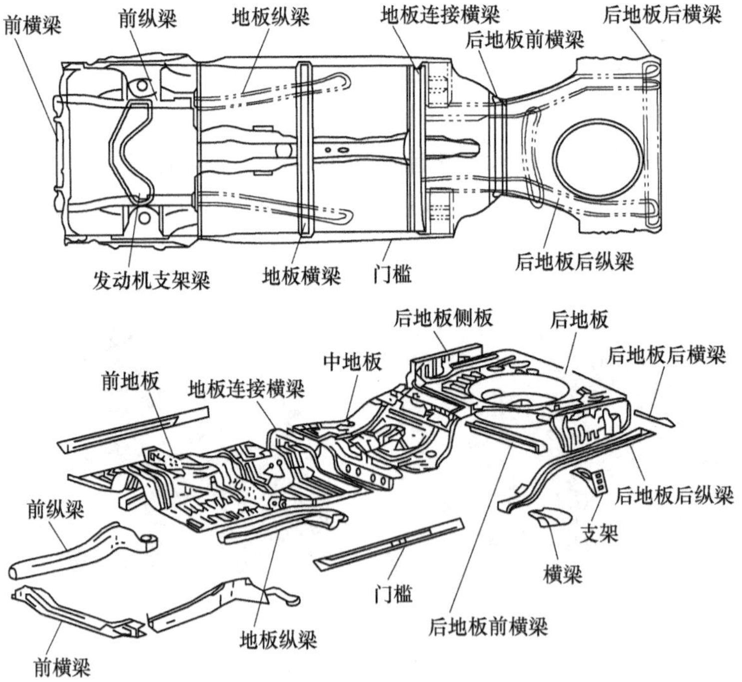

图 14-8　地板结构

（4）侧围结构（图 14-9）

侧围结构主要由侧围梁框架、后翼子板和后轮罩等构件组成，是形成车身的侧壁，组成乘客舱的重要结构总成。对于四门三厢车，侧围梁框架主要由前支柱（A 柱）、中支柱（B 柱）和后支柱（C 柱）以及顶盖侧梁和门槛等构件焊接而成。这些支柱主要是把前后车身受到的撞击力集中起来，并承受来自侧面的撞击力，保护车厢内的人员及汽车主要零部件。因此，框架的三条支柱要用较厚的钢板焊接而成。同时它也是支撑顶盖，连接车身前、后部分的侧面构件，固定前后风窗玻璃，并用以安装车门的结构。

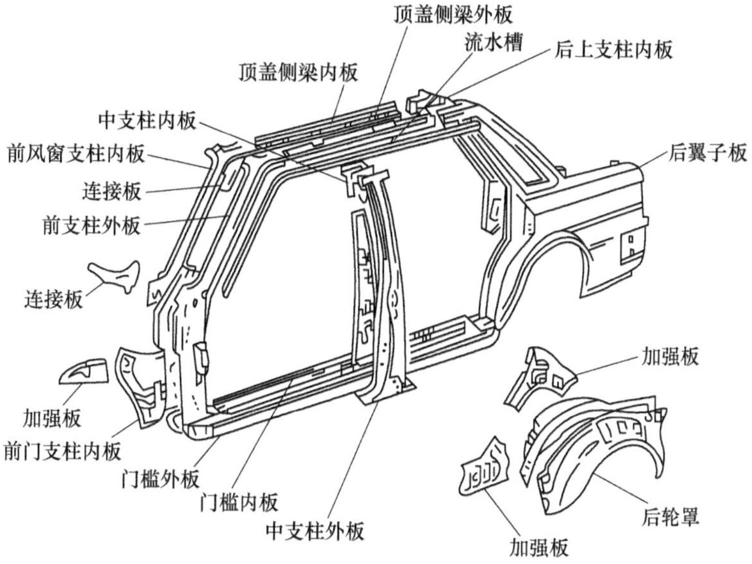

图 14-9 侧围结构

（5）顶盖结构 顶盖由顶盖前、中（横向加强梁）、后横梁和顶盖侧梁来支撑，有天窗的顶盖还有天窗加强板。顶盖应该注意与前、后窗框及与支柱交界点平顺过渡，以求得最好的视觉感和最小的空气阻力。

（6）车后结构 车后结构主要由后围和行李箱盖组成。行李箱盖由外板和内板组成，内板有加强筋。一些被称为“二厢半”的轿车，其行李箱向上延伸，包括后风窗玻璃在内，使开启面积增加，形成一个门，因此又称为背门，这样既保持一种三厢车形状，又能够方便存放物品。

2. 车门结构认识

（1）车门类型 按车门开启方式分，可分为旋转式、折叠式、水平滑移式和上掀式等几种。

大多数汽车采用旋转式车门，根据车门打开的旋转方向，又有顺开门和逆开门两种。顺开门朝汽车前进方向打开，汽车行驶时，可以借气流的压力把门关紧，比较安全，所以被广泛采用。逆开门方便上下车，但安全较差，较少采用。

水平滑移门（图 14-10a）的开闭不受汽车侧向空间位置限制，多用于轻型客车；折叠门（图 14-10b）结构简单，广泛应用于大、中型客车；上掀式门广泛应用于轿车和轻型客车的背门和部分轿车、赛车的侧门（图 14-10c）。

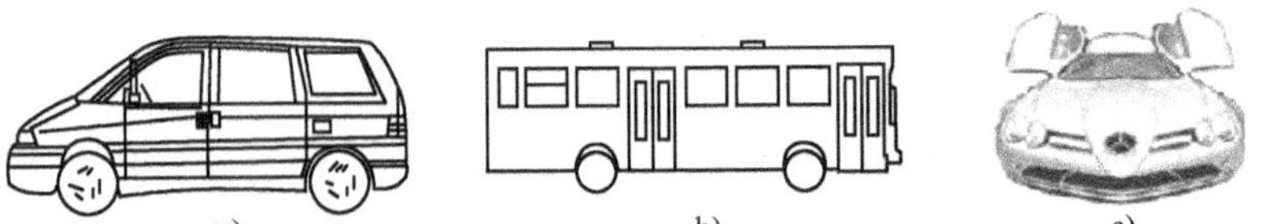
a) b) c)

图 14-10　车门开启方式

a）水平滑移式　b）折叠式　c）上掀式

（2）车门基本结构　图 14-11 是桑塔纳轿车的前车门结构，主要由车门本体、车门附件两部分组成。

车门本体包括车门外板 1、内板 2、加强板和窗框等，是实现车门整体造型效果、强度、刚度及附件安装的基础框架。

车门附件是为满足车门的各项功能要求而装配的零件及总成，其中包括车门锁、铰链、限位器、玻璃、拉手、操纵钮、出风口、密封件及内外装饰件等。另外，还有一些其他的在车门上装备的附件，如烟灰盒、扬声器、放物袋、限位块和行程开关等。

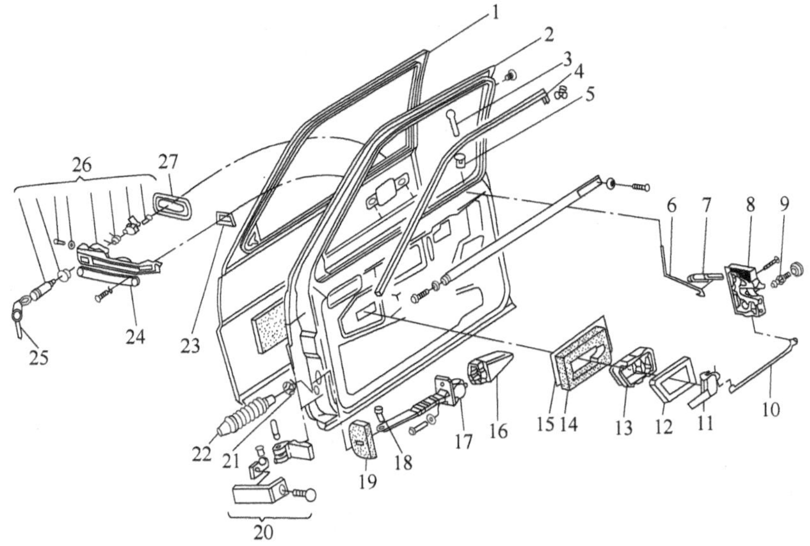

图 14-11　车门结构

1—门外板　2—门内板　3—车门锁锁杆按钮　4—前门头道密封条　5—车门锁锁杆按钮饰圈　6—右前门安全杆　7—锁拉杆　8—右前门锁总成　9—车门锁挺杆　10—前门拉杆　11—右门锁内手柄　12—右内手柄饰框　13—右门锁内手柄框　14—内手柄框框架密封垫　15—门锁内手柄后塑料薄膜　16—车门限位器盖　17—前门限位器总成　18—车门限位器铆钉　19—软垫　20—门铰链总成　21—橡胶套　22—穿线护套　23—前垫板　24—车门外手柄饰条　25—主钥匙坯　26—右前门外手柄总成　27—后垫板

（3）车门铰链　车门铰链是连接车门和车身的部件，现代轿车大多采用隐藏式铰链，有臂式和合页式两种（图 14-12）。与臂式相比，合页式铰链质量轻、刚度大、结构紧凑、装配简单，被广泛采用。

（4）车门密封件　车门密封分为静态密封和动态密封两种。静态密封采用密封胶对各固定连接部分进行密封，以防止锈蚀，减小振动和噪声。动态密封采用密封条对门、窗、孔盖等活动部位之间的配合间隙进行密封，以防止风、雨、灰尘入侵室内，提高隔音和隔热性能，同时缓和车门关闭时的冲击力和车身在行驶中的振动。

密封条一般采用弹性橡胶、海绵橡胶等材料制造，并且根据需要制成各种形状和断面。图 14-13 所示为桑塔纳轿车车身所使用的密封条。

（5）车门门锁　汽车门锁有机械式和电控式两大类。机械式车门锁按其结构不同又可分为舌式、棘轮式和凸轮式几种。目前，常用的棘轮式车门锁结构如图 14-14 所示，由棘轮 11、锁钩（棘爪）12 和弹簧 6 等组成。

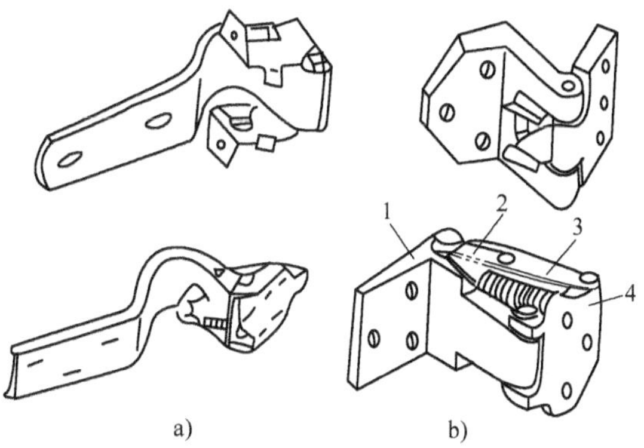

图 14-12　车门铰链

a）臂式　b）合页式

1、2—颌　3—连杆　4—二力构件

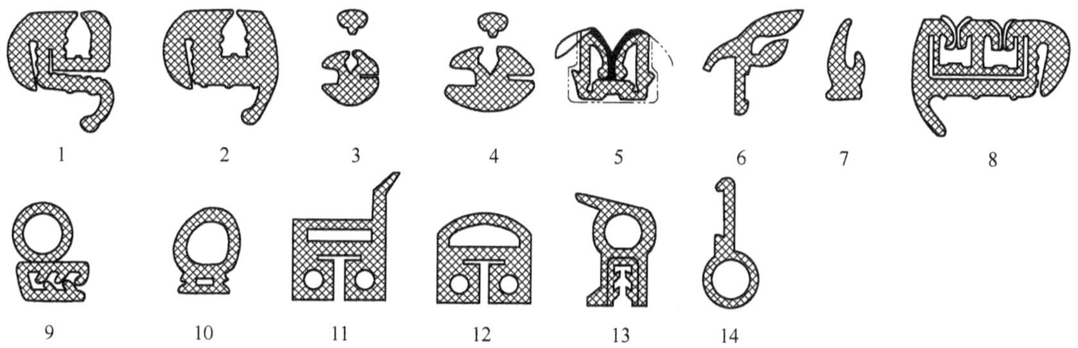

图 14-13　汽车车身密封条

1—前风窗框用密封条（带装饰条）　2、3、4—窗框用密封条　5—升降玻璃导槽用密封条　6—升降玻璃窗台用密封条　7—开启式前风窗用密封条　8—轻型客车滑移式侧窗用密封条　9—门框用密封条　10—车门用密封条　11—折叠式客门边缝用密封条　12—折叠式客门中缝用密封条　13—行李箱周边用密封条　14—罩盖等用密封条

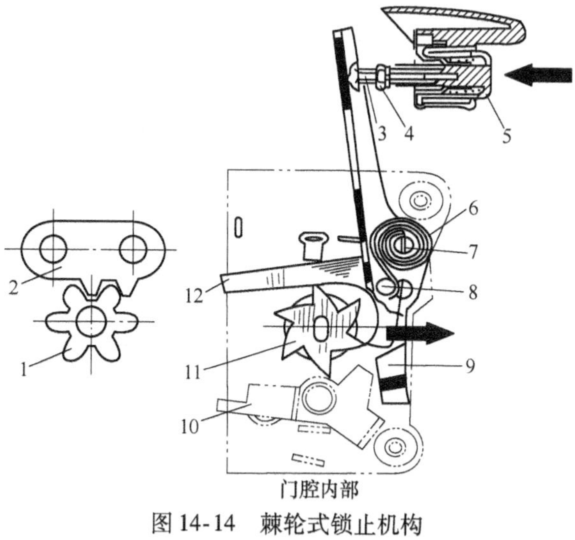

图 14-14　棘轮式锁止机构

1—转子（齿条）　2—挡块（齿条）　3—调整螺钉　4—锁紧螺母　5—按钮　6—弹簧　7—锁钩轴　8—弹簧趾　9—外操纵杠　10—锁止器　11—棘轮　12—锁钩（棘瓜）

（6）玻璃升降器　玻璃升降器是调整汽车车门窗玻璃开度大小的专用部件，其按操纵方式可分为手动式和电动式两种。

手动式玻璃升降器结构如图 14-15 所示。摇动玻璃升降手柄，通过同轴齿轮带动扇形齿板 3。交叉双臂中的主动臂 1 的上段与扇形齿板 3 相连，随齿板运动，下端固定在玻璃托架上。从动臂 2 上端与玻璃固定，下端可在玻璃托架的轨道上滑动。手柄的转动通过扇形齿板和交叉臂变为玻璃的上下移动，升降玻璃。

电动式玻璃升降器采用驱动电机使玻璃升降。如图 14-16 所示为广州本田雅阁轿车前车门电动式玻璃升降器，主要由玻璃托架、玻璃导轨、驱动电动机、减速器和牵引钢索组成。通过开启驱动电动机 3，玻璃托架 1 在牵引钢索 5 的拉动下沿着玻璃导轨 2 上下滑动，实现玻璃的开度调节。

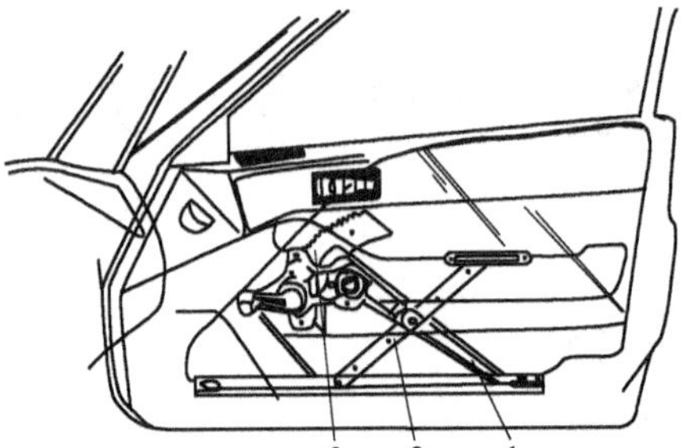

图 14-15　手动式玻璃升降器

1—主动臂　2—从动臂　3—扇形齿板

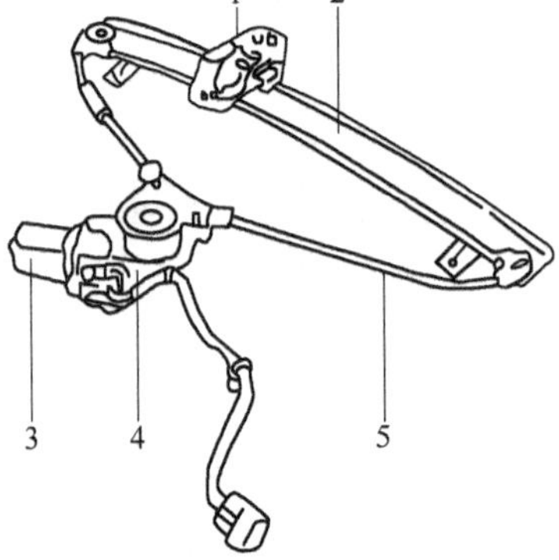

图 14-16　电动式玻璃升降器

1—玻璃托架　2—玻璃导轨

3—驱动电动机　4—减速器　5—牵引钢索

3. 车窗结构认识

车窗的基本功能是保证视野与采光，同时与整车形体协调。汽车上的车窗有前、后风窗和后侧窗，有的前车门上还有三角通风窗。

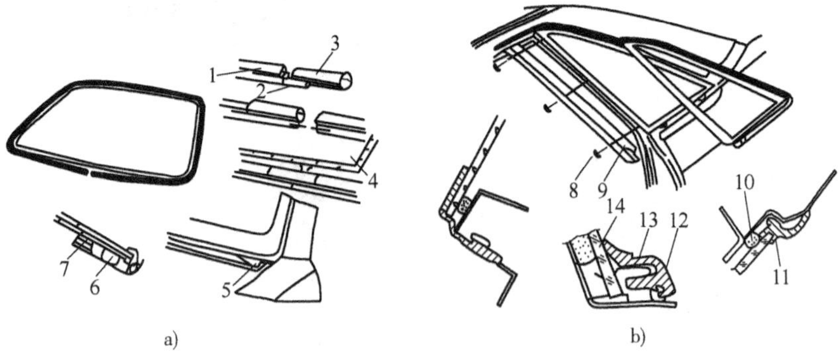

图 14-17　车窗结构

a）前风窗　b）后侧窗

1—玻璃嵌条　2—橡胶圆条　3—接头套件　4、14—玻璃　5—楔形垫块　6、10—粘胶

7—垫块　8—铆钉　9—前装饰条　11—后密封条　12—下装饰条　13—弹簧卡片

车窗主要由车身壳体上的车窗支柱框架、车窗玻璃与框架的连接件嵌条、接焊件、垫块等组成，如图 14-17 所示。所有车窗玻璃都是安全玻璃，前风窗采用双层曲面玻璃，侧窗采用装钢化玻璃。双层玻璃用透明塑料薄膜热压而成，玻璃碎时不会造成整块玻璃碎裂而影响视野，薄膜还能吸收撞击时的剩余能量；钢化玻璃在碎裂时会变为无锋利边缘的小块；有些汽车前、后风窗上装有除霜的电热丝。

二、车身附属装置结构认识

车身中具有独立功能并成为一个分总成的部件称车身附属装置，它以车身为基体，安装在车身内外，主要包括座椅、刮水器、洗涤器、风窗除霜装置、遮阳板和后视镜等。

汽车座椅用于支承人体，对驾驶人和乘员的乘坐舒适性有重要的影响，它主要由骨架、弹簧、缓冲垫、蒙皮、调节装置及辅助装置构成（图 14-18）。

座椅的调节装置用于改变座椅的位置及姿态，以适合不同身材的驾驶人和乘员的舒适性要求。

最基本的调节有座椅的前、后、上、下、位置调节和靠背角度调节（图 14-19），另外还有靠背倾斜调节、靠枕上下、前后调节及腰椎支承气垫调节等。

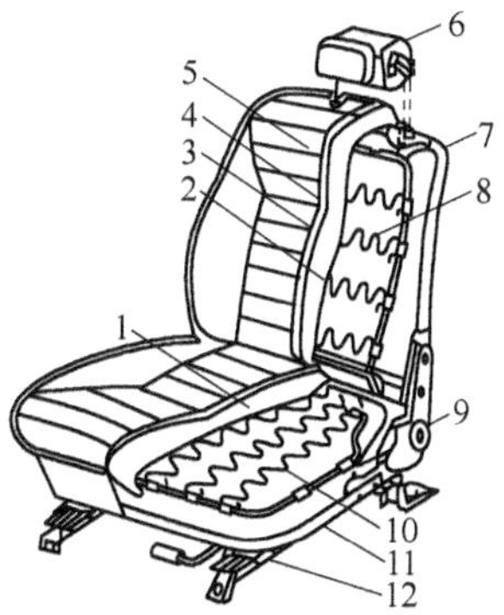

图 14-18 座椅的一般结构

1—座椅缓冲垫 2—靠背缓冲垫 3—衬垫衬布 4—蒙皮初垫 5—蒙皮 6—靠枕 7—靠背骨架 8—靠背弹簧 9—靠背倾斜调节机构 10—座椅弹簧 11—座椅骨架 12—座椅调节器

图 14-19 座椅的一般调节方式

1—座位上下调节 2—侧背支撑调节 3—靠枕上下、前后调节 4—靠背倾斜调节 5—座椅前后调节 6—座位前部调节 7—腰椎支承气垫调节

汽车座椅的调节有手动调节和电动调节两种。现代轿车普遍采用微型电动机驱动的座椅调节装置，座椅的调整可参考以下方法进行。

（1）座椅的前后调整 调整座椅与踏板的距离，脚向下踩住制动踏板至最深处时，腿部仍要有一定的弯曲，感到自然轻松。

（2）座椅的上下调整 上下调整座椅，使驾驶人的目光平视时，视线能够落在前风窗玻璃的中线上。同时，注意头部离车顶部要有一个拳头左右的距离，手握转向盘的高度大约低于肩部 10cm 左右为宜。

（3）座椅靠背角度调整 调整靠背倾斜度，注意不可过于倾斜，否则影响操控汽车。

（4）腰部支撑调整 腰部支撑调整的标准是：让座椅支撑住腰，向后靠时，不要让腰部悬空，这样的位置可以最大程度上减少驾驶过程中的疲劳。有些座椅没有腰部支撑的功能，可以自己买个小垫子支在腰后。

（5）头枕调整　头枕的最佳位置是头枕的中心线恰好与眼眉在一条线上，尽可能地让后脑和头枕完全接触。

三、车身安全保护装置

安全防护装置是汽车结构的重要组成部分。在交通事故中，汽车自身受到碰撞称为一次碰撞，乘员因此而受到车内某些部件，如转向盘、仪表板、玻璃等的碰撞称二次碰撞。为避免一次碰撞而采取的各种措施称主动安全装置，如防抱死制动系统等；为避免或减轻乘员受到二次碰撞或被抛出车外的安全装置称为乘员安全保护装置，如安全带、安全气囊等。车身上的安全防护装置主要有保险杠、安全带和安全气囊等。

1. 保险杠

汽车车身的前端和后端分别装有前保险杠和后保险杠总成，通过支架连接固定在车架上。保险杠能够保证汽车与其他物体碰撞时，由保险杠首先接触物体，通过支架吸收撞击能量，以防止轻度碰撞时伤害人员和损坏汽车部件。

保险杠主要由支架和外罩组成，外罩一般采用树脂制成，图 14-20a 所示为塑料保险杠结构示意图。有的轿车采用吸能式保险杠如图 14-20b 所示，在支架上安装有液压阻尼器 4，使撞击能量能被阻尼器吸收。

中小型轿车在保险杠上还安装有防撞橡胶块，有的汽车将保险杠与前部的空气导流板制成一体。

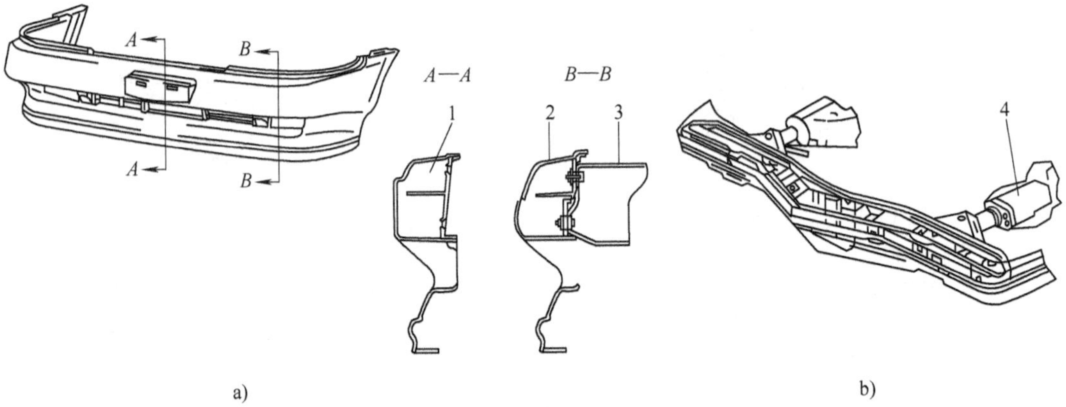

图 14-20　保险杠

a）塑料保险杠　b）吸能式保险杠

1—限位块　2—外罩　3—支架　4—阻尼器

2. 安全带

安全带的作用是在乘员由于惯性而急剧向前冲撞进时产生束紧力，限制乘员向前冲撞，从而避免乘员发生二次碰撞。大量实践证明，安全带可以大幅度降低碰撞引起的伤亡。

安全带的布置形式很多，用得最多的是三点式安全带，如图 14-21 所示。

安全带主要由织带、带扣、滑移导向件、安装附件以及卷收器等组成。织带 2 用合成纤维织成，发生事故时将乘员定在座椅上。高度调节器 3 可以调节安全带以适应不同身高乘员的要求。锁舌 5 与锁扣 6 配合作用，以便安全地系上或脱开。底支架 8、导向板 4、锁扣—锁舌连接形成三点式约束。织带收卷器 1 的主要作用是当不需要使用安全带时将织带收回，存储织带。

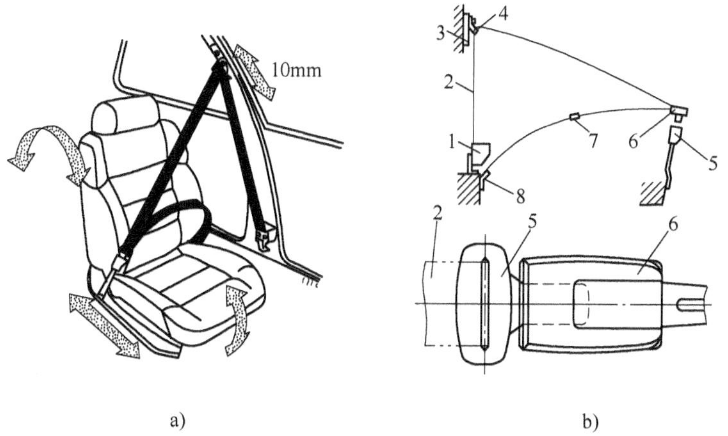

图 14-21　三点式安全带
a）结构　b）工作原理
1—收卷器　2—织带　3—高度调节器　4—导向板　5—锁舌　6—锁扣　7—限位架　8—底支架

3. 安全气囊

安全气囊（Supplemental Restraint System，简称 SRS）是为了减少汽车在发生碰撞时因巨大的惯性对乘员造成伤害而设置的。按照安全气囊安装的位置分有正面、侧面和顶部安全气囊。正面安全气囊安装在驾驶人和乘客的正面，对汽车正面碰撞起安全保护作用，有较高的装车率。正面安全气囊一般安装在转向盘中央的衬盖内，前排乘客一侧安装在仪表板上，有的车辆还在仪表板下方安置了膝部免受伤害的安全气囊。侧面和顶部安全气囊分别安装在驾驶人、乘客的侧面和顶部，对汽车侧面碰撞和汽车翻倾起安全保护作用。

安全气囊主要由碰撞传感器、气体发生器、气囊、安全带收紧器、控制装置以及显示装置等组成，如图 14-22 所示。

当汽车发生碰撞时，碰撞强度通过传感器转化为电信号，被电控装置接收，并进行分析，发出相应指令，由执行器执行。轻度碰撞时，电控装置指令执行器收紧安全带，保护乘员；碰撞达到一定程度，电控装置指令引爆气体发生器，安全气囊急速膨胀，挡住驾驶人或乘员的身体，起到缓冲保护作用。之后安全气囊小孔排气，使气囊逐渐变软，加强缓冲作用。整个工作过程如图 14-23 所示。

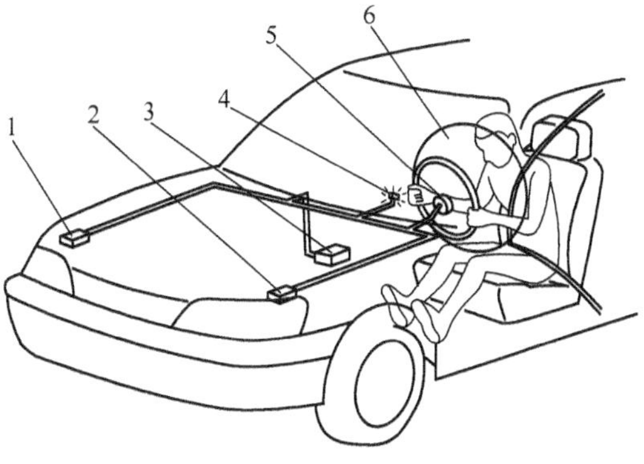

图 14-22　安全气囊组成与车上的布置
1—右前方传感器　2—左前方传感器　3—中部传感器总成
4—气囊指示灯　5—气体发生器　6—气囊

安全气囊使用中应注意如下事项：

1）安全气囊需与安全带配合使用才

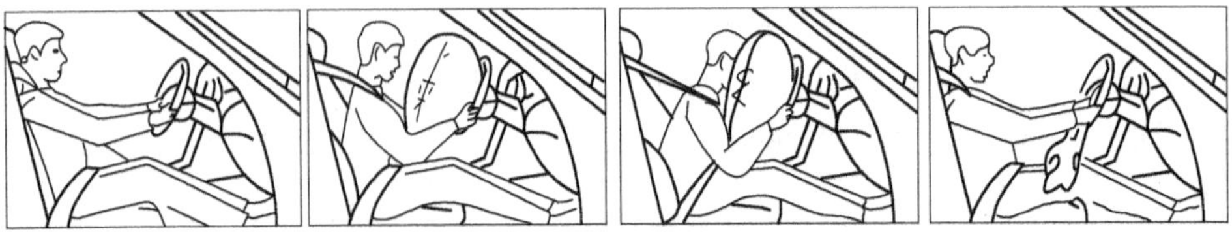

图 14-23　安全气囊的引燃过程
a）触发前　b）充气膨胀　c）头部陷入　d）气囊压扁

能起到安全保护作用。

2）要注意观察位于仪表板上的安全气囊警告灯。在正常情况下，点火开关转到“acc”或“on”位置时，安全气囊警告灯会亮大约 6s，进行自检，然后熄灭。若警告灯一直亮，则表明安全气囊系统有故障，应立即进行修理。

3）汽车装有前排双安全气囊时，不可让儿童坐在前排位置。

4）前风窗玻璃或车内后视镜上不要悬挂饰品，不得在安全气囊和驾乘者之间放置坚硬或尖锐的物体，以免安全气囊打开时冲击到人造成严重伤害。

5）驾驶人所佩戴的眼镜最好选择不易破裂的安全镜片，以免在气囊打开时造成对眼睛和面部的伤害。

6）避免高温。安全气囊装置的部件应妥善保管，不要让它在 85℃ 以上的高温环境下，以免造成安全气囊误打开。

7）不能敲打气囊裸露在外的标识部位，以免被误引爆。

检测评价

通过以上学习，根据任务实施过程，将完成任务情况记入表 14-3 中，完成检测评价。

表 14-3　车身主要零部件结构认识任务评价表

班级		姓名		日期	
序号	评价内容	配分	评分标准	自评	互评
1	叙述车身机构的类型及总体组成	10	叙述错误每项扣 2 分		
2	叙述车身本体的组成与构造原理	30	叙述错误每项扣 2 分		
3	叙述车门、车锁及玻璃升降器的结构与原理	20	叙述错误每项扣 2 分		
4	叙述座椅和安全带的结构、工作原理和调整	30	叙述错误每项扣 2 分		
5	操作规范、有序、不超时、实施 5S 理念	10	操作不规范或超时每项扣 2 分		
6	安全用电、防火、无人身、设备事故		因违反操作安全发生重大人身和设备事故按 0 分计		
7	分数统计	100			
教师评语					